004.6

AF853506

Votre version numérique offerte pour l'achat d'un livre imprimé*

Bénéficiez d'un accès immédiat à votre version numérique en commandant sur www.editions-eni.fr

Demandez votre code d'accès au livre numérique

1 **Vérifiez** que votre livre existe en version numérique en affichant sa page sur : www.editions-eni.fr

2 **Envoyez** vos coordonnées et votre preuve d'achat à : editions@eni.fr dans un délai d'un mois à compter de votre date d'achat.

3 **Accédez** à votre livre numérique grâce au code reçu par e-mail.

eni éditions

* Voir conditions complètes de l'offre sur www.editions-eni.fr. Le livre numérique offert est consultable via Internet, pend

Référence
BUREAUTIQUE

PLON
BIBLIOTHÈQUE MUNICIPALE
71450 BLANZY

Google™ Apps

Utilisez les outils bureautiques de **Google**

Toutes les marques ont été déposées par leur éditeur respectif.

La loi du 11 Mars 1957 n'autorisant aux termes des alinéas 2 et 3 de l'article 41, d'une part, que les "copies ou reproductions strictement réservées à l'usage privé du copiste et non destinées à une utilisation collective", et, d'autre part, que les analyses et les courtes citations dans un but d'exemple et d'illustration, "toute représentation ou reproduction intégrale, ou partielle, faite sans le consentement de l'auteur ou de ses ayants droit ou ayants cause, est illicite" (alinéa 1er de l'articke 40).
Cette représentation ou reproduction, par quelque procédé que ce soit, constituerait donc une contrefaçon sanctionnée par les articles 425 et suivants du Code Pénal.

Copyright - Editions ENI - Avril 2012
ISBN : 978-2-7460-7267-1
Imprimé en France

Editions ENI

Rue Benjamin Franklin
44800 St HERBLAIN
Tél. 02.51.80.15.15
Fax 02.51.80.15.16

e-mail : editions@ediENI.com
http://www.editions-eni.com

Auteur : Myriam GRIS
Collection dirigée par Corinne HERVO

Avant-propos

Cet ouvrage est destiné aux utilisateurs souhaitant apprendre et approfondir leurs connaissances des outils de la plateforme **Google Apps**. Les dessins d'écrans proposés tout au long de ces pages permettent d'expliciter la manœuvre en cours en affichant la boîte de dialogue correspondant à la commande ou en proposant un exemple précis.

Cet ouvrage est composé de 6 parties.

Généralités . . . . pages 11 à 50

Après une présentation générale des **offres** de **Google Apps** et de l'utilité du **Cloud Computing**, vous suivrez les différentes étapes pour installer et configurer cette plateforme collaborative afin de la rendre opérationnelle pour ses utilisateurs.

Messagerie . . . . pages 51 à 144

Vous apprendrez dans cette partie à vous **connecter** à votre compte, à gérer votre **profil**, vos **contacts** et les **tâches** et à utiliser le client de messagerie **Gmail**.

Chat . . . . .pages 145 à 180

Cette partie est consacrée à l'utilisation du **Chat** intégré à la messagerie **Gmail** et son application indépendante **Google Talk**. Après la gestion de la **liste de vos contacts**, vous apprendrez à leur envoyer des **messages instantanés** et des **appels audio et vidéo**.

Agenda . . . . .pages 181 à 256

Vous découvrez dans cette partie à planifier vos **rendez-vous** et **réunions**, à créer ou à vous abonner à des **agendas supplémentaires**, à les **partager** et à utiliser un agenda en tant que ressource. Dans le dernier chapitre, vous apprendrez à utiliser une des fonctionnalités exclusives de Google Agenda : les **créneaux horaires** afin de permettre à vos collaborateurs de prendre rendez-vous uniquement dans les plages horaires que vous aurez définies.

Google Documents. . . . . .pages 257 à 442

Dans la première partie, vous verrez comment utiliser au mieux la **liste des documents** gérés par Google, les **classer**, les **rechercher**, les **convertir** dans d'autres formats, les **importer** ou les **exporter** sur votre ordinateur, les **partager** avec d'autres utilisateurs et à **communiquer en temps réel** sur un document partagé. Les chapitres suivants présentent l'intégralité des **outils bureautique** de Google Documents : vous apprendrez à créer et modifier des **documents textes**, des **feuilles de calcul** mais aussi des **présentations**.

© Editions ENI - Toute reproduction interdite

Administration. . . . . **pages 443 à 470**

Cette dernière partie, destinée aux administrateurs de la plateforme, recense les procédures de **configuration** et d'**administration du domaine**, la gestion des **applications** et des **utilisateurs**.

De plus, les dernières pages de cet ouvrage présentent un **index thématique** qui sera fort utile pour retrouver rapidement les manipulations correspondant à tel ou tel thème.

Conventions typographiques

Pour que l'utilisateur puisse plus facilement retrouver et interpréter les informations qui l'intéressent, nous avons adopté les conventions typographiques suivantes.

Ces styles de caractères sont utilisés pour :

gras	indiquer une option du menu ou d'une boîte de dialogue à activer.
italique	un commentaire introduisant la manipulation ou explicitant les modifications visibles sur votre écran.
Ctrl	symboliser les touches du clavier sur lesquelles vous devez appuyer ; lorsque deux touches sont placées l'une à côté de l'autre, vous devez appuyer simultanément sur les deux touches.

Les symboles suivants introduisent :

la manipulation à exécuter (activer une option, cliquer avec la souris...).

une remarque d'ordre général sur la commande en cours.

une astuce à connaître et à retenir !

Table des matières

Généralités

Découverte

Installation

Messagerie

Messagerie : généralités

Contacts

© Editions ENI - Toute reproduction interdite

Table des matières

Tâches

Chat

Chat Gmail

Google Talk

© Editions ENI - Toute reproduction interdite

Table des matières

© Editions ENI - Toute reproduction interdite

Table des matières

Feuille de calcul

© Editions ENI - Toute reproduction interdite

© Editions ENI - Toute reproduction interdite

Table des matières

Présentation générale

Sur le marché du Cloud Computing (informatique en nuage en français), la solution Google Apps a déjà conquis un grand nombre d'entreprises et d'utilisateurs depuis sa toute première mise en route en août 2006 (4 millions d'entreprises, solution utilisée par 40 millions d'utilisateurs actifs selon Google). Après une mise à jour courant 2010, Google Apps propose des outils et services fonctionnels et adaptés aux besoins des entreprises (petites ou grandes) ou toute autre organisation (association, université, école, mairie).

Le Cloud Computing

Le Cloud Computing propose d'héberger sur des serveurs distants, accessibles depuis un réseau (généralement Internet), des applications, des données et des services de partage dans un environnement, une plateforme sécurisée à laquelle les collaborateurs d'une même entreprise pourront se connecter via un identifiant et un mot de passe. Les mises à niveau, l'installation de nouveaux produits et la maintenance sont gérées par les informaticiens des serveurs distants. Les entreprises adoptant cette solution ne sont plus obligées d'avoir leurs propres serveurs de données ou un service informatique dédié à la gestion des données et des applications. Les ordinateurs des utilisateurs ne doivent posséder qu'un navigateur Internet et un accès à l'Internet pour pouvoir accéder depuis n'importe quel endroit et poste de travail à leurs outils de travail, à leur messagerie et à leurs fichiers.

Amazon fut l'initiateur de ce concept en 2002 puis très vite, les sociétés comme Google, Microsoft et IBM ont également proposé des offres Cloud.

Les atouts de Google Apps résident dans sa grande diversité d'outils et de services mis à disposition (certains étant déjà connus des utilisateurs), la flexibilité des offres proposées, sa grande compatibilité avec plusieurs systèmes d'exploitation et navigateurs, son système sécurisé et ses mises à jour fréquentes et automatiques des programmes.

Les offres Google Apps

Les principales offres Google Apps sont au nombre de trois :

Standard : offre gratuite limitée à 10 utilisateurs et à 7 Go de stockage pour les e-mails ; les fonctionnalités d'administration sont limitées : pas de support, pas de synchronisation Outlook, pas de support de gestion de la sécurité, d'accusés de réception, etc. et bandeaux publicitaires discrets.

© Editions ENI - Toute reproduction interdite

Google Apps for Business : le nombre d'utilisateurs est illimité ; l'abonnement est de 40 € par an (ou 4 € par mois) par utilisateur avec un espace de stockage d'e-mails de 25 Go (possibilité de l'étendre jusqu'à 1 To) ; un service d'assistance 24h/24 et 7 jours sur 7, un système de sécurisation renforcée (anti-virus, anti-spam et archivage POSTINI), pas de publicité....

Google Apps for Education : offre gratuite pour les établissements scolaires (primaire, secondaire et université) ; les services proposés sont quasiment semblables à ceux de la version Google Apps for Business.

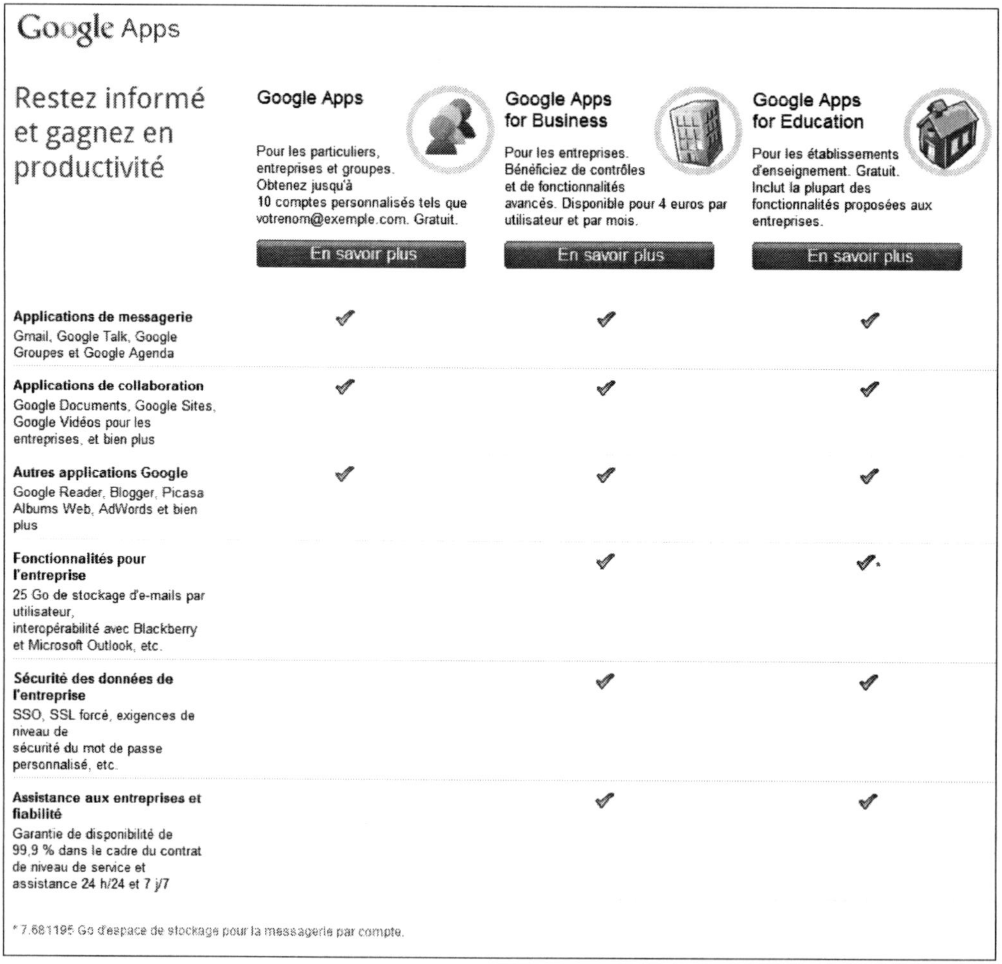

Restez informé et gagnez en productivité	Google Apps — Pour les particuliers, entreprises et groupes. Obtenez jusqu'à 10 comptes personnalisés tels que votrenom@exemple.com. Gratuit. — En savoir plus	Google Apps for Business — Pour les entreprises. Bénéficiez de contrôles et de fonctionnalités avancés. Disponible pour 4 euros par utilisateur et par mois. — En savoir plus	Google Apps for Education — Pour les établissements d'enseignement. Gratuit. Inclut la plupart des fonctionnalités proposées aux entreprises. — En savoir plus
Applications de messagerie Gmail, Google Talk, Google Groupes et Google Agenda	✓	✓	✓
Applications de collaboration Google Documents, Google Sites, Google Vidéos pour les entreprises, et bien plus	✓	✓	✓
Autres applications Google Google Reader, Blogger, Picasa Albums Web, AdWords et bien plus	✓	✓	✓
Fonctionnalités pour l'entreprise 25 Go de stockage d'e-mails par utilisateur, interopérabilité avec Blackberry et Microsoft Outlook, etc.		✓	✓*
Sécurité des données de l'entreprise SSO, SSL forcé, exigences de niveau de sécurité du mot de passe personnalisé, etc.		✓	✓
Assistance aux entreprises et fiabilité Garantie de disponibilité de 99,9 % dans le cadre du contrat de niveau de service et assistance 24 h/24 et 7 j/7		✓	✓

* 7.681195 Go d'espace de stockage pour la messagerie par compte.

Si vous optez pour la version gratuite (Standard), il vous sera toujours possible de passer à la version Google Apps for Business. Cette dernière version est proposée en version d'essai de 30 jours avec un nombre d'utilisateurs limité à 10.

Les outils et services Google Apps

Google Apps intègre des applications bureautiques en ligne pour créer des documents, des tableaux, des présentations, des dessins et des formulaires, des services de communication tels que l'agenda et la messagerie et d'autres outils comme Google Blogger, Picasa, etc. Sa plateforme vous permet de partager des fichiers et de collaborer avec d'autres personnes en temps réel. Le stockage de votre travail en ligne vous permet d'accéder facilement, depuis n'importe quel endroit et depuis n'importe quel poste, à vos données personnelles ou celles partagées par vos collaborateurs.

Voici, ci-après, les principaux outils et services mis à disposition. À tout moment, vous pouvez choisir d'ajouter des services supplémentaires proposés dans la galerie **Google Apps MarketPlace** (www.google.com/enterprise/marketplace). La liste des applications, régulièrement mise à jour, fournit des produits principalement destinés aux entreprises (finance, marketing, tâche d'administration...). Depuis ce site, vous pouvez également trouver un prestataire de services qui vous aidera à implémenter Google Apps pour votre entreprise.

Les outils de communication

Google Mail (ou **Gmail**) : les fonctionnalités de ce client de messagerie sont :

- Une adresse de messagerie propre à votre nom de domaine.
- La réception et l'envoi d'e-mails depuis un ordinateur connecté à Internet ou depuis un téléphone mobile (uniquement pour les abonnements Google Apps for Business et Education).
- La création de filtres et de règles des messages.
- Le classement automatique des messages par conversation.
- L'enregistrement en temps réel des messages pendant leur saisie.
- La protection et le contrôle anti-spam.
- L'importation d'adresses de messagerie externes.
- L'ajout, l'importation et la gestion des contacts.
- L'utilisation du moteur de recherche Google pour rechercher des messages.
- L'utilisation de la messagerie instantanée pour contacter, en temps réel, un correspondant.

Google Agenda : cet outil vous permet d'organiser vos rendez-vous, réunions et événements. Les autres fonctionnalités de Google Agenda sont les suivantes :

- Création de plusieurs agendas.
- Importation et exportation d'agenda.
- Partage d'agenda.
- Gestion des ressources liées à une réunion (salle, projecteurs...).

Google Talk : cet applicatif propose plusieurs outils de communication directe avec un ou plusieurs correspondants (internes ou externes à votre organisation) :

- Messagerie instantanée (t'Chat).
- Appels audio et vidéo (uniquement dans Gmail).
- Transfert de fichiers (uniquement pour les versions anglaises et portugaises).
- Intégration dans Gmail.

Google Groupes : cet outil permet :

- La création de forums en se basant sur le modèle des groupes de discussion.
- Le partage de contenu : documents, présentations, calendrier, vidéos...
- Communications consultables depuis le forum ou dans la boîte e-mail de l'utilisateur.

Les outils de collaboration

Google Documents : propose des outils bureautiques en ligne pour élaborer, éditer et partager vos documents ou des fichiers provenant d'autres applications :

- Un outil de traitement de texte permettant de créer des lettres, des rapports...
- Un tableur permettant la réalisation de calculs, de graphiques...
- Un outil de création de présentations animées, de diaporamas...
- Un outil d'élaboration de dessins.
- Un générateur de formulaires.

La fonctionnalité de partage permettra à plusieurs utilisateurs de modifier le même document en même temps et de communiquer en temps réel sur ce document via une messagerie instantanée intégrée à ces outils.

Google Sites : est un outil de création de pages Web et de sites (privé, public ou Intranet).

Google Video : cette application, uniquement disponible pour les abonnements Google Apps for Business, offre la possibilité de partager et de diffuser des vidéos.

Les autres applications Google

Google Reader : lecteur de flux d'informations (RSS et Atom) sur Internet.

Google Blogger : ce service propose des outils pour créer et gérer la maintenance de blogs internes.

© Editions ENI - Toute reproduction interdite

Picasa et Albums Web : l'application **Picasa**, installée sur votre ordinateur, permet le classement, la gestion et la retouche des photos. Le service en ligne **Albums Web** permet la publication et le partage de vos albums aux utilisateurs de votre choix.

Google AdWords : outil de référencement publicitaire vous permettant d'apparaître dans les pages de résultats de Google (aux emplacements des liens commerciaux : les premiers liens et la colonne de droite).

Introduction

Après inscription au service, nous allons effectuer les configurations nécessaires à la mise en place des services et outils de Google Apps et à la création des comptes utilisateurs. Pour ce faire, nous utiliserons certaines étapes de l'Assistant d'installation de Google Apps.

Ces différentes procédures doivent être réalisées par la personne qui procédera à l'inscription puisque celle-ci sera identifiée comme Administrateur de l'espace Google Apps créé.

Nous vous invitons à vous reporter aux titres de la dernière partie de ce manuel pour prendre connaissance des fonctionnalités plus avancées de configuration.

Configuration requise

Pour utiliser les applications et services Google Apps, les utilisateurs doivent disposer d'un poste connecté à Internet et d'une bande passante suffisante.

Si vous souhaitez partager vos applications Google Apps avec plus de 10 utilisateurs, nous vous rappelons que vous devez souscrire à la version payante Google Apps for Business ou Google Apps for Education. Une version d'évaluation de 30 jours est disponible sur la page d'accueil Google Apps.

L'activation des outils et services Google Apps nécessite d'être propriétaire d'un domaine pour configurer votre plateforme de travail. Il sera également nécessaire de pouvoir accéder au service d'hébergement de votre domaine pour pouvoir modifier les enregistrements DNS ou pour créer des enregistrements CNAME ou TXT et, pour l'activation de Gmail, de modifier les enregistrements MX. Si vous ne possédez pas de domaine, la procédure d'inscription vous proposera d'acheter un domaine en passant par les services de Google (cf. S'inscrire à Google Apps - Version Standard (avec achat d'un domaine)).

S'inscrire à Google Apps

Version Standard (avec domaine existant)

*La version **Standard** est gratuite mais limitée à 10 utilisateurs.*

- Dans votre navigateur Internet, saisissez l'adresse suivante : www.google.com/apps/intl/fr/group/
- Cliquez sur le bouton **Démarrer**.

© Editions ENI - Toute reproduction interdite

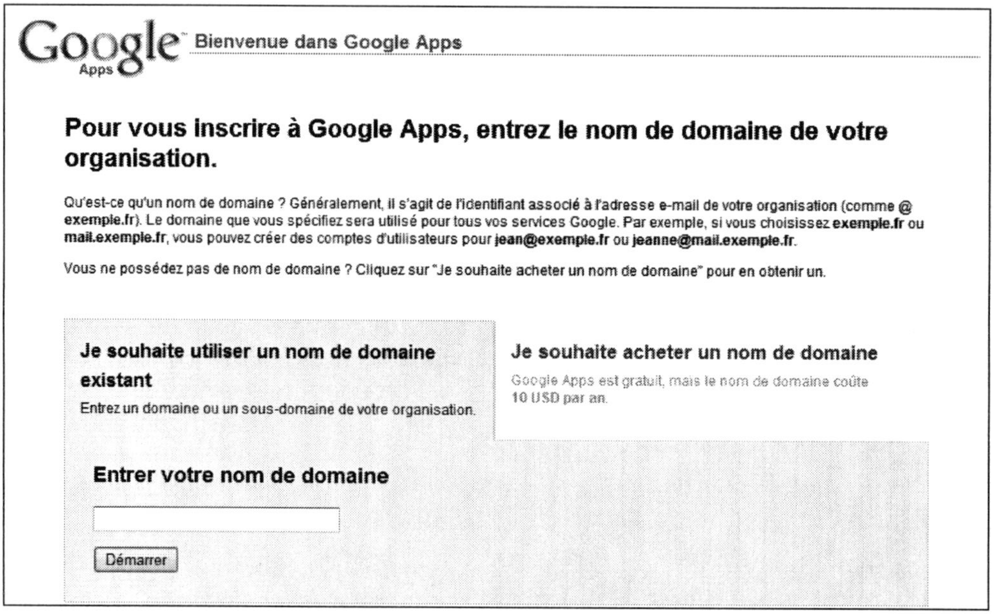

- Saisissez le nom de votre domaine dans la zone **Entrer votre nom de domaine** puis cliquez sur le bouton **Démarrer**.
- Dans le formulaire qui s'affiche, renseignez vos coordonnées dans les différents champs. Cochez l'option **Je suis conscient que si je ne parviens pas à modifier les enregistrements DNS pour mon domaine, il se peut que mon organisation ne puisse pas utiliser Google Apps.**
- Renseignez les informations du cadre **Informations sur l'organisation** puis cliquez sur **Continuer.**
- Dans le formulaire de l'étape 3, indiquez les renseignements demandés pour la création de votre compte Administrateur puis cliquez sur le bouton **J'accepte. Poursuivre la configuration.**

La fenêtre suivante s'affiche :

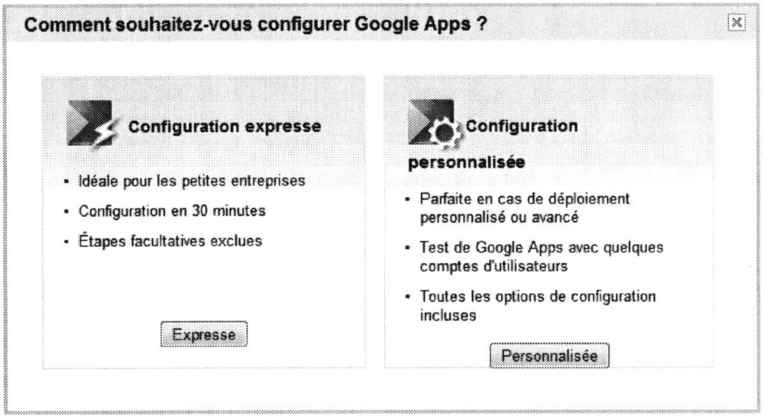

Pour limiter l'inscription uniquement aux étapes principales et/ou si votre entreprise est une PME, cliquez sur le bouton **Expresse** ; pour accéder à des options de configuration avancées, cliquez sur le bouton **Personnalisée.**

*La page de l'**Assistant d'installation de Google Apps pour "nom du domaine"** s'affiche. Cet assistant va vous guider à configurer correctement les applications et services de Google Apps. Sur cet exemple, nous avons choisi la **Configuration expresse**, le menu gauche affiche les étapes de l'Assistant.*

© Editions ENI - Toute reproduction interdite

- Cliquez sur le bouton **Suivant.**

  La page de la deuxième étape de l'Assistant : ***Validation de la propriété du domaine*** *s'affiche (cf. Valider la propriété du domaine).*

Version Standard (avec achat d'un domaine)

L'utilisation d'un domaine est obligatoire pour pouvoir activer les services Google Apps et ainsi bénéficier des fonctionnalités de partage de la plateforme. Si vous ne possédez pas de domaine, il vous est possible de souscrire à une offre d'hébergement via Google qui utilise les services de deux hébergeurs (GoDaddy et eNom). L'abonnement est de 10 $ par an. Cet abonnement vous garantit, entre autres, la configuration automatique pour l'utilisation des services Google.

- Dans votre navigateur Internet, saisissez l'adresse suivante : www.google.com/apps/intl/fr/group/ et cliquez sur le bouton **Démarrer.**
- Cliquez sur **Je souhaite acheter un nom de domaine.**
- Saisissez le nom à attribuer à votre domaine (sans espace ni caractères accentués) et, si besoin, ouvrez la liste déroulante suivante pour choisir une autre extension. Cliquez ensuite sur le bouton **Vérifier la disponibilité.** Si le nom du domaine saisi n'est pas disponible, choisissez un de ceux proposés ou saisissez un autre nom de domaine dans la zone de saisie puis cliquez sur le bouton **Continuer.**
- Sur la page qui s'affiche, cliquez sur le bouton **Continuer la procédure d'enregistrement.**

  Vous pouvez cliquer sur le lien ***En savoir plus*** *pour prendre connaissance des différents services de l'abonnement.*
- À l'étape 2 de la procédure d'inscription, complétez les différents champs du formulaire :
  - Laissez cochée l'option **Je ne souhaite pas que mes informations d'enregistrement de domaine soient répertoriées** si vous ne souhaitez pas apparaître dans l'annuaire public WHOIS (cet annuaire répertorie le nom des domaines et de leur propriétaire associé).
  - Saisissez les informations demandées puis, à la fin du formulaire, n'oubliez pas de cocher l'option **J'ai lu les eNomconditions d'utilisation universelles.**

    Vous pouvez prendre connaissance des termes du contrat dans l'encadré suivant.
  - Si vous souhaitez reconduire votre contrat tous les ans, cochez l'option **Renouveler automatiquement mon enregistrement tous les ans.**

- Si vous souhaitez que les nouveaux services soient automatiquement activés et fonctionnels, cochez l'option **Activer automatiquement les nouveaux services gratuits lorsqu'ils sont disponibles.**

⊡ Cliquez sur le bouton **J'accepte. Accéder à Google Checkout.**

Pour continuer la procédure d'achat, vous devez vous connecter à votre compte Google si vous en possédez un, dans le cas contraire, le formulaire d'inscription vous permet de créer un compte.

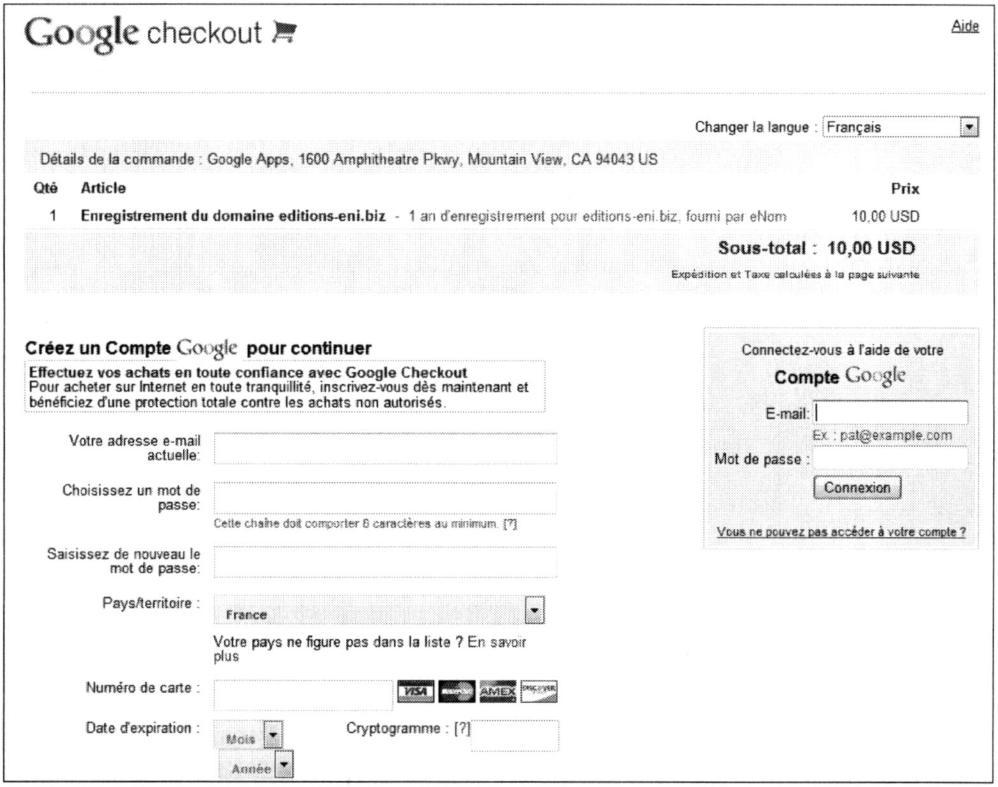

⊡ Si vous possédez un compte, renseignez vos identifiants de connexion dans le cadre situé à droite de la page et cliquez sur le bouton **Connexion.**

Si vous ne possédez pas de compte, renseignez votre adresse de messagerie et le mot de passe qui sera associé à votre compte Google.

© Editions ENI - Toute reproduction interdite

- Renseignez vos coordonnées bancaires dans les champs correspondants puis cliquez sur le bouton **Accepter et continuer.**
- Lorsque le détail de la commande s'affiche, cliquez sur le bouton **Commander.**

  Pour la gestion de votre domaine, vous devez maintenant désigner un administrateur. Vous pourrez ensuite accéder au panneau de configuration de Google Apps pour paramétrer les services et les applications.
- Dans votre messagerie, ouvrez le message envoyé par Google Apps et cliquez sur le premier lien du message.

  La troisième et dernière étape de votre procédure d'inscription s'affiche.

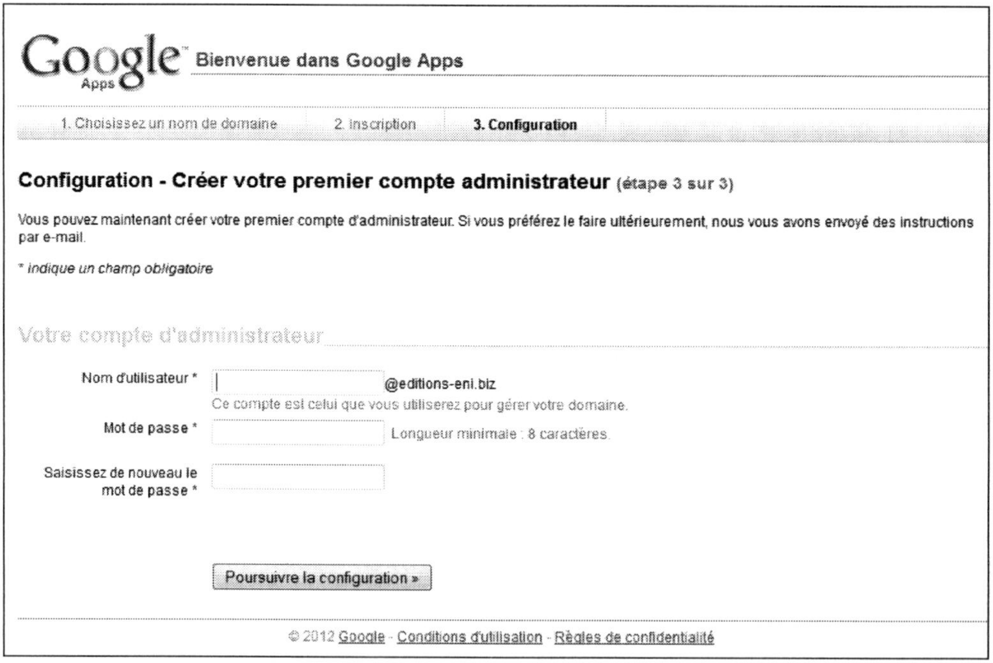

- Complétez les informations concernant le premier compte qui est celui de l'administrateur puis cliquez sur le bouton **Poursuivre la configuration.**

  La page qui s'affiche indique que la procédure a été validée.
- Saisissez à nouveau vos identifiants de connexion et validez.
- Pour poursuivre la configuration, cliquez sur l'onglet **Configuration.**

La fenêtre suivante s'affiche :

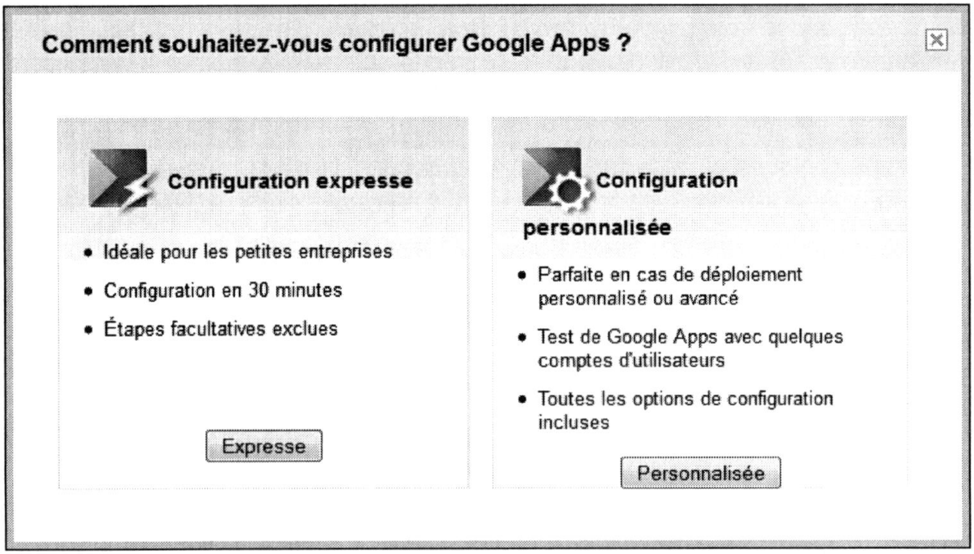

- Pour configurer Google Apps automatiquement et si votre entreprise est une PME, cliquez sur le bouton **Expresse** ; pour accéder à des options de configuration avancée, cliquez sur le bouton **Personnalisée**.

  *La page de l'**Assistant d'installation de Google Apps pour "nom du domaine"** s'affiche. Reportez-vous à la section Version Standard (avec domaine existant) pour poursuivre la procédure de configuration.*

Pour connaître le nom du fournisseur d'hébergement qui a pris en charge votre abonnement : dans le panneau de configuration (cf. Accéder au panneau de configuration), cliquez sur l'onglet **Paramètres du domaine** puis sur le lien **Noms de domaine**.

Version Google Apps for Business

- Dans votre navigateur Internet, saisissez l'adresse suivante : www.google.com/apps/intl/fr/business
- Cliquez sur le bouton **Profitez de l'essai gratuit.**
- Saisissez le **Nom de domaine de votre organisation** dans la zone correspondante et cliquez sur le bouton **Envoyer**.

© Editions ENI - Toute reproduction interdite

- Complétez les informations demandées : votre **Nom d'utilisateur** (correspond à l'adresse de messagerie qui sera associée au domaine), le **Mot de passe** de connexion au site, le nom de votre organisation, le **Nom du contact** (à savoir, le nom de la personne qui réalise l'inscription et à qui le rôle d'Administrateur et les droits correspondants lui seront automatiquement attribués), son **Adresse e-mail secondaire** externe au domaine (elle sera utilisée en cas de réinitialisation du mot de passe), etc.
- Cliquez sur le bouton **J'accepte. Créer un compte.**
- Pour limiter l'inscription uniquement aux étapes principales et/ou si votre entreprise est une PME, cliquez sur le bouton **Expresse** de la fenêtre qui s'affiche ; pour accéder à des options de configuration avancées, cliquez sur le bouton **Personnalisée.**
- Cliquez sur le bouton **Suivant.**

La page de la deuxième étape de l'Assistant ***Validation de la propriété du domaine*** *s'affiche (cf. Valider la propriété du domaine).*

Pour vous inscrire à l'offre Google Apps for Education, accédez à l'adresse www.google.com/apps/intl/fr/edu et cliquez sur le bouton **Adopter Google Apps.**

Valider la propriété du domaine

La validation de la propriété du domaine fait suite à la procédure d'inscription entamée précédemment. Cette étape permet à Google de vérifier si vous êtes le seul propriétaire du domaine. Le bouton ***A faire ultérieurement*** *permet de reporter cette vérification, néanmoins, il ne vous sera pas possible d'activer les services Google Apps tant que cette vérification n'aura pas été faite.*

- Si vous avez quitté l'assistant et si vous êtes déconnecté : accédez à la page de Google Apps en saisissant l'adresse www.google.com/apps. Cliquez ensuite sur le lien **Connexion** (situé dans la partie supérieure droite de la fenêtre) et saisissez le nom de votre domaine dans la zone de saisie puis, dans la liste suivante, choisissez **Gestion de domaine.** Dans la page du tableau de bord qui s'affiche, cliquez sur l'onglet **Configuration** puis, si besoin, dans le menu gauche, cliquez sur **Bienvenue** et sur **Validation de la propriété du domaine.**
- Cliquez sur le bouton **Suivant.**

Version Standard

- Choisissez une des méthodes de validation :

  Si vous n'avez pas accès aux paramètres DNS de votre domaine et que vous avez la possibilité de transférer des fichiers sur le serveur Web de votre domaine, cliquez sur le lien **ce fichier de validation HTML** pour télécharger le fichier, puis transférez-le sur le serveur Web de votre domaine, dans le dossier racine de votre site. Lorsque le transfert a été effectué, accédez à votre site en cliquant sur le lien proposé et confirmez le transfert.

  Si vous avez accès au serveur Web de votre domaine mais que vous ne pouvez pas y transférer des fichiers : cliquez sur l'onglet **Autres méthodes** et activez l'option **Ajouter une balise Meta à la page d'accueil de votre site.**

  Si vous possédez un compte Google Analytics et que vous êtes administrateur de ce compte : sur l'onglet **Autres méthodes**, activez l'option **Utiliser mon compte Google Analytics.**

  Si vous avez accès aux paramètres DNS de votre domaine : sur l'onglet **Autres méthodes**, activez l'option **Ajouter un enregistrement DNS à la configuration de votre domaine.**

- Cliquez sur **Valider.**

- Lorsque la validation est terminée, la page d'accueil de votre compte peut s'afficher ; si tel est le cas, renseignez votre mot de passe et cliquez sur le bouton **Connexion** pour vous connecter.

Versions Google Apps for Business ou Education

- Choisissez une des méthodes de validation :

  Si vous avez accès aux paramètres DNS de votre domaine : sur l'onglet **Méthode recommandée**, choisissez, dans la liste **Instructions**, le nom du fournisseur de votre domaine puis cliquez sur le bouton **Valider.** Suivez ensuite la procédure indiquée pour configurer votre domaine.

  Si vous avez accès au serveur Web de votre domaine mais que vous ne pouvez pas y transférer des fichiers : cliquez sur l'onglet **Autres méthodes** et activez l'option **Ajouter une balise Meta à la page d'accueil de votre site.** Suivez les instructions proposées qui s'affichent.

© Editions ENI - Toute reproduction interdite

Si vous n'avez pas accès aux paramètres DNS de votre domaine et que vous avez la possibilité de transférer des fichiers sur le serveur Web de votre domaine : sur l'onglet **Autres méthodes**, activez l'option **Transférer un fichier HTML vers votre serveur** puis cliquez sur le lien **ce fichier de validation HTML** pour télécharger le fichier puis transférez-le sur le serveur Web de votre domaine, dans le dossier racine de votre site. Puis, lorsque le transfert a été effectué, accédez à votre site, en cliquant sur le lien proposé et confirmez le transfert.

Si vous possédez un compte Google Analytics et que vous êtes administrateur de ce compte : sur l'onglet **Autres méthodes**, activez l'option **Utiliser mon compte Google Analytics** et suivez la procédure.

- Cliquez ensuite sur le bouton **Valider**.

Accéder au panneau de configuration

En tant qu'Administrateur du compte Google Apps de votre organisation, vous avez accès et vous pouvez modifier tous les paramètres d'administration proposés dans le panneau de configuration.

- Accédez à la page de Google Apps en saisissant l'adresse www.google.com/apps.
- Cliquez sur le lien **Connexion** (situé dans la partie supérieure droite de la fenêtre) et saisissez le nom de votre domaine dans la zone de saisie puis, dans la liste suivante, choisissez **Gestion de domaine**.
- Saisissez votre **Nom d'utilisateur** (première partie de votre adresse de messagerie dans le domaine) et le **Mot de passe** puis cliquez sur **Connexion**.

*Sur la page du panneau de configuration, l'accès aux paramètres se fait via les onglets situés dans la partie supérieure de la fenêtre. Sur l'exemple qui suit, c'est la page d'accueil du panneau de configuration (onglet **Tableau de bord**) qui est affichée. Cette page d'accueil vous informe des états d'activation des produits et des tâches de configuration restant à faire.*

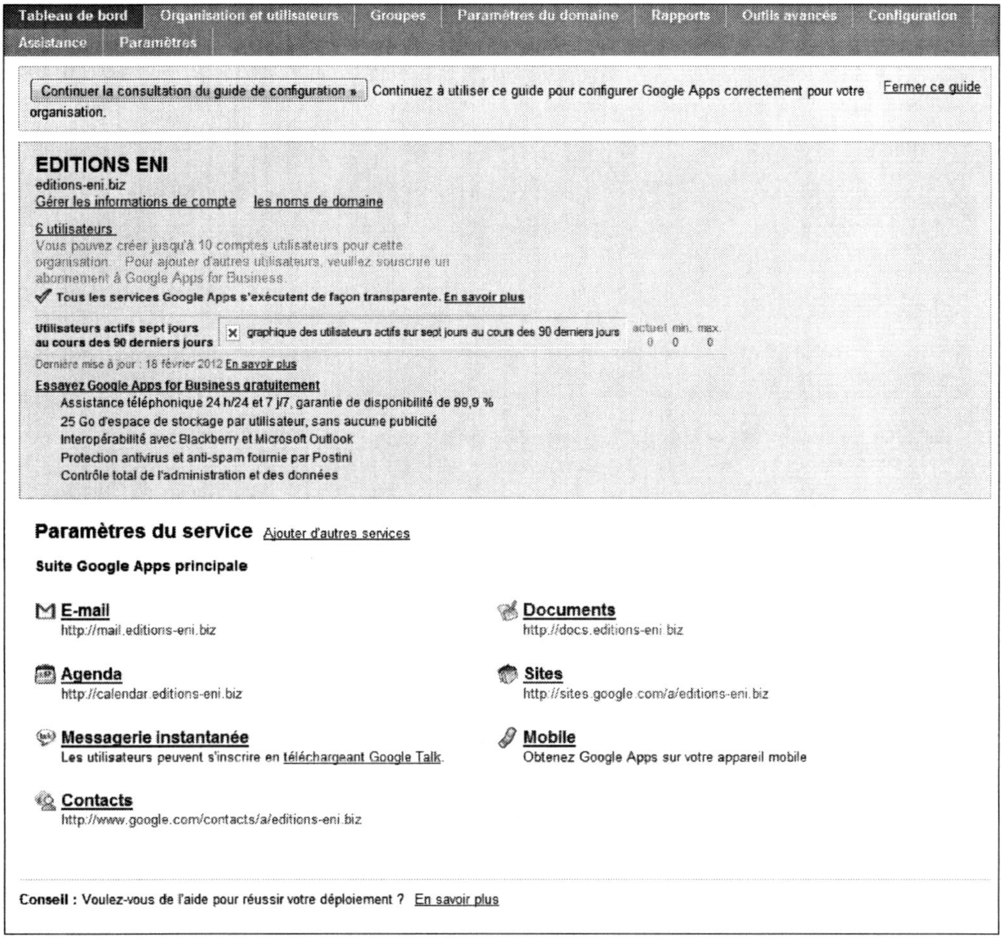

Pour accéder au panneau de configuration, vous pouvez également saisir l'adresse suivante : www.google.com/a/nom du domaine dans votre navigateur.

© Editions ENI - Toute reproduction interdite

Configurer les comptes Utilisateurs et Groupes

Cette étape vous permet d'ajouter les utilisateurs du domaine qui bénéficieront des applications et services de Google Apps. Les groupes, quant à eux, permettent d'associer une adresse de messagerie à un groupe d'utilisateurs.

- Dans la page du panneau de configuration, cliquez sur l'onglet **Configuration.**

  *Dans le menu gauche, l'étape **Utilisateurs et groupes** de l'Assistant est sélectionnée.*

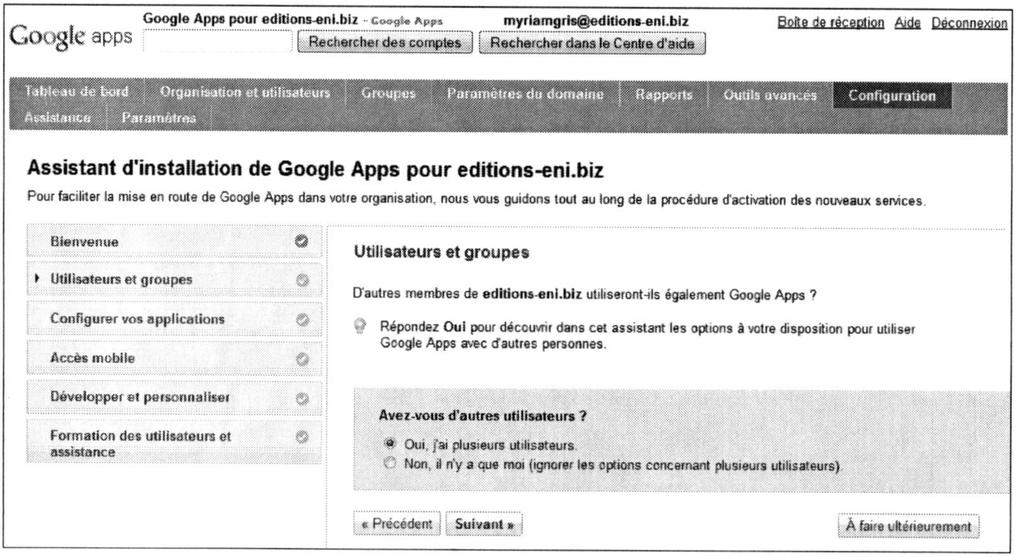

- Pour ajouter des utilisateurs, laissez active l'option **Oui, j'ai plusieurs utilisateurs.** Dans le cas contraire, activez l'option **Non, il n'y a que moi (ignorer les options concernant plusieurs utilisateurs).**
- Cliquez sur le bouton **Suivant.**

*Si vous avez choisi l'option **Non, il n'y a que moi**, vous accédez à l'étape **Configurer vos applications** ; si vous avez choisi **Oui, j'ai plusieurs utilisateurs**, la page suivante s'affiche :*

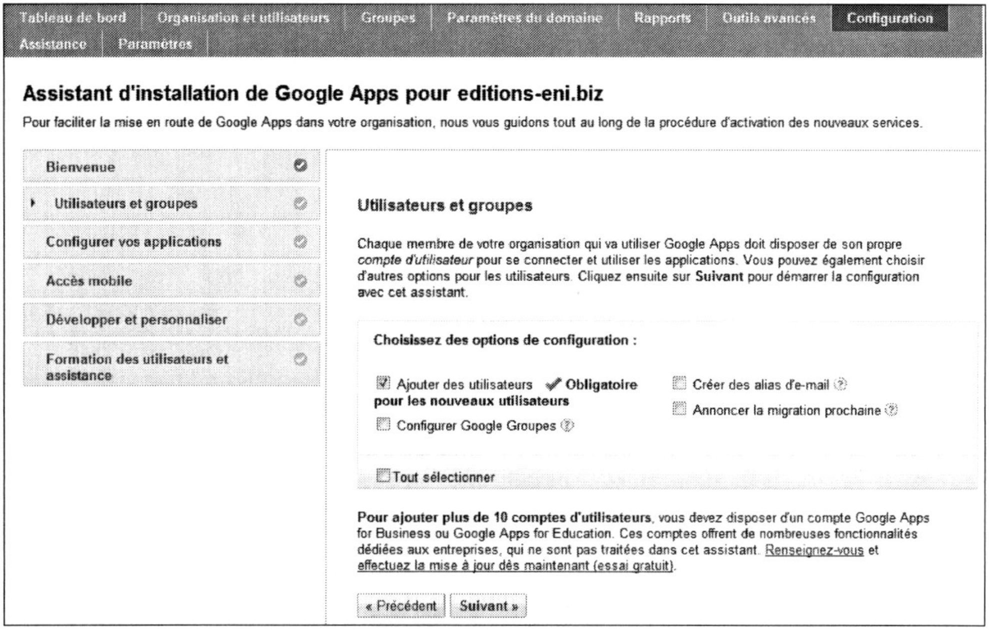

Cochez les options de configuration que vous souhaitez paramétrer :

Ajouter des utilisateurs Pour créer les comptes d'utilisateurs qui partageront les services et outils Google Apps.

Configurer Google Groupes Pour paramétrer l'outil de partage et de collaboration Google Groupes.

Créer des alias d'e-mail Pour pouvoir ajouter des adresses de messagerie supplémentaires dans le cas où les utilisateurs souhaitent disposer de plusieurs adresses.

Annoncer la migration prochaine Pour bénéficier des modèles d'annonces afin d'informer vos utilisateurs de la mise à disposition des services.

Pour choisir toutes ces options, cochez l'option **Tout sélectionner**.

© Editions ENI - Toute reproduction interdite

*Sur notre exemple, nous avons coché l'option **Tout sélectionner** afin de vous présenter l'ensemble des paramétrages.*

- Cliquez sur le bouton **Suivant.**

*Les options choisies s'affichent dans le volet gauche sous la section **Utilisateurs et groupes**.*

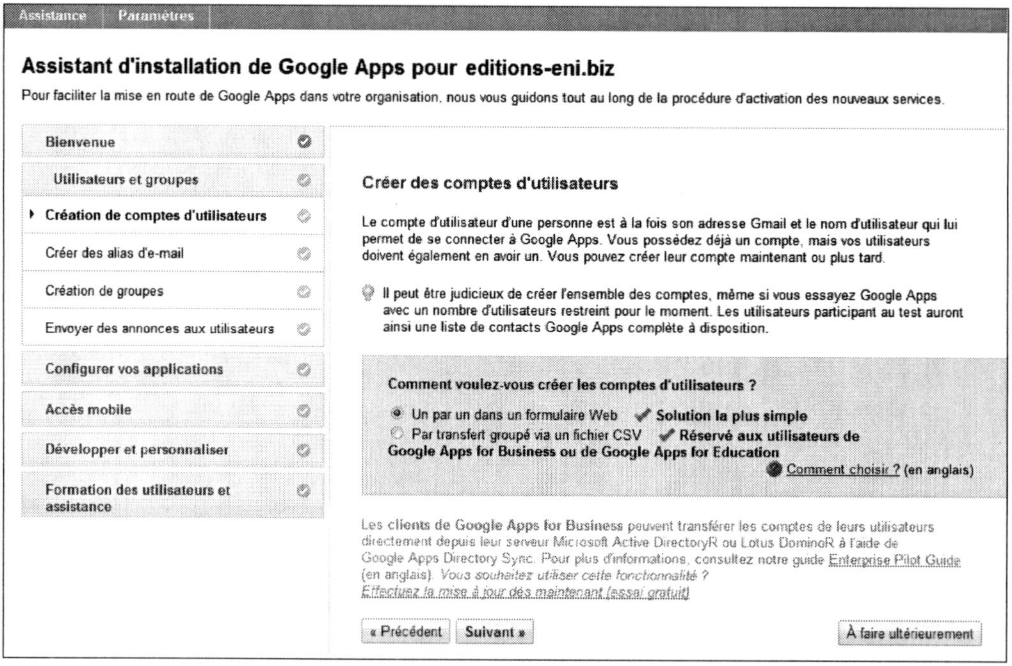

- Si vous avez choisi l'abonnement Google Apps for Business ou Google Apps for Education, activez l'option **Par transfert groupé via un fichier CSV** pour importer les comptes utilisateurs depuis un fichier CSV (cf. chapitre Utilisateurs - Créer des comptes par transfert groupé). Dans le cas contraire, laissez active l'option **Un par un dans un formulaire Web** puis cliquez sur **Suivant.**

*Le bouton **Démonstration** vous montre la procédure à suivre.*

- Cliquez sur l'onglet **Organisation et utilisateurs** puis, sur la page qui s'affiche, cliquez sur le bouton **Ajouter un nouvel utilisateur.**

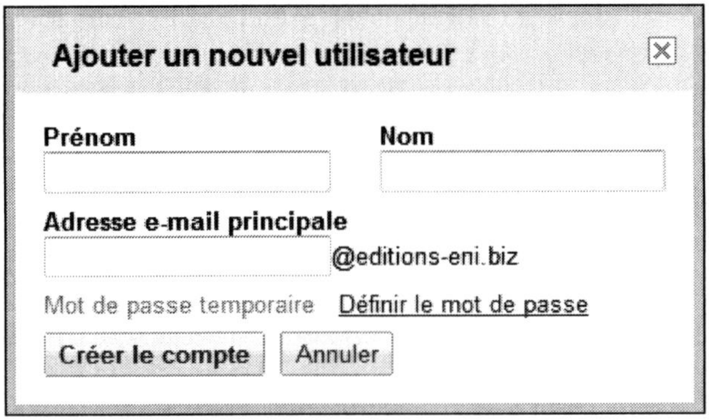

- Complétez le **Prénom**, le **Nom** et l'**Adresse e-mail principale** qui sera attribuée au nouvel utilisateur.
- Si vous ne souhaitez pas qu'un mot de passe temporaire soit automatiquement créé pour cet utilisateur, cliquez sur le lien **Définir le mot de passe** et saisissez le mot de passe dans les deux zones de saisie.

  *Le lien **Utiliser un mot de passe temporaire** permet de revenir à l'attribution d'un mot de passe provisoire que l'utilisateur devra utiliser lors de sa première connexion et à qui il sera ensuite demandé de saisir un nouveau mot de passe.*
- Cliquez sur le bouton **Créer le compte.**

  Les informations de connexion et du compte créé sont rappelées dans la boîte de dialogue qui s'affiche.

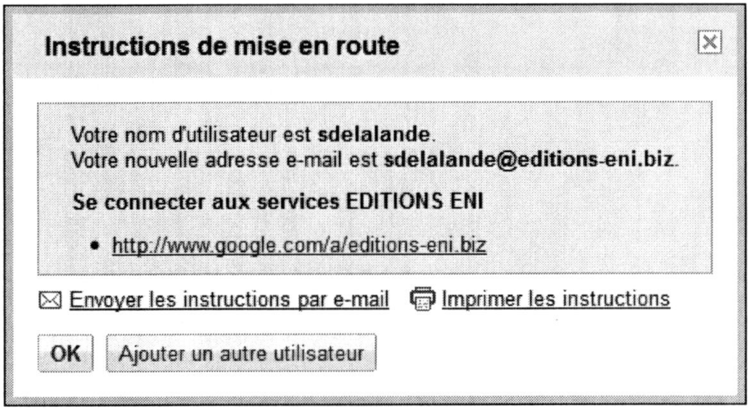

© Editions ENI - Toute reproduction interdite

- Pour envoyer à l'utilisateur ses identifiants et liens d'accès, cliquez sur le lien **Envoyer les instructions par e-mail** puis, dans la page qui s'affiche, renseignez l'adresse de messagerie de l'utilisateur dans la zone **À**, modifiez éventuellement le message proposé et cliquez sur le bouton **Envoyer les instructions**. Cliquez ensuite sur le bouton **OK** lorsque les instructions ont été envoyées.

  Pour **Imprimer les instructions**, cliquez sur le lien correspondant et sur le bouton **Imprimer** de la boîte de dialogue qui s'affiche. Lorsque l'impression est terminée, fermez l'onglet de la page pour revenir à la page des instructions de mise en route.

- Pour **Ajouter un autre utilisateur**, cliquez sur le bouton correspondant et utilisez la procédure vue précédemment pour compléter les informations de ce nouvel utilisateur.

- Lorsque tous les comptes d'utilisateurs souhaités ont été ajoutés, cliquez sur le bouton **OK**.

  Les comptes utilisateurs créés apparaissent dans la liste.

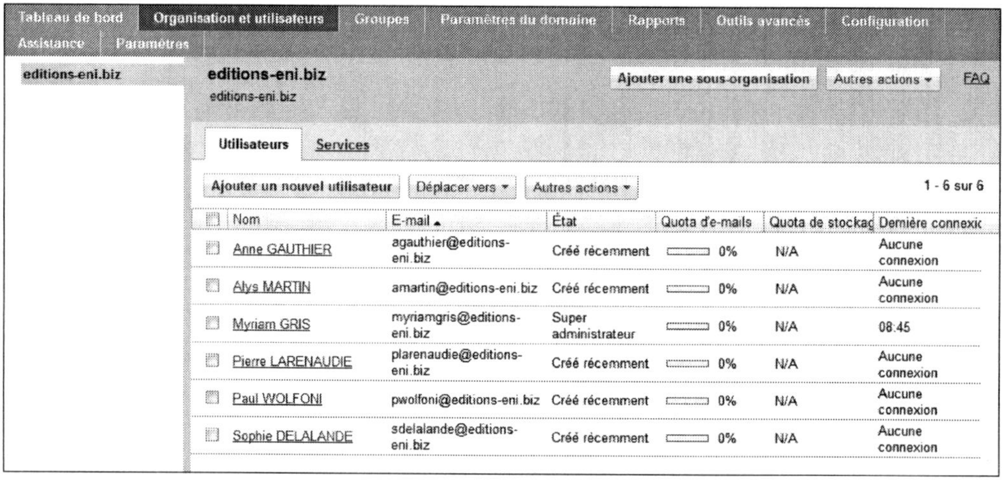

Ajouter des alias

*Un **alias d'e-mail**, ou **pseudonyme**, vous permet d'associer une ou plusieurs adresses supplémentaires à un compte d'utilisateur. L'utilisateur pourra ainsi recevoir et envoyer du courrier avec l'une ou l'autre des adresses depuis son espace de messagerie Google. Les alias ne peuvent pas être utilisés comme identifiants de connexion : l'adresse principale est la seule qui permet de se connecter à son compte utilisateur.*

- Dans la liste des utilisateurs, ouvrez la fiche de l'utilisateur pour lequel une nouvelle adresse doit être ajoutée en cliquant sur son nom.
- Dans la section **Alias**, cliquez sur le lien **Ajouter un alias.**

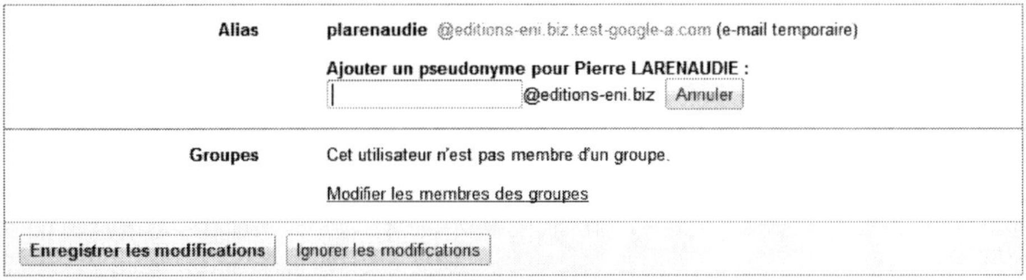

- Saisissez la première partie de la nouvelle adresse de messagerie dans la zone de saisie puis cliquez sur le bouton **Enregistrer les modifications.**

  *Le nouvel alias d'e-mail est désormais visible dans la section **Alias**, vous pouvez le **Supprimer** en cliquant sur le lien correspondant ou en créer un en cliquant sur le lien **Ajouter un alias**.*

- Pour revenir à la liste des utilisateurs, cliquez sur le nom de votre domaine dans le bandeau supérieur.

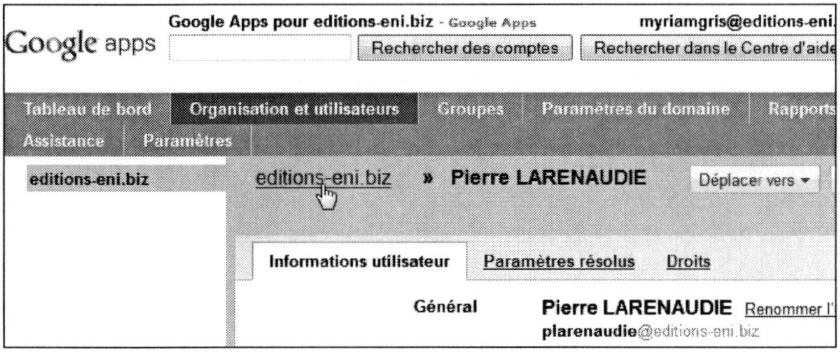

© Editions ENI - Toute reproduction interdite

Pour que cette adresse de messagerie puisse être fonctionnelle, l'utilisateur devra l'ajouter dans les paramètres de sa messagerie (cf. chapitre Gmail - Utiliser l'adresse d'un autre compte pour l'envoi des messages).

Créer des groupes

Un groupe, identifié par une adresse de messagerie propre, permet de regrouper plusieurs utilisateurs et ainsi d'envoyer des messages à ce groupe et d'en recevoir.

- Dans le panneau de configuration, cliquez sur l'onglet **Groupes.**
- Cliquez sur le lien **Créer un groupe.**

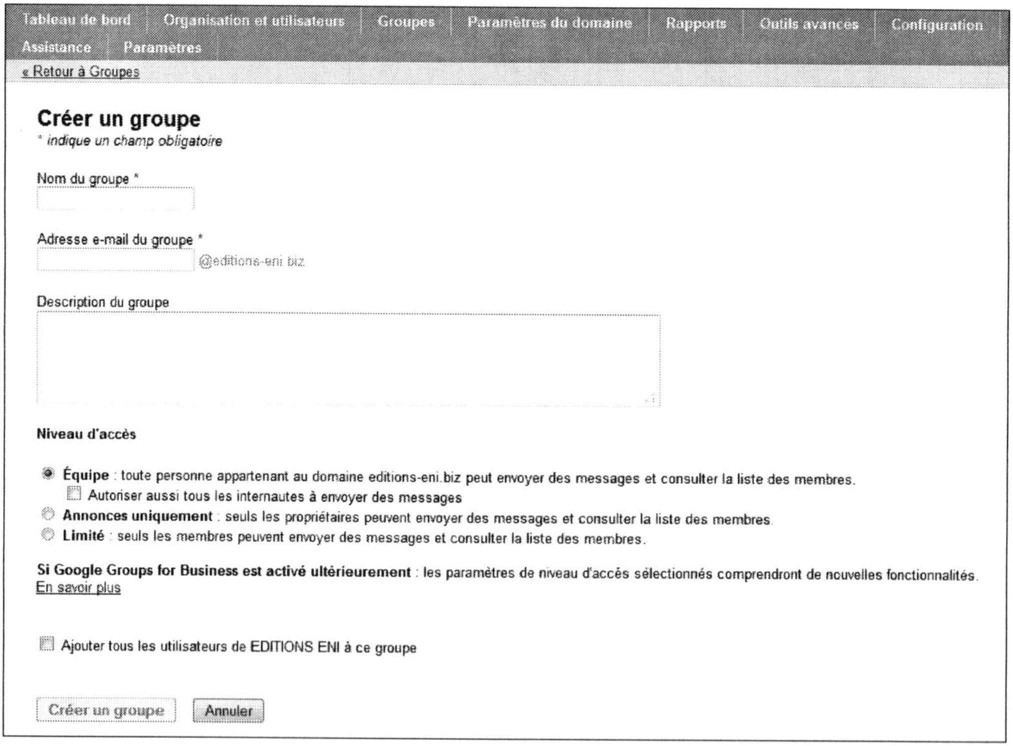

- Saisissez le **Nom du groupe** et l'**Adresse e-mail du groupe** dans les zones correspondantes.
- Renseignez éventuellement la **Description du groupe** dans la zone correspondante.

- Dans le cadre **Niveau d'accès**, sélectionnez une des options :

Équipe : Si son utilisation est réservée à un service par exemple. Par défaut, tous les utilisateurs du domaine peuvent envoyer des messages à ce groupe. Pour **Autoriser aussi tous les internautes à envoyer des messages**, cochez l'option correspondante.

Annonce uniquement : Ce groupe sera uniquement destiné à publier des informations aux personnes internes au domaine. Seuls les propriétaires pourront envoyer des messages à ce type de groupe.

Limité (ou groupe **privé**) : Seuls les membres et le propriétaire du groupe pourront s'échanger des messages.

- Si vous souhaitez ajouter tous les membres de votre domaine dans le groupe créé, cochez l'option **Ajouter tous les utilisateurs de *Nom de votre domaine* à ce groupe**. Dans le cas contraire, l'étape suivante vous permet d'ajouter les utilisateurs de votre choix.
- Cliquez sur le bouton **Créer un groupe.**

La page qui s'affiche permet d'ajouter des membres.

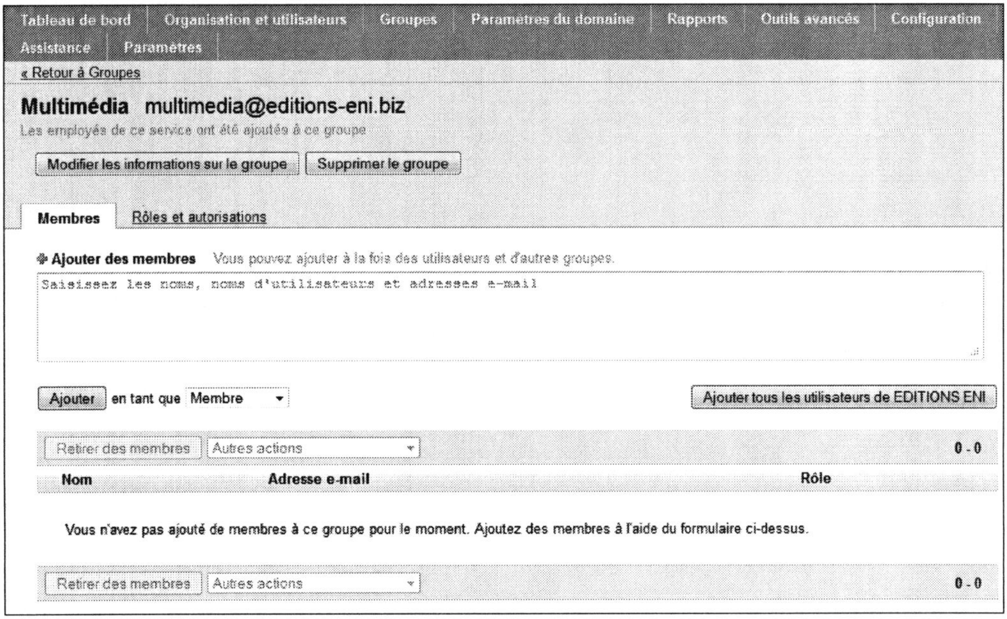

© Editions ENI - Toute reproduction interdite

- Cliquez dans la zone **Ajouter des membres** et saisissez l'adresse de messagerie d'un des membres. Ouvrez la liste **en tant que** puis choisissez si l'utilisateur ajouté doit être **Membre** du groupe ou **Propriétaire.** Cliquez ensuite sur le bouton **Ajouter.**
- Répétez l'opération pour chacun des membres à ajouter.

  *Vous pouvez également cliquer sur le bouton **Ajouter tous les utilisateurs de Nom du domaine** pour inclure dans le groupe tous les utilisateurs de votre domaine.*
- Pour modifier ou personnaliser les autorisations d'accès de ce groupe, cliquez sur l'onglet **Rôles et autorisations.**
- Choisissez un des rôles prédéfinis : **Équipe, Annonces uniquement** ou **Limité** ; pour choisir les types d'utilisateurs qui pourront envoyer des messages à ce groupe et visualiser la liste des membres dans les invitations à un rendez-vous ou à une réunion d'un agenda, activez l'option **Personnalisée.**

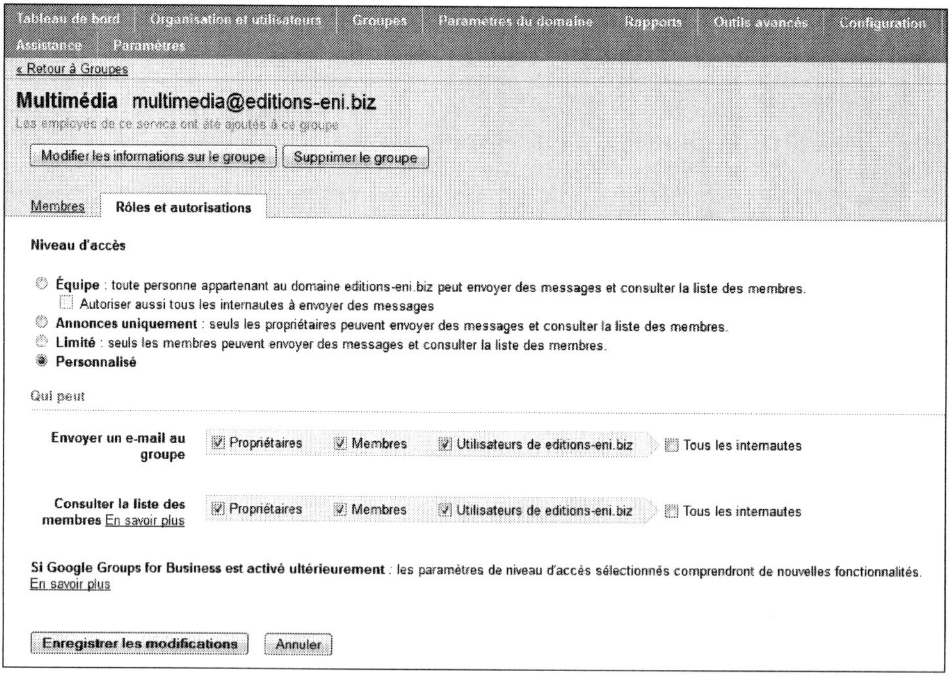

- Décochez les options correspondant aux types d'utilisateurs à qui vous ne souhaitez pas accorder l'autorisation.
- Cliquez sur le bouton **Enregistrer les modifications.**

- Pour revenir à la liste des groupes, cliquez sur le lien **Retour à Groupes** dans le bandeau supérieur de la fenêtre.
- Utilisez la même procédure pour créer des groupes supplémentaires.

Créer une sous-organisation

Une sous-organisation est créée dans un domaine pour regrouper les utilisateurs d'une même organisation ou service afin de leur attribuer les mêmes autorisations pour l'utilisation des applications.

- Dans le panneau de configuration, cliquez sur l'onglet **Organisation et utilisateurs.**
- Cliquez sur le bouton **Ajouter une sous-organisation.**
- Saisissez le **Nom de l'organisation** et sa **Description** puis cliquez sur **Ajouter une organisation.**

Le nom de l'organisation s'affiche sous le nom de votre domaine dans le volet gauche de la fenêtre. Sur cet exemple, la sous-organisation a été nommée ***Agence Nantes****.*

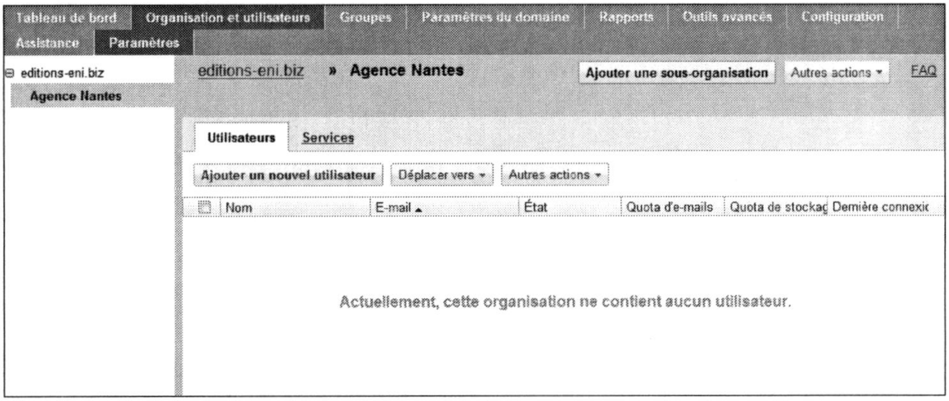

Pour créer une nouvelle sous-organisation dans votre domaine, sélectionnez le nom de celui-ci dans le volet gauche avant de cliquer sur le bouton ***Ajouter une sous-organisation****. Dans le cas contraire, la sous-organisation sera créée dans la sous-organisation sélectionnée.*

Le bouton ***Autres actions*** *permet de modifier le nom de l'organisation, de la déplacer ou de la supprimer.*

© Editions ENI - Toute reproduction interdite

- Pour ajouter des utilisateurs à une sous-organisation, sélectionnez la sous-organisation dans le volet gauche puis cliquez sur le bouton **Ajouter un nouvel utilisateur**. Suivez ensuite la procédure vue précédemment (cf. Configurer les comptes Utilisateurs et Groupes).
- Pour déplacer des utilisateurs existants, sélectionnez les utilisateurs à déplacer en cochant la case située en regard de leur nom puis cliquez sur le bouton **Déplacer vers** et sur le nom de l'organisation dans laquelle vous souhaitez déplacer les utilisateurs. Validez en cliquant sur le bouton **Déplacer vers l'organisation**.

Configurer les applications

Il s'agit de paramétrer et d'activer les applications Google Apps afin que celles-ci soient fonctionnelles sur votre plateforme. Si votre domaine a été fourni par Google, la configuration des services a déjà été effectuée, vous avez accès néanmoins aux autres paramètres de configuration hormis l'exécution d'un programme pilote pour effectuer un test.

- Si besoin, revenez sur la page de l'assistant de configuration en cliquant sur l'onglet **Configuration** puis, dans le menu gauche, cliquez sur **Configurer vos applications**.

⊡ Cochez les applications souhaitées et cliquez sur le bouton **Suivant**.

© Editions ENI - Toute reproduction interdite

*Les applications choisies sont accessibles et visibles dans le volet gauche. Sur cet exemple, la première application est **Gmail**, le client de messagerie de Google Apps.*

- Cliquez sur le bouton **Suivant.**
- Dans le cadre **Choisissez des options de configuration**, cochez celles que vous souhaitez paramétrer :

Exécuter un programme pilote Si vous souhaitez tester les procédures de migration sur quelques comptes d'utilisateurs (le test peut durer une heure environ).

Configurer Gmail Pour configurer et modifier les enregistrements MX de votre domaine pour pouvoir ensuite transférer les e-mails dans Google Gmail (cette option ne peut pas être décochée).

Accéder à Gmail via un navigateur Web Cette étape vous indiquera l'adresse Web de votre espace de messagerie.

Transférer les anciens messages Pour effectuer la migration des messages existants d'un autre client de messagerie dans l'application Gmail.

Utiliser d'autres clients de messagerie Pour réceptionner les mails de votre messagerie Google Apps dans une autre application de messagerie.

Accéder à vos contacts Pour connaître les possibilités offertes par le gestionnaire de contacts.

Empêcher le spoofing Pour éviter que votre adresse de messagerie soit usurpée et utilisée par des spammeurs, vous disposez de deux méthodes : la première consiste à créer une signature numérique et la seconde à créer des enregistrements SPF.

- Cliquez sur le bouton **Suivant.**

Configurer Gmail

Pour paramétrer Gmail, vous devez diriger le flux des messages de votre domaine vers les serveurs Google en effectuant une modification des enregistrements MX de votre domaine depuis le site Web de votre hôte de domaine. Si vous avez acheté votre domaine lors de l'inscription, les modifications des enregistrements MX ont été faites automatiquement.

- Dans le cadre **Comment souhaitez-vous diriger vos messages ?**, laissez active l'option **Via les serveurs Google** puis cliquez sur le bouton **Suivant.**
- Dans la liste **Quel est l'hôte de votre domaine ?**, choisissez le nom de votre hébergeur de domaine puis cliquez sur le bouton **Suivant.**
- Prenez connaissance et réalisez les procédures indiquées. Lorsque ces dernières sont terminées, cliquez sur le bouton **Suivant.**
- Laissez active l'option **Oui, les enregistrements MX de *Nom de domaine* ont été modifiés pour rediriger les messages vers Google** puis cliquez sur le bouton **Suivant.**

Google procède alors à la vérification des enregistrements MX. La modification des enregistrements peut s'effectuer dans un délai maximum de 48 heures.

Vous pouvez prendre note de l'adresse Web de votre espace de messagerie. En cliquant sur le lien proposé, une vidéo d'utilisation du service Gmail et l'accès à votre interface vous sont proposés.

- Cliquez sur le bouton **Suivant.**
- Pour le transfert des anciens messages, lisez les informations puis cliquez sur le bouton **Suivant.**
- Dans le cadre **Quel type de migration souhaitez-vous effectuer ?**, laissez active l'option **Migration effectuée par les utilisateurs** si vous ne disposez pas de l'abonnement Google Apps for Business ou Education puis cliquez sur le bouton **Suivant.**

© Editions ENI - Toute reproduction interdite

- Sélectionnez le client de messagerie qui est actuellement utilisé puis cliquez sur le bouton **Suivant.**

  Via les liens proposés, vous pouvez prendre connaissance des procédures pour effectuer cette migration.

- Pour utiliser d'autres clients de messagerie, choisissez le logiciel de messagerie à utiliser puis cliquez sur le bouton **Suivant.** Suivez ensuite la procédure indiquée dans votre logiciel de messagerie et cliquez sur le bouton **Suivant.**

Configurer l'Agenda

- Dans le panneau de configuration, cliquez, si besoin, sur l'onglet **Configuration** puis, dans le menu gauche, sur **Google Agenda.**
- Cliquez sur le bouton **Suivant.**

  *Le lien **Adresse de votre agenda** indique l'adresse Web d'accès à cette application. Vous pouvez cliquer sur ce lien pour y accéder.*

© Editions ENI - Toute reproduction interdite

- Activez l'option **Ne pas ajouter de ressources partagées** si vous ne disposez pas de l'abonnement Google Apps for Business ou Education. Dans le cas contraire, l'option **Ajouter des ressources maintenant** permet d'ajouter des salles de réunion ou tout autre type de matériel : rétroprojecteur, ordinateurs...

  Pour paramétrer un agenda en tant que ressource, consultez le chapitre Partage - Paramétrer un agenda en tant que ressource.

- Cliquez sur le bouton **Suivant.**
- Si vous avez choisi d'ajouter des ressources, la page qui s'affiche vous indique la procédure à suivre, cliquez alors sur le bouton **Suivant** lorsque les ressources ont été ajoutées.

Pour créer et partager des agendas, reportez-vous au chapitre Gestion - Créer un agenda supplémentaire et au chapitre Partage - Partager un agenda.

Configurer Google Documents

Cette partie de l'assistant de configuration concerne le paramétrage des applications bureautiques partagées de Google Apps.

- Dans le panneau de configuration, cliquez, si besoin, sur l'onglet **Configuration** puis, dans le menu gauche, sur **Google Documents.**
- Cliquez sur le bouton **Suivant.**

  Vous pouvez prendre note de l'adresse Web de votre espace Google Documents. En cliquant sur le lien proposé, vous accédez à la liste des documents partagés.

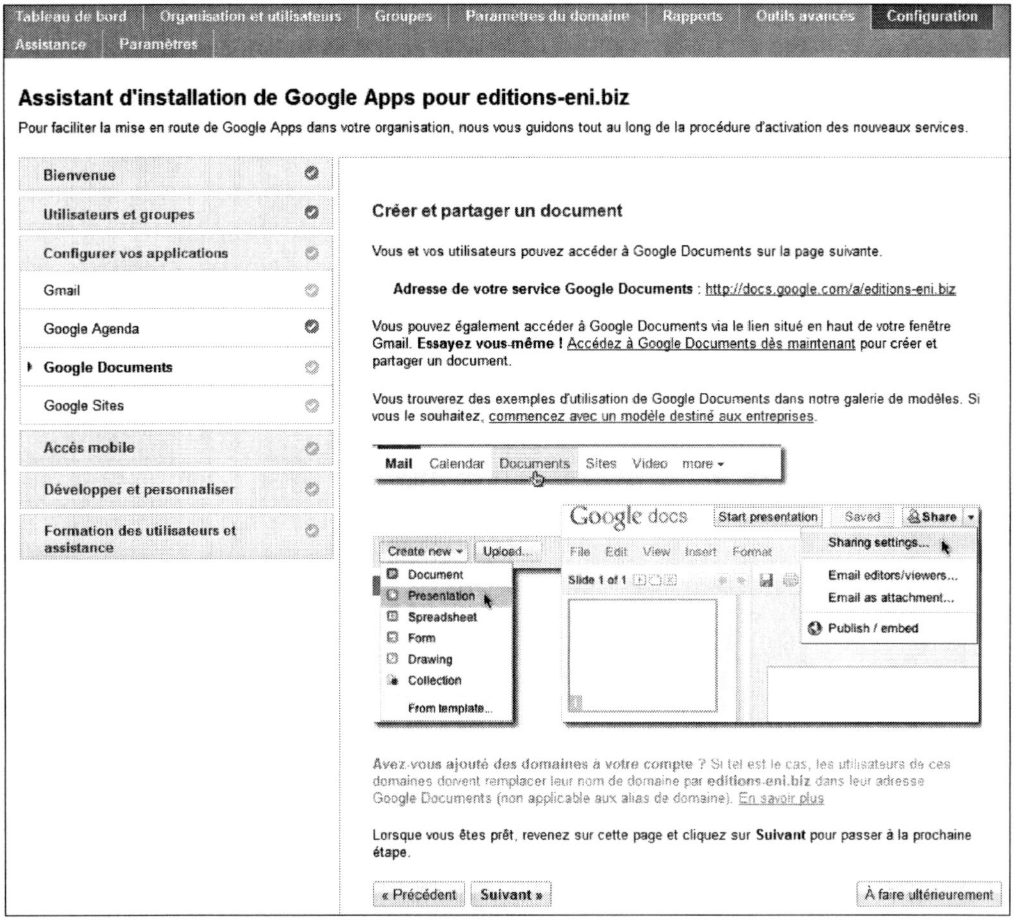

Cliquez sur le bouton **Suivant** pour accéder à l'étape **Google Sites**.

© Editions ENI - Toute reproduction interdite

Modifier les adresses URL des applications

Il s'agit de modifier les adresses URL d'accès à l'agenda, à la liste des documents partagés, à la messagerie et à votre site afin qu'elles soient plus concises.

- Dans le panneau de configuration, cliquez sur l'onglet **Paramètres.**
- Pour modifier l'adresse URL de l'**Agenda**, des **Documents** partagés, de la messagerie **(E-mail)** ou des **Sites**, cliquez sur le nom de l'application correspondante dans le menu gauche de la fenêtre puis sur le lien **Modifier l'URL.**

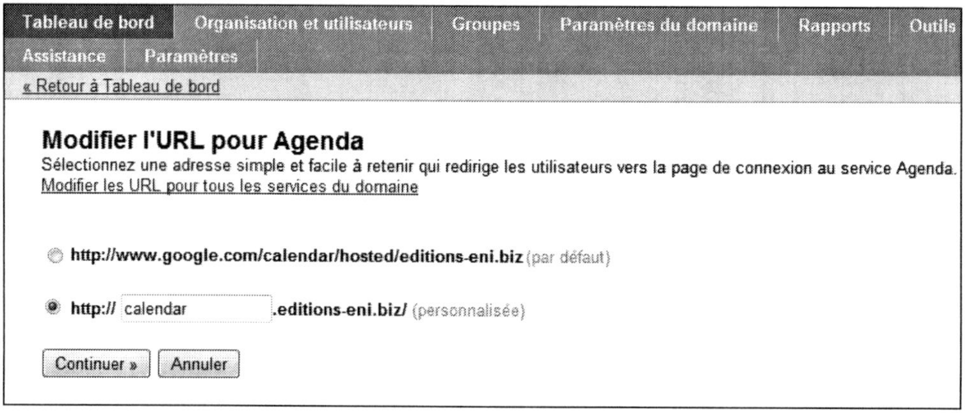

- Activez la deuxième option puis, dans la zone de saisie, modifiez, si besoin, la première partie du chemin d'accès.
- Cliquez sur le bouton **Continuer**.

  *Après la validation des modifications, la page **Tableau de bord** s'affiche et l'adresse d'accès à l'application modifiée est mise à jour.*

- Pour modifier plusieurs adresses URL, sur la page **Paramètres** du panneau de configuration, cliquez sur le lien **Modifier l'URL** de la section **Agenda, Documents, E-mail** ou **Sites** puis sur le lien **Modifier les URL pour tous les services du domaine**.

- Pour chaque application, activez la deuxième option si vous souhaitez modifier l'adresse et saisissez-la dans la zone de saisie.
- Cliquez sur le bouton **Continuer** pour valider les modifications.

© Editions ENI - Toute reproduction interdite

Activer les applications Utilisateurs

Il vous sera peut-être nécessaire, après avoir créé les comptes d'utilisateurs, d'activer les services et outils Google Apps afin que ces derniers puissent les utiliser (généralement, l'activation est automatique). Si vous avez créé des sous-organisations, cette procédure vous permet de choisir les applications qui devront ou non être activées pour les utilisateurs de cette organisation.

- Dans le panneau de configuration, cliquez sur l'onglet **Organisation et utilisateurs.**

Activer les applications pour tous les utilisateurs du domaine (sous-organisations incluses)

- Sélectionnez le nom du domaine dans le volet gauche puis, dans le volet droit, cliquez sur l'onglet **Services.**

La liste des applications s'affiche. À droite de chacun des services, le bouton ***Activé*** *apparaît sur fond vert lorsque celui-ci est actif sinon le bouton* ***Désactivé*** *apparaît sur fond rouge.*

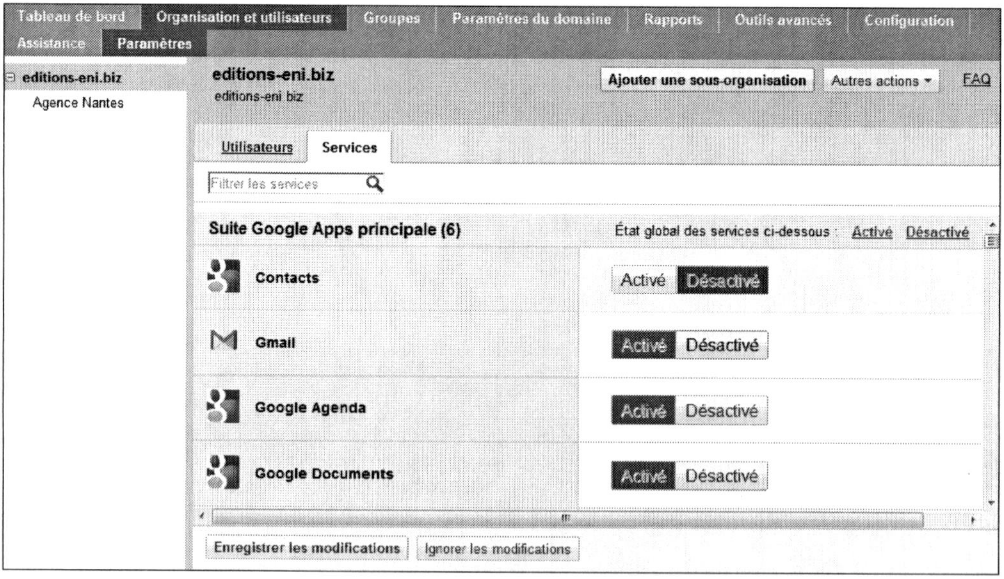

Vous pouvez utiliser la zone de recherche située au-dessus de la liste pour accéder plus rapidement au service (ou application) recherché.

- Pour activer un service, cliquez sur le bouton **Activé** ; à l'inverse, pour le désactiver, cliquez sur le bouton **Désactivé**.

  Pour activer ou désactiver tous les services d'une catégorie, cliquez sur le lien **Activé** ou **Désactivé** situé à la suite de l'intitulé **État global des services ci-dessous** (à droite du nom de la catégorie de services).

- Validez en cliquant sur le bouton **Enregistrer les modifications**.

Activer les applications pour une sous-organisation

Par défaut, les sous-organisations héritent des activations faites sur le domaine cependant, après avoir rompu le lien, il est possible de choisir les applications et services qui devront seulement être actifs.

- Dans le volet gauche, sélectionnez la sous-organisation et, si besoin, sur l'onglet **Services**.

  *À la suite du nom et de l'état d'activation des applications, le terme **Hérité** apparaît.*

- Pour rompre le lien parent, cliquez sur le lien **Remplacer ce paramètre** correspondant au service (ou application) concerné puis, selon votre choix, cliquez sur le bouton **Activé** ou **Désactivé**.

© Editions ENI - Toute reproduction interdite

*Le lien **Utiliser les paramètres hérités** permet de revenir à la configuration par défaut et d'utiliser l'activation définie du domaine ou de la sous-organisation de niveau supérieur.*

- Cliquez sur le bouton **Enregistrer les modifications.**

Désactiver l'affichage de compatibilité (Internet Explorer)

Si vous utilisez le navigateur Internet Explorer, celui-ci propose d'activer cet affichage, ce qui a une incidence sur l'affichage de certaines fonctionnalités de Gmail. Pour bénéficier d'un affichage optimal, vous devez retirer le site Google.com de la liste des sites pour lesquels cet affichage est opérationnel.

- Si vous utilisez la version 9 d'Internet Explorer, affichez la barre des commandes en effectuant un clic droit sur l'outil  et en sélectionnant l'option **Barre de commandes.**
- Cliquez sur le menu **Outils** et sur l'option **Paramètres d'affichage de compatibilité.**

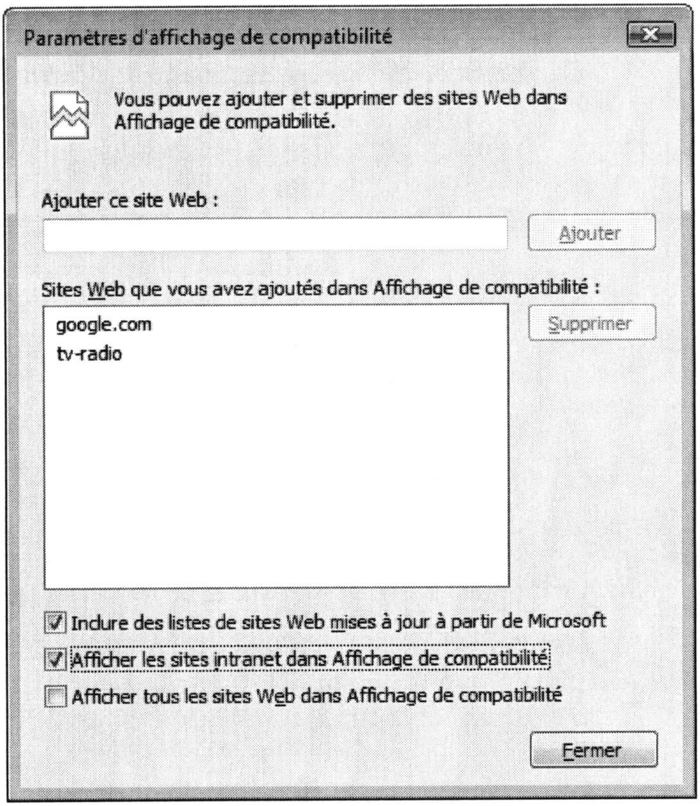

© Editions ENI - Toute reproduction interdite

- Sélectionnez **Google.com** dans la liste des sites Web puis cliquez sur le bouton **Supprimer**.
- Cliquez ensuite sur le bouton **Fermer**.

Nous vous recommandons néanmoins d'utiliser le navigateur Google Chrome (téléchargeable à cette adresse : www.google.com/chrome) afin de pouvoir bénéficier de toutes les fonctionnalités car certaines ne sont pas disponibles dans les autres navigateurs, c'est le cas, par exemple, pour l'utilisation des applications hors connexion.

Se connecter/se déconnecter

Cette procédure vous permet de vous connecter ou de vous déconnecter de votre messagerie Gmail.

- Dans votre navigateur, saisissez l'adresse de la page d'accès à votre messagerie, généralement **mail.*nom de votre domaine*** ou **mail.google.com/a/*nom de votre domaine*** si l'administrateur du compte ne l'a pas modifiée.
- Saisissez votre **Nom d'utilisateur** (première partie de votre adresse de messagerie dans le domaine indiqué) et votre **Mot de passe**.
- Cochez l'option **Rester connecté** si vous souhaitez ne pas avoir à saisir vos identifiants à la prochaine connexion.
- Cliquez ensuite sur le bouton **Connexion**.

*Lors de la première connexion à votre compte de messagerie, la page **Bienvenue dans votre nouveau compte** s'affiche. Elle vous informe des conditions d'utilisation des applications et services Google.*

- Dans la partie inférieure de la page, saisissez les caractères qui s'affichent puis cliquez sur le bouton **J'accepte et j'accède à mon compte**.
- Si votre administrateur vous a fourni un mot de passe provisoire, dans la page qui s'affiche, saisissez-le dans la première zone de saisie puis dans les deux zones suivantes, saisissez votre nouveau mot de passe et cliquez sur le bouton **Envoyer**.

Après chargement, la fenêtre pop-up qui s'affiche vous propose de visionner une vidéo pour découvrir la nouvelle interface de votre espace de messagerie.

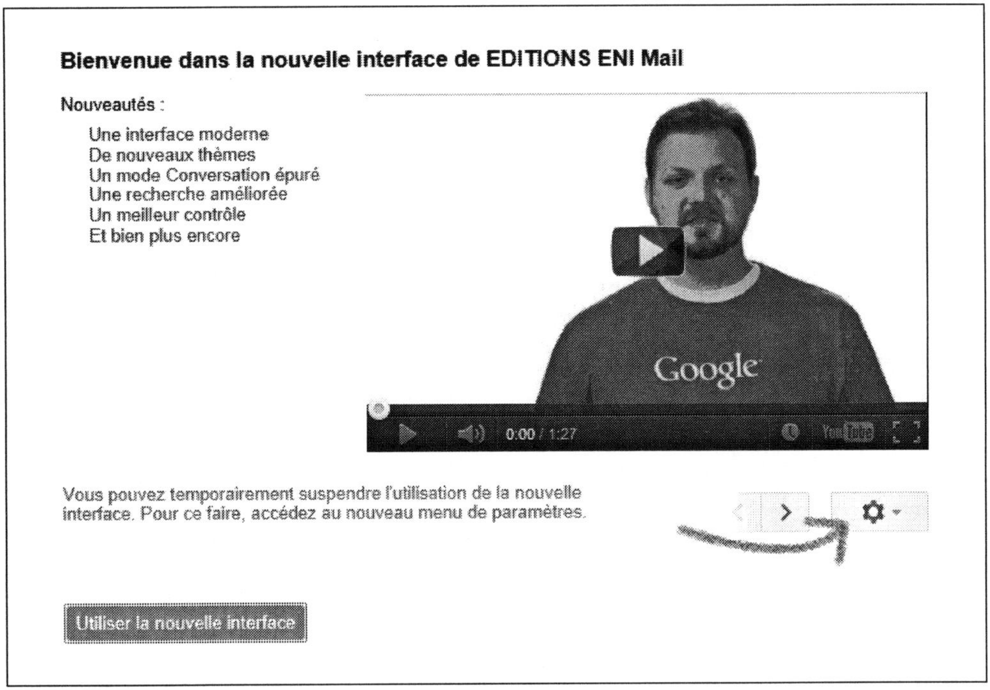

- Cliquez sur le bouton **Utiliser la nouvelle interface** pour accéder à votre compte.

  Lorsque vous êtes connecté, votre adresse d'utilisateur apparaît dans la partie supérieure droite de la fenêtre.

- Pour vous déconnecter, cliquez sur votre nom d'utilisateur puis cliquez sur l'option **Déconnexion.**

Pour vous connecter, vous pouvez également, dans la page d'accueil de Google (www.google.fr), cliquer sur **Connexion** (dans la partie supérieure droite de la fenêtre) et, après avoir saisi vos identifiants, cliquez sur **E-mail** dans la barre des liens supérieure.

© Editions ENI - Toute reproduction interdite

Naviguer entre les applications

Lorsque vous êtes connecté à Gmail ou à une autre application Google Apps, la barre supérieure affiche les liens d'accès à vos applications :

- Cliquez sur le lien de l'application à utiliser :

E-mail Pour vous connecter à votre messagerie Gmail.

Agenda Pour vous connecter à Google Agenda.

Documents Pour accéder à la liste de vos documents de Google Documents.

Sites Pour accéder à Google Sites et à la liste des sites créés.

Groupes Pour accéder à Google Groupes.

Contacts Pour afficher la liste des contacts enregistrés dans votre carnet d'adresses ou dans celui du domaine.

Plus Donne accès à la page **Autres produits Google** vous proposant le téléchargement d'applicatifs supplémentaires ou la souscription à des services destinés à améliorer votre utilisation des applications Google Apps.

Chaque application s'ouvre dans un nouvel onglet, ce qui vous permet de naviguer entre les applications ouvertes en cliquant simplement sur l'onglet correspondant à l'application à afficher.

- Dans **Gmail**, pour afficher le dossier **Contacts** ou la **Liste des tâches**, ouvrez la liste **Messagerie** dans la barre d'outils et choisissez l'option correspondante ; pour afficher à nouveau le dossier **Messagerie**, cliquez sur son intitulé dans la liste.

*La page du dossier **Contacts** remplace celle de Gmail. La **Liste des tâches** apparaît sous la forme d'un volet qui s'affiche dans la partie inférieure droite de la fenêtre.*

Afficher la liste des applications Google Apps

Selon le paramétrage effectué par votre administrateur, certaines applications Google Apps peuvent ne pas être disponibles. Vous pouvez utiliser cette procédure pour connaître les applications que vous êtes autorisé à utiliser et les lancer.

- Cliquez sur votre nom d'utilisateur et sélectionnez l'option **Paramètres de compte.**
- Dans le menu gauche, cliquez sur **Produits.**

*Les applications et services auxquels vous avez accès sont visibles dans l'encadré **Vos produits**.*

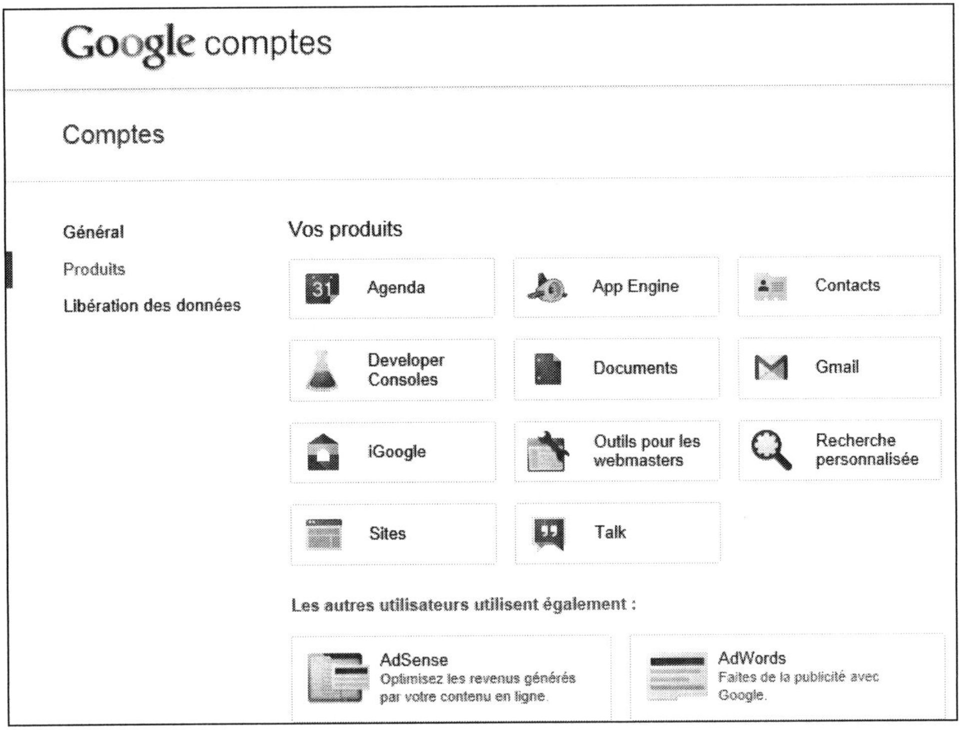

Lorsque vous pointez une des icônes, une brève description de l'application ou du service apparaît dans une info-bulle.

- Pour lancer une application, cliquez sur son icône.

© Editions ENI - Toute reproduction interdite

Description de la fenêtre

La fenêtre Gmail est constituée des éléments suivants :

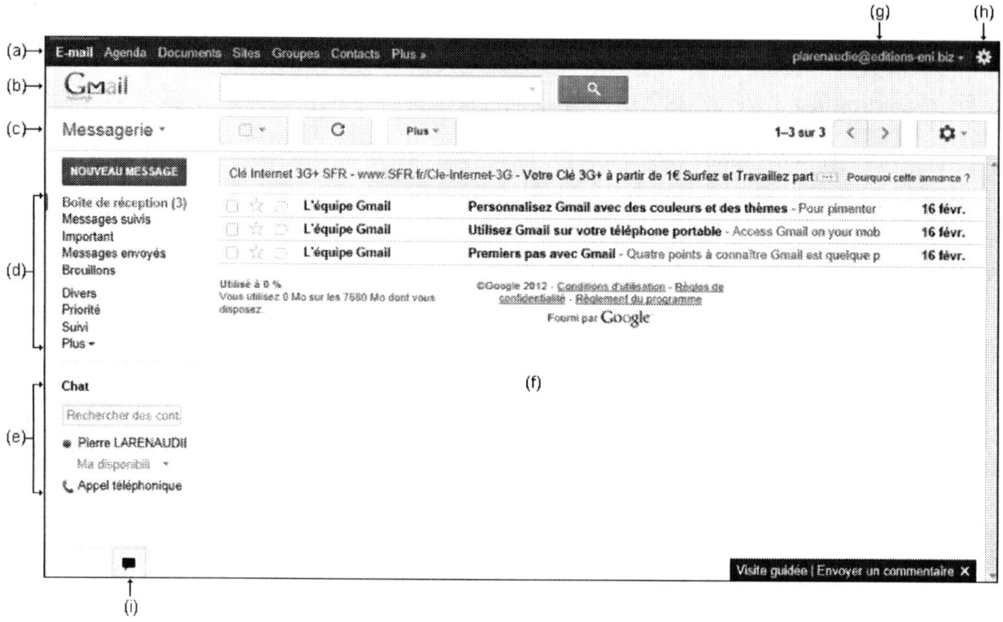

La barre des liens (a), commune à toutes les applications, permet de naviguer entre les différents services de Google Apps.

La zone de recherche (b) vous permet de rechercher des messages ou de choisir un filtre d'affichage.

La barre d'outils (c) propose la liste d'accès aux vues **Messagerie**, **Contacts** ou **Liste des tâches.** Sur cet exemple, c'est la vue **Messagerie** qui est active ; l'outil **Sélectionner**  permet de sélectionner les messages **Non lus**, **Lus**, etc. ; l'outil **Actualiser**  met à jour l'affichage de la page (utile pour vérifier l'arrivée de nouveaux messages) ; le bouton **Plus**, lorsque des messages sont sélectionnés, propose des commandes associées à la sélection ; l'outil **Paramètres**  donne accès à la modification des paramètres de la messagerie, du thème et de la densité d'affichage ainsi que les options pour revenir à l'ancienne interface de Gmail ou l'accès à l'aide en ligne.

Le **volet de navigation** (d) : affiche les libellés (ou dossier) de la vue sélectionnée. En cliquant sur un libellé, vous affichez le contenu du dossier ; par défaut, le dossier **Boîte de réception** de la vue **Messagerie** est sélectionné.

Le **volet Chat** (e) propose une zone de recherche de contacts à qui vous souhaitez envoyer un message électronique, un message instantané ou pour lequel vous souhaitez consulter le profil ou les conversations récentes. Votre nom d'utilisateur apparaît dans ce volet, le menu associé vous permet de modifier votre statut de connexion.

Le **volet du dossier (libellé) actif** (f) affiche les éléments contenus dans celui-ci. Si vous utilisez la version Standard, la partie supérieure de ce volet affiche des annonces publicitaires.

Nom de l'utilisateur connecté (g) à l'espace de messagerie. La liste associée propose de modifier les paramètres du compte et de se déconnecter.

L'outil **Options** (h) permet d'accéder aux paramètres de la messagerie et à l'aide de Google Mail.

L'outil **Chat** (i) masque/affiche le volet **Chat**.

© Editions ENI - Toute reproduction interdite

Modifier son mot de passe

- Cliquez sur votre nom d'utilisateur et sélectionnez l'option **Paramètres de compte.**

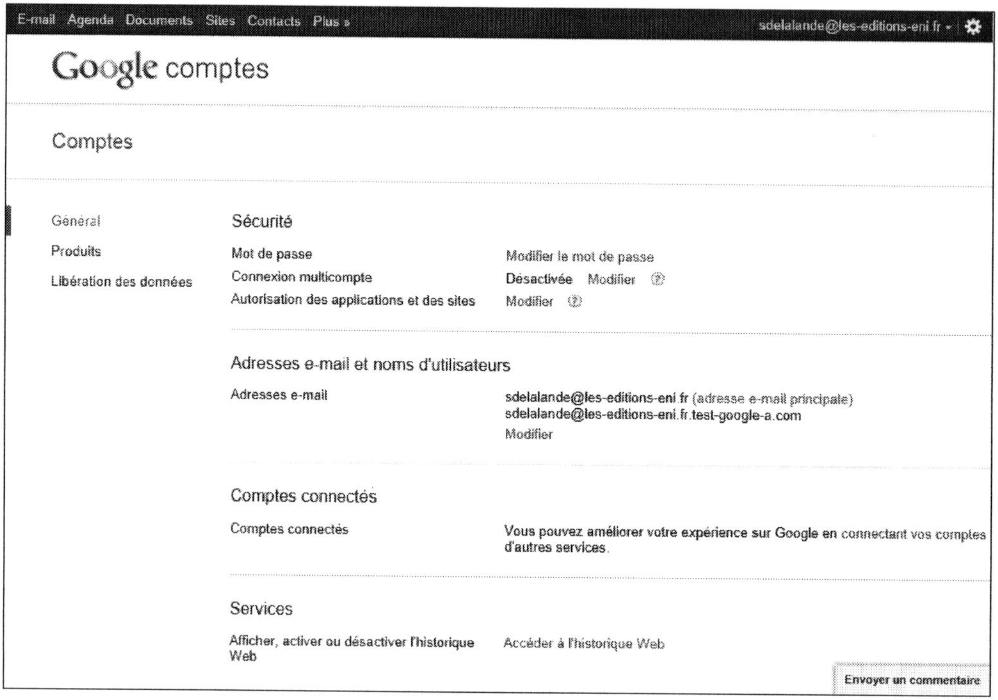

- Dans la section **Sécurité**, cliquez sur le lien **Modifier le mot de passe.**
- Dans la première zone de saisie, saisissez le **Mot de passe actuel** puis, dans les deux autres zones, saisissez le nouveau mot de passe.

  Votre nouveau mot de passe doit comporter un minimum de 8 caractères.
- Cliquez sur le bouton **Enregistrer.**
- Fermez ensuite l'onglet de la fenêtre.

Un même mot de passe ne peut pas être utilisé plusieurs fois.

Modifier le thème

Pour modifier l'aspect de votre espace de messagerie, vous pouvez choisir un des thèmes proposés par Google.

- Cliquez sur l'outil **Paramètres**  et sélectionnez l'option **Thèmes**.

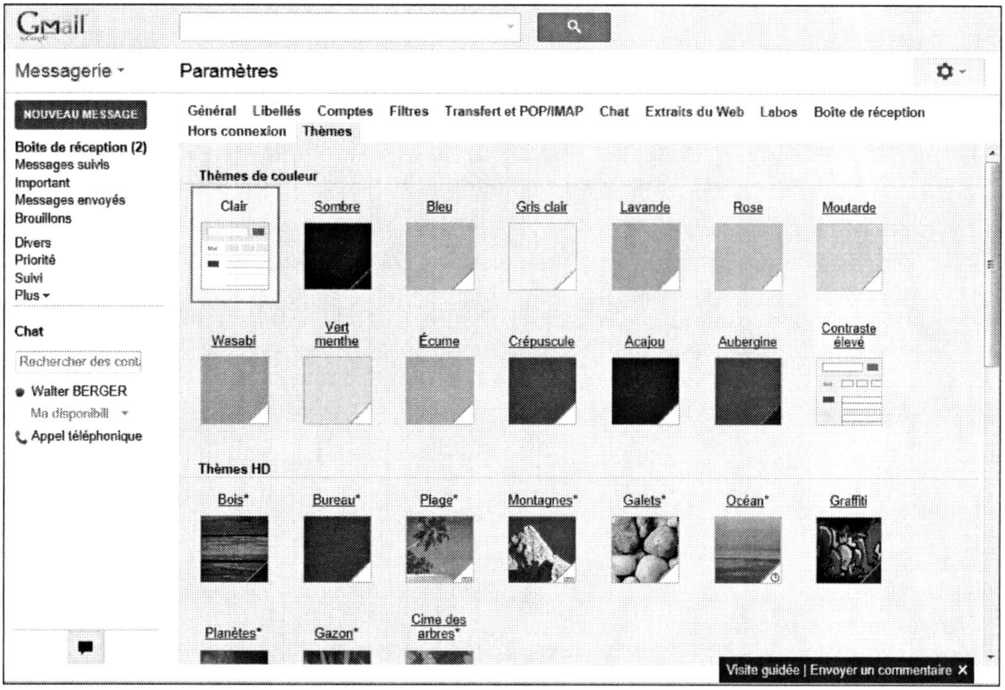

- Cliquez sur le thème à appliquer.
- Lorsque le message **Vos préférences ont été enregistrées** apparaît en haut de la fenêtre, cliquez, si besoin, sur le libellé **Boîte de réception** pour revenir à ce dossier.

Pour rétablir le thème par défaut, choisissez le premier modèle proposé, **Clair**, dans la liste des thèmes.

© Editions ENI - Toute reproduction interdite

Introduction

*Le dossier **Contacts** regroupe les personnes avec lesquelles vous échangez régulièrement par messagerie électronique ou instantanée. L'enregistrement de vos contacts dans ce dossier vous dispense ensuite de renseigner leur adresse de messagerie complète lorsque vous leur envoyez un message.*

Accéder au dossier Contacts

Dans votre espace de messagerie, ouvrez la liste située dans la barre d'outils et sélectionnez l'option **Contacts** ou cliquez sur **Contacts** dans la barre des liens supérieure (cette dernière méthode affiche la liste des contacts dans un nouvel onglet, vous pouvez ainsi revenir à la messagerie en cliquant simplement sur son onglet).

Les contacts sont classés par catégorie. La liste des catégories (ou libellés) est visible dans le volet de navigation. Le nombre de contacts apparaît entre parenthèses à la suite du libellé correspondant.

Mes contacts Correspond à votre carnet d'adresses personnel dans lequel vous pouvez ajouter ou supprimer des contacts.

Fréquemment utilisés Répertorie la liste des contacts (présents ou non dans votre carnet d'adresses Mes contacts) à qui vous avez envoyé dernièrement un message.

Autres contacts Répertorie la liste des contacts à qui vous avez envoyé un message.

Annuaire Correspond au carnet d'adresses du domaine, il reprend la liste des contacts créés dans votre domaine. Ce carnet d'adresses ne peut pas être modifié.

Les dossiers **Fréquemment utilisés** et **Autres contacts** sont automatiquement complétés à chaque fois que vous envoyez un message à un nouveau contact. Pour désactiver l'ajout automatique de ces contacts, revenez dans l'espace de messagerie (en cliquant sur **E-mail** dans la barre des liens supérieure par exemple) puis, dans la liste de l'outil **Paramètres** , cliquez sur **Paramètres.** Sur l'onglet **Général** et dans la rubrique **Ajouter des contacts pour la saisie semi-automatique**, activez l'option **J'ajouterai moi-même les contacts** et cliquez sur le bouton **Enregistrer les modifications.**

Vous pouvez également accéder au dossier **Contacts** en saisissant l'adresse Web fournie par votre administrateur.

Créer un contact

Si besoin, accédez au dossier **Contacts.**

En complétant la fiche du contact

Cliquez sur le bouton **Nouveau contact.**

La fenêtre de création d'un contact s'affiche à l'écran.

© Editions ENI - Toute reproduction interdite

Dans la première zone de saisie, dont l'intitulé est **Ajoutez un nom**, saisissez le nom complet du contact ou cliquez sur l'outil **Détails** [...], situé à droite de la zone, et renseignez les différents éléments du nom puis cliquez sur **Enregistrer**.

*L'outil **Supprimer** supprime le nom qui a été saisi.*

- Cliquez ensuite dans la zone **Adresse e-mail** et renseignez l'adresse de messagerie du contact (l'intitulé de cette zone devient alors **Domicile**). Si besoin, ouvrez la liste de cet intitulé et sélectionnez **Bureau** ou **Personnalisé** ; si vous avez choisi cette dernière option, saisissez l'intitulé correspondant à l'adresse fournie.
- Pour ajouter une seconde adresse de messagerie, cliquez sur **Ajouter une adresse e-mail** et saisissez-la dans la zone qui s'affiche. Puis, si besoin, ouvrez la liste de l'intitulé de la zone et choisissez un autre intitulé ou l'option **Personnalisé** et, dans ce cas, saisissez-le.
- Répétez cette dernière procédure pour ajouter des adresses de messagerie supplémentaires.
- La zone **Numéro de téléphone** fonctionne de la même façon : cliquez dans la zone et saisissez le numéro de téléphone du contact. Choisissez ensuite un autre intitulé si celui proposé ne convient pas. Pour **Ajouter un numéro de téléphone** supplémentaire, cliquez sur le lien correspondant.

- Pour renseigner l'adresse postale du contact, cliquez dans la zone **Adresse** et saisissez-la ou cliquez sur l'outil **Détails** et renseignez les différents éléments de l'adresse puis cliquez sur **Enregistrer**. Si besoin, sélectionnez un autre intitulé en le choisissant dans la liste correspondante.

  *Vous pouvez cliquer sur **Ajouter une adresse** pour insérer une adresse supplémentaire.*

- Complétez éventuellement les autres informations.
- Pour afficher d'autres types informations, cliquez sur le bouton **Ajouter** et sélectionnez l'information à ajouter à la fiche du contact ou choisissez **Personnaliser** pour pouvoir saisir le nom de l'intitulé correspondant à l'information.
- Éventuellement, dans la grande zone de saisie **Ajouter une note**, saisissez des commentaires relatifs au contact.
- Pour associer une photo à ce contact, cliquez sur l'encadré **Ajouter une image.**

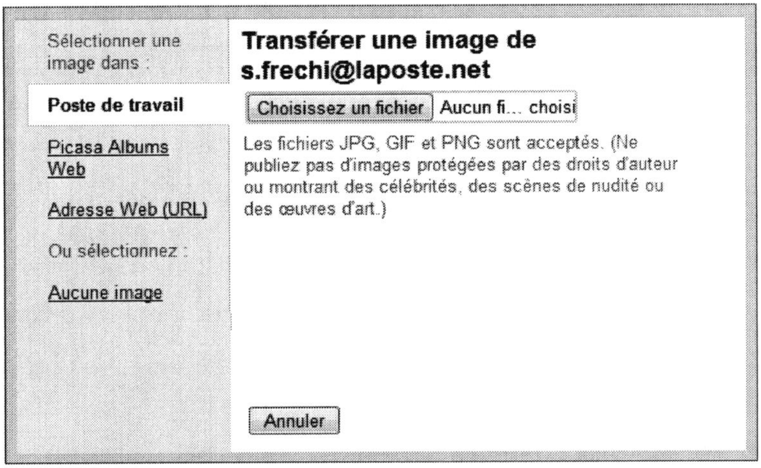

- Si le fichier image se trouve sur votre poste de travail, laissez **Poste de travail** sélectionné et cliquez sur le bouton **Choisissez un fichier**. Accédez au dossier d'enregistrement du fichier puis double cliquez sur son nom.

  Après chargement, l'image apparaît ; à droite, l'aperçu affiche l'image recadrée telle qu'elle apparaîtra dans la fiche du contact.

- Pour réajuster le cadrage, réalisez un cliqué-glissé sur le cadre pour le déplacer ; pour modifier la taille du cadre, faites glisser la poignée située dans le coin inférieur droit du cadre.

© Editions ENI - Toute reproduction interdite

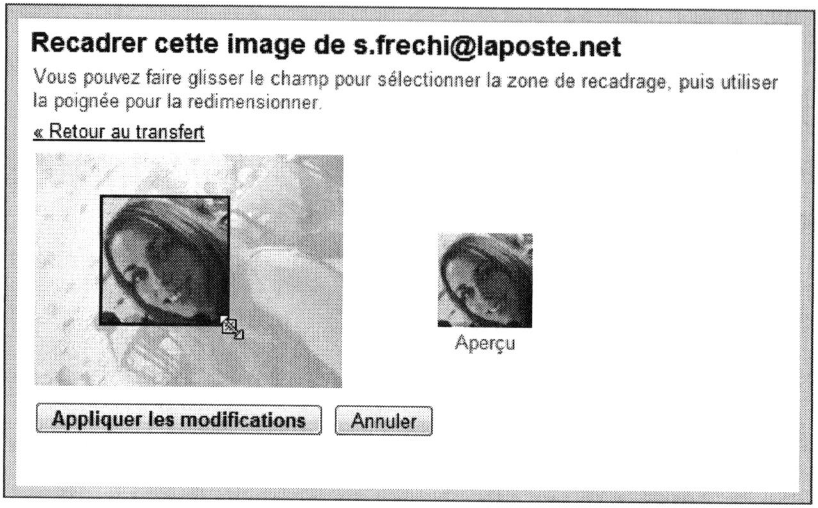

- Cliquez ensuite sur le bouton **Appliquer les modifications.**

  *L'enregistrement de la fiche du contact s'effectue automatiquement cependant, si des modifications n'ont pas été enregistrées, le bouton **Enregistrer maintenant** est actif dans la partie supérieure droite de la fenêtre.*

- Dans ce cas, cliquez sur le bouton **Enregistrer maintenant.**
- Pour revenir à la liste des contacts, cliquez sur un des libellés dans le volet de navigation.

Ajout rapide d'un contact

Cette méthode permet d'ajouter un contact à votre carnet d'adresses Mes contacts en saisissant uniquement son adresse de messagerie.

- Dans le volet de navigation, cliquez sur **Mes contacts.**
- Cliquez sur l'outil .

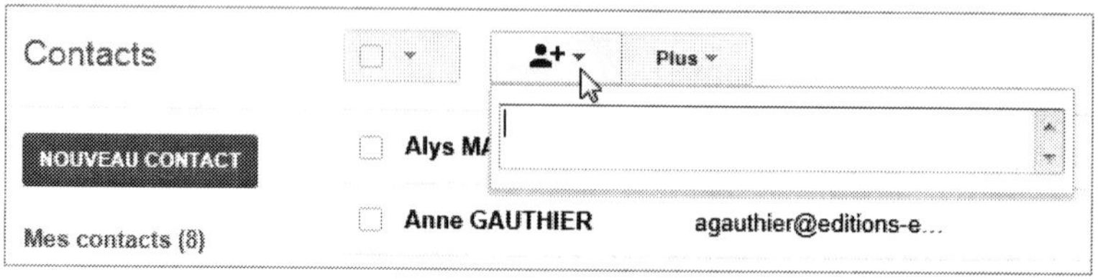

- Saisissez l'adresse de messagerie complète puis appuyez sur la touche ↵.

Si vous saisissez son nom, vous ne pourrez pas envoyer de message à ce contact.

Vous pouvez ensuite modifier la fiche du contact pour apporter des informations supplémentaires (cf. Modifier un contact).

Depuis un message reçu

Les contacts ainsi ajoutés seront enregistrés dans le carnet d'adresses ***Mes contacts****.*

- Dans la **Boîte de réception** de la **Messagerie**, pointez le nom de l'expéditeur du message que vous souhaitez ajouter comme nouveau contact ; dans le cas d'une conversation contenant plusieurs messages, cliquez sur la ligne de la conversation pour afficher les messages puis pointez le nom de l'expéditeur à ajouter.
- Dans l'info-bulle qui s'affiche, cliquez sur le bouton **Plus**.

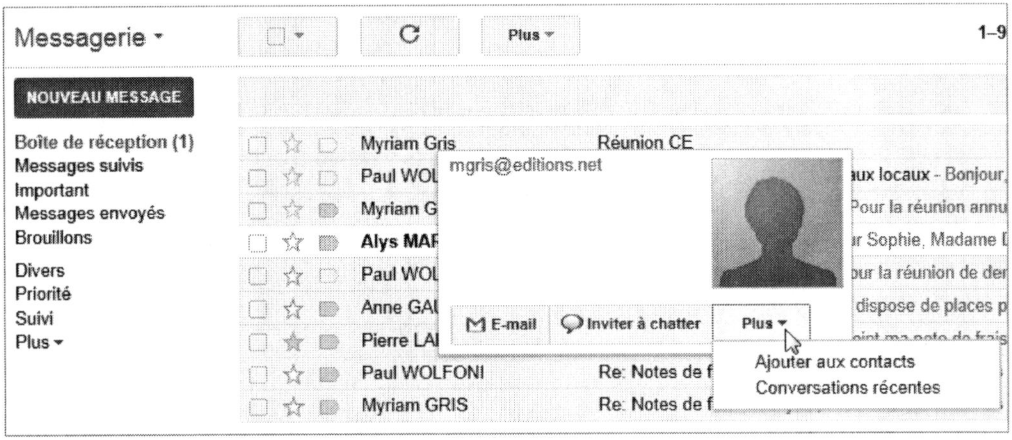

Cliquez sur l'option **Ajouter aux contacts**.

Après un court laps de temps, la fiche du nouveau contact s'affiche.

- Complétez les informations souhaitées et, si besoin, cliquez sur le bouton **Enregistrer maintenant** si celui-ci est actif.

© Editions ENI - Toute reproduction interdite

Pour enregistrer un contact, vous pouvez, après avoir ouvert un des messages de l'expéditeur à ajouter, choisir l'option **Ajouter *Nom du contact* à ma liste de contacts** dans la liste de l'outil **Répondre** .

Copier des contacts du carnet d'adresses du domaine

*Par défaut, votre carnet d'adresses Mes contacts ne contient pas de contacts. Vous pouvez utiliser cette procédure pour ajouter des contacts du carnet d'adresses du domaine (**Annuaire**) dans votre carnet d'adresses personnel.*

- Dans le volet de navigation, cliquez sur **Annuaire** pour afficher la liste des contacts du domaine.
- Sélectionnez les contacts à copier en cochant la case située en regard de leur nom ou, pour tous les sélectionner, cliquez sur la case de l'outil **Sélectionner** .
- Cliquez sur le bouton **Ajouter à Mes contacts.**

  *Une barre de notification vous indique le nombre de contacts qui ont été ajoutés. Le lien **Annuler** permet d'annuler l'ajout.*

Créer un groupe de contacts

Un groupe de contacts rassemble plusieurs contacts : lorsque vous envoyez un message à un groupe, vous l'adressez du même coup à tous les correspondants enregistrés dans ce groupe.

Créer un groupe

- Dans le volet de navigation des **Contacts**, cliquez sur **Nouveau groupe.**
- Saisissez le nom du groupe puis cliquez sur **OK.**
- Lorsque le nouveau groupe est enregistré, l'information **Le groupe "*nom du groupe*" a été créé** apparaît. Le lien **Annuler** permet de le supprimer.

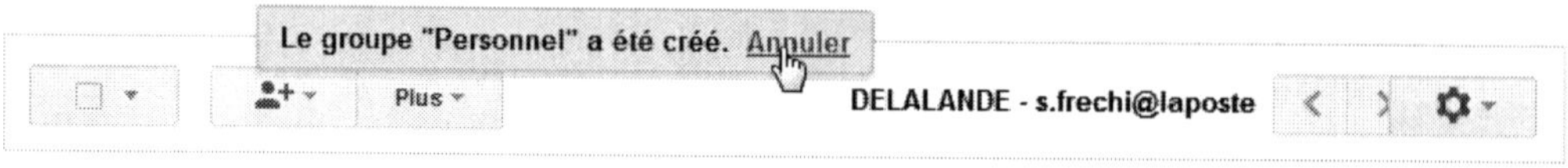

Ajouter des nouveaux contacts

- Pour ajouter des nouveaux contacts au groupe créé, sélectionnez le nom du groupe dans le volet de navigation puis cliquez sur l'outil .
- Saisissez l'adresse de messagerie complète puis appuyez sur la touche .

Vous pouvez ensuite cliquer sur le nom du contact pour ouvrir sa fiche si vous souhaitez compléter des informations supplémentaires.

Ajouter des contacts existants

Un contact peut faire partie de plusieurs groupes.

- Affichez et sélectionnez les contacts que vous souhaitez placer dans un groupe.
- Cliquez sur l'outil **Groupes** et sélectionnez le nom du groupe ou, pour les déplacer dans un nouveau groupe, saisissez son nom dans la zone de saisie et appuyez sur la touche .
- Pour supprimer un contact d'un groupe, sélectionnez-le puis, dans la liste de l'outil **Groupes** , décochez le groupe auquel vous souhaitez qu'il ne fasse plus partie.

Renommer/supprimer un groupe

*Seuls les groupes que vous avez créés peuvent être renommés ou supprimés. Lorsque vous supprimez un groupe, les contacts qui lui sont associés ne sont pas supprimés, ils sont alors placés dans le dossier **Mes contacts**.*

- Dans le volet de navigation, sélectionnez le groupe à renommer ou à supprimer.
- Pour supprimer un groupe, cliquez sur le bouton **Plus** et choisissez l'option **Supprimer le groupe**. Cliquez sur **OK** du message de confirmation qui s'affiche.
- Pour renommer un groupe, cliquez sur le bouton **Plus** et choisissez l'option **Renommer le groupe**. Saisissez le nouveau nom du groupe et cliquez sur **OK**.

Modifier un contact

- Sélectionnez, dans le volet de navigation, le groupe ou le carnet d'adresses auquel le contact à modifier est associé puis cliquez sur le nom du contact pour ouvrir sa fiche.

© Editions ENI - Toute reproduction interdite

Dans la fiche d'un contact, les groupes auxquels il est associé apparaissent sous son nom. Les groupes personnalisés sont dotés d'un menu déroulant dans lequel vous pouvez choisir de retirer le contact de ce groupe.

- Réalisez les modifications souhaitées puis, si besoin, cliquez sur le bouton **Enregistrer maintenant** si celui-ci est actif ; dans le cas contraire, les modifications ont été enregistrées automatiquement.

Trier la liste des contacts

Par défaut, la liste des contacts est triée par nom. Vous pouvez choisir de les classer par ordre alphabétique des prénoms.

- Dans le volet de navigation, sélectionnez le groupe ou le carnet d'adresses dans lequel vous souhaitez trier les contacts.
- Cliquez sur le bouton **Plus** et sur l'option **Prénom**.

Rechercher des contacts

Cette procédure permet de rechercher un contact que celui-ci soit enregistré dans votre carnet d'adresses ou dans celui du domaine.

- Cliquez dans la zone de recherche, située dans la partie supérieure de la fenêtre, et saisissez le nom (ou la partie du nom) du contact recherché.

  Si le nom du contact recherché apparaît dans la liste contextuelle, vous pouvez cliquer sur son nom pour afficher la fiche du contact.

- Pour afficher les carnets d'adresses ou les groupes dans lesquels se trouve le nom du contact saisi, cliquez sur le bouton **Rechercher dans les contacts.**

*Les noms des groupes auxquels le contact appartient sont indiqués à droite de son nom dans le carnet d'adresses **Mes contacts**.*

Fusionner des contacts

La fusion de contacts peut s'avérer utile lorsque plusieurs fiches existent pour un même contact. Cette procédure fusionne toutes les informations des fiches dans une seule. Vous pouvez choisir de fusionner toutes les fiches d'un seul contact ou de rechercher et fusionner toutes les fiches des contacts qui sont en double. Les doublons recherchés correspondent aux fiches des contacts dont l'adresse de messagerie est identique.

Fusionner un contact

- Si besoin, effectuez une recherche du contact dont les fiches doivent être fusionnées (cf. Rechercher des contacts).
- Sélectionnez les fiches du contact à fusionner (ne sélectionnez pas la fiche située dans le carnet d'adresses du domaine).
- Cliquez sur le bouton **Plus** et sur l'option **Fusionner les contacts.**
- Modifiez, si besoin, la fiche résultante de la fusion qui s'affiche.
- Cliquez sur le bouton **Enregistrer maintenant** si celui-ci est actif.

© Editions ENI - Toute reproduction interdite

Rechercher et fusionner les contacts en double

- Cliquez sur le bouton **Plus** et sur l'option **Rechercher et fusionner les doublons.**

  *La liste des doublons trouvés s'affiche. Le lien **détails** permet d'afficher les informations du contact correspondant. Vous pouvez également cliquer sur le lien **développer** pour afficher le détail de tous les contacts de la liste.*

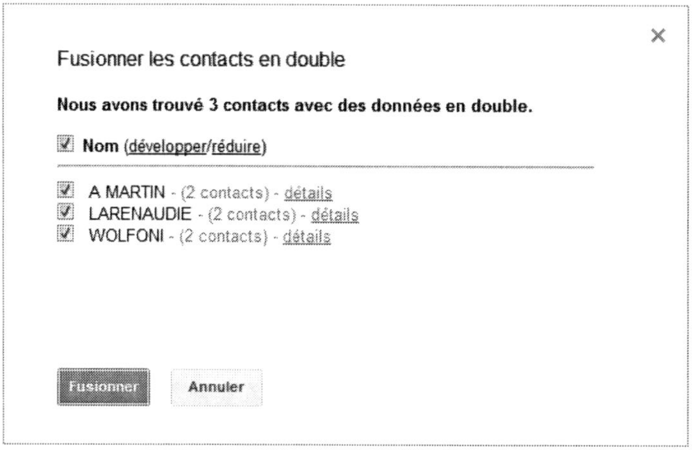

- Décochez éventuellement les contacts qui ne doivent pas être fusionnés puis cliquez sur le bouton **Fusionner.**

Supprimer des contacts

- Sélectionnez les contacts à supprimer puis, dans la liste du bouton **Plus**, choisissez l'option **Supprimer le(s) contact(s).**

  *Une barre de notification vous informe que les contacts ont été supprimés. S'ils ont été supprimés par erreur, vous pouvez cliquer sur le lien **Annuler** pour les rétablir.*

  Cette barre de notification apparaît un court instant. Si vous souhaitez annuler la suppression des contacts, vous pouvez alors choisir de les restaurer (cf. Restaurer la liste des contacts).

Les contacts supprimés disparaissent également de la liste du Chat 24 heures après leur suppression.

Restaurer la liste des contacts

La restauration de la liste des contacts vous permet de revenir à une version antérieure de cette liste, annulant ainsi toutes les modifications et fusions réalisées. Si vous avez supprimé par erreur des contacts, ceux-ci seront également rétablis si le délai ne dépasse pas 30 jours.

- Cliquez sur le bouton **Plus** et sur l'option **Restaurer les contacts.**

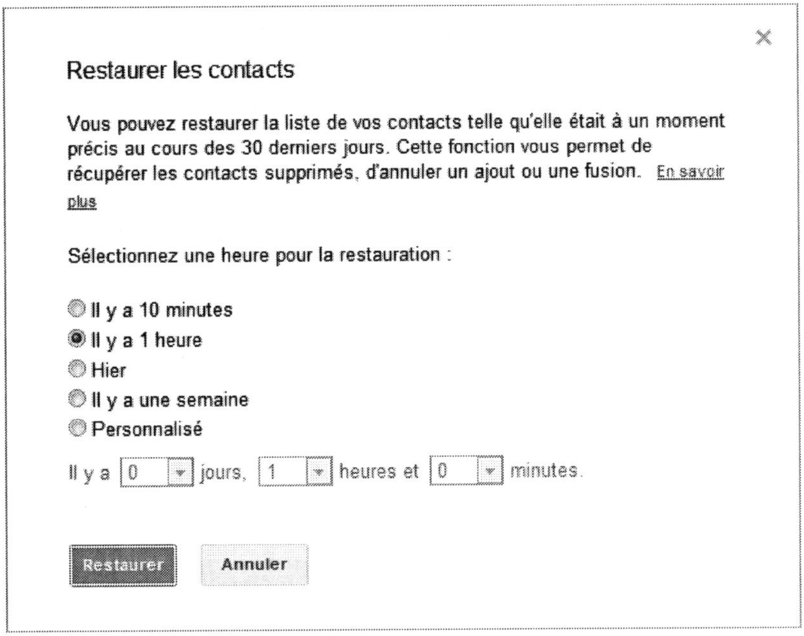

- Précisez la période à laquelle vous souhaitez restaurer les données.

  Nous conseillons de prendre note de la période indiquée si, par la suite, vous souhaitez annuler cette restauration.

- Cliquez sur le bouton **Restaurer.**

  La barre de notification vous indique ensuite lorsque la restauration est terminée en précisant la date et l'heure de la restauration.

© Editions ENI - Toute reproduction interdite

Pour annuler une restauration, vous pouvez préciser une période postérieure après laquelle la restauration a été faite.

Importer des contacts

L'importation d'une liste de contacts s'effectue via un fichier au format CSV. Vous pouvez créer ce fichier dans un tableur (Excel ou Google Feuille de calcul, par exemple) ou dans le Bloc-notes de Windows ou bien exporter ce fichier depuis votre logiciel de messagerie ou Webmail si celui-ci propose cette fonctionnalité. Les messageries Outlook, Yahoo! Mail, Hotmail, Eudora, entre autre, prennent en charge l'exportation vers un fichier CSV, cependant, vous serez peut-être amené à la modifier afin qu'il corresponde exactement au fichier attendu par Gmail : les colonnes générées par le fichier d'exportation ne seront peut-être pas toutes reconnues, ceci pouvant générer des erreurs lors de l'importation.

Nous vous indiquons ici les procédures pour exporter la liste des contacts d'Outlook au format CSV et celles pour créer le fichier dans une Feuille de calcul de Google Documents avant leur importation dans Gmail.

L'importation est limitée à 3000 contacts à la fois.

Exporter le dossier Contacts d'Outlook

- Lancez votre messagerie Outlook installée sur votre poste de travail.
- Cliquez sur l'onglet **Fichier** puis sur l'option **Ouvrir**.
- Dans le volet central, cliquez sur **Importer**.
- Dans la boîte de dialogue **Assistant d'Importation et d'Exportation**, sélectionnez l'option **Exporter des données vers un fichier** et cliquez sur le bouton **Suivant**.
- Sélectionnez **Valeurs séparées par une virgule (DOS)** puis cliquez sur le bouton **Suivant**.
- Dans la liste des dossiers qui s'affiche, cliquez sur le dossier **Contacts** puis cliquez sur le bouton **Suivant**.
- Pour choisir le dossier d'enregistrement du fichier exporté, cliquez sur le bouton **Parcourir**, ouvrez le dossier et saisissez le **Nom de fichier** dans la zone correspondante. Cliquez ensuite sur le bouton **OK** et **Suivant**.
- Cliquez sur le bouton **Terminer**.

Vous pouvez maintenant passer à la procédure d'importation du fichier (cf. Importer le fichier des contacts).

Lors de l'exportation du fichier CSV, les groupes de contacts ne sont pas exportés.

Créer le fichier CSV dans Google Feuille de calcul

- Cliquez sur **Documents** dans la barre de liens supérieure.
- Cliquez sur le bouton **Créer** puis sur l'option **Feuille de calcul.**
- Dans la feuille de calcul, saisissez, sur la première ligne, le nom des champs dans chacune des colonnes.

*Le nombre, l'intitulé et l'ordre des colonnes pouvant ne pas être correctement interprétés lors de l'importation, nous vous présentons dans l'exemple suivant un modèle de tableau où vous pourrez renseigner le prénom et le nom (dans la colonne **Nom**) et l'adresse de messagerie de chaque contact.*

	A	B	C
1	**Nom**	**Adresse e-mail**	
2	Anne GAUTHIER	agauthier@editions-eni.biz	
3	Alys MARTIN	amartin@editions-eni.biz	
4	Michèle FAVREAU	mfavreau@editions-eni.biz	
5	Myriam GRIS	myriamgris@editions-eni.biz	
6	Pierre LARENAUDIE	plarenaudie@editions-eni.biz	
7	Paul WOLFONI	pwolfoni@editions-eni.biz	
8	Sophie DELALANDE	sdelalande@editions-eni.biz	
9			

Pour pouvoir renseigner des informations supplémentaires, nous mettons à disposition un fichier d'exemple Excel téléchargeable sur le site des Éditions ENI (www.editions-eni.fr) ; reportez-vous au début de ce manuel pour prendre connaissance de la procédure de téléchargement. Importez-le ensuite dans Google Feuille de calcul (cf. chapitre Liste de documents - Importer des documents) pour pouvoir le modifier.

- Pour compléter le tableau, suivez les instructions suivantes :
  - La saisie du nom et de l'adresse de messagerie est obligatoire.
  - Évitez d'utiliser des symboles ou des caractères accentués (é, è, ô, etc.), ces derniers risquant de ne pas être reconnus.

© Editions ENI - Toute reproduction interdite

- Dans la saisie de l'adresse postale, ne séparez pas le numéro de la voie et la suite de l'adresse par une virgule (la virgule étant reconnue comme un séparateur de champ lors de l'importation).

- Pour enregistrer ce fichier au format CSV : cliquez sur l'onglet **Fichier**, pointez l'option **Télécharger au format** et cliquez sur l'option **CSV (feuille active)**.

  *Si vous utilisez Google Chrome, le fichier est automatiquement enregistré dans le dossier **Téléchargement** de Windows. Pour vous assurer de son emplacement, vous pouvez ouvrir la liste du bouton qui porte le nom du fichier (visible dans la partie inférieure de la fenêtre) et choisir l'option **Afficher dans le dossier**.*

- Si vous utilisez Internet Explorer, ouvrez la liste du bouton **Enregistrer** qui apparaît dans la barre d'informations (en bas de la fenêtre) et sélectionnez l'option **Enregistrer sous**. Sélectionnez le dossier d'enregistrement du fichier et cliquez sur le bouton **Enregistrer**.

Importer le fichier des contacts

- Si besoin, accédez à votre messagerie et cliquez sur **Contacts** dans la barre des liens supérieure.
- Cliquez sur le bouton **Plus** et sur l'option **Importer** ou sur le lien **Importer des contacts** dans le volet de navigation.
- Cliquez sur le bouton **Choisissez un fichier** puis, dans la fenêtre qui s'affiche, accédez au dossier d'enregistrement du fichier exporté et double cliquez sur son nom.
- Cliquez sur le bouton **Importer** pour lancer l'importation.

  Après importation, les contacts apparaissent dans la liste des contacts, la date d'importation apparaît à droite de leur nom.

Les données n'ayant trouvée aucune correspondance apparaissent dans la zone **Notes** de la fiche du contact.

Exporter des contacts

L'exportation de votre liste de contacts génère un fichier CSV que vous pouvez ensuite importer dans un autre logiciel de messagerie ou dans un autre compte Google. Vous ne pouvez pas exporter les contacts du carnet d'adresses du domaine (Annuaire).

- Pour exporter certains contacts, sélectionnez-les : pour exporter tous les contacts d'un groupe ou de votre carnet d'adresses Mes contacts, aucune sélection n'est nécessaire.

⊡ Cliquez sur le bouton **Plus** et sur l'option **Exporter**.

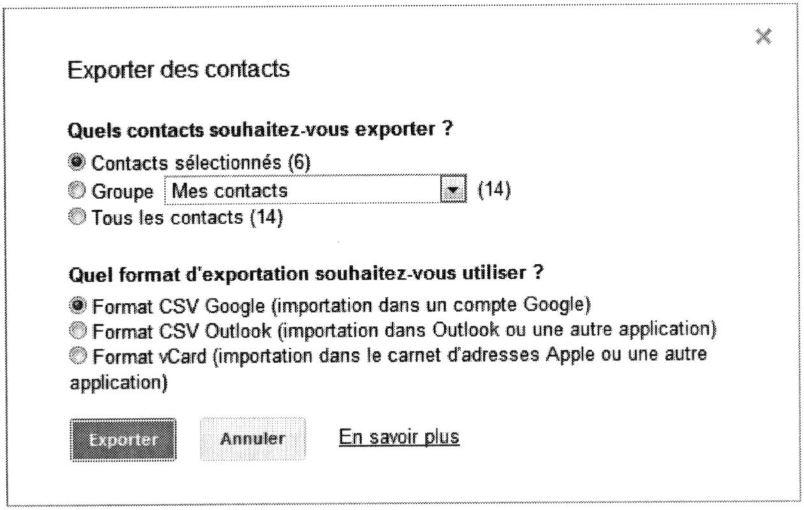

⊡ Pour exporter uniquement les contacts que vous avez sélectionnés, laissez active l'option **Contacts sélectionnés** ; pour exporter les contacts d'un **Groupe**, activez l'option correspondante et choisissez le nom du groupe dans la liste associée ; pour exporter tous les contacts de votre carnet d'adresses, activez l'option **Tous les contacts**.

*Vous pouvez aussi choisir **Mes contacts** dans la liste du groupe pour exporter tous les contacts de votre carnet d'adresses personnel.*

⊡ Activez ensuite l'option correspondant au format d'exportation :

Format CSV Google Pour importer le fichier dans un autre compte Google.

Format CSV Outlook Pour importer le fichier dans les messageries Outlook, Yahoo! Mail, Hotmail, par exemple.

Format vCard Pour importer le fichier dans le carnet d'adresses Apple ou vers une application compatible avec ce format.

⊡ Cliquez sur le bouton **Exporter**.

© Editions ENI - Toute reproduction interdite

- Si vous utilisez Internet Explorer : dans la barre d'informations, qui apparaît dans la partie inférieure de la fenêtre, ouvrez la liste du bouton **Enregistrer** et sélectionnez l'option **Enregistrer sous.** Saisissez le nom du fichier, sélectionnez son dossier d'enregistrement puis cliquez sur le bouton **Enregistrer**.

  *Si vous utilisez Google Chrome, après exportation, le fichier est automatiquement enregistré dans le dossier **Téléchargement** généralement. Vous pouvez cliquer sur le lien **Afficher tous les téléchargements** qui s'affiche dans le coin inférieur droit de la fenêtre puis sur le lien **Afficher le dossier** pour ouvrir le dossier d'enregistrement du fichier.*

Description du volet de navigation

Le volet de navigation de la vue **Messagerie** est composé des principaux libellés (dossiers) suivants :

Boîte de réception	Contient les messages que vous avez reçus. Le nombre de messages non lus est indiqué entre parenthèses.
Messages suivis	Contient les messages que vous avez décidé de suivre.
Important	Contient les messages que vous avez définis comme étant importants.
Messages envoyés	Stocke les messages que vous avez envoyés.
Brouillons	Permet de conserver les messages enregistrés mais non envoyés (ces messages pourront être modifiés et transmis ultérieurement).

- Pour afficher le contenu d'un dossier (libellé) dans le volet droit de la fenêtre, cliquez sur son nom.
- Pour afficher le contenu de la **Corbeille**, cliquez sur le libellé **Plus** et sur **Corbeille**.
- Pour afficher tous les messages reçus, envoyés et archivés, cliquez sur le libellé **Plus** et sur **Tous les messages**.

Description du volet d'affichage des messages

*Dans votre espace de messagerie, lorsque vous sélectionnez la **Boîte de réception**, les **Messages envoyés** ou tout autre dossier contenant des messages, ceux-ci apparaissent dans la partie droite de la fenêtre.*

*Sur cet exemple, il s'agit du contenu de la **Boîte de réception**. Le nom du dossier sélectionné apparaît en rouge.*

Dans le volet des messages, la signification des différentes colonnes est la suivante :

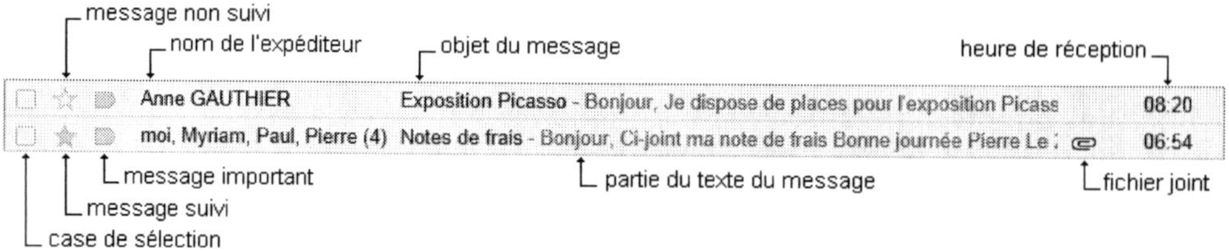

Lorsque vous placez le pointeur de la souris sur le nom d'un expéditeur, une info-bulle affiche l'adresse de messagerie et, éventuellement, la photo de cet expéditeur.

La barre d'outils située dans la partie inférieure propose trois boutons :

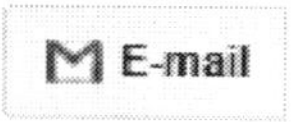

Permet d'envoyer un message à cet expéditeur ; la fenêtre d'un nouveau message s'affiche dans laquelle l'adresse de l'expéditeur apparaît dans la zone **À**.

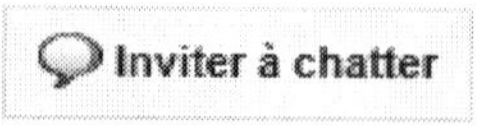

Envoie une invitation à vous contacter par la messagerie instantanée.

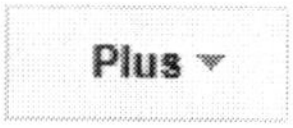

Propose d'ouvrir la fiche du contact (option **Infos sur le contact**) ou d'afficher uniquement la liste des messages de ce contact (option **Conversations récentes**).

Lorsque des messages sont non lus, leur nombre est indiqué entre parenthèses à la suite de l'intitulé **Boîte de réception** et, dans le volet des messages, ils apparaissent en gras.

Le mode d'affichage Conversations

Ce mode est activé par défaut dans tous les dossiers (ou libellés) de la messagerie. Il permet de regrouper sous un même intitulé (fil de discussion) le message d'origine et les réponses données à ce message. Ce mode d'affichage facilite le suivi et la gestion des messages.

Dans la colonne du nom de l'expéditeur, les noms des personnes ayant répondues au premier message ainsi que l'expéditeur de celui-ci sont affichés sur la même ligne, leur nombre est indiqué entre parenthèses.

À chaque fois que vous répondez à un message reçu, **moi** apparaît à la suite du nom de l'expéditeur du message. Avec ce mode d'affichage actif, vous pouvez ainsi identifier les messages auxquels vous n'avez pas répondus (l'intitulé **moi** n'apparaît pas dans ce cas-là).

⇥ Pour lire les messages d'une conversation, cliquez sur la ligne correspondante.

Les messages s'affichent les uns sous les autres par ordre chronologique d'arrivée : du premier message au dernier. L'intégralité du dernier message est visible.

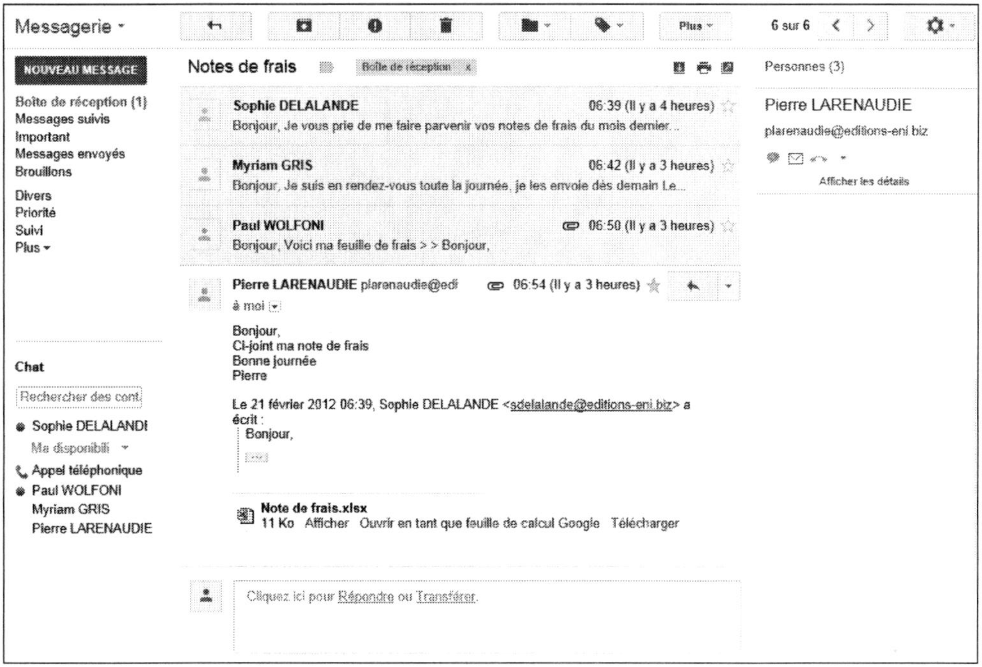

© Editions ENI - Toute reproduction interdite

- Pour afficher le contenu d'un message ou pour le réduire, cliquez sur l'en-tête du message.

  Cette action n'est pas réalisable sur le dernier message de la conversation.

- Si le symbole ··· apparaît à la suite du texte, cliquez alors dessus pour afficher l'intégralité du ou des messages.
- Pour afficher à nouveau la liste des messages de la **Boîte de réception**, par exemple, cliquez sur son libellé dans le volet de navigation.

Ignorer une conversation

*Si une conversation ne vous intéresse pas, vous pouvez alors choisir de l'ignorer. Les messages de cette conversation ne seront plus visibles dans votre boîte de réception cependant, ils seront toujours présents dans le libellé **Tous les messages**.*

- Cochez la ou les conversations à ignorer.
- Cliquez sur le bouton **Plus** et sur l'option **Ignorer la conversation.**

  *La ou les conversations disparaissent de la **Boîte de réception**. Dans la liste des messages du libellé **Tous les messages**, l'indication **Ignoré(e)** apparaît à gauche de l'objet de la conversation.*

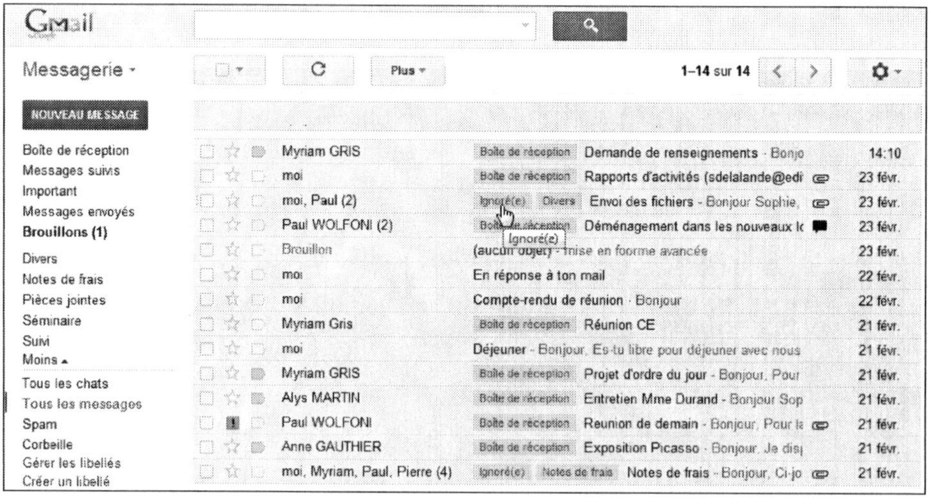

*Si un correspondant répond à une conversation ignorée, celle-ci apparaîtra à nouveau dans votre **Boîte de réception** si vous en êtes le destinataire principal ou en copie (et non en copie cachée).*

Pour cesser d'ignorer une conversation, sélectionnez-la dans la liste du libellé **Tous les messages** (dans le volet de navigation, cliquez sur **Plus** et sur **Tous les messages**) puis, dans le bouton **Plus**, sélectionnez l'option **Réactiver la conversation.**

Désactiver le mode d'affichage conversation

Lorsque ce mode est désactivé, les messages apparaissent les uns en dessous des autres. Lorsque vous ouvrez un message, les conversations associées n'apparaissent pas.

- Cliquez sur l'outil **Paramètres** et sélectionnez l'option **Paramètres.**
- Sur l'onglet **Général** et dans la rubrique **Mode Conversation**, activez l'option **Mode Conversation désactivé.**

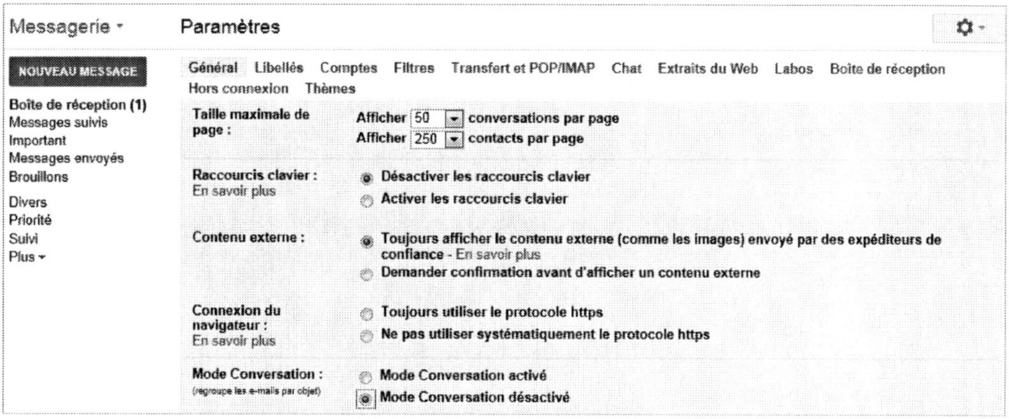

- Faites défiler la page jusqu'en bas et cliquez sur **Enregistrer les modifications.**

Sélectionner des éléments

La méthode décrite ci-après permet de sélectionner des messages ou des contacts.

- Dans le volet de navigation, cliquez sur le nom du dossier (libellé) qui contient les éléments à sélectionner.
- Pour sélectionner un élément ou plusieurs éléments, cochez la case située en regard du nom de l'élément.
- Pour sélectionner tous les éléments, cliquez sur la case de l'outil **Sélectionner** ; à l'inverse, pour désélectionner tous les éléments, décochez la case de cet outil.

© Editions ENI - Toute reproduction interdite

- Pour désélectionner un élément, décochez la case située en regard du nom de l'élément.

Recherher des messages

La recherche de messages s'effectue dans tous les dossiers de la Messagerie. Vous pouvez également rechercher des Libellés (dossier) ou effectuer une recherche sur le Web.

Recherche simple

- Cliquez dans la zone de recherche située dans la partie supérieure et commencez à saisir l'élément de votre recherche (nom d'un expéditeur, d'un destinataire, d'un libellé ou l'objet d'un message...).

  La première proposition de la liste qui s'affiche permet d'effectuer la recherche dans le texte et l'objet des messages ; la deuxième proposition permet de rechercher les messages envoyés ou reçus du contact dont l'adresse de messagerie est indiquée et la dernière proposition de la liste vous permet d'effectuer la recherche sur l'ensemble des sites Web.

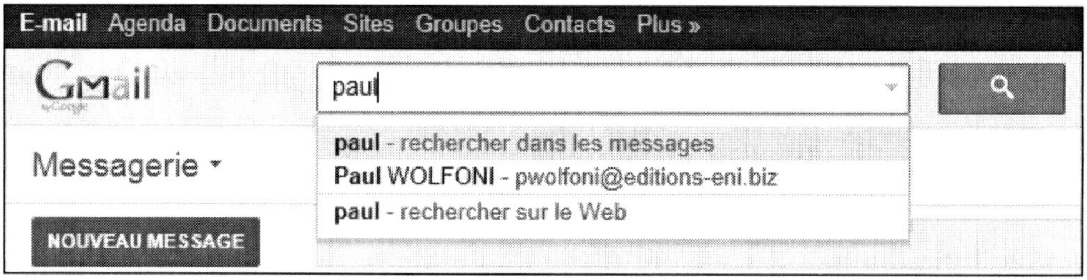

D'autres propositions peuvent apparaître, par exemple, si le terme de la recherche correspond à un dossier, le ou les dossiers correspondants seront proposés.

- Si l'élément de la recherche est visible dans la liste, cliquez dessus ; dans le cas contraire, continuez votre saisie.
- Pour lancer la recherche, appuyez sur la touche ⏎ ou cliquez sur l'outil 🔍.

  Le résultat de la recherche s'affiche dans le volet droit. Sur cet exemple, les messages envoyés à Paul Wolfoni et ceux reçus de ce contact sont listés. L'indication ***Boîte de réception*** *apparaît à la suite du nom du ou des expéditeurs lorsque les messages se trouvent dans ce dossier.*

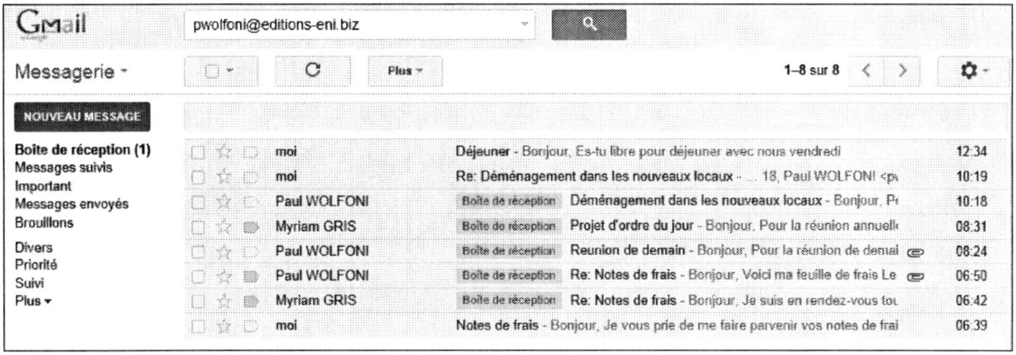

Recherche avancée

Par la recherche avancée, vous pouvez préciser plusieurs critères de recherche (le nom d'un expéditeur et l'objet du message par exemple).

- Ouvrez la liste associée à la zone de la recherche pour afficher les options avancées.

- Dans les différents champs proposés, saisissez les critères de la recherche.
- Pour choisir le dossier dans lequel la recherche doit être faite, cliquez sur le bouton **Tous les messages** et cliquez sur le nom du libellé souhaité.

© Editions ENI - Toute reproduction interdite

⊡ Lancez la recherche en cliquant sur l'outil .

Pour rechercher et afficher uniquement les messages provenant d'un expéditeur, après avoir sélectionné un des messages de cet expéditeur, choisissez, dans la liste du bouton **Plus**, l'option **Filtrer les messages similaires.** Dans la fenêtre de la recherche qui s'affiche (le nom de l'expéditeur apparaît dans la zone **De**), complétez éventuellement les autres critères de la recherche et lancez la recherche en cliquant sur l'outil .

Créer et envoyer un message

⊡ Cliquez sur le bouton **Nouveau message.**

La fenêtre d'un nouveau message s'affiche à l'écran.

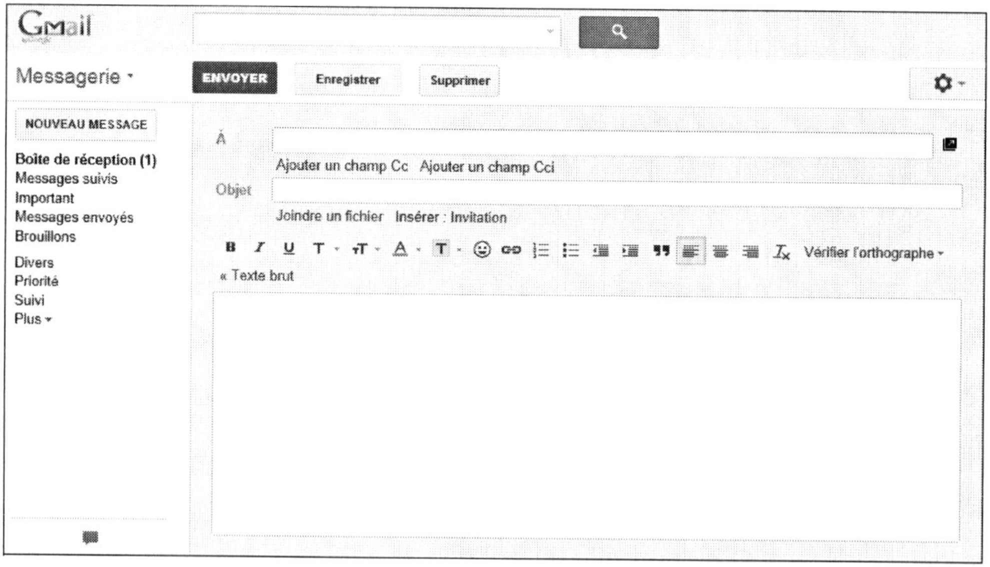

L'outil , situé à droite de la zone À, permet d'afficher le message dans une fenêtre indépendante.

- Pour renseigner l'adresse du ou des destinataires du message, utilisez une des méthodes indiquées ci-après :
  - Dans la zone **À**, saisissez l'adresse du destinataire du message ; si plusieurs destinataires sont concernés, séparez les différents destinataires à l'aide d'une virgule.

Lorsque vous saisissez les premiers caractères d'une adresse de messagerie, si le destinataire fait partie de vos contacts ou si vous lui avez déjà envoyé un message, une liste de noms correspondant à votre saisie apparait.

Si l'adresse du destinataire à qui vous souhaitez envoyer le message apparaît dans la liste, cliquez dessus pour l'insérer dans la zone **À**.

  - Cliquez sur **À** pour sélectionner les noms des destinataires à partir d'un carnet d'adresses.

*La boîte de dialogue suivante apparaît. La liste des contacts de votre carnet d'adresses (**Mes contacts**) sont affichés :*

Si le ou les destinataires se trouvent dans un autre dossier ou groupe, sélectionnez-le dans la liste.

© Editions ENI - Toute reproduction interdite

Cette liste ne donne pas accès au carnet d'adresses du domaine, vous devez effectuer une recherche de contacts pour afficher les adresses des contacts du domaine.

Pour rechercher un contact, saisissez les premiers caractères du nom du contact recherché dans la zone de saisie **Rechercher dans mes contacts.**

Le ou les contacts dont le nom correspond aux caractères saisis s'affichent dans la liste ; si ces contacts proviennent du carnet d'adresses du domaine, ils apparaissent sous la section portant le nom de votre domaine.

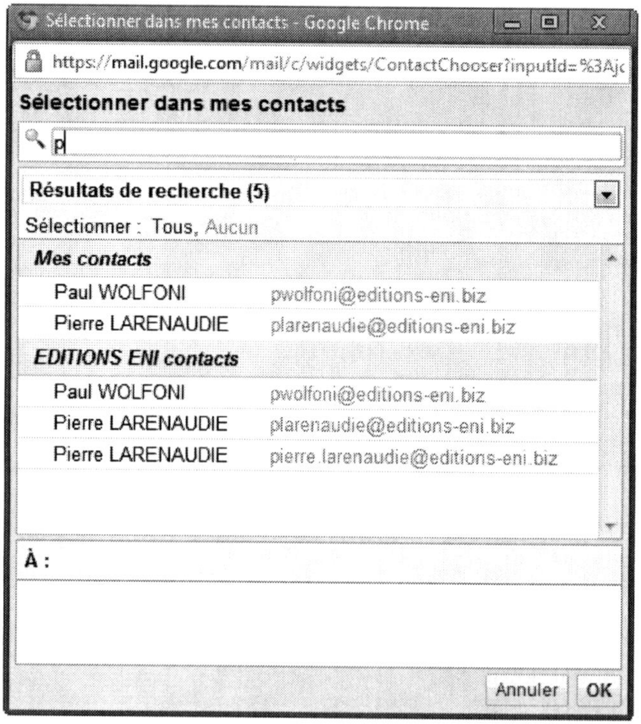

Cliquez ensuite sur chaque contact à ajouter puis cliquez sur le bouton **OK.**

- Pour ajouter des destinataires en copie, cliquez sur le lien **Ajouter le champ Cc** puis procédez de la même façon pour renseigner les adresses des contacts ; pour ajouter des destinataires cachés, cliquez sur le lien **Ajouter le champ Cci** et renseignez l'adresse des destinataires (les destinataires principaux ou en copie n'auront pas connaissance des adresses de messagerie ajoutées dans cette liste).
- Dans la zone **Objet**, saisissez le sujet de votre courrier.

L'objet étant visualisé par le destinataire du message, c'est lui qui influence la lecture ou la non lecture de votre message.

- Utilisez la grande zone de saisie pour renseigner le texte global du message puis, si besoin, modifiez la mise en forme de ce texte en utilisant les outils de la barre d'outils.

  Si vous utilisez le navigateur Google Chrome, les fautes d'orthographe sont signalées par un trait ondulé rouge qui souligne le texte mal orthographié.

- Pour **Vérifier l'orthographe** avant l'envoi de votre message, cliquez sur le lien correspondant, à droite de la zone de saisie.

  *Les mots détectés incorrects sont surlignés en jaune. La liste du lien **Vérifier l'orthographe** vous permet de choisir une langue autre que le français.*

  Cliquez sur un des mots surlignés en jaune et choisissez une des suggestions proposées si celle-ci est proposée dans la liste sinon effectuez manuellement la correction du mot ; s'il ne s'agit pas d'une erreur orthographique, cliquez sur l'option **Ignorer**.

  *Vous pouvez ensuite cliquez sur le lien **Revérifier** pour effectuer une autre vérification du texte.*

- Pour envoyer le message, cliquez sur le bouton **Envoyer**.

  *La barre de notification vous indique lorsque le message a été envoyé. Le message est stocké dans le dossier **Messages envoyés**.*

Lorsque vous devez envoyer un message à plusieurs destinataires mais vous ne souhaitez pas que les adresses de ces derniers soient visibles, saisissez toutes les adresses dans la zone **Cci** et votre propre adresse dans la zone **À**. De cette façon, vos destinataires ne verront que votre adresse de messagerie dans le message que vous leur avez envoyé.

Enregistrer un message

- Après la rédaction de votre message, si vous ne souhaitez pas l'envoyer tout de suite car vous prévoyez d'y apporter des modifications, enregistrez-le en cliquant sur le bouton **Enregistrer**.

  *Le message est enregistré dans le dossier **Brouillons**.*

- Lorsque vous serez prêt à envoyer ce message : cliquez sur le dossier **Brouillons**, dans le volet de navigation, puis, cliquez sur le message pour l'ouvrir.

© Editions ENI - Toute reproduction interdite

- Modifiez ou complétez, si besoin, le message puis cliquez sur le bouton **Envoyer**.

  Le message disparaît automatiquement du dossier ***Brouillons****.*

Vous pouvez créer un message à partir du dossier **Contacts** : sélectionnez le ou les destinataires concernés puis cliquez sur l'outil **Envoyer un e-mail** .

Joindre un fichier

La taille totale des pièces jointes à un message ne peut dépasser 25 Mo.

- Soyez en création ou en modification d'un message.
- Cliquez sur le lien **Joindre un fichier**.
- Dans la boîte de dialogue qui s'affiche, accédez au dossier dans lequel se trouve le fichier à joindre.
- Sélectionnez le nom du fichier à insérer dans votre message ; si plusieurs fichiers doivent être insérés dans votre message, sélectionnez-les à l'aide de la touche Ctrl (sélection discontinue) et/ou de la touche ⇧ (sélection continue).
- Cliquez sur le bouton **Ouvrir**.

  À la suite du nom du fichier, une barre de progression symbolise le téléchargement du ou des fichiers. Lorsque le téléchargement est terminé, le nom et la taille des fichiers apparaissent. La case située en regard de leur nom permet de retirer le fichier si vous la décochez.

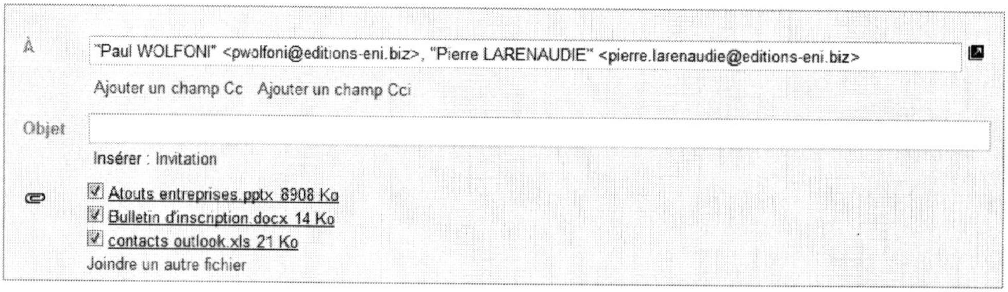

- Continuez si besoin l'élaboration du message puis envoyez-le en cliquant sur le bouton **Envoyer**.

Pour des raisons de sécurité, les pièces jointes sont analysées avant leur envoi. Les fichiers susceptibles de contenir un virus (tels que les fichiers .bat, .exe, .vbs, .js...) ne seront pas autorisés à être envoyés, le message suivant apparaîtra :

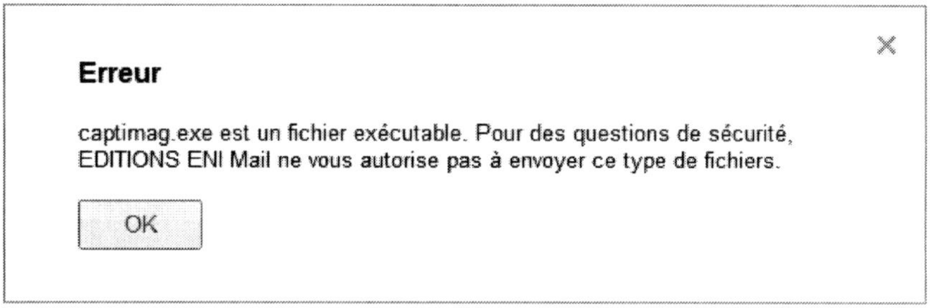

Dans la liste des **Messages envoyés**, le symbole apparaît dans l'avant-dernière colonne lorsque le message contient des pièces jointes.

Consulter un message reçu

*Les messages reçus sont stockés dans le dossier **Boîte de réception**. Les messages non lus sont en caractères gras et ils apparaissent sur fond plus clair que les messages lus. Leur nombre est précisé entre parenthèses à la suite du libellé **Boîte de réception**.*

- Dans le volet de navigation, sélectionnez **Boîte de réception**.
- Cliquez sur la ligne du message à consulter.

*La fenêtre d'un message ouvert rappelle, entre autres, le nom de l'expéditeur et celui du ou des destinataires. En cliquant sur l'outil **Afficher les détails** , vous pouvez prendre connaissance des informations complètes relatives au message.*

© Editions ENI - Toute reproduction interdite

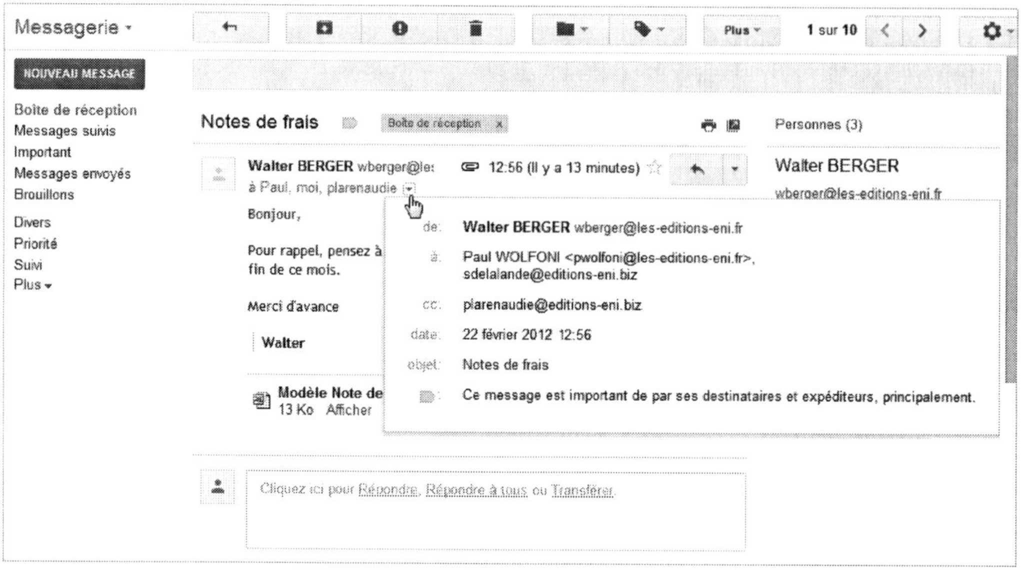

Si votre message contient des images, il est possible que celles-ci ne soient pas visibles et que vous deviez les télécharger.

- Si c'est votre cas, sous l'intitulé **Les images ne sont pas affichées**, cliquez sur le lien **Afficher les images ci-dessous** ; si vous souhaitez afficher les images de tous les messages de cet expéditeur, cliquez sur le lien **Toujours afficher les images de *Adresse de l'expéditeur***.
- Lorsque la lecture du message est terminée, cliquez sur **Boîte de réception** dans le volet de navigation pour fermer le message et revenir à la liste des messages reçus.

Dès qu'un message a été consulté, il est considéré comme lu ; l'en-tête du message n'apparaît plus en caractère gras.

Répondre à un message/une conversation

Répondre à un message

- Sélectionnez **Boîte de réception** dans le volet de navigation.
- Cliquez sur la ligne du message auquel vous souhaitez répondre.

- Pour répondre à l'expéditeur du message, cliquez sur le bouton **Répondre**  ou, pour répondre à l'expéditeur et à tous les destinataires du message, ouvrez la liste de l'outil **Répondre**  et sélectionnez l'option **Répondre à tous** (cette option ne sera pas visible s'il n'existe pas d'autres destinataires).

  *Vous pouvez également cliquer sur le lien correspondant dans la zone de réponse située sous le message pour **Répondre** à l'expéditeur ou, éventuellement, pour **Répondre à tous** (expéditeur et destinataires du message).*

  *Le message de réponse s'affiche à la suite du message original. Les onglets situés dans la partie supérieure permettent de modifier votre choix : l'onglet **Répondre** pour répondre uniquement à l'expéditeur, l'onglet **Répondre à tous** (visible uniquement s'il existe plusieurs destinataires) pour répondre à l'expéditeur et aux autres destinataires du message et l'onglet **Transférer** pour envoyer ce message à une autre personne.*

  *Le nom de l'expéditeur du message d'origine apparaît dans la zone **À** et, si vous avez choisi de répondre à tous, les noms des autres destinataires du message apparaissent dans la zone **Cc**. L'objet du message n'est, quant à lui, pas visible. Par défaut, l'objet du message d'origine est repris et précédé de l'intitulé **Re:** ; vous pouvez cliquer sur le lien **Modifier l'objet** le cas échéant. Si le message d'origine contenait des pièces jointes, le lien **Inclure les pièces jointes d'origine** permet de les associer au message de la réponse.*

© Editions ENI - Toute reproduction interdite

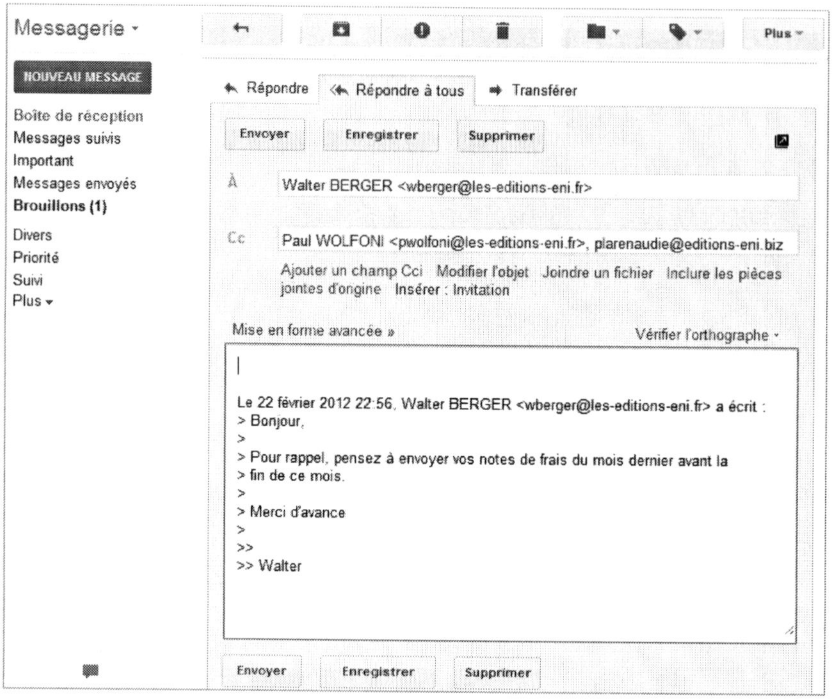

- Renseignez votre réponse dans la zone de saisie réservée au texte (au-dessus du message d'origine).
- Pour disposer des outils de mise en valeur, cliquez sur le lien **Mise en forme avancée.**
- Cliquez sur le bouton **Envoyer** pour envoyer votre réponse.

Si vous souhaitez supprimer le message d'origine avant de réaliser votre saisie, faites Ctrl **A** pour sélectionner tout le texte puis appuyez sur la touche Suppr.

Répondre à une conversation

Lorsque les messages d'une conversation sont affichés, vous pouvez soit répondre au dernier message de cette conversation, soit à un des messages de la conversation. Cette procédure est réalisable si le mode Conversation est activé.

- Dans la liste des messages de la **Boîte de réception**, cliquez sur la ligne de la conversation à laquelle vous souhaitez répondre.

- Pour répondre au dernier message (le plus récent), cliquez sur l'outil **Répondre** correspondant à ce dernier message (le dernier de la liste) ou cliquez sur le lien **Répondre** situé dans la zone dans la zone de réponse située sous le dernier message ; pour répondre à l'expéditeur et à tous les destinataires du message, ouvrez la liste de l'outil **Répondre** et sélectionnez l'option **Répondre à tous** (cette option ne sera pas visible s'il n'existe pas d'autres destinataires).
- Continuez l'élaboration de la réponse du message comme vu précédemment puis cliquez sur le bouton **Envoyer**.

Répondre à un message à l'aide de la messagerie instantanée

Un Chat (service de messagerie instantanée) est intégré à la messagerie Gmail. Ce service vous permet de dialoguer par messagerie instantanée ou en utilisant la fonctionnalité d'appels audio et/ou vidéo avec vos contacts, ces derniers doivent faire partie de votre domaine ou utiliser Gmail, Google Talk, Google+ ou orkut. Pour l'utilisation complète de ce service, reportez-vous au chapitre Chat Gmail.

Si votre correspondant n'a pas été ajouté à votre liste de contacts, vous devez, avant de pouvoir communiquer, lui envoyer une invitation.

Envoyer une invitation à chatter

Utilisez cette procédure si vous souhaitez répondre à l'expéditeur d'un message avec qui vous n'avez encore jamais conversé.

- Dans la liste des messages de la **Boîte de réception**, pointez le nom de l'expéditeur du message auquel vous souhaitez répondre puis, dans l'info-bulle qui s'affiche, cliquez sur le bouton **Inviter à chatter** (visible uniquement si votre correspondant est un nouveau contact, dans le cas contraire, c'est le bouton **Chatter** qui apparaît) ; si le message est ouvert, cliquez sur l'outil qui apparaît dans la fiche du contact, dans le volet droit de la page.

© Editions ENI - Toute reproduction interdite

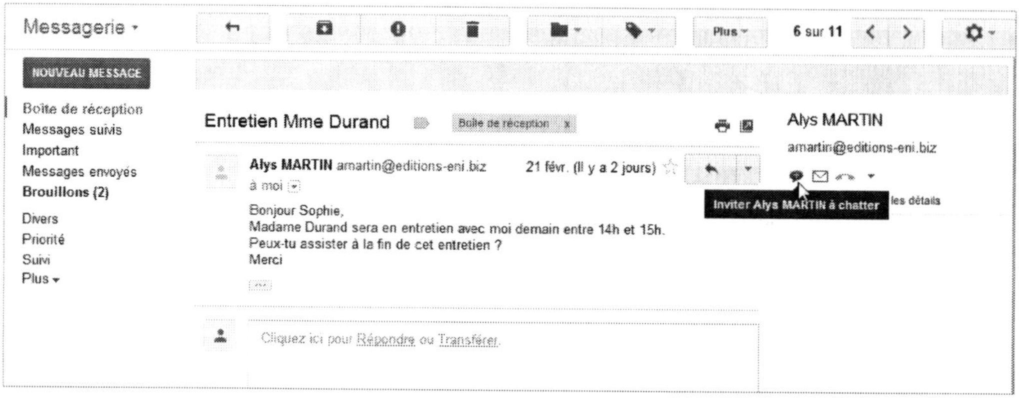

Si votre interlocuteur utilise Gmail, orkut ou Google+, une invitation à chatter apparait dans sa fenêtre de Chat.

Si votre interlocuteur n'utilise pas les applications citées précédemment et uniquement s'il dispose d'un compte Google+, Google envoie alors un message dans lequel des liens d'accès vers l'inscription aux services Gmail et Google Talk lui seront proposés.

Le nom du contact apparaît dans le volet **Chat** si celui-ci est affiché (outil **Chat** pour l'afficher). En pointant le nom du contact, vous constatez que son statut est **Invité**. Lorsque votre contact aura accepté votre invitation, l'indicateur de disponibilité apparaîtra à gauche de son nom. La couleur de cet indicateur change en fonction du statut de connexion : la couleur verte indique que la personne est disponible, la couleur jaune que la personne est absente, la couleur rouge que la personne est occupée, la couleur grise que la personne est déconnectée (hors ligne).

Répondre en envoyant un message instantané

Dans la liste des messages de la **Boîte de réception**, cliquez sur la ligne du message auquel vous souhaitez répondre puis, dans le volet droit de la page, cliquez sur l'outil qui apparaît dans la fiche du contact.

La couleur de cet outil est différente selon la disponibilité du contact.

*La fenêtre de **Chat** apparaît dans le coin inférieur droit de la fenêtre. L'objet du message auquel vous répondez est repris dans cette fenêtre. Vous pouvez cliquer sur le lien de l'objet pour afficher le contenu du message dans une fenêtre indépendante.*

*L'outil **Fenêtre externe** affiche la fenêtre du Chat dans une fenêtre séparée.*

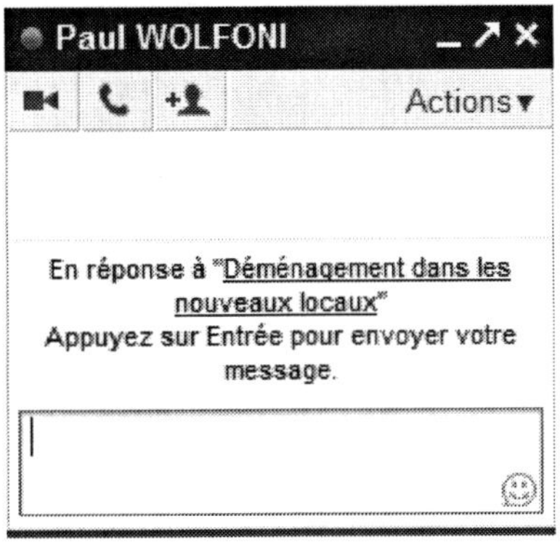

Saisissez votre message puis appuyez sur la touche pour l'envoyer.

Chez votre correspondant, la fenêtre de Chat s'affiche avec votre nom et le message envoyé. Lorsqu'il vous répond, sa réponse s'affiche en dessous de votre message.

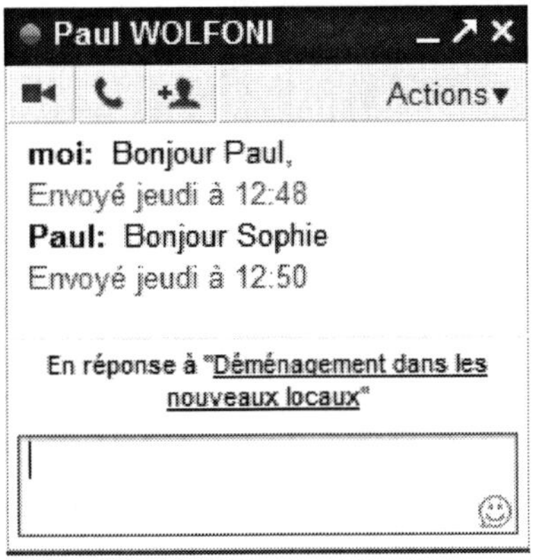

Lorsque la conversation est terminée, fermez la fenêtre du message.

Vous pouvez modifier votre statut de connexion en le choisissant dans la liste **Ma disponibilité** du volet **Chat**.

Transférer un message reçu

Vous pouvez transférer un message reçu à une tierce personne.

- Cliquez sur la ligne du message que vous souhaitez transférer pour l'ouvrir.
- Ouvrez la liste de l'outil **Répondre**  et sélectionnez l'option **Transférer.**

Vous pouvez également cliquer sur le lien correspondant dans la zone de réponse située sous le message.

*Le message de réponse s'affiche à la suite du message original. L'onglet **Transférer** est actif.*

*Le texte d'origine du message ainsi que son objet sont repris. L'objet est précédé de l'intitulé **Fwd:**.*

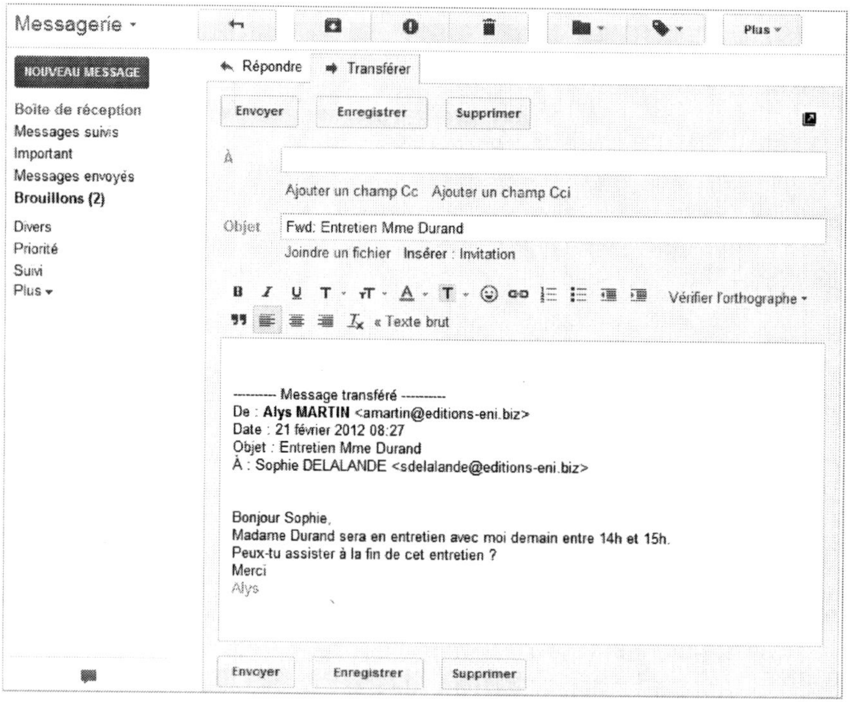

- Renseignez l'adresse du ou des nouveaux destinataires dans la zone **À**.
- Si besoin, saisissez un message au-dessus du message d'origine.

⇥ Cliquez sur le bouton **Envoyer** pour envoyer votre réponse.

Ouvrir un fichier joint

Vous pourrez ouvrir les fichiers joints uniquement si vous disposez de l'application correspondante sur votre poste de travail et/ou s'il s'agit d'un fichier compatible avec les applications bureautiques de Google Documents.

Rappelons que pour des raisons de sécurité, Google analyse les pièces jointes aux messages reçus ou expédiés et bloque systématiquement tous les types de fichiers susceptibles de contenir un virus (tels que les fichiers .bat, .exe, .vbs, .js...).

*Dans la liste des messages de la **Boîte de réception**, le symbole*  *apparaît dans l'avant-dernière colonne pour les messages contenant des pièces jointes*

⇥ Cliquez sur le message contenant la pièce jointe pour l'ouvrir.

Les noms des fichiers joints et leur taille s'affichent sous le texte du message. L'icône qui précède le nom du fichier symbolise son application de provenance.

© Editions ENI - Toute reproduction interdite

- Selon si vous souhaitez afficher le document, l'enregistrer ou le modifier, cliquez sur un des liens suivants :

  Afficher : le contenu de la pièce jointe s'affiche dans une nouvelle fenêtre de votre navigateur. Cette option est proposée uniquement pour les fichiers dont l'extension est : .pdf, .doc (ou docx), .xls (ou xlsx), .ppt, .rtf, .sxw, .sxc, .sxi, .sdw, .sdc, .sdd et .wml.

  Ouvrir en tant que *Nom de l'application* Google : lien visible uniquement pour les fichiers compatibles avec les applications bureautiques de Google Documents. Google ouvre la pièce jointe dans une de ces applications. Vous pouvez alors modifier le contenu (l'enregistrement des modifications est automatique) et y accéder depuis votre liste de documents de Google Documents puisque celui-ci est automatiquement ajouté à votre liste. Google vous enverra un message lorsque le document sera disponible dans Google Documents.

  Télécharger : pour enregistrer un des fichiers joints sur votre poste de travail.

  *Si vous avez cliqué sur le lien **Télécharger**, Internet Explorer affiche une barre d'informations dans la partie inférieure de la fenêtre :*

- Ouvrez la liste du bouton **Enregistrer** et choisissez l'option **Enregistrer sous.** Accédez au dossier d'enregistrement du fichier, modifiez, si besoin, son nom et cliquez sur **Enregistrer**.

  *Vous pouvez également choisir l'option **Enregistrer et ouvrir** dans la liste du bouton **Enregistrer** pour ouvrir le fichier après l'avoir enregistré.*

  *Dans le navigateur **Google Chrome**, l'enregistrement est automatique. Vous pouvez choisir l'option **Afficher le dossier** dans la liste du bouton reprenant le nom du fichier (en bas de la fenêtre).*

- Pour enregistrer sur votre poste tous les fichiers joints, cliquez sur le lien **Télécharger toutes les pièces jointes.**

  Dans Internet Explorer, ouvrez la liste du bouton **Enregistrer** et choisissez l'option **Enregistrer sous.** Accédez au dossier d'enregistrement du fichier, modifiez, si besoin, son nom et cliquez sur **Enregistrer.**

  Le fichier enregistré est un fichier compressé (.zip) qui contient l'ensemble des fichiers joints. Dans le dossier d'enregistrement du fichier, vous devez double cliquer sur le nom du fichier compressé pour afficher la liste des fichiers.

Marquer un message pour le suivi

Le suivi d'un message est symbolisé par une icône (généralement une étoile jaune) qui s'affiche dans la deuxième colonne de la liste des messages. Des icônes supplémentaires sont disponibles si vous souhaitez affecter des indicateurs différents selon le type de suivi.

La liste des messages marqués pour le suivi sont tous répertoriés dans le dossier ***Messages suivis****. Pour certains types de boîte de réception, la section* ***Messages suivis*** *permet de les distinguer plus facilement (cf. Modifier le classement des messages).*

Paramétrer les indicateurs de suivi

Par cette procédure, vous allez choisir le nombre et l'aspect des indicateurs dont vous souhaitez disposer.

- Cliquez sur l'outil **Paramètres** et sur l'option **Paramètres.**
- Faites défiler la page et accédez à la rubrique **Icônes de suivi personnalisées.**

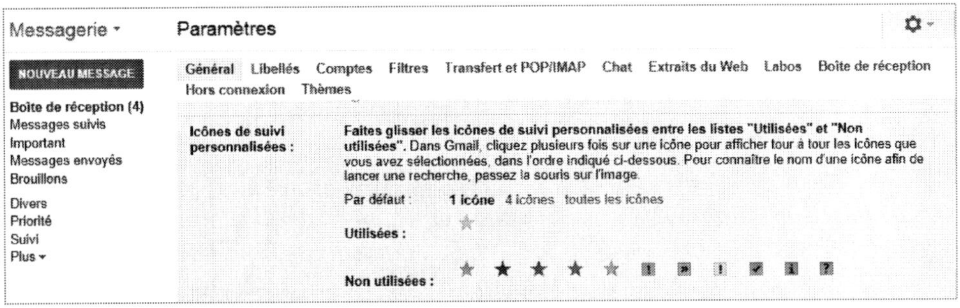

- Pour activer l'utilisation de plusieurs icônes, cliquez sur le lien **4 icônes** ou **toutes les icônes.**

  Si vous avez choisi ***4 icônes****, vous pouvez modifier les icônes* ***Utilisées*** *par des icônes présentes sur la ligne* ***Non utilisées*** *:*

- Sur la ligne **Utilisées**, faites glisser l'icône que vous souhaitez remplacer sur la ligne **Non utilisées.** Faites ensuite glisser l'icône à ajouter sur la ligne **Utilisées.** Répétez cette opération pour chaque icône à remplacer.
- Pour déplacer l'ordre dans lequel les différents indicateurs apparaîtront lorsque que vous cliquerez sur le symbole, faites glisser les icônes pour les placer à l'endroit souhaité.

BIBLIOTHÈQUE MUNICIPALE
71450 BLANZY

© Editions ENI - Toute reproduction interdite

- Cliquez sur le bouton **Enregistrer les modifications.**

Marquer un message

- Dans la liste des messages, cliquez sur l'icône dans la deuxième colonne de la ligne du message à marquer.

  Le premier indicateur choisi s'affiche.

  Pour afficher un autre des indicateurs paramétrés, cliquez à nouveau et autant de fois que nécessaire selon la position de l'indicateur à afficher.

Lorsqu'un message est ouvert, l'outil qui apparaît à droite du nom de l'expéditeur permet également de marquer un message pour le suivi.

Retirer l'indicateur de suivi

- Sélectionnez le ou les messages concernés.
- Cliquez sur le bouton **Plus** et sur l'option **Désactiver le suivi** ou cliquez autant de fois que nécessaire sur l'indicateur de suivi jusqu'à ce que l'indicateur suivant apparaisse.

Marquer un message important

*Il est possible d'afficher tous les messages importants en cliquant sur le libellé **Important** du volet de navigation. Si vous avez choisi un type de boîte de réception **Importants d'abord**, ces messages sont visibles au début de la liste des messages de votre boîte de réception sous la section **Importants** (cf. Modifier le classement des messages).*

Certains de vos messages sont identifiés comme importants par Gmail qui effectue une analyse à la réception des messages. Par exemple, si vous recevez et envoyez régulièrement des messages à un même destinataire, Gmail applique l'indicateur Important aux messages de ce destinataire. L'analyse porte également sur les termes récurrents des messages que vous lisez ou envoyez et certains messages pour lesquels vous avez activé le suivi. Si des messages sont indiqués comme importants par erreur, vous pouvez bien évidemment retirer ce marquage et, dans un délai d'une journée, Google modifiera ses critères d'analyse relatifs à ce type de messages.

- Affichez la liste des messages (ou conversations) concernés.

- Cliquez sur l'indicateur situé dans la troisième colonne dans la ligne du message à marquer comme important.

  L'indicateur devient alors jaune .

- Pour retirer le marquage, cliquez sur l'indicateur correspondant au message.

Pour automatiser le marquage ou non de certains messages, vous pouvez créer un filtre et, dans la liste des actions du filtre, cochez l'option **Toujours marquer comme important** ou, à l'inverse, l'option **Ne jamais marquer comme important** (cf. Créer une règle de message).

Modifier le classement des messages

Par défaut, les messages sont classés par date, du plus récent au plus ancien mais vous pouvez choisir d'afficher en tête de liste, les messages importants, les messages à suivre, etc.

- Pointez le libellé **Boîte de réception** dans le volet de navigation et cliquez sur la flèche qui apparaît à sa droite.

  *Le type **Classique**, actif par défaut, classe les messages par ordre d'arrivée dans la boîte de réception, du plus récent au plus ancien. Lorsque vous pointez un des types proposés, un descriptif s'affiche à droite.*

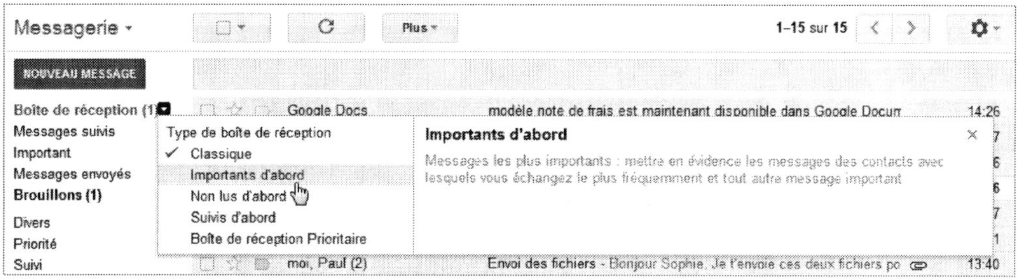

- Cliquez sur le type de classement que vous souhaitez appliquer.

© Editions ENI - Toute reproduction interdite

Sur cet exemple, le style ***Boîte de réception Prioritaire*** *a été appliqué : les messages qui sont à la fois* **Importants et non lus** *sont affichés en premier puis les messages pour lesquels vous avez demandé un suivi apparaissent dans la section suivante ; les autres messages sont, quant à eux, classés dans la dernière section* ***Autres messages****.*

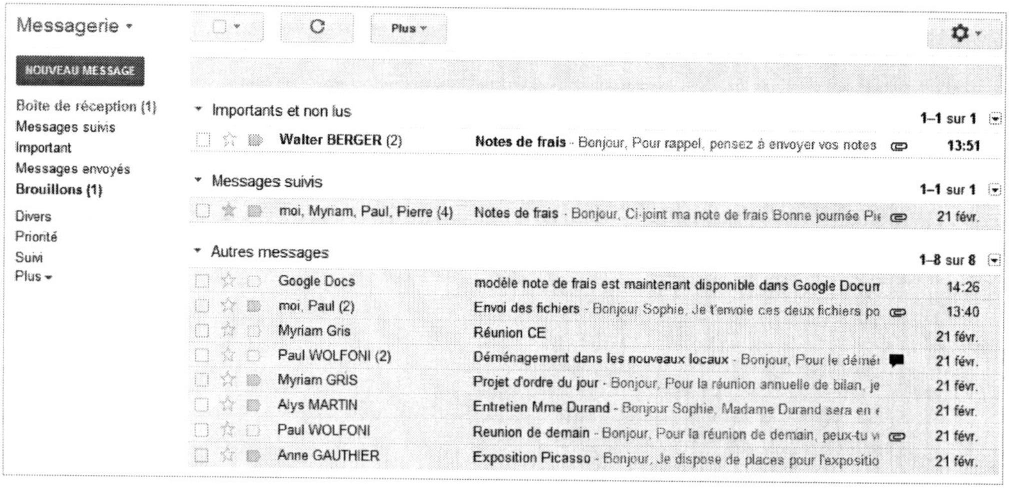

Le choix du **Type de boîte de réception** peut également se faire via la liste correspondante dans la fenêtre des paramètres (outil - option **Paramètres** - onglet **Boîte de réception**).

Gérer les sections

Hormis pour le type de boîte de réception ***Classique****, les autres types classent les messages sous différentes catégories (sections). Vous pouvez choisir le nombre de messages à afficher ou la masquer lorsqu'elle est vide. Si le type de boîte de réception est Prioritaire, vous pouvez alors modifier le contenu d'une section, la supprimer ou ajouter une section supplémentaire.*

- Pour masquer les messages d'une section, cliquez sur l'outil qui précède son nom : à l'inverse, pour les afficher, cliquez sur l'outil .
- Pour choisir le nombre de messages que doit contenir une section, cliquez sur la flèche située à droite du nombre des messages.

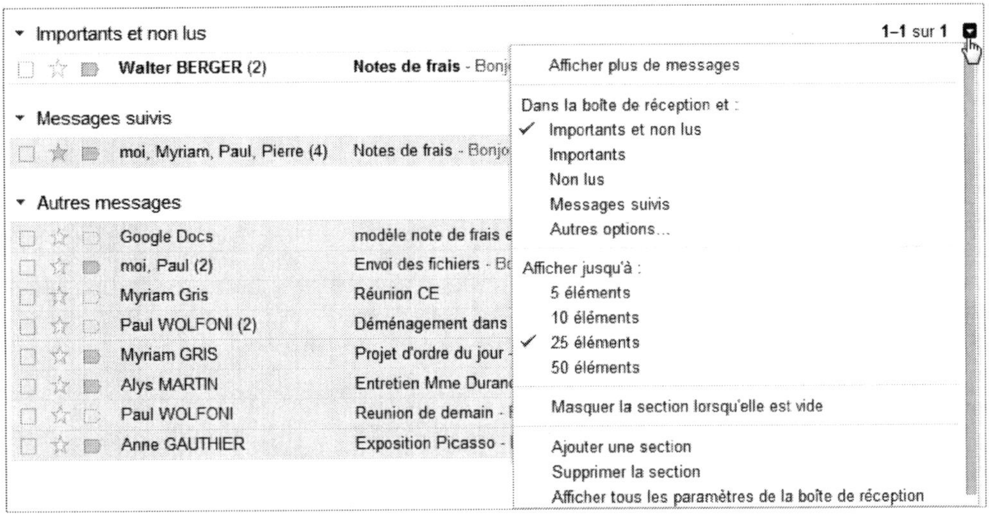

Sous l'intitulé **Afficher jusqu'à**, choisissez le nombre de messages que cette section peut afficher.

Lorsque la section contient plus de messages que le nombre choisi, vous pouvez alors cliquer sur le nombre des messages pour afficher l'ensemble des messages.

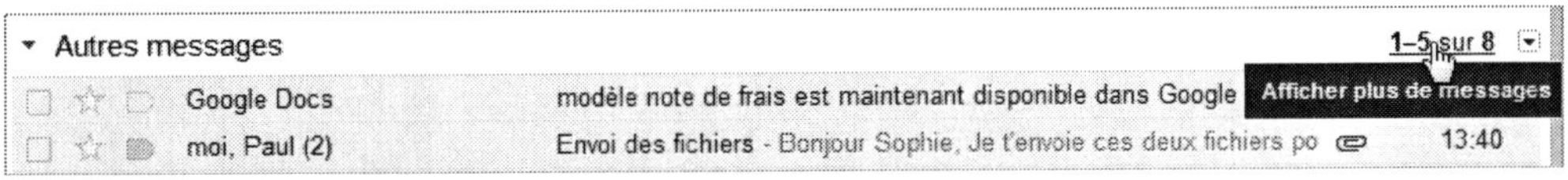

- Pour **Masquer la section lorsqu'elle est vide**, choisissez l'option correspondante dans la liste de la section.
- Les procédures de personnalisation des sections citées ci-après peuvent être réalisées si le type est **Boîte de réception Prioritaire**, si ce n'est pas le cas, cliquez sur l'outil **Paramètres**  et sur l'option **Paramètres.** Cliquez sur l'onglet **Boîte de réception** et sur le lien **Personnaliser dans la boîte de réception Prioritaire.** Validez en cliquant sur le bouton **Enregistrer les modifications.**
- Pour remplacer une section par une autre, ouvrez la liste de la section et, sous l'intitulé **Dans la boîte de réception et**, cliquez sur le nom de la section souhaitée si celle-ci est visible sinon sélectionnez **Autres options** pour afficher les autres libellés.

© Editions ENI - Toute reproduction interdite

- Pour ajouter une section supplémentaire, ouvrez la liste de la section après laquelle la nouvelle doit être insérée (sauf **Autres messages**) puis sélectionnez l'option **Ajouter une section.** Choisissez ensuite, dans la liste de la nouvelle section, le type de messages qu'elle doit contenir sous l'intitulé **Dans la boîte de réception et.**
- Pour supprimer une section, choisissez l'option **Supprimer la section** dans la liste de la section à supprimer.
- Pour rétablir la configuration initiale du type Boîte de réception Prioritaire, cliquez sur l'outil **Paramètres** et sur l'option **Paramètres.** Cliquez sur l'onglet **Boîte de réception** et sur le lien **Rétablir la configuration par défaut de la boîte de réception Prioritaire.** Validez en cliquant sur le bouton **Enregistrer les modifications.**

La personnalisation des sections peut également se faire via le lien **Options** dans la fenêtre des paramètres de la messagerie (outil - option **Paramètres** - onglet **Boîte de réception**).

Créer/gérer les libellés

*Un libellé est une vue qui permet de regrouper, de façon nominative, des messages et d'y accéder depuis le volet de navigation. Cet outil de classement vous permet de mieux organiser vos messages. Un même message peut être présent dans plusieurs libellés, il ne s'agit pas de copies d'un message mais du même message accessible depuis plusieurs vues différentes. Les dossiers **Boîte de réception**, **Messages suivis**, **Important**, **Messages envoyés...** sont des libellés prédéfinis.*

Créer un libellé

- Dans le volet de navigation, cliquez sur **Plus** puis sur le lien **Créer un libellé.**

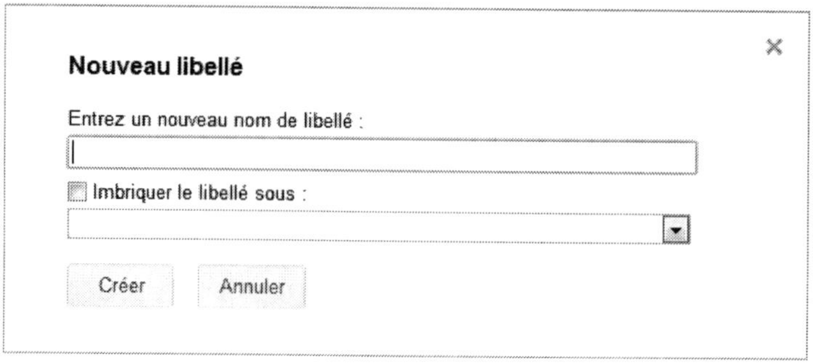

- Saisissez le nom du libellé.
- Si le libellé doit être placé dans un libellé existant, cochez l'option **Imbriquer le libellé sous** puis choisissez, dans la liste, son libellé parent.
- Cliquez sur le bouton **Créer**.

Le nouveau libellé apparaît dans le volet de navigation. Si le libellé a été ajouté à un libellé existant, cliquez sur ▸*, à gauche du nom de son libellé parent, pour l'afficher.*

Pour classer des messages dans ces libellés, reportez-vous au titre Classer les messages dans des libellés ou, pour un classement automatique, consultez le titre Créer une règle de message.

Modifier un libellé

Par défaut, les libellés apparaissent dans le volet de navigation et sur fond gris dans la liste des messages. Vous pouvez modifier la couleur de fond de ces libellés et choisir de les afficher ou non dans le volet de navigation et/ou dans la liste des messages. Il vous est également possible de renommer un libellé ou de le supprimer. Ces procédures s'appliquent uniquement aux libellés situés dans la deuxième partie du volet de navigation (ceux qui apparaissent à la suite du dossier ***Brouillons****).*

- Dans le volet de navigation, positionnez le pointeur de la souris sur le libellé à modifier puis cliquez sur la flèche qui apparaît à droite de son nom pour ouvrir son menu déroulant.

© Editions ENI - Toute reproduction interdite

- Pour modifier la couleur de fond, cliquez sur une des pastilles de couleur proposées sous l'intitulé **Couleur du libellé** ; si aucune couleur ne convient, sélectionnez l'option **Ajouter une couleur personnalisée** pour la choisir dans un nuancier plus complet.

  *L'option **Supprimer la couleur** permet de rétablir la couleur de fond d'origine (gris).*

- Pour masquer un libellé du volet de navigation, choisissez, dans le menu déroulant du libellé, l'option **Masquer** de la section **Dans la liste des libellés** ou choisissez **Afficher si messages non lus** si le libellé doit seulement être affiché s'il contient des messages non lus.

- Pour masquer un libellé **Dans la liste des messages**, choisissez, dans le menu déroulant du libellé, l'option **Masquer** de la section correspondante.
- Pour modifier le nom d'un libellé et/ou son dossier parent, sélectionnez l'option **Modifier** dans la liste du libellé. Réalisez les modifications souhaitées et cliquez sur le bouton **Enregistrer**.
- Pour créer un sous-libellé, ouvrez la liste du libellé dans lequel le sous-libellé doit être ajouté et sélectionnez l'option **Ajouter un sous-libellé**. Saisissez son nom dans la zone de saisie puis cliquez sur le bouton **Créer**.
- Pour supprimer un libellé, choisissez l'option **Supprimer le libellé** dans la liste du libellé à supprimer. Cliquez sur le bouton **Supprimer du message** de confirmation qui s'affiche.

Gérer les libellés

Dans les paramètres des libellés, vous pouvez choisir les libellés qui seront affichés et ceux qui doivent être masqués, les supprimer ou les modifier.

- Dans le volet de navigation, cliquez sur **Plus** et sur le lien **Gérer les libellés.**

*La page **Paramètres** s'affiche et l'onglet **Libellés** est actif. Toutes les modifications effectuées seront automatiquement enregistrées. Le nombre de messages (ou de conversations) contenus dans les libellés apparaît sous leur nom. Le bouton **Nouveau libellé** permet d'en créer un.*

© Editions ENI - Toute reproduction interdite

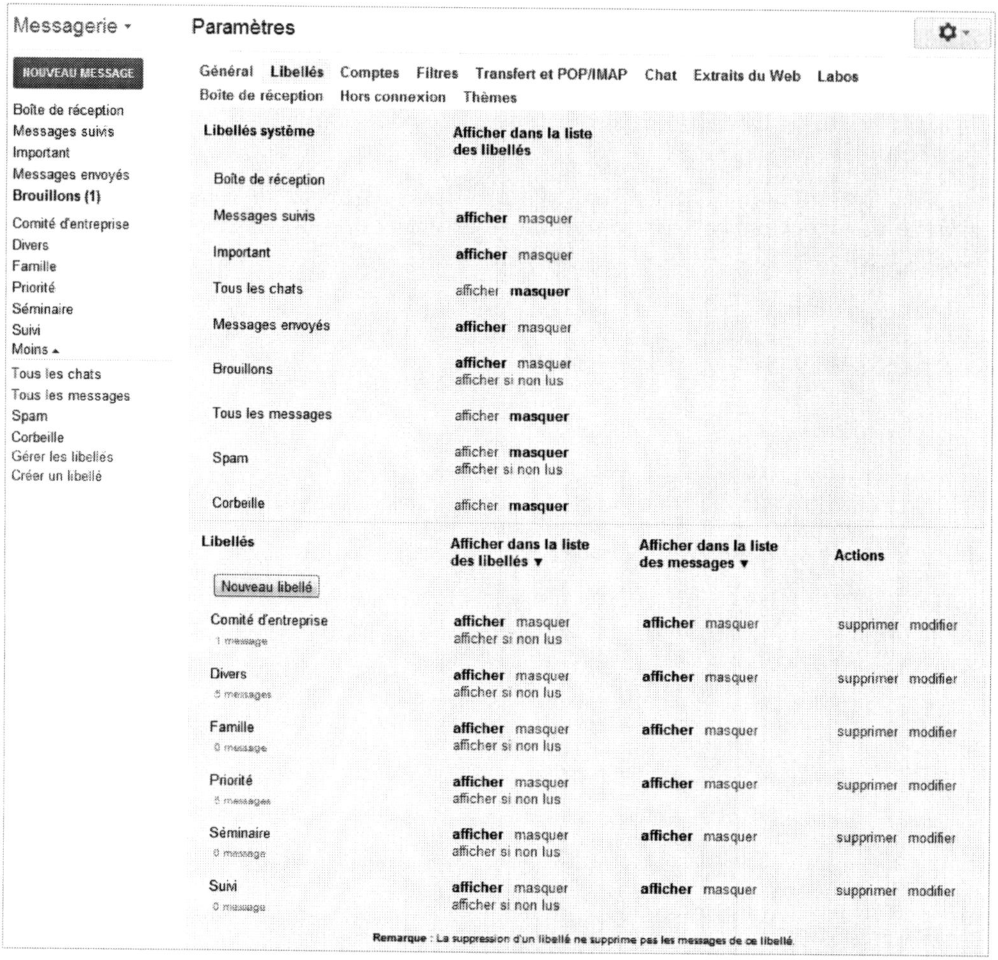

- Utilisez les liens proposés pour **masquer** ou **afficher** le libellé dans la colonne correspondante, pour **supprimer** ou **modifier** son nom ou son libellé parent.

Classer les messages dans des libellés

Un message peut être associé à plusieurs libellés. Si le mode Conversation est activé, le libellé sera alors appliqué à l'ensemble des messages de la conversation. Si vous souhaitez rendre automatique le classement de certains messages dans des libellés, reportez-vous au titre Créer une règle de message.

Copier des messages : méthode 1

- Sélectionnez les messages à placer dans un libellé puis cliquez sur l'outil **Libellés** .

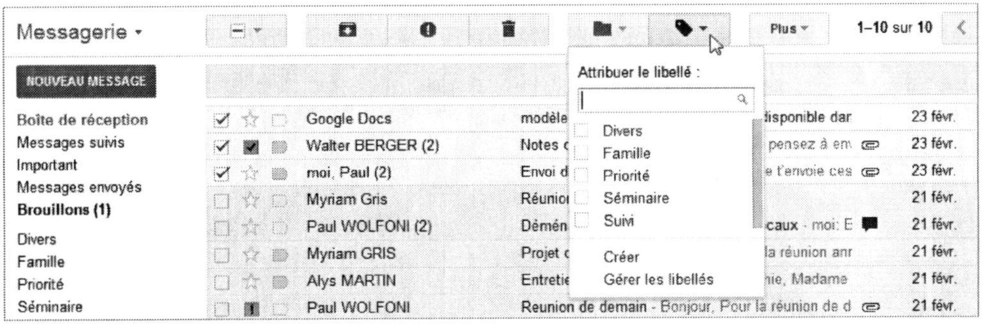

- Sélectionnez le ou les libellés auxquels les messages doivent être associés puis cliquez sur l'option **Appliquer** (en bas du menu) ; pour placer les messages dans un nouveau libellé, saisissez son nom dans la zone de saisie, cliquez ensuite sur **(créer)** et, dans la fenêtre qui s'affiche, cochez l'option **Imbriquer le libellé sous** si le libellé doit être placé dans un libellé existant puis choisissez, dans la liste, son libellé parent. Validez en cliquant sur le bouton **Créer**.

  Si vous avez choisi de ne pas masquer les libellés dans les messages, leur nom apparait à gauche de l'objet du message.

Les messages sont toujours présents dans leur libellé (dossier) d'origine.

Copier des messages : méthode 2

- Affichez la liste des messages auxquels vous souhaitez associer des libellés.
- Depuis le menu de navigation, faites glisser le libellé sur le message concerné.
- Répétez l'opération pour chaque libellé à associer.

© Editions ENI - Toute reproduction interdite

Déplacer des messages

- Sélectionnez les messages à placer dans un libellé puis cliquez sur l'outil **Déplacer vers** .
- Sélectionnez le libellé dans lequel les messages doivent être déplacés ; pour placer les messages dans un nouveau libellé, saisissez son nom dans la zone de saisie, cliquez ensuite sur **(créer)** et, dans la fenêtre qui s'affiche, cochez l'option **Imbriquer le libellé sous** si le libellé doit être placé dans un libellé existant puis choisissez, dans la liste, son libellé parent. Validez en cliquant sur le bouton **Créer**.

Retirer un message d'un libellé

- Sélectionnez le ou les messages concernés.
- Cliquez sur l'outil **Libellés**  puis décochez le libellé à retirer des messages sélectionnés.

Si le message est ouvert, vous pouvez cliquer sur la croix  qui suit le nom du libellé dans l'en-tête du message.

Créer une règle de message

*Les règles de message, appelées **Filtres**, permettent d'effectuer une action sur les messages entrants ou sortants. Vous pouvez ainsi choisir de les classer dans des libellés particuliers, de les archiver, de leur appliquer un suivi, de les supprimer ou de les transférer.*

Si les messages filtrés doivent être transférés à une autre adresse de messagerie, assurez-vous, au préalable, que l'adresse a été ajoutée. L'adresse peut être ajoutée lors de la création du filtre cependant, après l'ajout et la validation de la nouvelle adresse, il vous faudra reprendre la procédure de création de filtre depuis le début (cf. Transférer ses messages sur un autre compte de messagerie).

Créer un filtre

- Ouvrez la liste de la zone de recherche et précisez les différents critères de filtres dans les champs proposés.

Dans la liste **Rechercher**, laissez l'option **Tous les messages** activée (le choix d'un libellé ou dossier de recherche n'est pas pris en compte lors de l'application d'un filtre).

Cliquez sur le lien **Créer un filtre à partir de cette recherche** (en bas du volet).

Le volet suivant apparaît :

© Editions ENI - Toute reproduction interdite

- Cochez la ou les options correspondant aux actions à effectuer, par exemple, pour classer les messages dans un libellé, cochez l'option **Appliquer le libellé** et choisissez-le dans la liste suivante (vous pouvez choisir **Nouveau libellé** pour en créer un nouveau) ; si le message ne doit pas apparaître en double dans le dossier Boîte de réception, cochez alors l'option **Ne pas afficher dans la boîte de réception (Archiver).**

  Pour transférer les messages à une autre adresse, cochez l'option **Transférer à** et sélectionnez l'adresse à laquelle les messages seront relayés ; si les messages transférés ne doivent pas être réceptionnés dans votre boîte de réception, cochez dans ce cas l'option **Ne pas afficher dans la boîte de réception (Archiver).**

  *Le lien **ajouter une adresse de transfert** permet de préciser une nouvelle adresse de transfert dans les paramètres de la messagerie.*

- Si les messages existants doivent également être filtrés, cochez l'option **Appliquer également ce filtre aux *n* correspondant à ces messages.**

  Les filtres de transfert ne s'appliquent qu'aux nouveaux messages.

- Cliquez sur le bouton **Créer un filtre.**

Si vous avez coché l'option **Ne pas afficher dans la boîte de réception (Archiver)**, les messages seront néanmoins visibles dans le libellé **Tous les messages.**

Créer un filtre depuis un message

Cette procédure est intéressante si un des critères du filtre doit prendre en compte l'adresse de messagerie d'un expéditeur.

- Cochez le message dont l'adresse e-mail de l'expéditeur doit être reprise dans le filtre.

- Cliquez sur le bouton **Plus** et sur l'option **Filtrer les messages similaires.**

  *La fenêtre **Filtre** s'affiche et l'adresse de l'expéditeur apparaît dans la zone **De**.*

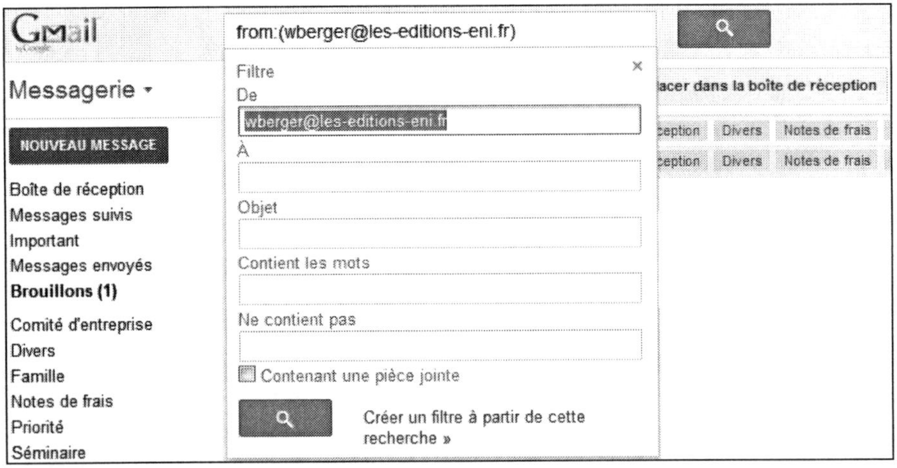

- Complétez les différents critères du filtre et suivez les procédures de création comme vues précédemment.

Gérer les filtres

- Cliquez sur l'outil **Paramètres**  et sur l'option **Paramètres.**
- Cliquez sur l'onglet **Filtres.**

  La liste recense les filtres créés.

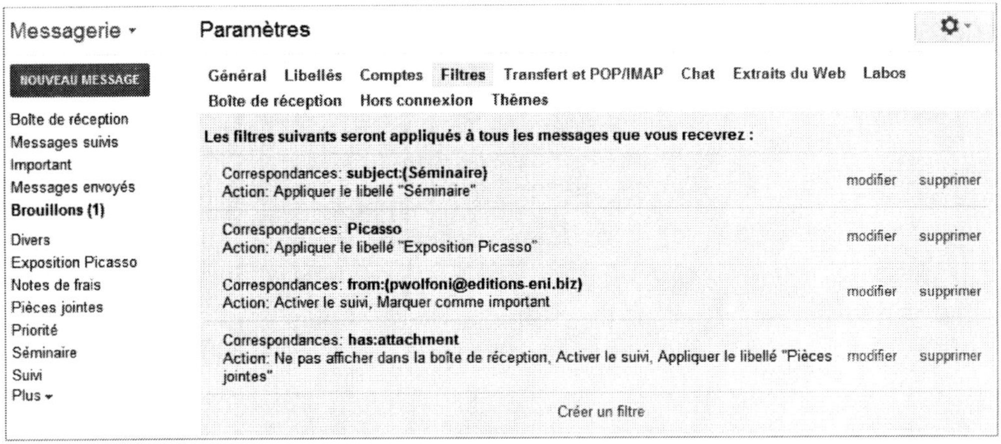

- Pour **supprimer** un filtre, cliquez sur le lien correspondant.
- Pour apporter des modifications aux critères du filtre, cliquez sur le lien **modifier** correspondant. Dans la première fenêtre, modifiez, si besoin, les critères de recherche du filtre puis cliquez sur le lien **Continuer.** Dans la seconde fenêtre, modifiez éventuellement les actions puis cliquez sur le bouton **Mettre à jour le filtre.**

  L'enregistrement des modifications est automatique.

Créer une signature

Une signature correspond au texte que vous souhaitez ajouter à la fin de vos message, il peut s'agir de vos coordonnées (nom, prénom, téléphone, service...) accompagnées ou non d'une image comme le logo de votre société. Si vous avez ajouté des adresses de messagerie supplémentaires (cf. Utiliser l'adresse d'un autre compte pour l'envoi des messages), vous pouvez créer une signature pour chacune des adresses.

- Cliquez sur l'outil **Paramètres** et sur l'option **Paramètres.**
- Dans la rubrique **Signature** de l'onglet **Général**, activez la deuxième option puis, si vous disposez de plusieurs adresses de messagerie, choisissez, dans la liste, celle à laquelle la signature sera associée.
- Dans la zone de saisie, saisissez le texte de votre signature et appliquez les mises en forme souhaitées.

  Vous êtes limité à 10 000 caractères.

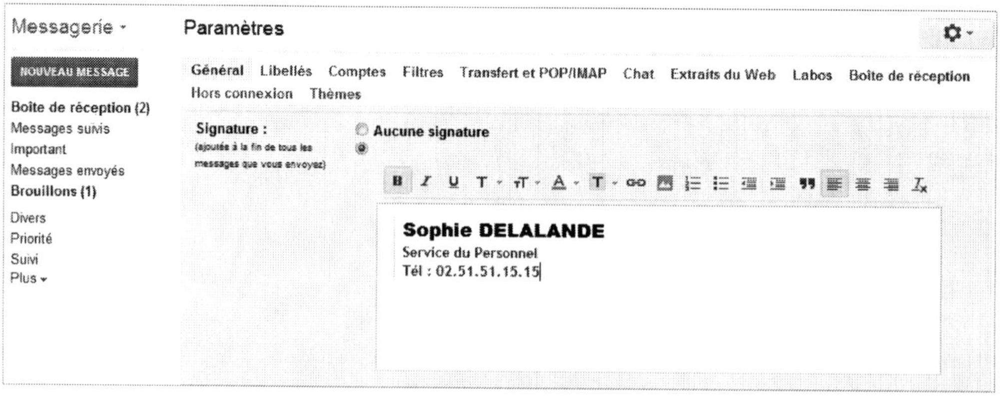

- Cliquez sur le bouton **Enregistrer les modifications.**

Lors de la création d'un nouveau message, la signature est automatiquement ajoutée dans le corps du message.

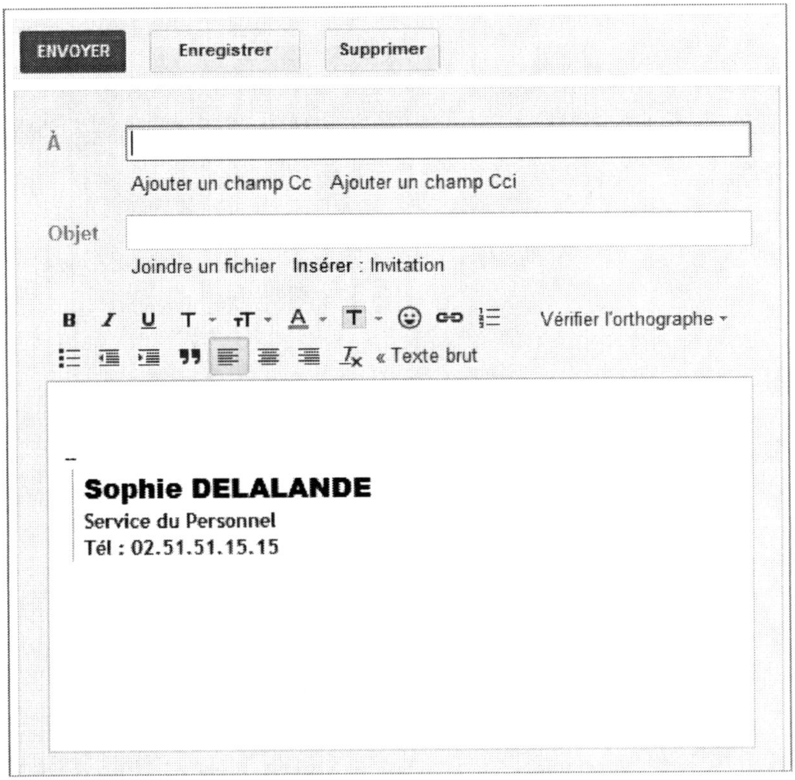

Répétez cette procédure pour associer une signature à vos autres comptes de messagerie si vous en utilisez plusieurs pour l'envoi de vos messages.

Gérer la messagerie en votre absence

Par cette fonctionnalité, vous pouvez envoyer automatiquement un message aux personnes qui essaient de vous joindre alors que vous êtes absent.

- Cliquez sur l'outil **Paramètres** et sur l'option **Paramètres**.
- Faites défiler la page et accédez à la rubrique **Réponse automatique**.

© Editions ENI - Toute reproduction interdite

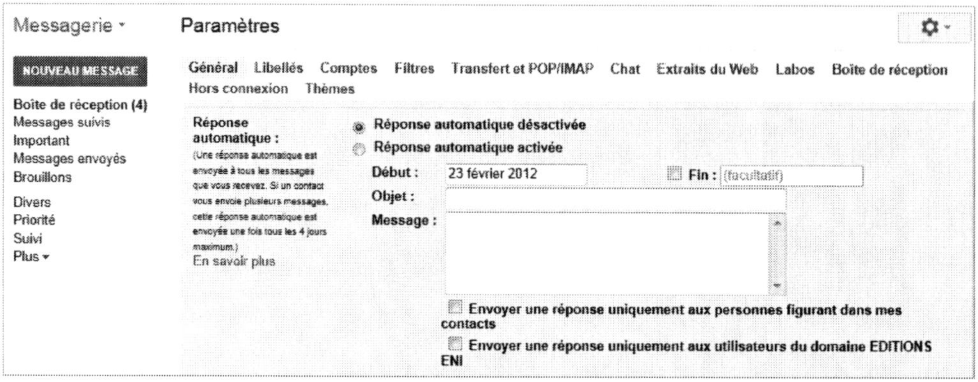

- Activez l'option **Réponse automatique activée.**
- Pour planifier une plage de temps pendant laquelle les messages automatiques devront être envoyés, modifiez, si besoin, la date de **Début** puis cochez l'option **Fin** et précisez la date de fin dans la zone correspondante.

  Si aucune plage de temps n'est définie, des réponses automatiques seront envoyées jusqu'à ce que vous désactiviez l'envoi des réponses automatiques.
- Dans les zones de saisie correspondantes, saisissez l'**Objet** et le texte du **Message** qui sera envoyé.
- Pour limiter l'envoi du message uniquement aux personnes présentes dans votre carnet d'adresses, cochez l'option **Envoyer une réponse uniquement aux personnes figurant dans mes contacts** ; pour envoyer le message aux personnes de votre domaine, activez l'option **Envoyer une réponse uniquement aux utilisateurs du domaine.**
- Cliquez sur le bouton **Enregistrer les modifications.**

  *De retour dans votre espace de messagerie, une barre d'information apparaît dans la partie supérieure de la fenêtre. Le lien **Paramètres du message d'absence** vous permet de le modifier dans la page des **Paramètres**.*

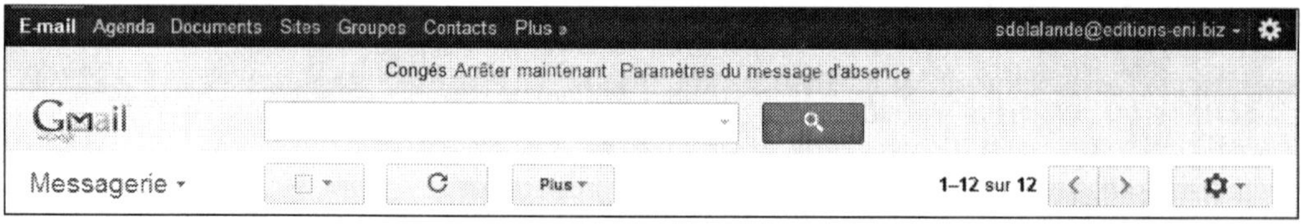

Les personnes qui vous envoient un message recevront le message de la réponse automatique. Notez, cependant, que Google envoie ce message tous les 4 jours environ.

- Si vous n'avez pas précisé de dates pour la durée de votre absence, pour signaler votre retour, désactivez la réponse automatique en cliquant sur le lien **Arrêter maintenant** ou activez l'option **Réponse automatique désactivée** dans la page **Paramètres** (outil  - option **Paramètres** - rubrique **Réponse automatique**), cliquez ensuite sur le bouton **Enregistrer les modifications.**

Supprimer/restaurer des messages

Lorsqu'un message est supprimé, il disparaît également des libellés dans lesquels il avait été placé.

Supprimer des messages

- Sélectionnez le ou les messages à supprimer puis cliquez sur l'outil **Supprimer** .

Attention, si vous utilisez le mode Conversation, tous les messages de la conversation sont alors supprimés.

- Pour supprimer un seul message d'une conversation, cliquez sur la ligne de la conversation concernée puis sur l'en-tête du message à supprimer. Ouvrez la liste de l'outil **Répondre**  et sélectionnez l'option **Supprimer ce message.**

*Les éléments supprimés sont automatiquement envoyés dans le dossier **Corbeille** et sont conservés pendant 30 jours maximum après leur suppression.*

Restaurer un message supprimé

Utilisez cette procédure si vous avez supprimé un message par erreur et si l'action n'excède pas 30 jours.

- Dans le volet de navigation, cliquez sur **Plus** puis sur le libellé **Corbeille.**
- Sélectionnez le ou les messages à restaurer.
- Cliquez sur l'outil **Déplacer vers**  et sur le nom du libellé (ou dossier) dans lequel les messages doivent être déplacés.

© Editions ENI - Toute reproduction interdite

Supprimer définitivement des messages

- Dans le volet de navigation, cliquez sur **Plus** puis sur le libellé **Corbeille.**
- Sélectionnez le ou les messages à supprimer.
- Cliquez sur le bouton **Supprimer définitivement.**

Vider la Corbeille

- Accédez à la corbeille et cliquez sur le lien **Vider la corbeille.**
- Cliquez sur **OK** du message de confirmation qui s'affiche.

Archiver des messages

*L'archivage des messages retire ces derniers de leur emplacement (**Boîte de réception**, **Messages envoyés...**) mais les conserve dans la liste **Tous les messages**.*

- Sélectionnez les messages à archiver.
- Cliquez sur l'outil **Archiver**  .

Pour archiver automatiquement les messages, créez dans ce cas un filtre et cochez l'option **Ne pas afficher dans la boîte de réception (Archiver)** (cf. Créer une règle de message.

Gérer le courrier indésirable (spam et phishing)

*Google utilise un système de filtrage élaboré pour détecter les spams et virus pouvant être contenus dans vos e-mails. Lorsque vous recevez un message considéré comme « courrier indésirable » par Google, (généralement des mails de publicités), il est automatiquement classé dans l'intitulé **Spam** de votre messagerie et il est conservé pendant 30 jours. Il est parfois nécessaire de consulter le contenu de ce libellé pour vous assurer qu'un mail n'y soit pas par erreur. Par contre, si des messages récurrents que vous considérez comme « indésirables » doivent être placés directement dans le libellé **Spam**, vous pouvez dans ce cas le signaler afin que ce filtrage soit pris en compte pour les messages entrants.*

Afficher les spams

- Dans le volet de navigation, cliquez sur **Plus** puis sur **Spam.**

*Le nombre de spams non lus est précisé entre parenthèses à la suite du libellé **Spam**.*

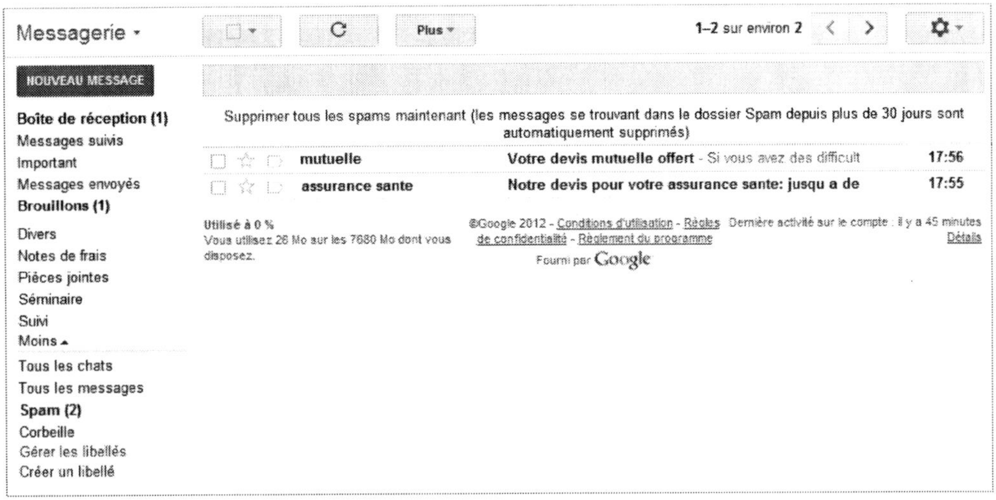

Marquer un message

- Dans la liste des messages de la **Boîte de réception**, sélectionnez le ou les messages que vous considérez comme spam.
- Cliquez sur l'outil **Signaler comme spam** .

Gérer le dossier Spam

- Affichez le dossier **Spam**.
- Si un message ne doit pas être considéré comme spam, sélectionnez-le et cliquez sur le bouton **Non-spam**.

  *Le message est alors placé dans la **Boîte de réception**.*
- Pour supprimer de façon définitive des messages, sélectionnez-les puis cliquez sur le bouton **Supprimer définitivement** ; pour supprimer toute la liste des spams, cliquez sur le lien **Supprimer tous les spams maintenant** et cliquez sur **OK** du message qui s'affiche.

Pour vous prémunir d'un placement malencontreux dans le dossier **Spam**, vous pouvez créer un filtre et activer, dans la liste des actions, l'option **Ne jamais envoyer dans le dossier Spam** (cf. Créer une règle de message).

© Editions ENI - Toute reproduction interdite

Signaler comme phishing

Google intègre une protection contre les attaques par ***phishing*** *(hameçonnage en français), qui est une méthode consistant à usurper des renseignements personnels (nom, date de naissance, numéro d'assurance sociale, mots de passe...) ou financiers (coordonnées bancaires, numéro de carte de crédit...) par le biais d'un faux e-mail qui semble émaner d'une société digne de confiance ou d'un correspondant connu.*

Cet e-mail signale au destinataire que la société a besoin de vérifier certaines informations le concernant, et l'invite donc à cliquer sur un lien hypertexte menant sur un faux site qui ressemble, à s'y méprendre, au vrai site. Arrivé sur ce site, le destinataire est invité à saisir des informations confidentielles qui sont alors récupérées par le pirate et utilisées pour détourner des fonds à son avantage.

Si vous recevez un message que Gmail considère comme suspect, un message vous avertit de rester vigilant à l'égard de cet e-mail. Si un mail vous semble douteux, utilisez cette procédure pour envoyer le message aux services Google pour être vérifié.

- Ouvrez le message puis, dans la liste de l'outil **Répondre** , sélectionnez l'option **Signaler comme phishing.**

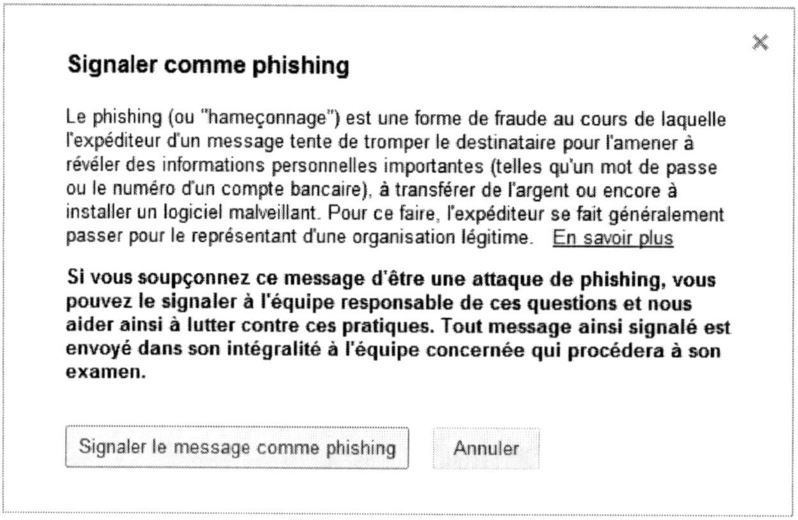

- Cliquez sur le bouton **Signaler le message comme phishing.**

Utiliser l'adresse d'un autre compte pour l'envoi des messages

Si vous utilisez plusieurs adresses de messagerie, vous pouvez ajouter plusieurs de vos adresses externes (5 comptes maximum) qu'il vous sera alors possible d'utiliser pour envoyer des messages depuis votre messagerie Gmail. Vous devez, bien évidemment, être propriétaire de ces adresses de messagerie.

- Cliquez sur l'outil **Paramètres**  et sur l'option **Paramètres.**
- Cliquez sur l'onglet **Comptes.**
- Cliquez sur le bouton **Ajouter une autre adresse e-mail.**

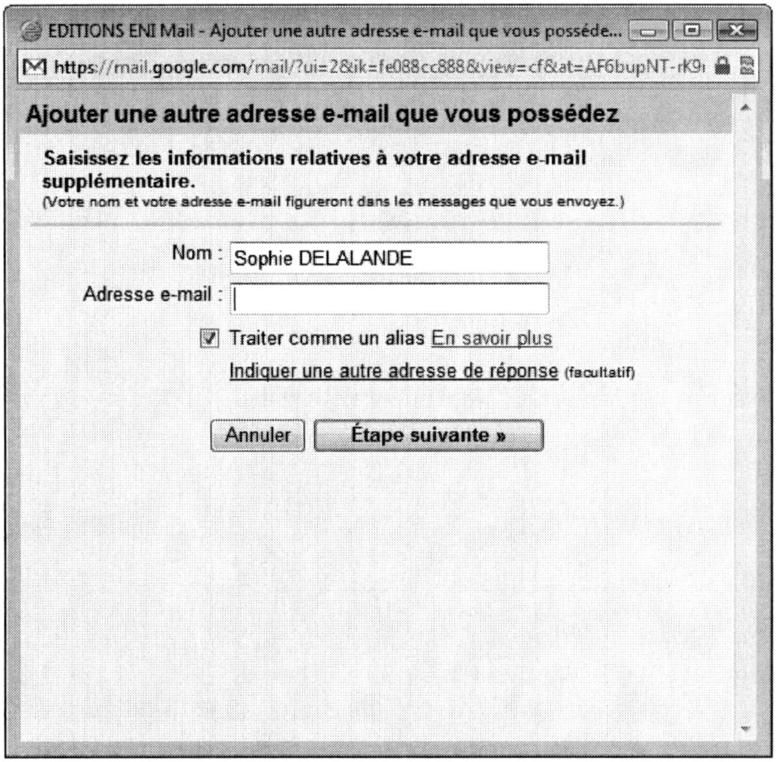

- Saisissez l'**Adresse e-mail** complète dans la zone correspondante.
- Décochez l'option **Traiter comme un alias** pour que Google ne la considère comme un alias de votre adresse de messagerie principale.

© Editions ENI - Toute reproduction interdite

- Cliquez sur le bouton **Étape suivante.**
- Si vous utilisez la version Google Apps for Business ou Education, cliquez sur le bouton **Envoyer la vérification.**

  Si vous utilisez la version Standard, activez l'option correspondant au serveur qui doit prendre en charge l'expédition des messages associés à cette adresse :

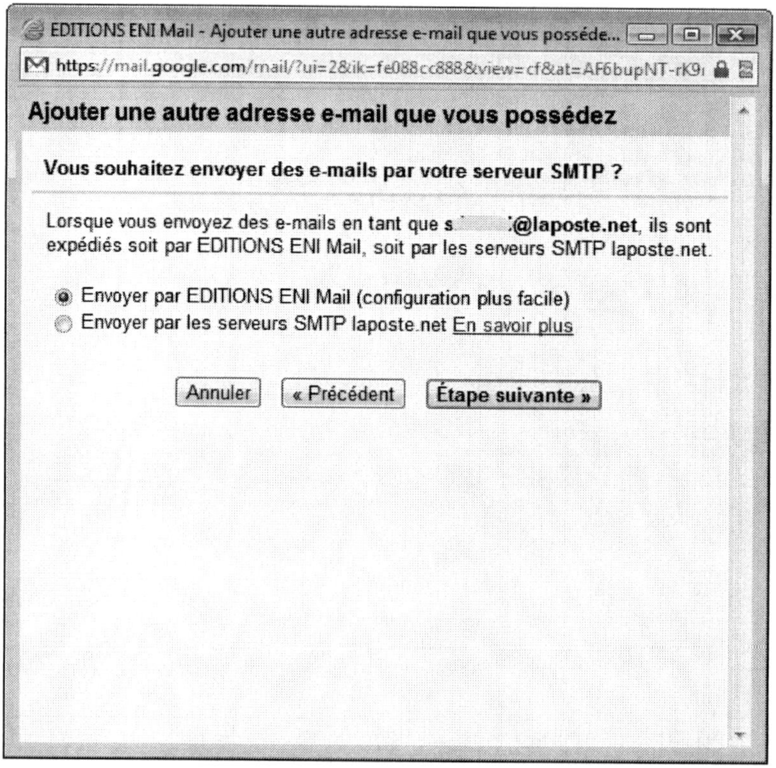

Envoyer par *Nom du domaine* Mail : pour utiliser le serveur SMTP de Google.

Envoyer par les serveurs SMTP *Nom du FAI* : pour utiliser le serveur SMTP de votre fournisseur de compte de messagerie. Cette option est conseillée si vous utilisez un compte de messagerie professionnel.

- Si vous avez activé la première option, cliquez sur le bouton **Étape suivante** puis sur le bouton **Envoyer la vérification.**

Si vous avez activé cette dernière option, complétez, dans les zones qui s'affichent, le **Serveur SMTP** (généralement **smtp.*nom du domaine*** du compte de messagerie), le **Nom d'utilisateur** et le **Mot de passe** du compte de messagerie ajouté. Selon le système de sécurité utilisé par votre fournisseur de messagerie, activez l'option **Connexion sécurisée SSL** (*Secure Sockets Layer*) ou **Connexion sécurisée TLS** (*Transport Layer Security*). Cliquez ensuite sur le bouton **Ajouter un compte**.

Le protocole SSL demande une identification dès votre connexion à votre messagerie contrairement au protocole TLS qui la demandera dès que des données seront transmises. Généralement, le protocole SSL utilise le port 465 et le protocole TLS, les ports 25 et 587.

- Ouvrez la messagerie du compte de l'adresse de transfert et prenez note ou copiez le code de confirmation indiqué dans le message envoyé.

Vous pouvez également cliquer sur le lien proposé dans le message.

- Dans la fenêtre **Ajouter une autre adresse e-mail que vous possédez** de Gmail, saisissez ou collez le code de transfert qui a été envoyé dans la zone correspondante et cliquez sur le bouton **Vérifier**.

*La nouvelle adresse apparaît à la suite de la vôtre dans la fenêtre **Paramètres** (onglet **Comptes**) de Gmail.*

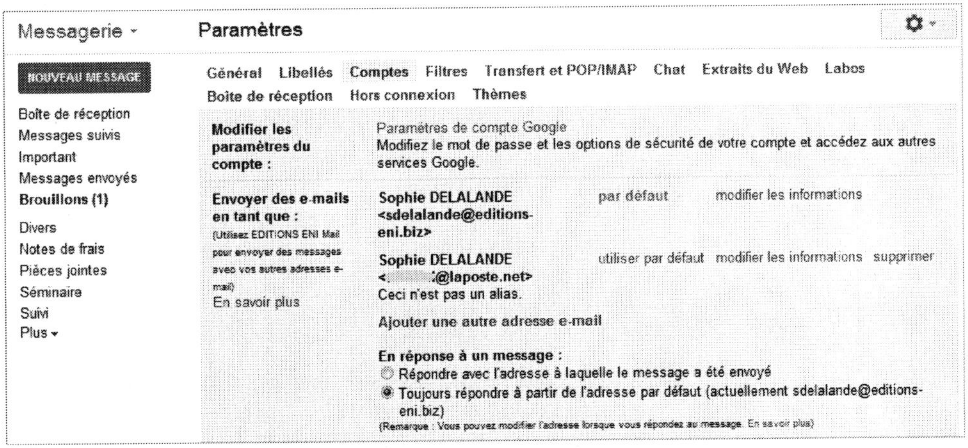

Les liens situés à droite de l'adresse permettent :

utiliser par défaut : cette adresse sera automatiquement proposée en tant qu'expéditeur lorsque vous créerez un nouveau message, il vous sera néanmoins possible d'en choisir une autre le cas échéant.

© Editions ENI - Toute reproduction interdite

modifier les informations : pour modifier le nom associé à cette adresse (l'adresse de messagerie ne pouvant pas être modifiée) ou choisir d'envoyer les réponses faites aux messages à une autre adresse de messagerie.

supprimer : pour supprimer l'adresse de messagerie.

- Dans le cadre **En réponse à un message**, choisissez :

  Répondre avec l'adresse à laquelle le message a été envoyé : pour utiliser l'adresse d'origine du message comme adresse d'expédition du message.

  Toujours répondre à partir de l'adresse par défaut : pour toujours utiliser l'adresse de messagerie que vous avez déclarée par défaut dans toutes les réponses faites aux messages.

- L'enregistrement étant automatique, cliquez sur un des libellés du volet de navigation pour fermer la fenêtre **Paramètres.**

Lorsque vous créez un nouveau message, la liste ***De*** *vous permet de choisir l'adresse avec laquelle vous souhaitez envoyer votre message.*

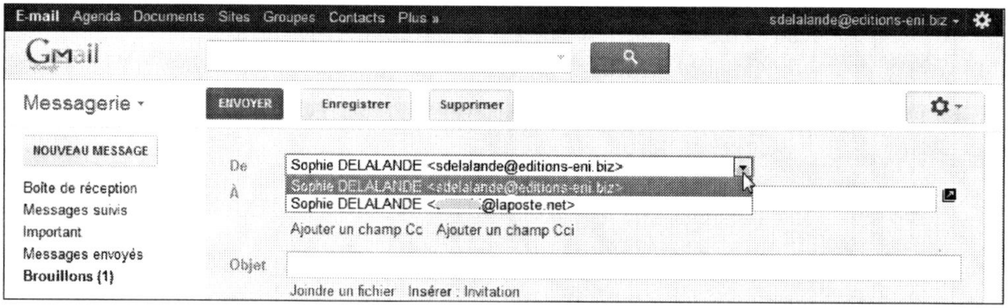

Si vous avez paramétré une signature pour chacune des adresses, celle-ci s'affiche dans la zone de texte du message après avoir choisi l'adresse de l'expéditeur.

Transférer ses messages sur un autre compte de messagerie

Cette procédure permet d'envoyer les messages reçus vers un autre compte de messagerie. Par exemple, si le compte Gmail n'est pas votre messagerie principale, vous pouvez définir l'adresse de messagerie de votre compte principal pour réceptionner les messages destinés à votre messagerie Gmail.

- Cliquez sur l'outil **Paramètres**  et sur l'option **Paramètres.**
- Cliquez sur l'onglet **Transfert POP/IMAP.**

Ajouter une adresse de transfert

Pour ajouter une adresse de transfert, vous devez en être le propriétaire ; assurez-vous que votre administrateur vous a accordé les droits nécessaires pour effectuer cette procédure.

- Cliquez sur le bouton **Ajouter une adresse de transfert.**
- Saisissez l'adresse complète et cliquez sur le bouton **Suivant.**
- Pour confirmer ensuite l'adresse de transfert, cliquez sur le bouton **Continuer** puis sur le bouton **OK** du message vous informant qu'un code de transfert a été envoyé à l'adresse de messagerie indiquée.
- Ouvrez la messagerie du compte de l'adresse de transfert et prenez note ou copiez le code de confirmation indiqué dans le message envoyé.
- Dans la fenêtre **Paramètres** de Gmail, saisissez ou collez le code de transfert qui a été envoyé dans la zone correspondante et cliquez sur le bouton **Valider.**

Activer le transfert

- Activez l'option **Transférer une copie des messages reçus à** et, dans la première liste, choisissez, si besoin, l'adresse de messagerie.

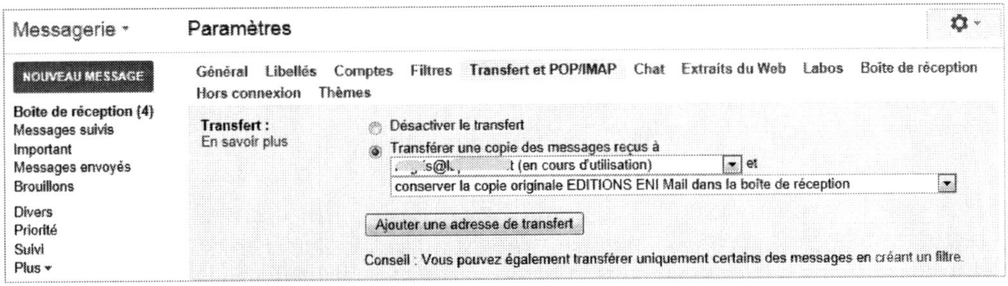

- Dans la liste suivante, sélectionnez l'action qui devra s'effectuer sur la copie originale des messages :

  conserver la copie originale *Nom du domaine* Mail dans la boîte de réception : les messages transférés seront également visibles dans la Boîte de réception de votre messagerie Gmail.

  marquer la copie *Nom du domaine* Mail comme lu : les messages transférés seront présents dans votre Boîte de réception Gmail mais apparaîtront automatiquement comme étant lus (non gras).

© Editions ENI - Toute reproduction interdite

archiver la copie originale *Nom du domaine* Mail : les messages transférés ne seront pas visibles dans votre Boîte de réception Gmail mais leur copie sera placée dans le libellé **Tous les messages.**

supprimer la copie originale *Nom du domaine* Mail : aucune copie des messages transférés ne sera envoyée à votre compte de messagerie Gmail.

Cliquez sur le bouton **Enregistrer les modifications.**

Pour **Désactiver le transfert**, activez l'option correspondante dans la page des **Paramètres** de la messagerie (outil  - option **Paramètres** - onglet **Transfert et POP/IMAP**).

Pour transférer qu'une partie de vos messages, vous pouvez créer un filtre et activer, dans la liste des actions, l'option **Transférer à** puis choisir l'adresse de transfert dans la liste qui suit (cf. Créer une règle de message).

Recevoir ses messages dans une autre application de messagerie

Pour les utilisateurs de logiciels de messagerie comme Outlook, Windows Mail, Thunderbird ou Apple Mail, vous pouvez configurer Gmail afin de recevoir vos messages dans votre application de messagerie.

Cette configuration s'effectue en deux étapes : vous devez, dans votre messagerie Gmail, activer le protocole POP (*Post Office Protocol*) ou IMAP (*Internet Message Access Protocol*) puis paramétrer votre logiciel de messagerie avec l'adresse de messagerie utilisée dans Gmail.

POP et IMAP sont des protocoles de messagerie qui permettent d'acheminer les messages dans votre logiciel de messagerie installé sur votre poste de travail. L'avantage de cette solution, c'est que vous pouvez consulter à tout moment les messages reçus sans vous connecter nécessairement à Internet puisque les messages sont enregistrés sur votre disque dur.

Le **protocole POP** télécharge l'ensemble de vos messages situés sur le serveur de votre domaine dans votre logiciel de messagerie. Ce protocole est préconisé pour les personnes qui sont sédentaires et consultent leurs e-mails uniquement depuis ce logiciel de messagerie. Contrairement au protocole IMAP, ce protocole ne répercute pas les modifications effectuées dans votre logiciel de messagerie sur la messagerie Gmail.

Le **protocole IMAP** télécharge les messages dans votre logiciel de messagerie tout en les conservant sur le serveur de leur domaine. Les manipulations réalisées sur votre logiciel de messagerie ou depuis votre messagerie Gmail sont automatiquement répercutées sur l'autre système. Ce protocole est à utiliser si vous consultez vos messages alternativement depuis votre logiciel de messagerie ou depuis un autre poste que le vôtre via Gmail.

Activer le protocole POP ou IMAP

- Cliquez sur l'outil **Paramètres**  et sur l'option **Paramètres.**
- Cliquez sur l'onglet **Transfert et POP/IMAP.**

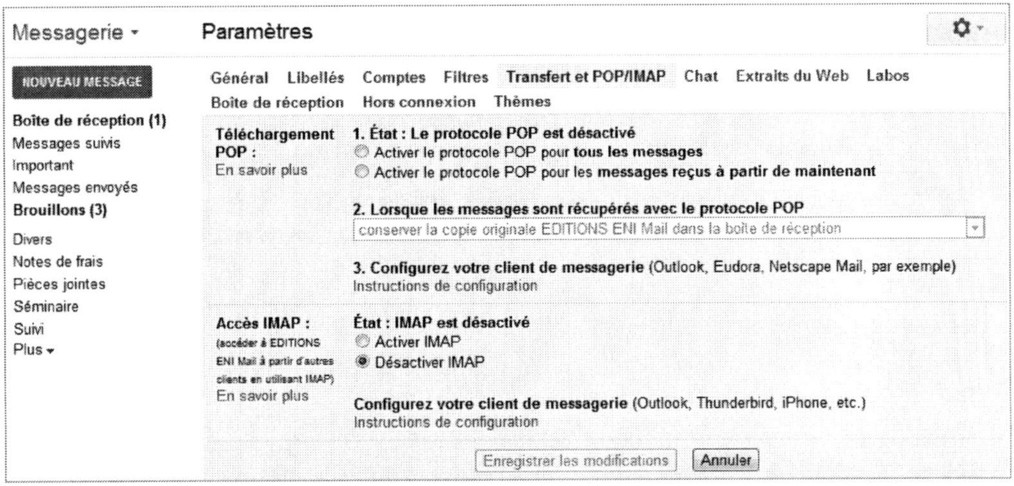

- Pour activer le protocole POP, choisissez l'option **Activer le protocole POP pour tous les messages** si vous souhaitez que tous les messages existants et les futurs messages soient téléchargés dans votre logiciel de messagerie : choisissez l'option **Activer le protocole POP pour les messages reçus à partir de maintenant** pour que cette activation prenne effet uniquement lors de la réception des nouveaux messages.

  Dans la liste **2. Lorsque les messages sont récupérés avec le protocole POP**, choisissez si la copie originale des messages doit être conservée dans votre boîte de réception Gmail, si elle doit apparaître comme ayant été lue, si elle doit être archivée ou supprimée.
- Pour activer le protocole IMAP, choisissez l'option **Activer IMAP**.

© Editions ENI - Toute reproduction interdite

- Cliquez sur le bouton **Enregistrer les modifications.**

Configurer Outlook

*Nous vous détaillons ci-après la configuration pour le logiciel de messagerie Microsoft Outlook 2010. Pour connaître la procédure à suivre pour un autre logiciel de messagerie (ordinateur ou mobile), vous pouvez utiliser le lien **Instructions de configuration** situé dans les rubriques **Téléchargement POP** et **Accès IMAP** dans la page **Paramètres** (outil*  *- option **Paramètres** - onglet **Transfert et POP/IMAP**).*

- Lancez l'application Outlook.
- Cliquez sur l'onglet **Fichier** puis sur l'option **Informations.**
- Dans le volet central, cliquez sur le bouton **Paramètres du compte** et sur l'option de même nom.
- Dans l'onglet **Messagerie**, cliquez sur **Nouveau.**
- Laissez active l'option **Compte de messagerie** et cliquez sur le bouton **Suivant.**
- Activez l'option **Configurer manuellement les paramètres du serveur ou les types de serveurs supplémentaires** et cliquez sur le bouton **Suivant.**
- Activez l'option **Messagerie Internet** et cliquez sur le bouton **Suivant.**
- Dans la zone **Votre nom**, saisissez votre nom complet (espaces autorisés).
- Saisissez votre **Adresse de messagerie** Gmail dans la zone correspondante (nomutilisateur@votre_domaine.fr).
- Si vous avez activé le protocole POP, complétez les **Informations sur le serveur** de la façon suivante :

  Type de compte : **POP3**

  Serveur de courrier entrant : **pop.gmail.com**

  Serveur de courrier sortant (SMTP) : **smtp.gmail.com.**

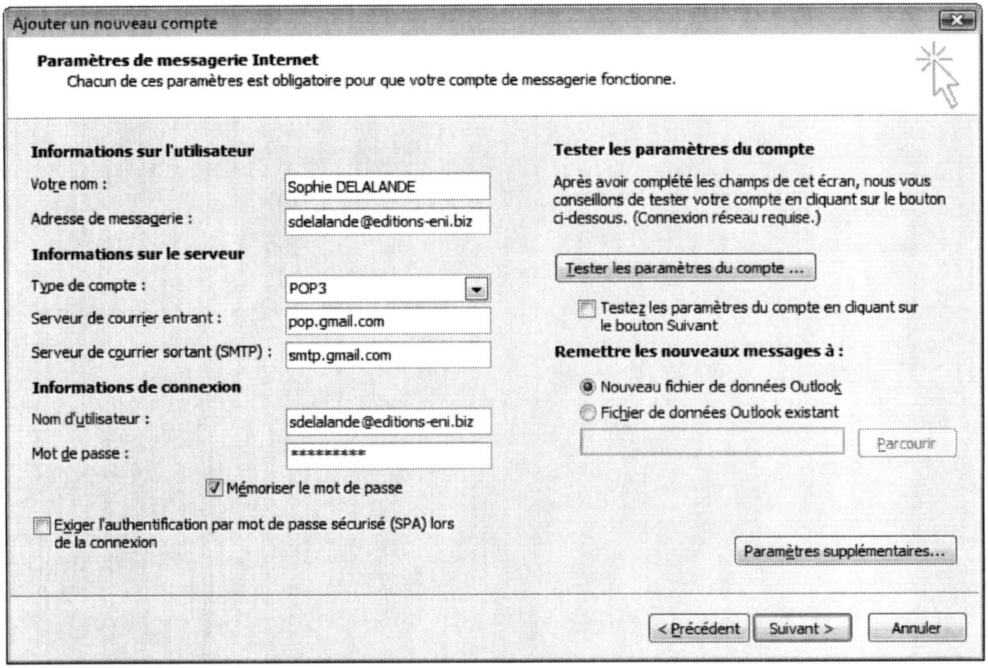

Si vous avez activé le serveur IMAP, renseignez, comme indiqué ci-après, les Informations sur le serveur :

Type de compte : **IMAP**

Serveur de courrier entrant : **imap.gmail.com**

Serveur de courrier sortant (SMTP) : **smtp.gmail.com.**

© *Editions ENI - Toute reproduction interdite*

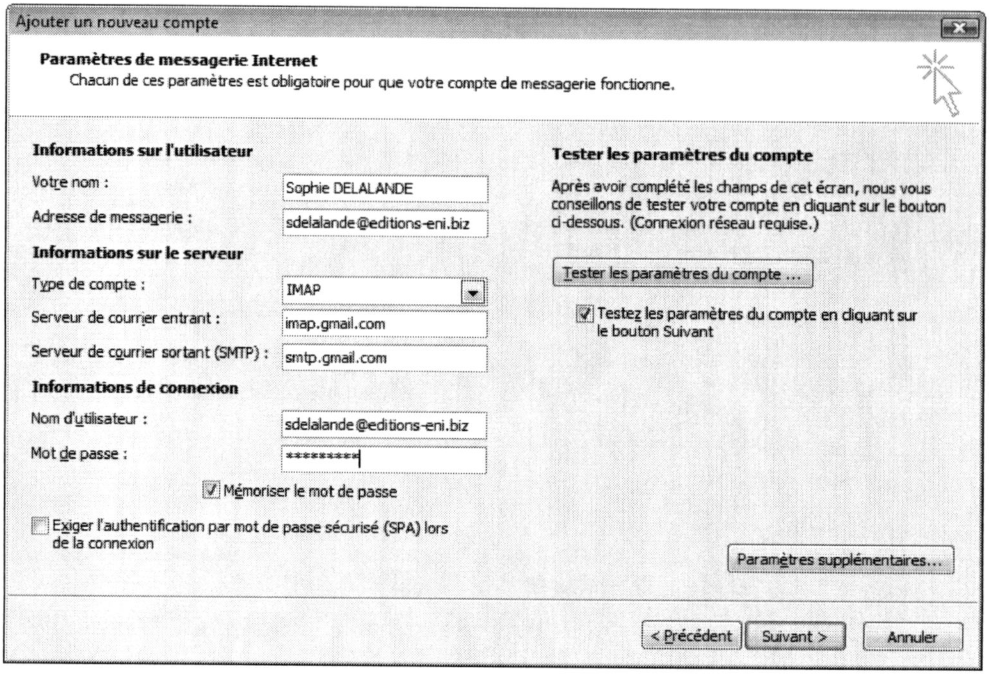

- Saisissez à nouveau votre adresse de messagerie Gmail dans la zone **Nom d'utilisateur** et le **Mot de passe.**
- Laissez décochée l'option **Exiger l'authentification par mot de passe sécurisé (SPA) lors de la connexion.**
- Cliquez sur le bouton **Paramètres supplémentaires** et sur l'onglet **Serveur sortant.**
- Cochez l'option **Mon serveur sortant (SMTP) requiert une authentification** et sélectionnez **Utiliser les mêmes paramètres que mon serveur de courrier entrant.**

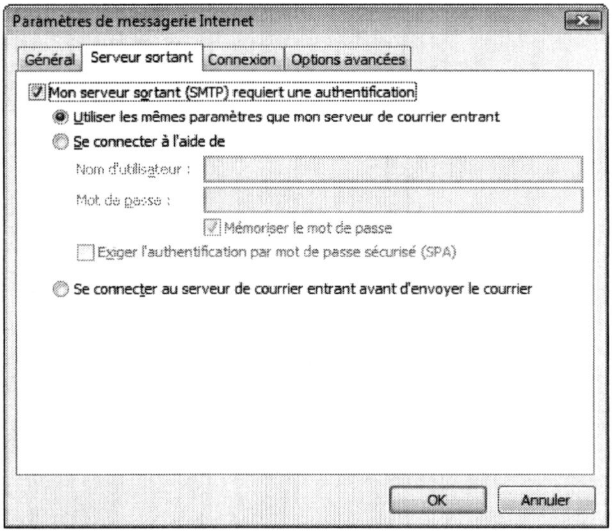

- Cliquez sur l'onglet **Options avancées.**
- Pour la configuration du protocole POP : cochez l'option **Ce serveur nécessite une connexion chiffrée (SSL)** puis, saisissez, si besoin, **995** dans la zone **Serveur entrant (POP3).**

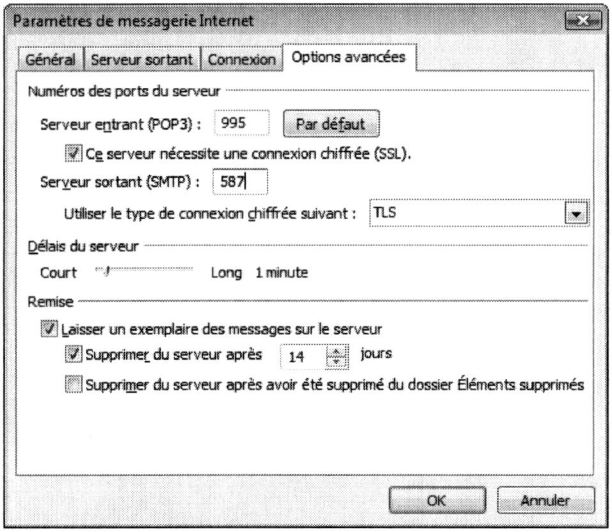

© Editions ENI - Toute reproduction interdite

- Pour la configuration du protocole IMAP : sélectionnez **SSL** dans la liste **Utiliser le type de connexion chiffrée suivant** puis, dans la zone **Serveur entrant (IMAP)**, saisissez **993.**

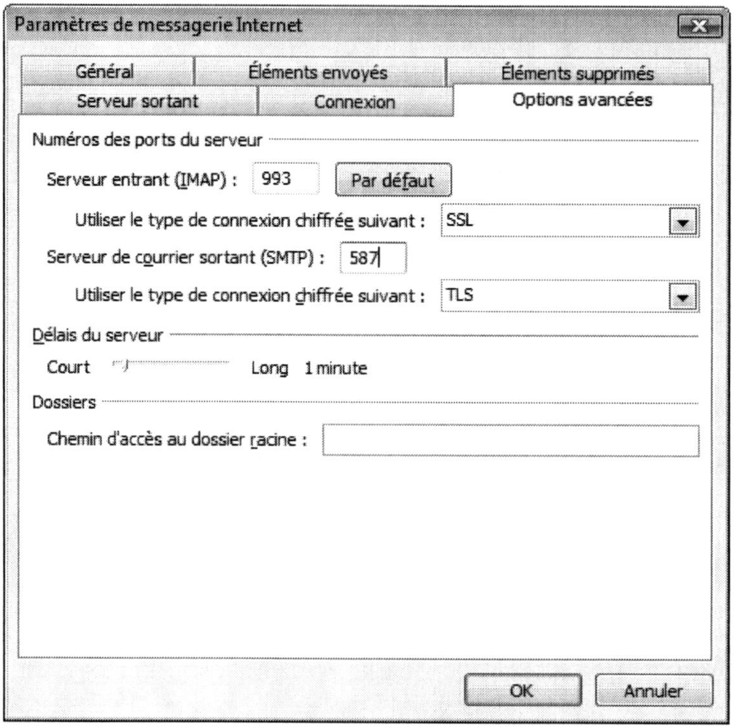

- Dans la zone **Serveur de courrier sortant (SMTP)**, saisissez **587** et, dans la liste **Utiliser le type de connexion chiffrée suivant**, choisissez l'option **TLS.**
- Cliquez sur **OK.**

  Pour vérifier le bon fonctionnement des paramètres appliqués, vous pouvez cliquer sur le bouton ***Tester les paramètres du compte****.*

- Cliquez sur le bouton **Suivant** puis sur **Terminer** et **Fermer.**

Consulter ses messages hors connexion

Cette fonctionnalité, disponible uniquement dans le navigateur Google Chrome, vous permet de consulter vos messages sans établir de connexion Internet. Si vous effectuez des modifications, à votre prochaine connexion, Gmail les synchronisera avec votre messagerie en ligne. Il est bien évidemment fortement conseillé d'effectuer cette procédure uniquement sur votre ordinateur (ou mobile) personnel ou professionnel et non depuis un ordinateur public.

*Au préalable, il vous faut télécharger et installer le lecteur de messagerie **Gmail hors connexion** sur votre poste de travail. Cet applicatif enregistrera ensuite les messages sur votre ordinateur.*

Installer Gmail hors connexion

- Cliquez sur l'outil **Paramètres**  et sur l'option **Paramètres.**
- Cliquez sur l'onglet **Hors connexion.**

  Cet onglet n'est visible que si votre administrateur a activé cette fonctionnalité.
- Cliquez sur le lien **Installez Gmail hors connexion.**

  *L'installation ne pouvant être faite que dans le navigateur Google Chrome, si vous ne l'utilisez pas, le lien **Télécharger Google Chome** vous propose de l'installer.*
- Dans la page qui s'affiche, cliquez sur le bouton **+AJOUTER À CHROME.**
- Cliquez sur le bouton **Installer** pour lancer l'installation.
- Lorsqu'une notification vous informe que le téléchargement du fichier est terminé, cliquez sur l'icône **Google Chrome**  dans la barre de notifications (à droite de la barre des tâches) et sur l'option **Google Mail hors connexion.**

  *Vous pouvez également, dans la page **Paramètres** de Gmail, cliquer sur le lien **Lancez Gmail hors connexion** qui est proposé sous l'onglet **Hors connexion** et ensuite cliquer sur le bouton **LANCER L'APPLI.***

© Editions ENI - Toute reproduction interdite

La page suivante s'affiche dans votre navigateur :

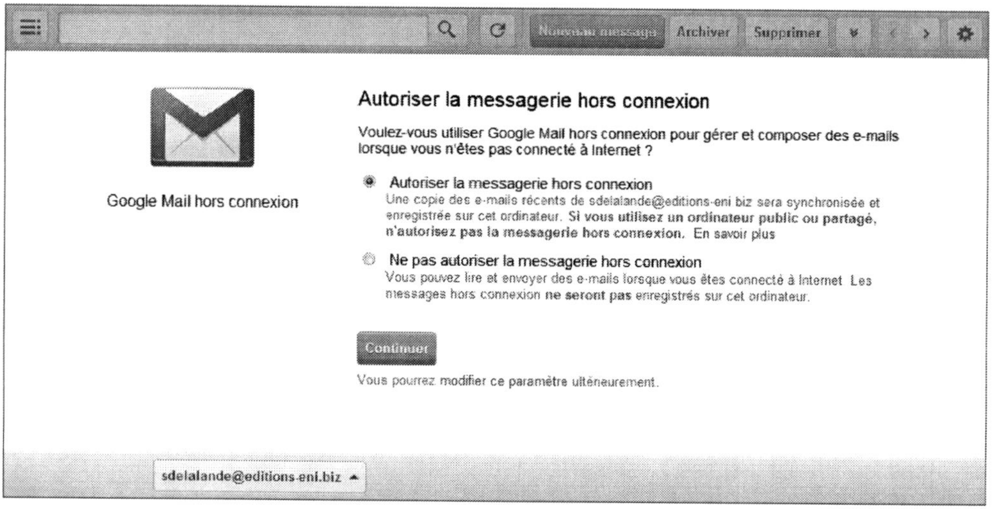

- Activez l'option **Autoriser la messagerie hors connexion** et cliquez sur le bouton **Continuer.**

La fenêtre de l'applicatif s'affiche dans la page d'un nouvel onglet du navigateur Google Chrome.

Utiliser le mode Hors connexion

Dès que l'application Gmail hors connexion est installée, vous pouvez y accéder à tout moment. Lorsque la connexion se rétablit, Gmail synchronise les actions effectuées et, le cas échéant, envoie les messages mis en attente.

- Dans la barre de notification (à droite de la barre des tâches), cliquez sur l'icône **Google Chrome** puis sur l'option **Google Mail hors connexion.**

*Si l'icône **Google Chrome** ne figure pas dans la barre de notification, lancez dans ce cas le navigateur Google Chrome et refermez ensuite la fenêtre. De cette façon, l'application Google Chrome restera active même si vous n'êtes pas connecté à l'Internet.*

Dans la partie inférieure de la fenêtre, au-dessus du nom de l'utilisateur, une barre d'informations peut apparaître pour vous indiquer les actions qui ont été effectuées automatiquement comme la synchronisation des messages, la date de l'enregistrement automatique des données sur votre ordinateur et, si vous êtes déconnecté (comme sur cet exemple), l'information ***Hors connexion****.*

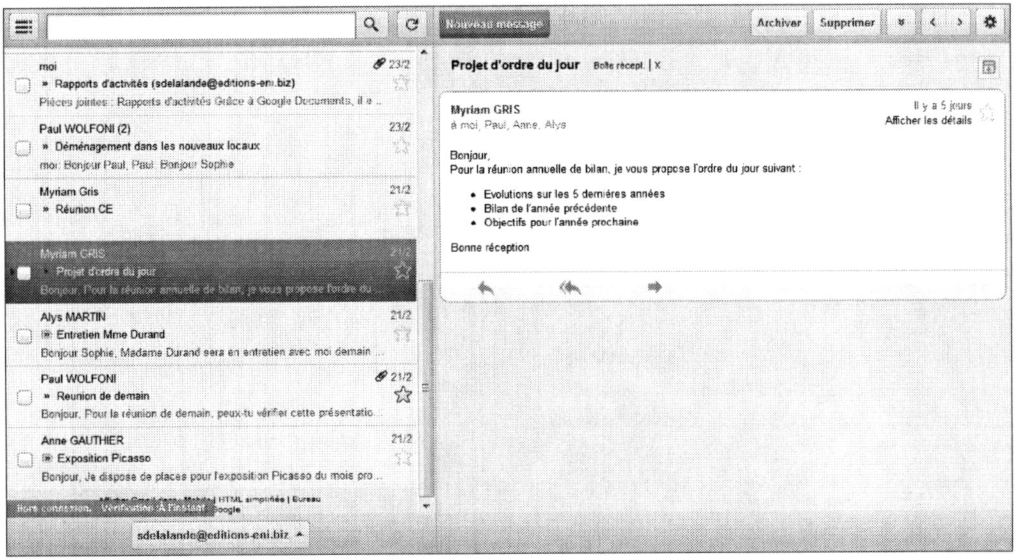

L'interface de cette application diffère de celle de Gmail. Bien que toutes les fonctionnalités de Gmail ne soient pas disponibles dans ce mode, son utilisation reste néanmoins facile d'accès.

© Editions ENI - Toute reproduction interdite

Afficher la liste des tâches

Les tâches sont des actions que vous souhaitez accomplir et suivre jusqu'à leur accomplissement.

- Dans Gmail, ouvrez la liste **Messagerie** et sélectionnez l'option **Liste de tâches.**

*Le volet **Liste des tâches** apparaît dans le coin inférieur droit de la fenêtre. Les éléments de la fenêtre permettent :*

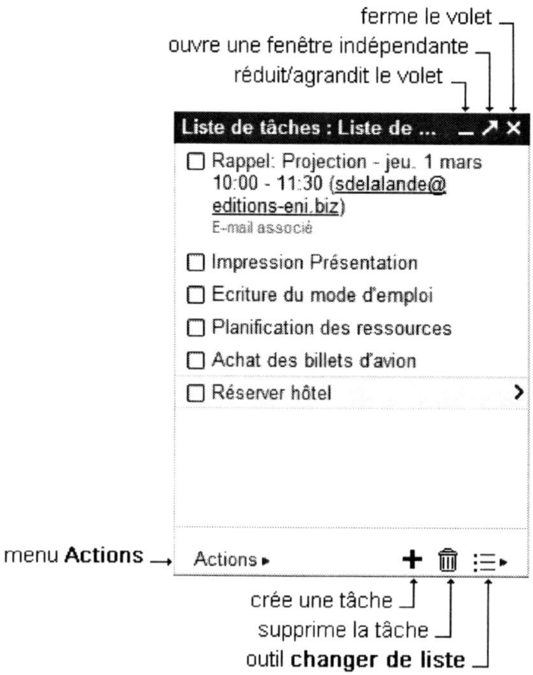

Créer/modifier une tâche

Créer une tâche

- Cliquez dans un espace vide du volet ou sur l'outil **Ajouter une tâche** [+].
- Saisissez une brève description de la tâche et appuyez sur la touche [Entrée].

La tâche est automatiquement ajoutée et le point d'insertion est visible dans une nouvelle tâche. Vous pouvez alors saisir l'intitulé de la seconde tâche et appuyez sur la touche pour l'ajouter et saisir une troisième tâche, etc.

- Pour créer une tâche sous une tâche existante, cliquez à la fin de l'intitulé de la tâche et appuyez sur la touche .
- Pour créer une tâche secondaire à une tâche existante, cliquez à la fin de l'intitulé de la tâche existante, appuyez sur la touche puis sur la touche .
- Pour transformer une tâche principale en tâche secondaire, cliquez à gauche du premier caractère de son intitulé et appuyez sur la touche ; à l'inverse, pour transformer une tâche secondaire en tâche principale, cliquez à gauche du premier caractère de son intitulé et utilisez la combinaison .
- Pour créer une tâche en précisant sa date d'échéance et des commentaires : après avoir saisi l'intitulé de la tâche, cliquez sur l'outil **Modifier les détails** .

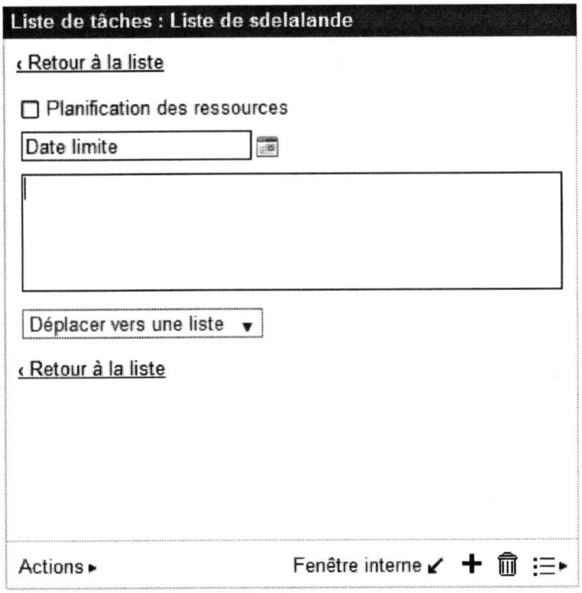

Pour indiquer son échéance, cliquez sur la zone **Date limite** et sélectionnez-la dans le calendrier.

© Editions ENI - Toute reproduction interdite

Le symbole ☒ qui apparaît en regard de la zone permet de supprimer la date d'échéance.

Ajoutez vos commentaires dans la zone **Notes** et cliquez sur le lien **Retour à la liste.**

Les tâches pour lesquelles vous avez défini une date d'échéance seront visibles dans votre agenda.

Modifier une tâche

- Pour modifier l'intitulé de la tâche, réalisez les modifications directement dans le volet de la liste des tâches.
- Pour modifier sa date d'échéance et/ou ses notes, déplacez le pointeur de la souris sur la tâche et cliquez sur l'outil **Modifier les détails** ›. Effectuez les changements souhaités puis cliquez sur le lien **Retour à la liste.**

  Vous pouvez également utiliser le raccourci-clavier Ctrl ↵ *après avoir cliqué sur l'intitulé de la tâche.*
- Pour supprimer une tâche, cliquez sur l'intitulé de la tâche à supprimer puis cliquez sur l'outil 🗑.

  L'information suivante apparaît pendant un court laps de temps, en bas du volet.

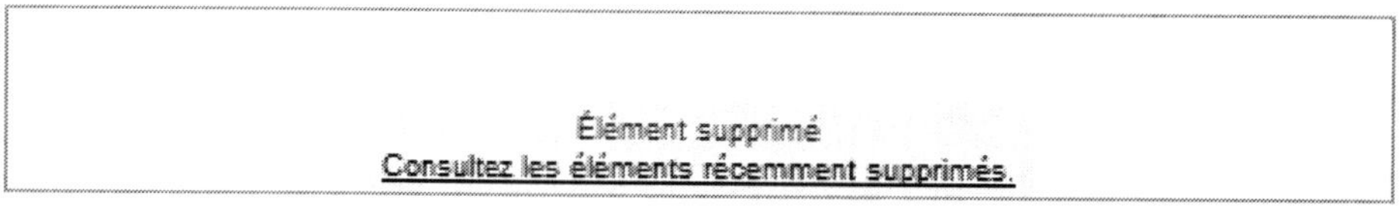

En cas d'erreur, n'attendez pas, cliquez aussitôt sur le lien **Consulter les éléments récemment supprimés.**

La liste des tâches supprimées s'affiche. Les tâches supprimées sont conservées 30 jours après leur suppression.

Pour annuler la suppression d'une tâche, cliquez sur l'icône ↶ qui précède son intitulé.

Cliquez ensuite sur le lien **Retour à la liste** lorsque toutes les tâches souhaitées ont été restaurées.

Vous retrouvez les principales fonctions citées dans la liste du menu **Actions** : la mise en retrait et son annulation, le déplacement des tâches et la modification des détails.

Gérer la liste des tâches

- Pour déplacer une tâche dans la liste : positionnez le pointeur de la souris sur le bord gauche de la tâche puis faites glisser le symbole à l'endroit souhaité.
- Vous pouvez également, après avoir cliqué sur l'intitulé de la tâche, utiliser le raccourci-clavier Ctrl ↑ pour déplacer la tâche vers le haut ou le raccourci-clavier Ctrl ↓ pour la déplacer vers le bas.
- Pour classer les tâches selon leur date d'échéance : cliquez sur le menu **Actions** et sélectionnez l'option **Trier par date d'échéance.**

Les tâches sont alors regroupées et classées par ordre croissant des dates d'échéance.

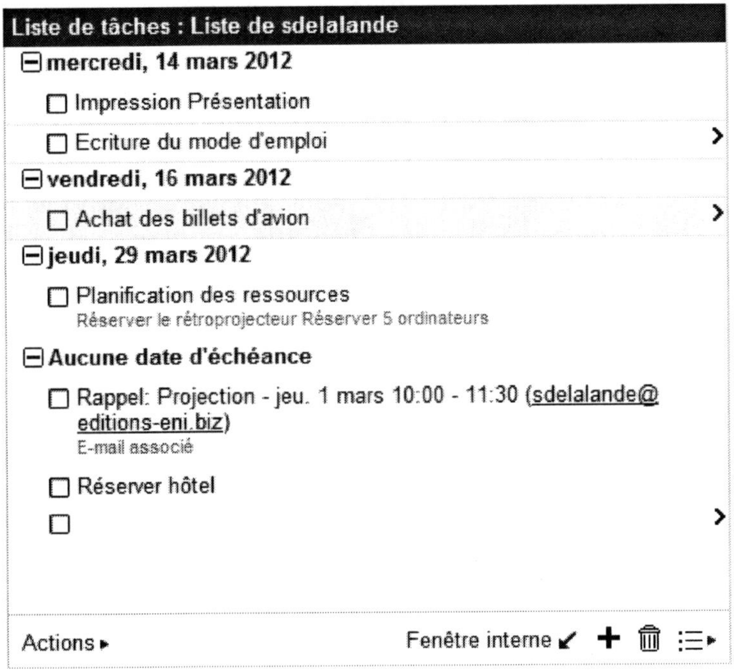

Pour masquer les tâches d'une échéance, vous pouvez cliquer sur le symbole qui précède la date.

© Editions ENI - Toute reproduction interdite

Pour classer la liste par ordre décroissant, ouvrez le menu **Actions** et sélectionnez l'option **Inverser l'ordre de tri.**

Pour revenir à l'affichage standard, choisissez l'option **Afficher dans l'ordre habituel** dans la liste du menu **Actions.**

Créer une liste de tâches supplémentaire

Les listes de tâches sont très utiles lorsque vous souhaitez classer distinctement les tâches créées. Vous pouvez avoir, par exemple, une liste destinée aux tâches administratives, une autre destinée aux tâches d'un projet ou à vos actions professionnelles, etc.

- Cliquez sur l'outil **Changer de liste** et sur l'option **Nouvelle liste.**
- Saisissez le nom de la liste et cliquez sur le bouton **OK.**

  Le volet ***Liste des tâches*** *ouvre la nouvelle liste créée.*
- Pour afficher une autre liste, cliquez sur l'outil **Changer de liste** et sur celle à afficher.
- Pour renommer la liste, affichez dans le volet la liste à renommer puis sélectionnez l'option **Renommer la liste** dans la liste de l'outil **Changer de liste** . Modifiez le nom et cliquez sur **OK.**
- Pour supprimer une liste, affichez dans le volet la liste à supprimer puis sélectionnez l'option **Supprimer la liste** dans la liste de l'outil **Changer de liste** . Cliquez sur **OK** du message de confirmation qui s'affiche.

  Toutes les tâches de la liste supprimée sont également supprimées définitivement.
- Pour déplacer une tâche dans une autre liste, cliquez sur l'intitulé de la tâche et sur l'outil .

  Cliquez sur la liste **Déplacer vers une liste** et sélectionnez la liste dans laquelle la tâche doit être déplacée.

  Cliquez ensuite sur le lien **Retour à la liste.**

  La tâche n'apparaît plus dans sa liste d'origine.

Créer une tâche à partir d'un message

- Dans le volet **Liste de tâches**, affichez la liste dans laquelle le ou les messages doivent être ajoutés.
- Sélectionnez le ou les messages à ajouter.
- Cliquez sur le bouton **Plus** puis sur l'option **Ajouter à la liste de tâches**.

Les messages sont automatiquement ajoutés en tant que tâches dans le volet ***Liste des tâches****. Le lien* ***E-mail associé*** *permet d'ouvrir le message de provenance.*

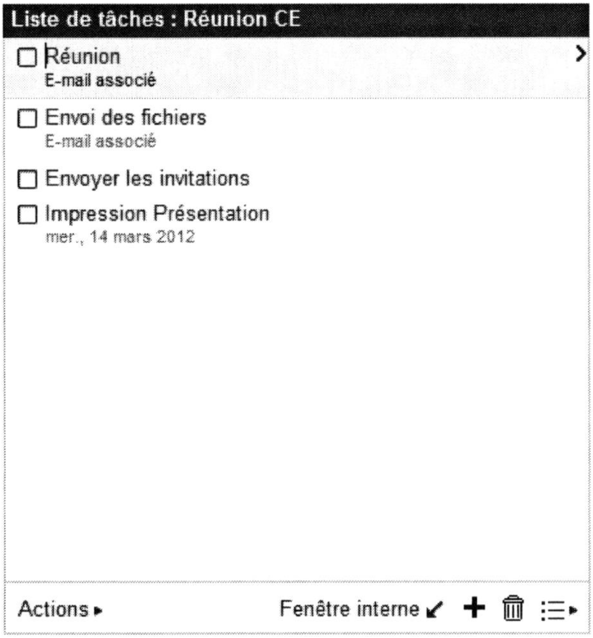

Déclarer une tâche terminée

- Dans la liste des tâches, cochez la case qui précède le nom de la tâche.

Lorsqu'une tâche est terminée, son intitulé est barré.

© Editions ENI - Toute reproduction interdite

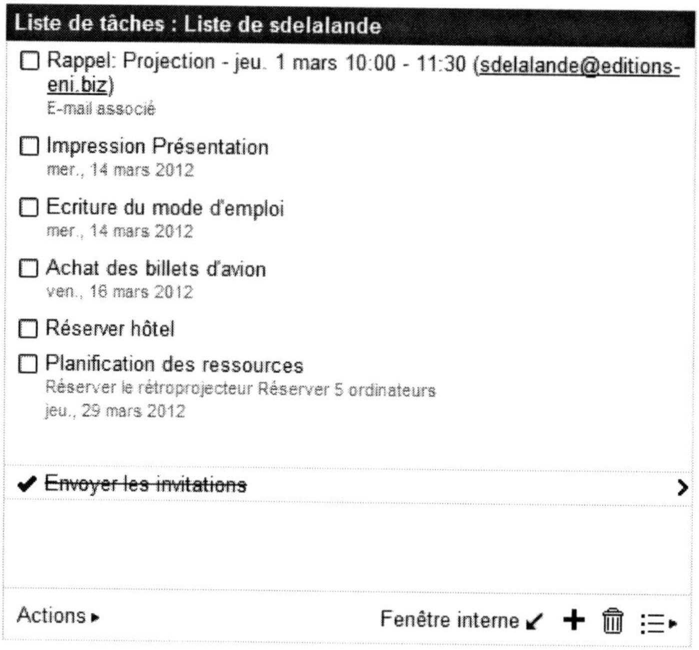

- Pour masquer les tâches terminées, ouvrez le menu **Actions** et sélectionnez l'option **Effacer les tâches terminées.**
- Pour afficher uniquement les tâches terminées, sélectionnez l'option **Afficher les tâches terminées** dans le menu **Actions.**

  Vous pouvez alors décocher celles qui ne sont pas terminées pour les afficher dans le volet.

  Pour revenir à l'affichage des tâches non-terminées, sélectionnez l'option **Afficher dans l'ordre habituel** dans le menu **Actions.**

Imprimer la liste des tâches

- Affichez la liste que vous souhaitez imprimer.
- Dans le menu **Actions**, sélectionnez l'option **Imprimer la liste de tâches.**

La fenêtre qui apparaît est différente selon le navigateur utilisé. Sur cet exemple, il s'agit du navigateur Google Chrome. Un aperçu avant impression de la liste est visible dans la partie droite de la fenêtre et les options de paramétrage dans la partie gauche.

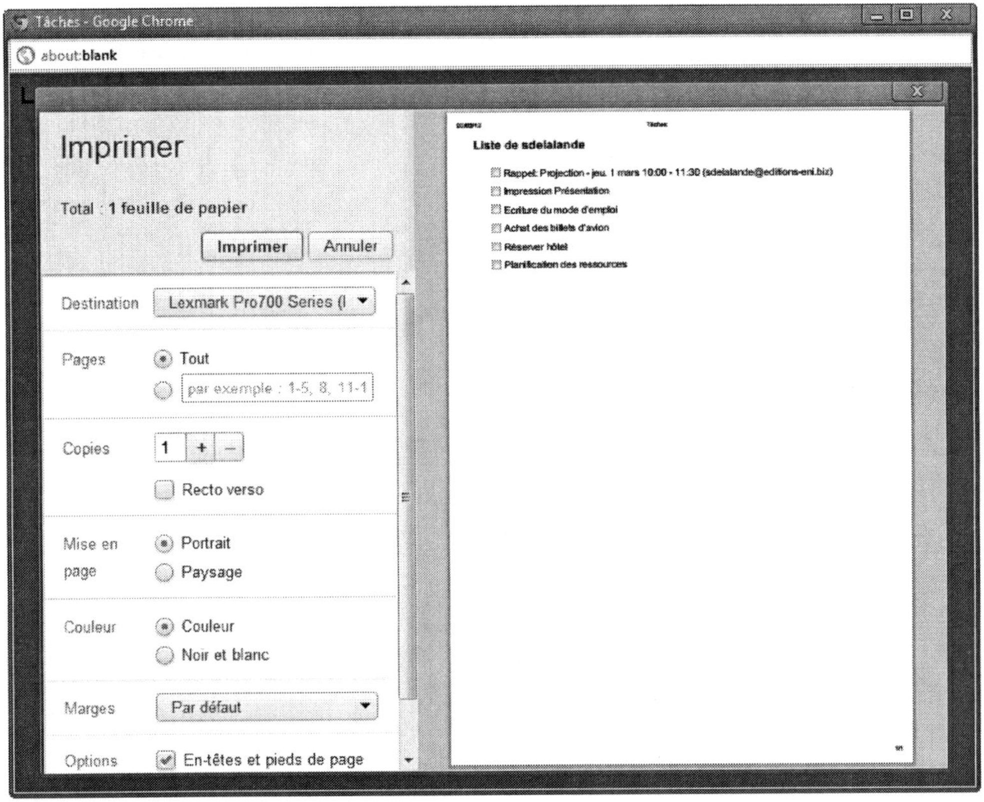

- Dans le panneau gauche de la fenêtre, modifiez éventuellement les différents paramètres d'impression : l'imprimante à utiliser, les pages à imprimer, le nombre de copie, leur orientation, l'impression en couleur ou en noir et blanc, les marges et l'affichage ou non des en-têtes et des pieds de page.
- Cliquez sur le bouton **Imprimer** pour lancer l'impression.

© Editions ENI - Toute reproduction interdite

Envoyer une liste de tâches par e-mail

Pour effectuer cette manipulation, il est préférable que la fenêtre ***Liste des tâches*** *ne soit pas ouverte dans une fenêtre indépendante.*

- Affichez la liste des tâches à envoyer par messagerie électronique.
- Dans le menu **Actions**, sélectionnez l'option **Envoyer la liste par e-mail.**

La fenêtre d'un nouveau message s'ouvre. Le contenu du message reprend la liste des tâches.

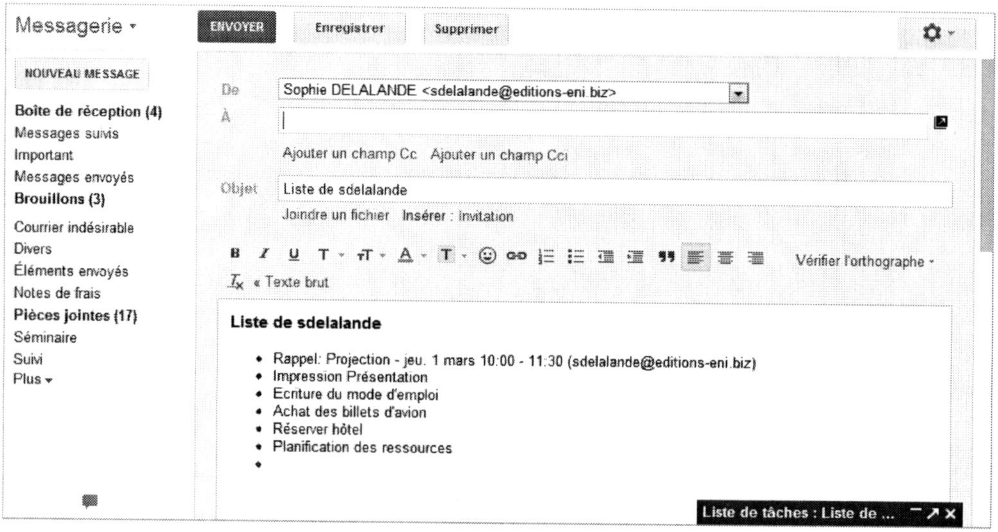

- Complétez les différentes informations du message puis envoyez-le.

Chat Gmail

Introduction

Chat Gmail *est le service de Chat intégré à votre messagerie. Ce service vous permet de communiquer en direct avec vos contacts soit en utilisant la messagerie instantanée, soit via un appel audio et/ou vidéo.*

Pour établir une connexion avec vos correspondants, ces derniers doivent faire partie de votre domaine ou utiliser Gmail, Google Talk, Google+ ou orkut.

Afficher/masquer le volet Chat

- Dans la fenêtre de messagerie Gmail, cliquez sur l'icône visible dans la partie inférieure de la fenêtre.

  Le volet ***Chat*** *est visible dans la partie inférieure du volet de navigation, sous les libellés de votre messagerie. Vous pouvez modifier sa hauteur en faisant glisser sa bordure supérieure vers le haut ou vers le bas.*

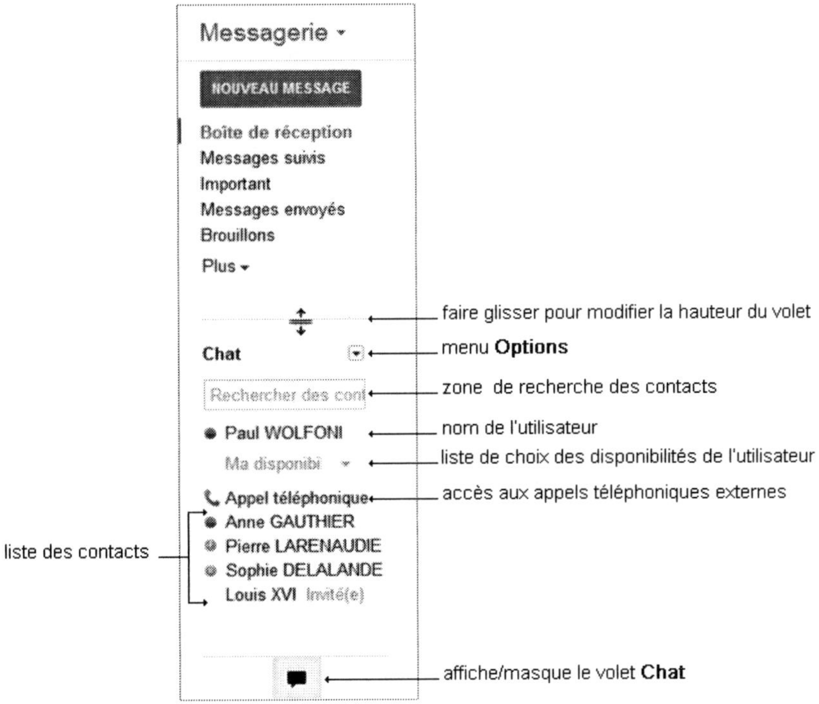

© Editions ENI - Toute reproduction interdite

- Pour masquer le volet **Chat**, cliquez à nouveau sur l'icône .

Ajouter une photo

Vous pouvez associer une photo à votre profil afin qu'elle soit visible également pour vos contacts.

- Dans la liste du volet **Chat**, pointez votre nom puis, dans l'info-bulle de votre profil, cliquez sur le cadre de la photo.

*Les liens **Picasa Albums Web** permet d'ajouter une image depuis un de vos albums Web de Picasa tandis que le lien **Adresse Web (URL)** permet de renseigner l'adresse URL d'un fichier image.*

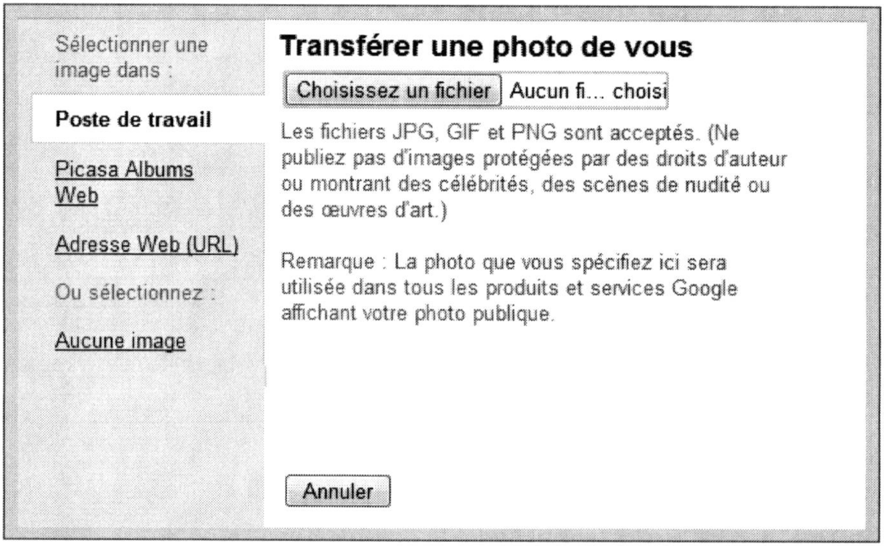

- Si l'image se trouve sur votre disque dur (ou sur un support amovible), laissez **Poste de travail** sélectionné et cliquez sur le bouton **Choisissez un fichier**. Localisez le fichier à ajouter puis double cliquez sur son nom.

Après chargement de l'image, la fenêtre suivante s'affiche :

À droite, l'aperçu affiche l'image recadrée telle qu'elle apparaîtra dans la fiche du contact.

- Pour réajuster le cadrage, réalisez un cliqué-glissé sur le cadre pour le déplacer ; pour modifier la taille du cadre, faites glisser la poignée située dans le coin inférieur droit du cadre.
- Cliquez ensuite sur le bouton **Appliquer les modifications.**

  *La page des **Paramètres** s'affiche. Par défaut, l'image sera visible uniquement par vos contacts de Chat.*
- Si l'image doit être **Visible par tous**, activez l'option correspondante dans la section **Mon image.**
- Pour **Modifier l'image**, cliquez sur le lien correspondant.
- Cliquez sur le bouton **Enregistrer les modifications.**

  Pour modifier l'image, vous pouvez également cliquer sur votre photo dans l'info-bulle de votre profil.

© Editions ENI - Toute reproduction interdite

Afficher tous les contacts

*Avant de procéder à l'ajout de contacts dans votre liste de chat, assurez-vous que celui-ci n'est pas déjà présent en affichant la liste complète de tous vos contacts. La liste des contacts du volet **Chat** est mise automatiquement à jour à chaque fois que vous envoyez un message à un contact. Si vous supprimez un contact de vos carnets d'adresses, celui-ci n'apparaît plus dans la liste des contacts du volet **Chat**.*

- Cliquez sur le menu **Options** et sélectionnez l'option **Contacts favoris** dans la section **Afficher dans la liste de chat** pour afficher jusqu'à 250 contacts, puis cliquez à nouveau sur le menu **Options** et, dans la section **Taille de la liste de chat**, sélectionnez l'option **Grande.**

*Si vous ne visualisez pas le menu **Options** , positionnez le pointeur de la souris dans la partie supérieure du volet **Chat** pour le faire apparaître.*

*Les options **Très petite**, **Petite** et **Moyenne** du menu **Options** permet de réduire le nombre de contacts affichés.*

- Pour afficher uniquement les contacts invités et ceux avec lesquels vous avez déjà eu une conversation, ouvrez le menu **Options** et sélectionnez l'option **Tous les contacts** dans la section **Afficher dans la liste de chat.**

Ajouter des contacts

*Cette méthode permet d'ajouter à la liste des contacts récents (option **Tous les contacts** du menu **Options**) ou à la liste réduite des contacts favoris (option **Très petite**, **Petite** ou **Moyenne** du menu **Options**) des contacts existants afin qu'ils apparaissent dans la vue choisie. Cette technique peut également être utilisée si vous avez choisi de masquer un contact (cf. Choisir les contacts à afficher) ou si vous l'avez bloqué. Pour ajouter des contacts non présents dans la liste complète, il vous faudra alors leur envoyer une invitation à chatter (cf. Inviter un contact à chatter).*

- Affichez, si besoin, la vue souhaitée en sélectionnant l'option correspondante dans le menu **Options** .
- Cliquez dans la zone de recherche du volet **Chat** et saisissez les premiers caractères du nom du contact à afficher ou de son adresse de messagerie.

- Dans la liste contextuelle qui s'affiche, pointez le nom du contact qui s'affiche et cliquez sur l'option **Afficher dans la liste de chat.**

Le contact apparaît dans la liste des contacts de la vue choisie.

Choisir les contacts à afficher

Si vous choisissez d'afficher une vue réduite de la liste des contacts, les contacts récemment contactés et ceux que vous avez ajoutés apparaissent dans cette liste. La procédure proposée va vous permettre de choisir les contacts que vous souhaitez rendre toujours visibles ou au contraire les masquer dans toutes les vues d'affichage.

Afficher/masquer un contact

- Pour choisir d'afficher ou de masquer un contact, quelle que soit la vue choisie : dans la liste des contacts, pointez le nom du contact et, dans la fiche du contact, cliquez sur le bouton **Plus.**

© Editions ENI - Toute reproduction interdite

*L'option **Auto** est automatiquement choisie pour tous les contacts que vous n'avez pas ajoutés manuellement, ces contacts seront affichés selon leur fréquence de communication.*

- Pour rendre visible ce contact en permanence, sélectionnez l'option **Toujours afficher** ; à l'inverse pour qu'il n'apparaisse dans aucune des vues, sélectionnez l'option **Ne jamais afficher**.

Afficher un contact masqué

Pour rendre à nouveau visible un contact que vous venez de masquer, il faut dans un premier temps l'ajouter à la liste puis à nouveau choisir si vous souhaitez toujours l'afficher dans la liste ou uniquement s'il fait partie des contacts récents.

- Cliquez dans la zone de recherche du volet **Chat** et saisissez les premiers caractères du nom du contact à afficher ou de son adresse de messagerie.

- Dans la liste contextuelle qui s'affiche, pointez le nom du contact qui s'affiche et cliquez sur l'option **Afficher dans la liste de chat**.
- Dans la liste des contacts, pointez le nom du contact. Cliquez sur le bouton **Plus** et sur l'option **Auto** si vous choisissez de l'afficher uniquement s'il vous a contacté récemment ou sur l'option **Toujours afficher** pour qu'il reste visible dans toutes les vues.

Inviter un contact à chatter

Si vous n'avez encore jamais conversé avec un correspondant, une invitation à chatter doit lui être au préalable envoyée, celui-ci aura ensuite le choix d'accepter ou de refuser cette invitation. L'envoi de l'invitation se faisant en direct et sur la messagerie instantanée de votre correspondant, ce dernier doit avoir lancé son service de messagerie instantanée pour pouvoir répondre à votre invitation.

Depuis le volet Chat

- Cliquez dans la zone de recherche du volet **Chat** et saisissez les premiers caractères du nom du contact à afficher ou de son adresse de messagerie.
- Dans la liste contextuelle qui s'affiche, pointez le nom du contact qui s'affiche et cliquez sur l'option **Inviter à chatter**.

Si votre interlocuteur utilise Gmail, orkut ou Google+, une invitation à chatter apparaît dans sa fenêtre de Chat.

Si votre interlocuteur n'utilise pas les applications citées précédemment et uniquement s'il dispose d'un compte Google+, Google envoie alors un message dans lequel des liens d'accès vers l'inscription aux services Gmail et Google Talk lui seront proposés.

*Le nom du contact apparaît dans le volet **Chat** suivi de l'intitulé **Invité(e)** qui restera visible jusqu'à ce qu'il réponde à votre invitation. Si votre contact accepte votre invitation, un indicateur de disponibilité apparaît à gauche de son nom (cf. Les options de disponibilité) ; s'il refuse, aucun indicateur n'apparaît, il vous faudra peut-être envoyer à nouveau une invitation ultérieurement.*

Depuis un e-mail

- Affichez le dossier dans lequel se trouve un des messages du contact à inviter.
- Dans la liste des messages, pointez le nom de l'expéditeur du message et, dans l'infobulle de son profil, cliquez sur le bouton **Inviter à chatter**.

© Editions ENI - Toute reproduction interdite

Ce bouton est visible uniquement si votre correspondant est un nouveau contact ; dans le cas contraire, c'est le bouton ***Chatter*** *qui apparaît.*

Envoyer une invitation à plusieurs contacts

Dans le volet **Chat**, ouvrez le menu **Options** et sélectionnez l'option **Ajouter un contact.**

Éventuellement, une liste de contacts peut vous être proposée.

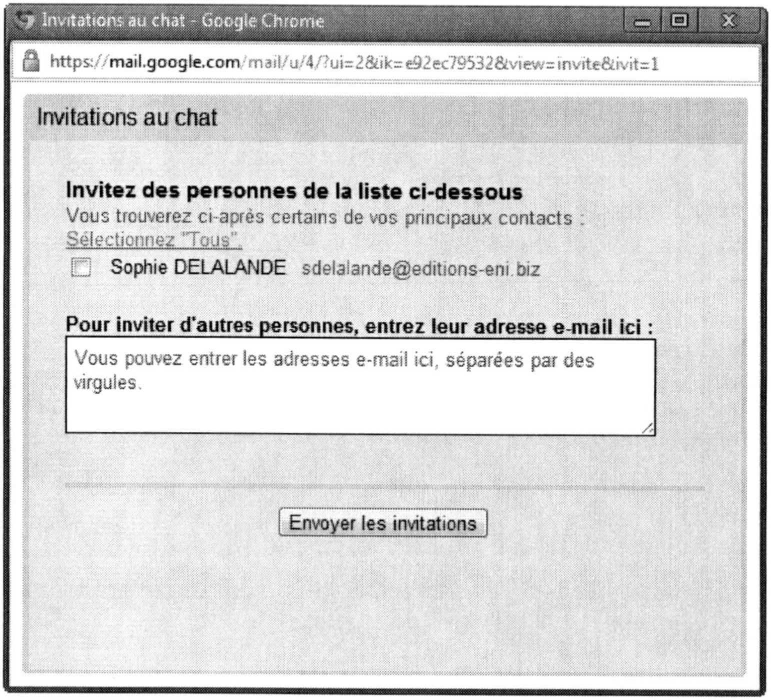

- Si les contacts auxquels vous souhaitez envoyer une invitation sont présents dans cette liste, sélectionnez-les en cochant la case correspondante ; pour tous les sélectionner, cliquez sur le lien **Sélectionnez "Tous"**.
- Pour ajouter d'autres contacts, saisissez leur adresse de messagerie complète dans la zone de saisie en les séparant par une virgule.
- Cliquez sur le bouton **Envoyer les invitations**.

Vos correspondants reçoivent en même temps votre invitation à chatter dans la fenêtre de leur messagerie instantanée.

Les options de disponibilité

Avant de contacter votre interlocuteur, vous devez vous assurer que celui-ci est connecté et disponible pour dialoguer avec vous. Pour identifier son statut, un indicateur de disponibilité est visible en regard du nom des contacts.

Le symbole et la couleur de cet indicateur change en fonction du statut de connexion :

● *vert*	*Le contact est connecté et disponible.*
● *jaune*	*Le contact est connecté mais absent (statut qui s'active automatiquement après un temps d'inactivité dans Gmail).*
● *rouge*	*Le contact est connecté mais occupé.*
● *gris*	*Le contact n'est pas connecté.*

© Editions ENI - Toute reproduction interdite

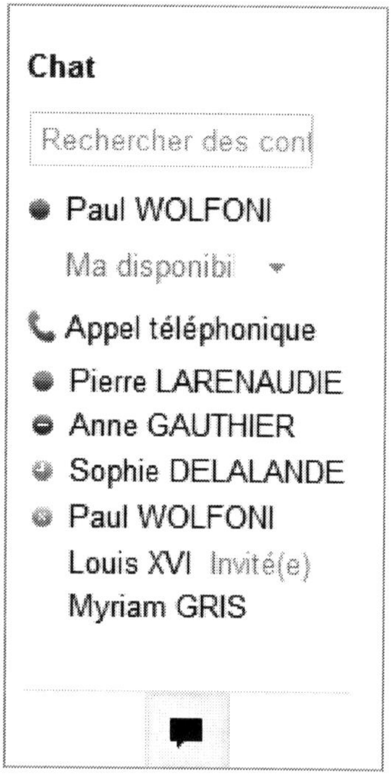

*Les contacts qui n'ont pas répondu à votre invitation (**Invité(e)**) et ceux l'ayant refusée n'ont aucun indicateur.*

Modifier son statut de disponibilité

Ouvrez la liste **Ma disponibilité**.

*Si vous n'avez pas changé votre disponibilité, votre statut est **Disponible**.*

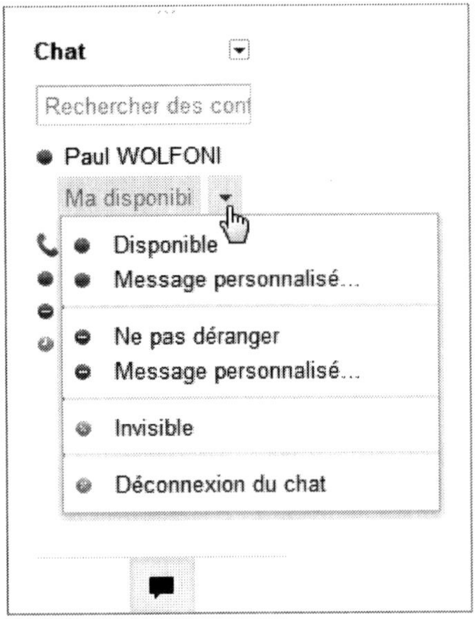

Sélectionnez un statut :

Disponible	Vous êtes disponible pour chatter.
Ne pas déranger	Vous êtes occupé et vous ne souhaitez pas être contacté pour chatter.
Invisible	Vous restez connecté au chat mais vos contacts voient votre statut Déconnecté.
Déconnexion du chat	Vous êtes déconnecté du chat et vos correspondants ne peuvent plus vous contacter.

*Les options **Message personnalisé** vous permettent de saisir un message qui sera visible par vos correspondants lorsque votre statut sera Disponible ou Occupé selon l'option choisie. Le nom de la liste **Ma disponibilité** reprend le texte saisi.*

Pour associer un message personnel à votre statut de disponibilité, vous pouvez également cliquer dans la zone **Ma disponibilité** (sans ouvrir la liste) et saisir le message souhaité.

Si vous vous êtes déconnecté du chat, pour vous reconnecter, cliquez sur le lien **Connexion au chat** visible dans le volet **Chat**, sous votre nom.

© Editions ENI - Toute reproduction interdite

Chatter avec un contact

Avant de contacter votre correspondant, assurez-vous que celui-ci est connecté et disponible (indicateur vert) bien que rien ne vous empêche de contacter une personne dont le statut est Absent ou Occupé.

- Si l'utilisateur à contacter est visible dans le volet **Chat**, cliquez sur son nom.

  Si l'utilisateur n'est pas affiché dans la liste (mais qu'il a été ajouté à vos contacts), saisissez les premiers caractères de son nom dans la zone de recherche de contacts puis cliquez sur son nom lorsqu'il apparaît dans la liste contextuelle.

  *Vous pouvez également pointer le nom du contact (dans le volet **Chat** ou dans la liste des messages de Gmail) et cliquer sur le bouton **Chatter**.*

  Dans la liste des contacts, l'indicateur apparaît à gauche du nom de votre interlocuteur.

  La fenêtre de conversation apparaît dans la partie inférieure droite de la fenêtre. Le nom de votre correspondant est visible dans la barre de titre.

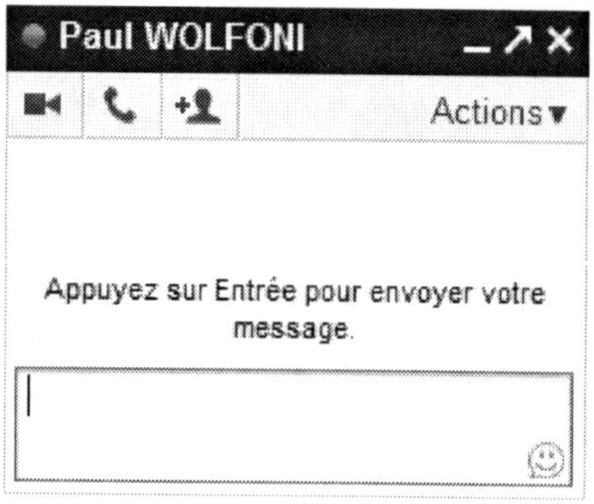

  L'outil permet d'afficher le volet dans une fenêtre indépendante.

- Saisissez votre message dans la partie inférieure de la fenêtre ; pour passer à la ligne suivante, faites ⇧ ↵ ; pour ajouter un émoticon, choisissez-le dans la liste de l'outil .

- Appuyez sur ↵ pour envoyer le message.

  Sur le poste du destinataire du message, la fenêtre de conversation s'affiche sur son poste.

Lorsque votre correspondant vous répond, une information, visible sous son nom, vous indique qu'il est en train d'écrire.

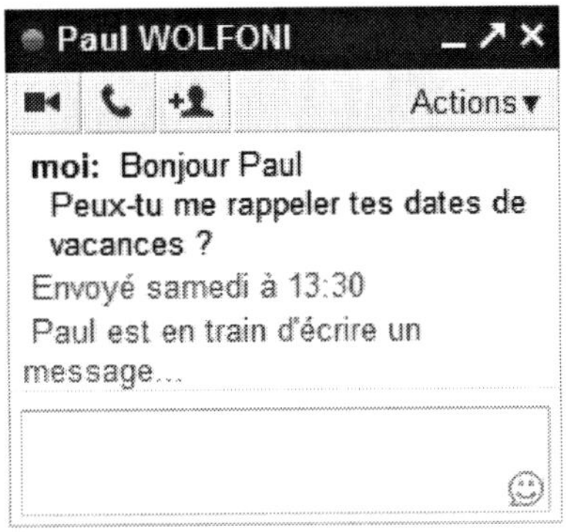

Lorsqu'il vous envoie son message, celui-ci apparaît sous le vôtre dans la fenêtre.

Dans le volet **Chat**, si vous cliquez sur le nom d'un contact qui n'est pas connecté, la fenêtre d'un nouveau message électronique s'ouvre et, dans la zone des destinataires, l'adresse du contact est reprise.

Il vous est possible de converser avec plusieurs contacts dans des fenêtres différentes, les conversations étant indépendantes les unes des autres.

Inviter un contact à rejoindre une conversation

Vous pouvez dialoguer à plusieurs sur une même conversation. Les messages reçus et envoyés seront visibles par tous les interlocuteurs de cette discussion.

- Pendant votre conversation avec un premier interlocuteur, cliquez sur l'outil .

Une zone de saisie apparaît alors au-dessus de l'outil.

- Saisissez les premiers caractères du contact à inviter puis, lorsque son nom s'affiche, cliquez dessus. Saisissez, si besoin, les noms des autres contacts à ajouter, puis cliquez sur le bouton **Inviter**.

*La liste des contacts ajoutés et leur statut sont visibles dans la fenêtre. Pour ajouter des personnes supplémentaires, vous pouvez utiliser le lien **Ajouter une autre personne**.*

© Editions ENI - Toute reproduction interdite

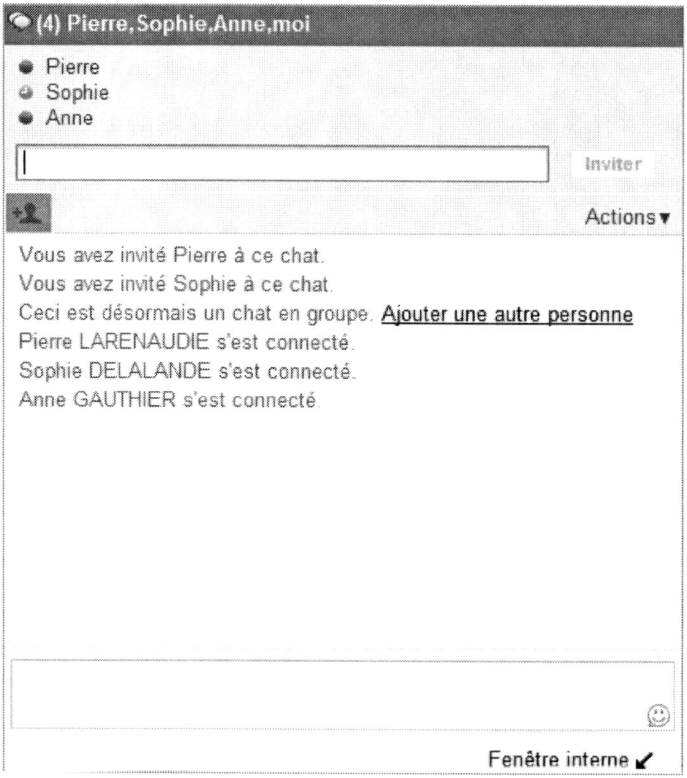

- Pour masquer la liste, cliquez sur l'outil .
- Saisissez ensuite le message à envoyer à vos contacts et appuyez sur la touche ↵.

  Si une des personnes se déconnecte, l'information sera transmise dans le volet de conversation de tous les contacts.

Consulter l'historique des messages

Les conversations initiées par vous sont automatiquement enregistrées en tant que messages et visibles dans le dossier ***Messages envoyés****. Les conversations auxquelles vos contacts vous ont convié sont enregistrées dans le dossier* ***Tous les messages****. Le libellé* ***Tous les chats*** *permet d'afficher la liste de tous les types de message.*

Les messages d'historique sont identifiables par l'intitulé **Chat avec** dans l'objet et par l'icône ▪.

Dans le volet de navigation, cliquez sur **Plus** puis sur le libellé **Tous les chats.**

L'option **Conversations récentes** dans la liste du bouton **Plus** (situé dans la fiche d'un contact lorsque vous pointez son nom) affiche la liste des messages de ce contact (de chat et les autres) dans la messagerie Gmail.

Pour ne pas enregistrer les conversations, activez l'option **Ne jamais enregistrer l'historique des chats** dans la section **Historique de mes chats** dans la page des **Paramètres** du chat (▾ - Options **Paramètres de chat**).

Utiliser le mode Privé

Lorsque vous activez le mode Privé lors d'une conversation, les messages de cette discussion ne sont alors plus enregistrés.

Pendant votre conversation avec votre interlocuteur, cliquez sur le menu **Actions** et sur l'option **Passer en mode privé.**

Votre interlocuteur est alors averti que le mode Privé est activé. L'information apparaît également dans votre fenêtre de discussion. Le lien ***Annuler****, accessible également par votre correspondant, permet de revenir en mode Public.*

© Editions ENI - Toute reproduction interdite

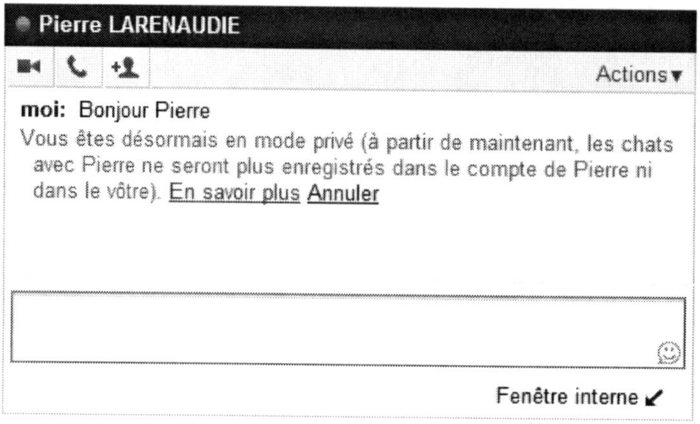

- Pour annuler le mode Privé, cliquez sur le lien **Annuler** ou choisissez l'option **Arrêter le mode privé** dans la liste du menu **Actions.**

  *Le message **Ce chat ne se déroule plus en mode privé** apparaît dans la fenêtre de discussion.*

Attention, si vous ne désactivez pas le mode Privé à la fin de votre conversation, ce mode sera toujours actif la prochaine fois que vous contacterez ce contact. L'information sera visible dans la fenêtre de discussion si c'est le cas.

Téléphoner à un contact

Bien que Google vous donne la possibilité d'appeler des numéros fixes ou de portables, nous ne décrirons pas cette procédure car ce service est payant. Nous vous décrivons ici la méthode pour passer des appels téléphoniques sur le poste de travail de vos contacts. Pour effectuer des appels audio, votre poste doit être équipé de haut-parleurs (ou casque) et d'un microphone (intégré ou non à votre ordinateur) ; pour des appels vidéos, vous et vos interlocuteurs devez disposer d'une webcam.

Installer le plug-in

La première fois que vous utilisez cette fonctionnalité, Google télécharge et installe un applicatif complémentaire (plug-in) au chat de Gmail.

- Dans le volet **Chat**, cliquez sur l'outil **Options** et sur l'option **Ajouter le chat audio et vidéo.**

La page suivante s'ouvre :

Cliquez sur le bouton **Installer le chat audio et vidéo.**

Une fenêtre de téléchargement s'affiche pendant toute la durée de la procédure.

Cliquez sur le bouton **Fermer** de la fenêtre lorsque le téléchargement est terminé puis fermez votre navigateur puis relancez-le.

La configuration de vos périphériques audio (haut-parleurs, casque et microphone) et vidéo (webcam) est effectuée automatiquement. Si vous utilisez plusieurs périphériques différents, par exemple une webcam intégrée et une webcam externe, vous pouvez vérifier et choisir le périphérique à utiliser pendant vos appels audio et/ou vidéo dans la section **Chat audio et vidéo** de la page des **Paramètres** du chat (- **Paramètres de chat**).

© Editions ENI - Toute reproduction interdite

Appeler un contact

Pour téléphoner à un contact, celui-ci doit avoir également téléchargé et installé le plug-in sur son poste. L'indicateur est visible en regard des contacts équipés d'une webcam et ayant activé le chat audio et vidéo sur leur poste.

- Dans la liste des contacts du volet **Chat**, cliquez sur le nom du contact.

Si votre contact n'a pas activé le chat audio et vidéo, l'outil suivant est visible dans la fenêtre de discussion.

- Pour lancer un appel vidéo, cliquez sur l'outil ; pour lancer un appel audio, cliquez sur l'outil puis sur le lien **Appeler de PC à PC.**

Une sonnerie retentit chez vous et chez votre correspondant. Pour accepter l'appel, il lui faudra cliquer sur le bouton ***Répondre****. Pour décliner l'appel, il pourra cliquer sur le bouton* ***Ignorer*** *; dans ce cas, un message vous en informera.*

Lorsque votre interlocuteur vous répond, la fenêtre de discussion est la suivante si vous avez lancé un appel audio :

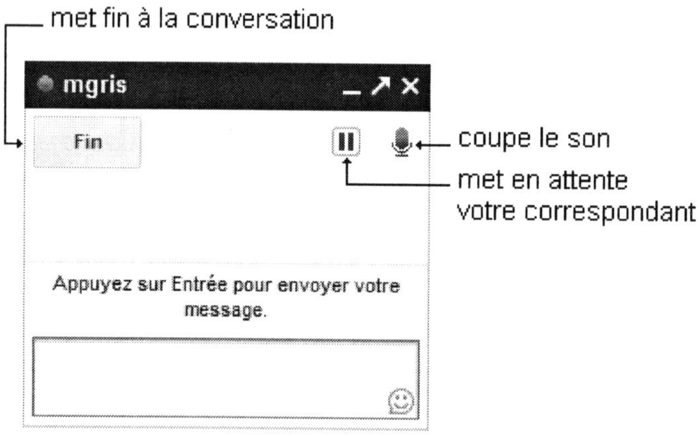

Si vous avez lancé un appel vidéo, la fenêtre de discussion est la suivante :

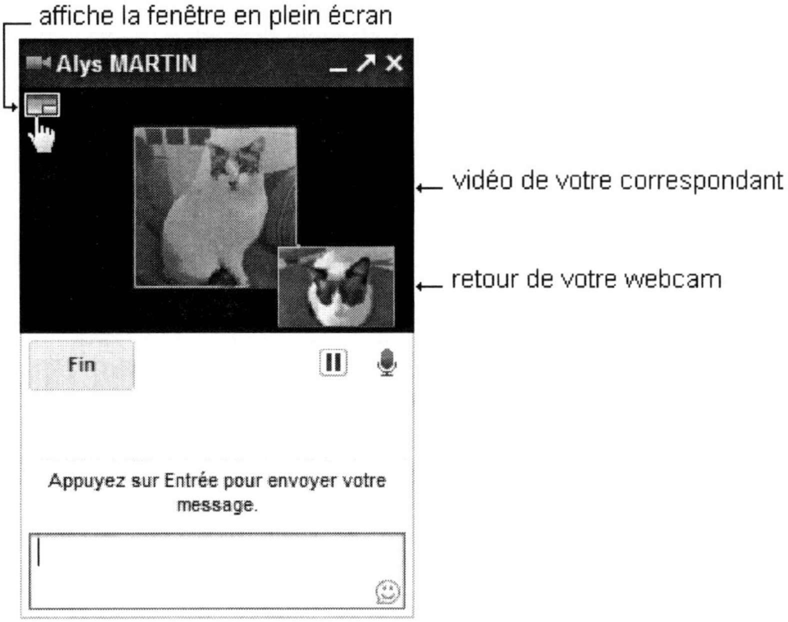

Pendant votre appel, vous pouvez utiliser la zone de saisie pour envoyer des messages écrits à votre correspondant.

© Editions ENI - Toute reproduction interdite

Introduction

Google Talk est l'application de messagerie instantanée autonome de Google. Chat Gmail et Google Talk sont liés : Chat Gmail est la version en ligne du Chat de Google, il est accessible depuis n'importe quel poste équipé d'une connexion Internet, tandis que Google Talk est installé sur votre poste de travail, ce qui suppose que vous utilisiez le même poste lorsque vous dialoguez via ce moyen.

Après l'installation de Google Talk, les contacts du Chat de Gmail sont automatiquement ajoutés. Toute modification réalisée dans Chat Gmail est également effective dans Google Talk et vice versa, par exemple, si vous supprimez, renommez ou bloquez un contact, la liste des contacts est mise à jour dans l'autre application.

Les fonctionnalités de Google Talk sont malheureusement moindres que celles de Gmail ; toutefois, les versions anglaise (EU) et portugaise proposent l'envoi de fichiers. Google Talk limite son utilisation de messagerie instantanée à un seul contact, vous ne pourrez donc pas inviter des contacts à rejoindre une discussion. Les appels téléphoniques avec une webcam ne sont pas non plus possibles dans cette application. Malgré tout, vous pourrez certainement apprécier la gestion simplifiée des contacts, l'accès à votre messagerie et les notifications d'e-mails reçus.

Installer Google Talk

Avant d'utiliser Google Talk, il vous faut l'installer sur votre ordinateur.

- Dans votre espace de messagerie ou dans une autre application Google Apps, cliquez sur le lien **Plus** dans la barre de liens (en haut de la fenêtre).

  La page des autres produits s'affiche.

- Dans la colonne des produits **Communiquer, publier et partager**, cliquez sur l'icône de l'application **Talk**.
- Dans la page de téléchargement, cliquez sur le bouton **Télécharger Google Talk.**
- Si vous utilisez Internet Explorer, cliquez sur le bouton **Exécuter** dans la barre d'informations qui s'affiche en bas de la fenêtre.

  Si vous utilisez Google Chrome, lorsque le fichier est téléchargé, cliquez sur le bouton du fichier, en bas de la fenêtre.

- Selon la version de Windows utilisée, cliquez sur le bouton **Continuer** ou sur le bouton **Oui** du message de contrôle qui s'affiche.

  L'assistant d'installation se lance.

- Cliquez sur le bouton **J'accepte**.
- Lorsque l'installation est terminée, cliquez sur le bouton **Fermer**.

La fenêtre d'identification de Google apparaît sur votre écran.

- Saisissez votre adresse de messagerie Gmail dans la zone **Nom d'utilisateur Gmail** et votre **Mot de passe** dans la zone suivante puis cliquez sur le bouton **Connexion** ou appuyez sur la touche ↵.

© Editions ENI - Toute reproduction interdite

Automatiquement, vos contacts du Chat de Gmail apparaissent dans la fenêtre de Google Talk.

Fermer/quitter Google Talk

Fermer la fenêtre

- Cliquez sur l'outil [X] dans le coin de la fenêtre.

  L'outil [–] permet de réduire la fenêtre sans la fermer.

  La fermeture de la fenêtre ne ferme pas l'application, vous restez donc connecté et joignable.

- Pour afficher la fenêtre Google Talk, cliquez sur l'icône visible dans la barre de notification (à droite de la barre des tâches).

Si l'icône n'est pas visible, cliquez sur la flèche située à gauche de la barre de notification pour afficher les icônes masquées.

Quitter Google Talk

Lorsque l'application Google Talk est fermée, vos correspondants ne peuvent plus vous joindre (votre statut est ***Non connecté****) et vous ne recevrez donc plus de notification de contact.*

- Faites un clic droit sur l'icône  dans la barre de notification et cliquez sur l'option **Quitter**.

L'option ***Déconnexion*** *vous déconnecte du service mais ne ferme pas l'application Google Talk.*

Lancer Google Talk

- Cliquez sur le bouton **Démarrer**  puis, dans la zone de recherche, saisissez **Talk.**
- Cliquez ensuite sur le programme **Google Talk** qui s'affiche dans la partie supérieure du menu.

Google Talk se lance et l'icône  *s'affiche également dans la barre de notification. Si vous avez reçu des nouveaux messages dans votre boîte de réception, une fenêtre de notification apparaît dans la partie inférieure de l'écran :*

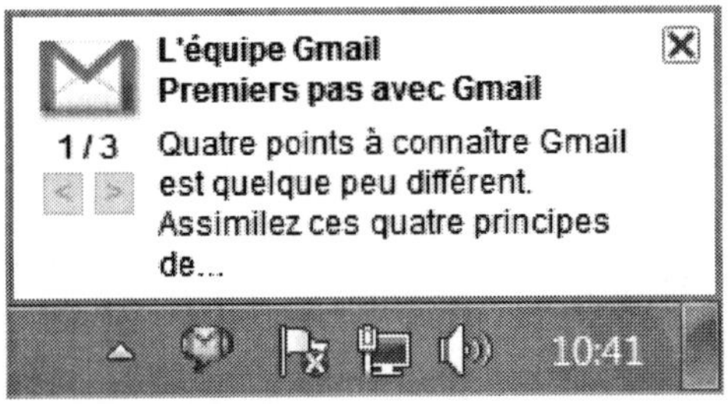

Dans la configuration standard de Google Talk, l'application se lance automatiquement au chargement de Windows. Pour choisir de ne pas lancer Google Talk au lancement de Windows, décochez l'option **Lancer automatiquement au démarrage de Windows** dans la boîte de dialogue **Paramètres** (lien **Paramètres** - catégorie **Général**).

© Editions ENI - Toute reproduction interdite

Modifier l'apparence de la fenêtre

Pour agrémenter la fenêtre de chat, Google vous propose plusieurs thèmes différents. Vous pouvez également modifier la photo de votre profil.

Modifier le thème

- Cliquez sur le lien **Paramètres.**
- Dans le volet gauche, cliquez sur la catégorie **Apparence.**
- Sélectionnez le thème de votre choix dans la liste **Thème du chat.**

  *L'intitulé **Image** dans le nom des thèmes indique que la photo de vos contacts sera affichée dans la fenêtre de conversation*

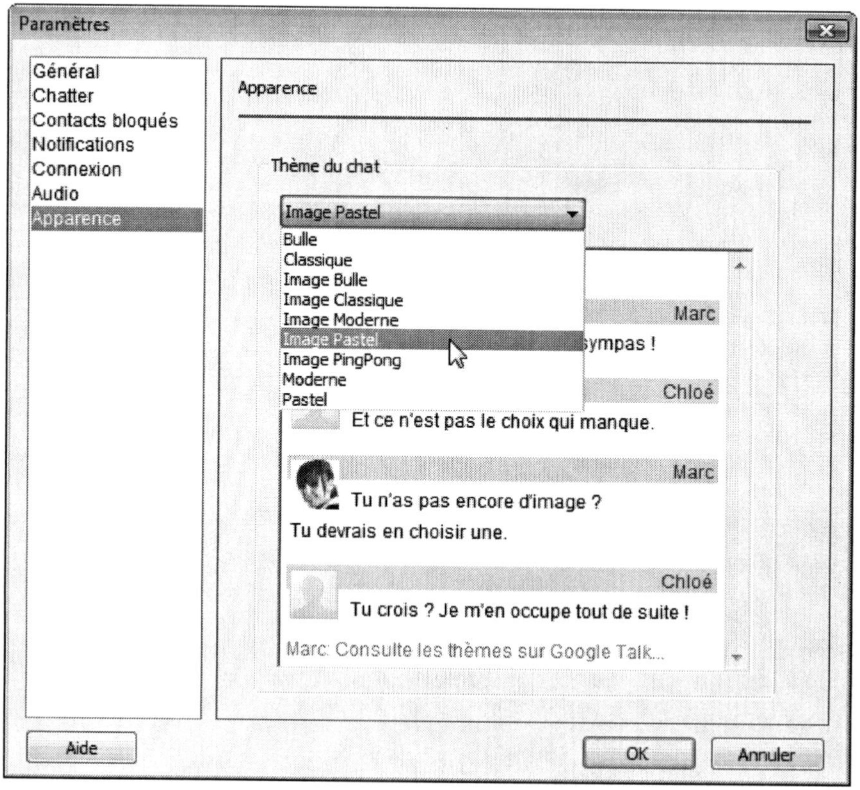

- Cliquez sur le bouton **OK.**

Ajouter une photo

La photo que vous ajoutez à votre profil sera visible par tous vos contacts.

- Dans la fenêtre Google Talk, cliquez sur le cadre de l'image.

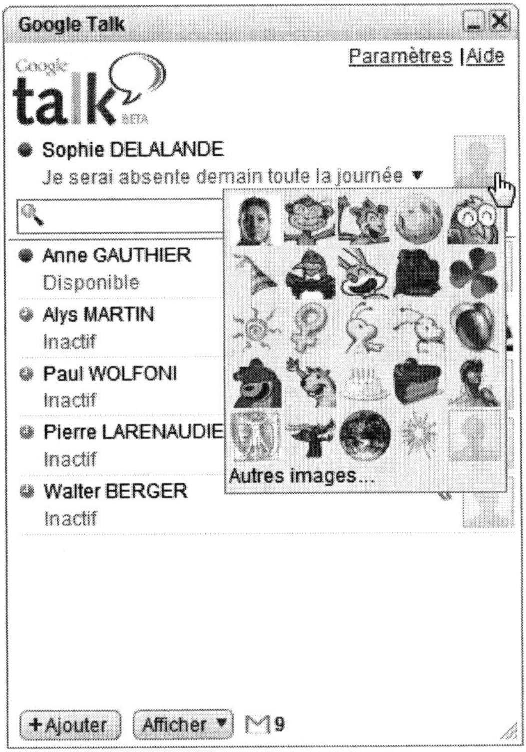

- Cliquez sur une des images proposées ou pour ajouter un fichier image de votre ordinateur, sélectionnez l'option **Autres images**. Localisez le fichier image et double cliquez sur son nom.
- Pour ne pas afficher de photo, cliquez sur la photo et, dans la liste qui s'affiche, cliquez sur la dernière vignette de la liste 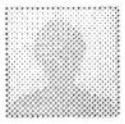.

© Editions ENI - Toute reproduction interdite

Modifier son statut de connexion

*Lorsque vous êtes connecté, votre statut est **Disponible**, pendant un laps de temps d'inactivité, il change pour passer au statut **Inactif**. Lorsqu'un utilisateur n'est pas connecté, son statut est **Non connecté**. Le statut est visible par les autres utilisateurs qui sauront ainsi s'ils peuvent vous contacter ou non. Vous pouvez choisir manuellement votre statut si vous ne souhaitez pas être dérangé par exemple.*

- Ouvrez la liste **Disponibilité** située sous votre nom d'utilisateur, par défaut, le statut **Disponible** est affiché.

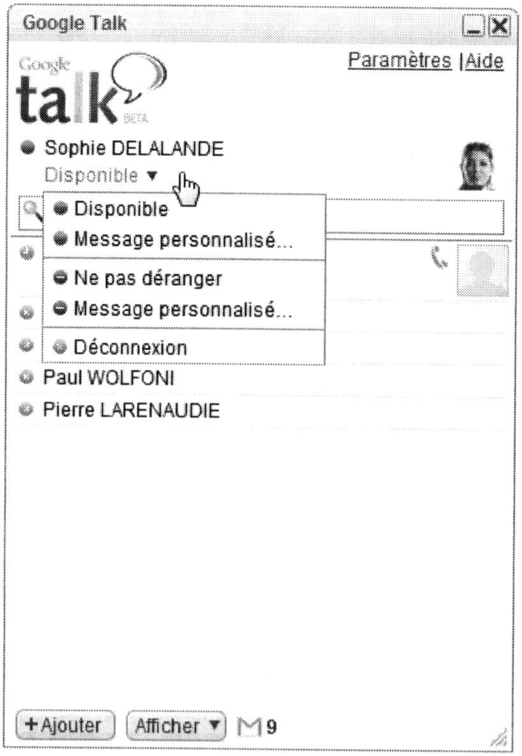

Si vous avez renseigné un message personnalisé dans le Chat Gmail, celui-ci apparait dans cette liste.

- Cliquez sur le statut souhaité.

Pour associer un message personnel à votre statut de disponibilité, vous pouvez également cliquer dans la zone de saisie (sans ouvrir la liste des disponibilités) et saisir le message souhaité.

Pour plus de précision sur les statuts de disponibilité, reportez-vous au titre Les options de disponibilité du chapitre Chat Gmail.

Modifier l'affichage de la liste des contacts

Dans la partie inférieure de la fenêtre Google Talk, cliquez sur le menu **Affichage.**

Par défaut, tous les contacts sont affichés (connectés ou non) avec les photos visibles de vos contacts.

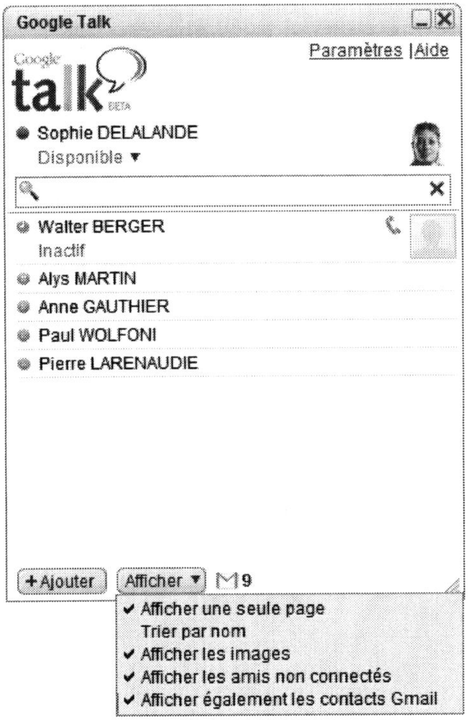

*L'option **Afficher une seule page**, lorsqu'elle est cochée, affiche tous les contacts sur une page.*

© Editions ENI - Toute reproduction interdite

- Sélectionnez les options à désactiver : par exemple, pour afficher la liste des contacts sans leur photo (ce qui permet de gagner de la place lorsque la liste est longue), décochez l'option **Afficher les images** ; pour afficher uniquement les contacts qui sont connectés, désactivez l'option **Afficher les amis non connectés.**

  Par défaut, la liste des contacts est triée prioritairement par disponibilité puis par ordre alphabétique de prénom.

- Pour trier par ordre alphabétique de nom, sélectionnez l'option **Trier par nom.**

Si la fenêtre n'est pas suffisamment grande pour afficher toute la liste, faites glisser le coin inférieur droit pour l'agrandir.

Rechercher des contacts

- Cliquez dans la zone de saisie **Rechercher tous les contacts** et commencez à saisir les premiers caractères du nom ou du prénom du contact recherché.

  Dès la saisie du premier caractère, la fenêtre affiche les contacts dont le nom ou le prénom commence par le ou les caractères saisis.

- Pour afficher à nouveau toute la liste de vos contacts, cliquez sur l'outil ✖, à droite de la zone de recherche.

Ajouter des contacts

Vous pouvez ajouter à la fois des personnes de votre domaine et des personnes externes si ces dernières utilisent Google Talk ou Gmail, dans le cas contraire, Google leur enverra une invitation à s'inscrire. Les contacts ajoutés via Google Talk seront également visibles dans le Chat Gmail et vice versa. Avant d'ajouter un contact, assurez-vous que celui-ci est connecté à Gmail ou Google Talk afin qu'il puisse répondre à votre invitation.

- Cliquez sur le bouton **Ajouter.**

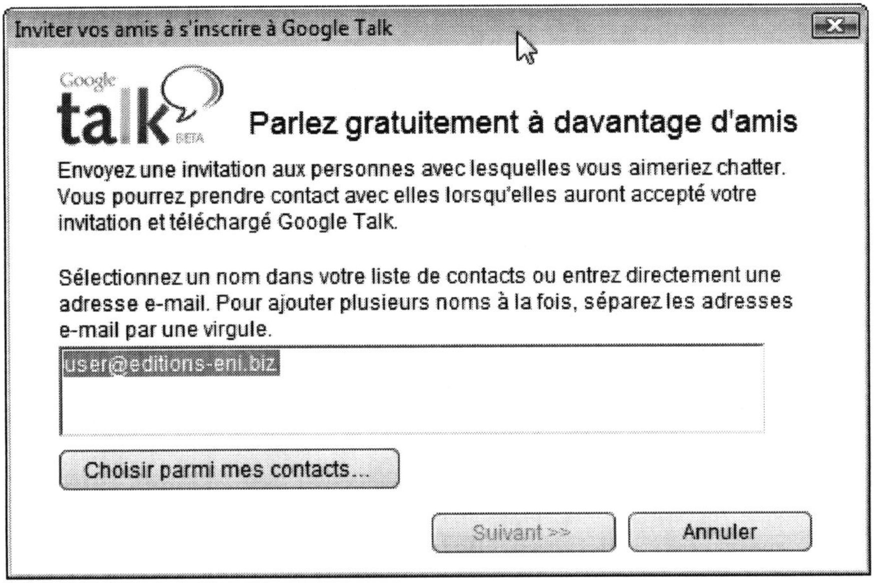

- Saisissez l'adresse de messagerie complète du ou des contacts que vous souhaitez ajouter en les séparant par une virgule ; pour ajouter un contact de votre liste de contacts, cliquez sur le bouton **Choisir parmi mes contact**, cochez les contacts souhaités puis cliquez sur le bouton **OK.**

  La liste de vos contacts affiche uniquement les contacts qui n'ont pas encore été ajoutés. Si vous aviez déjà ajouté tous vos contacts (dans le Chat de Gmail), cette liste sera vide.

- Cliquez sur le bouton **Suivant.**
- Si vous avez ajouté des contacts qui n'utilisent pas Gmail, Google vous propose de leur envoyer une invitation à s'inscrire : cliquez sur le bouton **Suivant.**
- Cliquez sur le bouton **Terminer.**

  *Le ou les nouveaux contacts sont ajoutés à la liste. Le statut **Invité** apparaît à la suite de leur nom.*

- Si ces personnes tardent à répondre à votre invitation, positionnez le pointeur de la souris sur leur nom et cliquez sur le bouton **Inviter à nouveau** qui s'affiche en regard de leur nom. Cliquez ensuite sur le bouton **Suivant** puis sur le bouton **Terminer.**

© Editions ENI - Toute reproduction interdite

*Vous pouvez également faire un clic droit sur leur nom et sélectionner l'option **Inviter à nouveau**.*

- Pour annuler une invitation, faites un clic droit sur le nom du contact concerné puis sélectionnez l'option **Annuler l'invitation.**

  Si les contacts ajoutés sont connectés à leur compte, un message d'invitation leur parvient directement dans leur messagerie instantanée (Chat Gmail ou Google Talk), ils ont alors la possibilité d'accepter ou de refuser votre invitation.

Gérer les contacts

- Pour renommer un contact, faites un clic droit sur son nom et sélectionnez l'option **Renommer**. Saisissez le nom à lui attribuer et appuyez sur la touche ↵.
- Pour supprimer un contact, faites un clic droit sur son nom et sélectionnez l'option **Supprimer**.

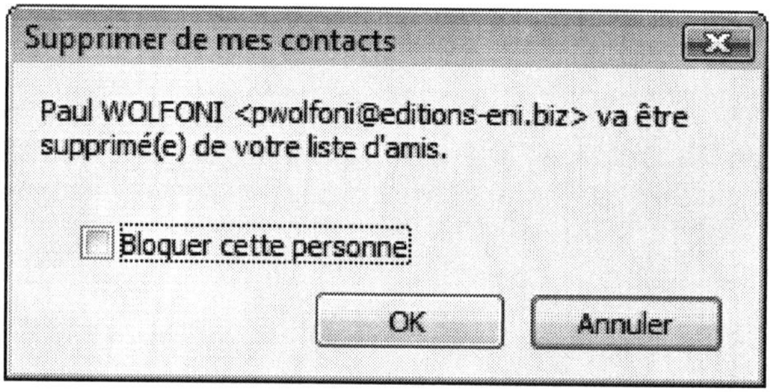

  Pour empêcher ce contact de vous contacter ultérieurement, cochez l'option **Bloquer cette personne**.

  Il vous sera alors possible de débloquer ce contact le cas échéant. Si vous ne cochez pas cette option, votre contact sera définitivement supprimé et pour l'ajouter à nouveau, vous devrez utiliser la procédure vue précédemment au titre Ajouter des contacts. Pour supprimer définitivement un contact bloqué, vous devez au préalable le débloquer (voir paragraphe suivant) puis le supprimer.

  Cliquez sur **OK**.

- Pour bloquer un contact sans le supprimer, faites un clic droit sur son nom et sélectionnez l'option **Bloquer**. Cliquez ensuite sur le bouton **OK** du message qui vous informe que vous ne pourrez plus contacter cette personne.

Le contact bloqué disparaît de votre liste des contacts et il n'apparaîtra pas dans les résultats d'une recherche de contacts.

- Pour débloquer un contact, cliquez sur le lien **Paramètres** puis, dans le menu gauche, sélectionnez la catégorie **Contacts bloqués**.

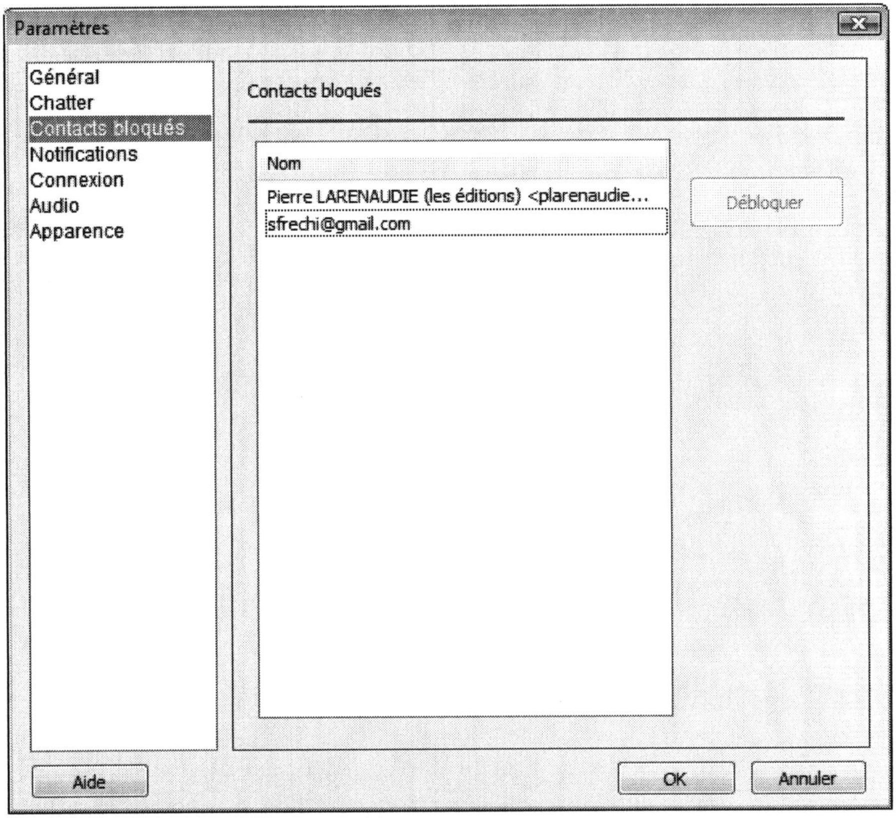

Sélectionnez le ou les contacts à débloquer : pour effectuer une sélection continue, cliquez sur le premier contact à sélectionner, maintenez la touche ⇧ puis cliquez sur le dernier contact à sélectionner ; pour effectuer une sélection discontinue, sélectionnez le premier contact, maintenez la touche Ctrl et cliquez sur le nom des autres contacts à sélectionner ; si vous avez sélectionné un contact par erreur, maintenez la touche Ctrl et cliquez sur son nom pour le désélectionner.

Cliquez sur le bouton **Débloquer** puis sur le bouton **OK**.

© Editions ENI - Toute reproduction interdite

Le ou les contacts débloqués apparaissent à nouveau dans la liste des contacts.

Envoyer un message instantané

Les messages instantanés, comme leur nom l'indique, permet d'envoyer un message à un contact et d'échanger en temps réel. Vérifiez au préalable le statut du correspondant à contacter ***Disponible****, si vous n'avez pas modifié l'ordre de tri, les contacts connectés et disponibles s'affichent en haut de la liste.*

- Cliquez sur le nom du contact ou faites un clic droit sur son nom et choisissez l'option **Chatter**.

La fenêtre de discussion s'affiche :

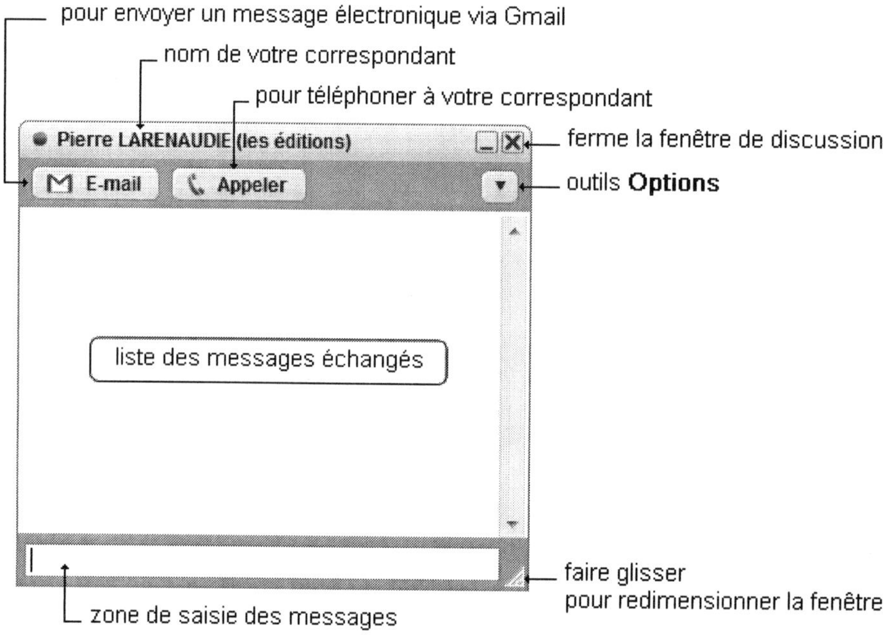

- Saisissez votre message ; pour passer à la ligne suivante, faites [Shift][Entrée].
- Appuyez sur [Entrée] pour envoyer le message.

Lorsque votre correspondant vous répond, son message s'affiche à la suite du vôtre dans la fenêtre des messages.

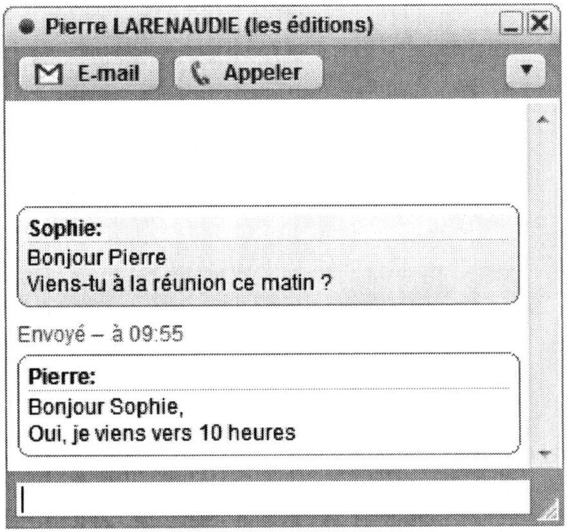

- Continuez ainsi votre conversation puis, lorsqu'elle est terminée, fermez la fenêtre de discussion.

Lorsqu'un correspondant, avec lequel vous n'êtes pas en communication, vous envoie un message, la fenêtre de discussion s'ouvre automatiquement en arrière-plan, le bouton Google Talk de la barre des tâches clignote alors pour vous prévenir. Si vous êtes connecté à Google Talk mais que la fenêtre est fermée, une info-bulle apparaît dans le coin inférieur de votre écran dans laquelle le message et le nom de votre correspondant apparaît, vous pouvez alors cliquer sur cette info-bulle pour afficher la fenêtre de discussion, lorsque cette info-bulle disparaît, cliquez sur le bouton de la barre des tâches pour afficher la fenêtre de discussion.

Utiliser le mode Privé

Lorsque vous activez le mode Privé lors d'une conversation, les messages de cette discussion ne sont alors plus enregistrés en tant que messages dans votre messagerie Gmail.

- Pendant votre conversation avec votre interlocuteur, cliquez sur l'outil **Options** 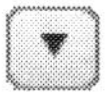 et sur l'option **Passer en mode privé**.

© Editions ENI - Toute reproduction interdite

*Votre interlocuteur est alors averti que le mode Privé est activé. L'information apparaît également dans votre fenêtre de discussion. Le lien **Annuler**, accessible également par votre correspondant, permet de revenir en mode Public.*

- Pour annuler le mode Privé, cliquez sur le lien **Annuler** ou choisissez l'option **Ne plus chatter en mode privé** dans la liste de l'outil **Options** .

*Le message **Ce chat ne se déroule plus en mode privé** apparaît dans la fenêtre de discussion.*

Attention, si vous ne désactivez pas le mode Privé à la fin de votre conversation. Ce mode sera toujours actif la prochaine fois que vous contacterez ce contact. L'information sera visible dans la fenêtre de discussion si c'est le cas.

Vérifier/configurer vos périphériques audio

Avant de réaliser votre premier appel, il peut s'avérer nécessaire d'effectuer une vérification et un réglage de votre équipement audio (microphone et haut-parleurs ou casque).

- Si votre poste ne dispose pas de tous les périphériques intégrés, branchez le microphone, les haut-parleurs ou le casque.
- Cliquez sur le lien **Paramètres** puis sélectionnez la catégorie **Audio**.

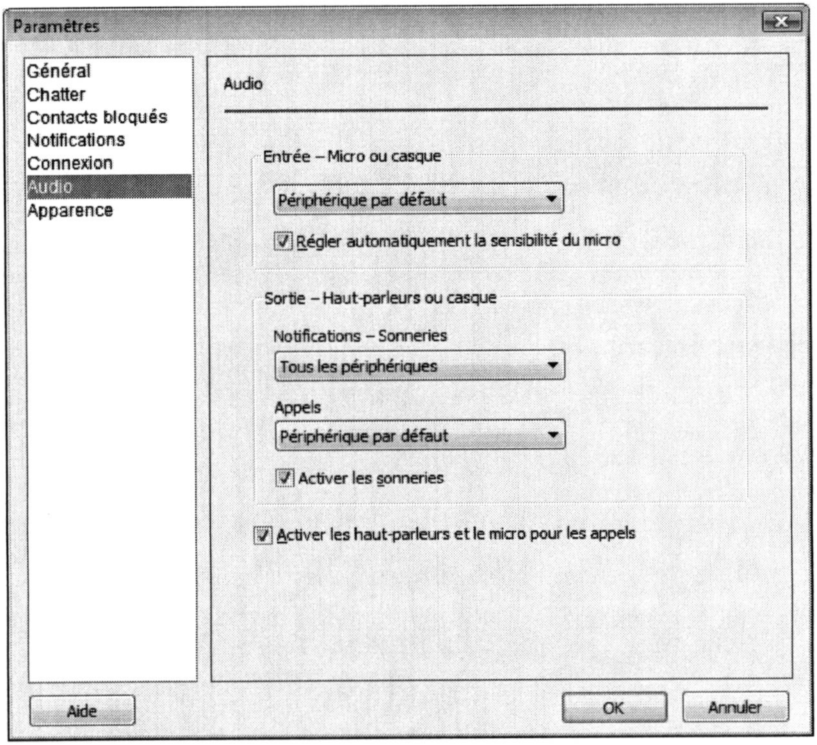

- Pour modifier les périphériques détectés, ouvrez les listes proposées et sélectionnez le matériel à utiliser.
- Cliquez ensuite sur **OK**.

Appeler un contact

- Recherchez éventuellement le contact à appeler en saisissant son nom dans la zone de recherche.
- Cliquez sur l'icône situés en regard de son nom ou faites un clic droit sur son nom et sélectionnez l'option **Appeler**.

  *Votre correspondant est prévenu de votre appel par une sonnerie qui retentit et une notification qui apparaît dans la partie inférieure de son écran. Il a alors la possibilité d'accepter votre appel en cliquant sur le bouton **Répondre** ou de le décliner en cliquant sur le bouton **Ignorer**.*

© Editions ENI - Toute reproduction interdite

S'il ne répond pas à votre appel ou s'il choisit de l'ignorer, un message lui indiquera (dans la fenêtre de discussion) qu'il a manqué un appel en précisant le nom du contact et l'heure de cet appel.

Si votre correspondant a accepté votre appel, la communication s'établit et la fenêtre de discussion s'ouvre.

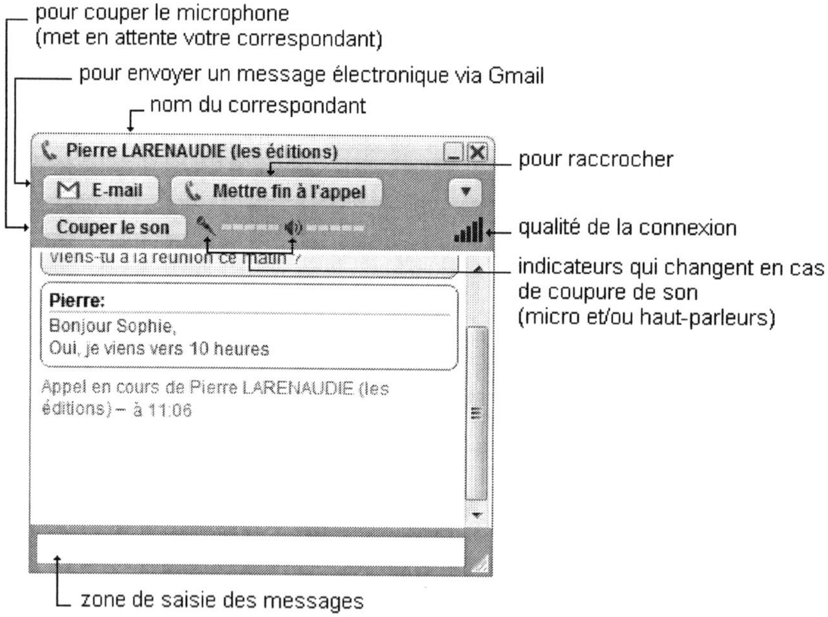

⊡ Pour **Mettre fin à l'appel**, cliquez sur le bouton correspondant.

Pendant votre appel, vous pouvez utiliser la zone de saisie pour envoyer des messages écrits à votre correspondant.

Accéder à l'Agenda

- Si vous êtes connecté à votre espace Google Apps, cliquez sur **Agenda** dans la barre des liens supérieure.

  La fenêtre s'ouvre alors dans un nouvel onglet.

- Si vous n'êtes pas connecté, affichez la page d'accueil de Google (www.google.fr) puis cliquez sur le lien **Agenda** si celui-ci est visible dans la barre des liens supérieure ou cliquez sur **Plus** et sur l'option **Agenda.** Renseignez vos identifiants et cliquez sur le bouton **Connexion.**

Si votre administrateur n'a pas modifié l'adresse d'accès à l'agenda, vous pouvez également saisir l'URL suivante **calendar.google.com/a/*Nom de votre domaine*** dans la barre d'adresse de votre navigateur Internet ou bien l'adresse suivante :
https://www.google.com/calendar

Description de la fenêtre

Votre agenda est constitué des éléments suivants :

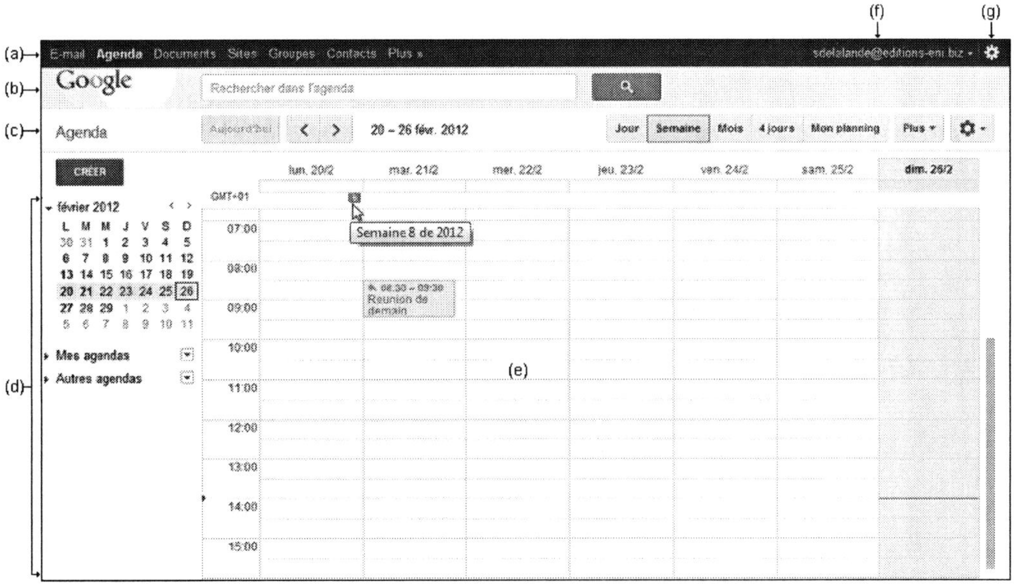

© Editions ENI - Toute reproduction interdite

La **barre des liens** (a), commune à toutes les applications, permet de naviguer entre les différents services de Google Apps.

La **zone de recherche** (b) vous permet de rechercher des événements, des rendez-vous ou des réunions.

La **barre de navigation** (c) de l'agenda vous propose les outils nécessaires pour afficher d'autres vues et dates. Le bouton **Plus** donne accès à l'impression et à l'actualisation des données. L'outil **Paramètres** permet de choisir une densité d'affichage.

Le **volet de navigation** (d) est composé, par défaut, de 3 sections :

Section du **mini-agenda** : affiche sous la forme d'un mini-calendrier le mois en cours. Ce mini-agenda vous permet d'afficher rapidement une date précise.

Section **Mes agendas** : donne accès à vos agendas personnels et à la liste des tâches.

Section **Autres agendas** : donne accès aux agendas partagés de vos collègues, aux agendas d'événements publics (anniversaires, jours fériés) et aux agendas importés. Les événements de ces agendas ne peuvent pas être modifiés.

Le **volet d'affichage** (e) de l'agenda sélectionné dans le volet de navigation. Le jour et l'heure actuelle sont symbolisés par un trait rouge (sur la date du jour) et d'un triangle rouge (dans l'échelle des heures de l'agenda), uniquement pour les affichages **Jour**, **Semaine** ou **4 jours**.

Nom de l'utilisateur connecté (f) à l'agenda. La liste associée propose de modifier les paramètres du compte et de se déconnecter.

L'outil **Options** (g) permet d'accéder aux paramètres de l'Agenda et à l'aide de Google Agenda.

Utiliser les modes d'affichage de l'agenda

- Pour choisir une autre vue d'affichage de votre agenda, cliquez sur un des boutons visibles dans la barre de navigation ou utilisez le raccourci-clavier correspondant :

Jour	Touche **D**	Pour afficher les rendez-vous d'une seule journée. Dans cette vue, l'objet des événements planifiés dont la durée est d'une journée entière (ou plus) apparaît dans la partie supérieure.

Semaine	Touche **W**	Pour afficher les rendez-vous d'une semaine.
Mois	Touche **M**	Pour afficher le mois entier.
4 jours	Touche **X**	Pour afficher la date courante et les trois jours qui suivent cette date.
Mon planning	Touche **A**	Pour afficher, sous la forme d'une liste, l'ensemble de vos rendez-vous. Cette vue est particulièrement intéressante lorsque vous souhaitez modifier un rendez-vous.

- Pour afficher un nombre de jours autre, réalisez un cliqué-glissé sur les dates correspondantes dans le mini-agenda situé dans la partie supérieure du volet de navigation.

Se déplacer dans l'agenda

- Pour vous déplacer de période en période selon la vue active, cliquez sur les outils **Période précédente** 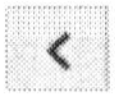 et **Période suivante** 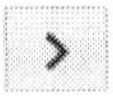 visibles dans la barre de navigation.
- Pour afficher la date du jour, cliquez sur le bouton **Aujourd'hui**.
- Pour atteindre une date précise : dans le mini-agenda du volet de navigation, utilisez, si besoin, les outils 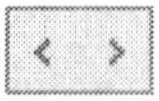 pour afficher le mois de la date recherchée puis cliquez sur la date pour l'afficher dans la vue choisie.

  Dans le mini-agenda, les jours pour lesquels un ou plusieurs rendez-vous ont été planifiés apparaissent en gras.

Utiliser la vue Mon planning

*Nous vous rappelons que la vue **Mon planning** affiche les événements de votre agenda sous forme de liste. Cette vue permet d'identifier rapidement les types d'événements comme les événements répétitifs, ceux pour lesquels un rappel a été activé ou les réunions. Ce mode est également intéressant pour modifier et supprimer rapidement un événement.*

- Activez la vue **Mon planning** en cliquant sur le bouton correspondant dans la barre de navigation.

© Editions ENI - Toute reproduction interdite

- Sur le mini-agenda du volet de navigation, cliquez sur la date à partir de laquelle vous souhaitez afficher les événements.

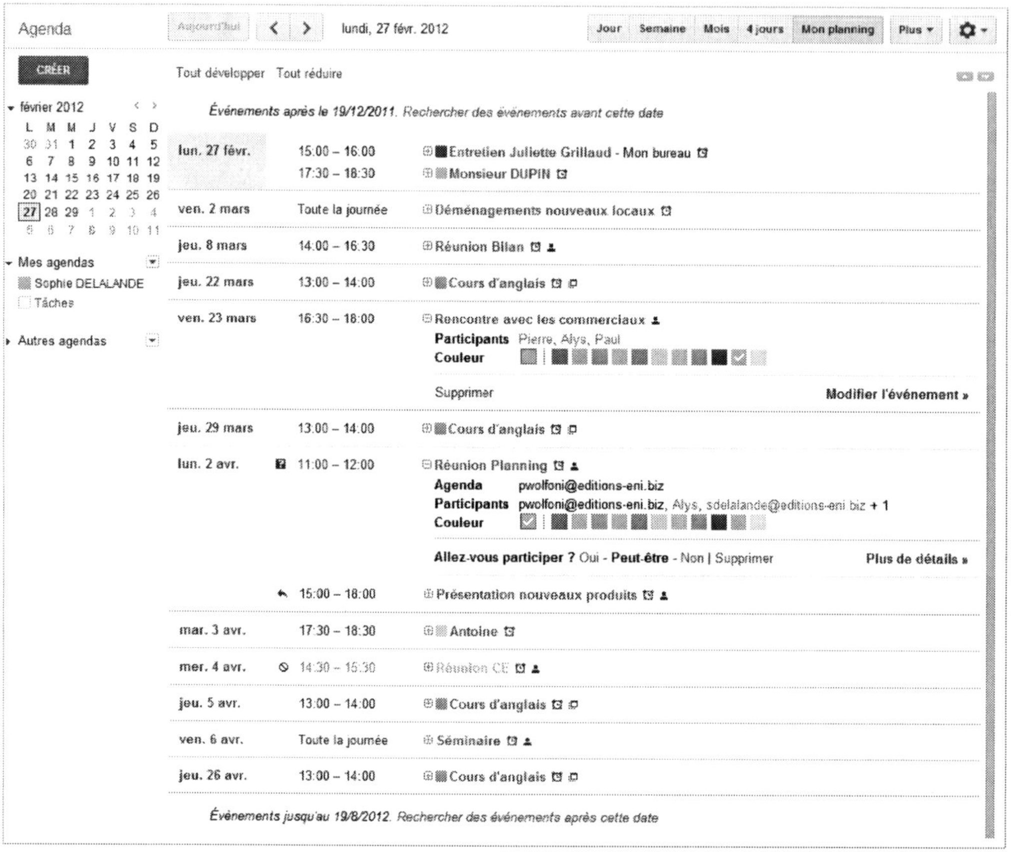

Les symboles qui apparaissent dans la deuxième colonne indiquent :

- *Réunion à laquelle vous avez été invité et à laquelle vous avez répondu provisoirement (réponse **Peut-être**).*
- *Réunion à laquelle vous avez été invité mais à laquelle vous n'avez pas encore répondu.*
- *Réunion dont vous avez décliné l'invitation.*

Aucun symbole ne matérialise les invitations de réunion que vous avez acceptées.

Les symboles situés à la suite de l'objet vous renseignent sur le type d'événement :

 *Un rappel.*

 *Une réunion.*

 *Un événement répétitif.*

- Pour afficher le détail d'un événement, cliquez sur l'outil ⊞ qui précède son objet ; à l'inverse, pour le masquer, cliquez sur l'outil ⊟.

  Vous pouvez également cliquer sur l'objet de l'événement pour afficher ou masquer ses détails.

  Pour afficher le détail de tous les événements, cliquez sur le lien **Tout développer** ; pour le masquer, cliquez sur le lien **Tout réduire**.

- Pour modifier ou supprimer un événement, affichez le détail de l'événement puis utilisez le lien **Modifier l'événement** ou **Supprimer** ; pour modifier sa couleur, cliquez directement sur la pastille de couleur à appliquer.

- Cliquez sur le lien d'une date d'événement pour l'afficher dans la vue **Jour**.

© Editions ENI - Toute reproduction interdite

Créer un rendez-vous/un événement

Plusieurs méthodes vous permettent de créer un nouveau rendez-vous ou un nouvel événement.

Méthode 1

Cette méthode offre l'avantage de pouvoir renseigner toutes les informations relatives à un rendez-vous.

- Cliquez sur le bouton **CRÉER** ou appuyez sur la touche **C.**

  La page d'un nouvel événement s'affiche.

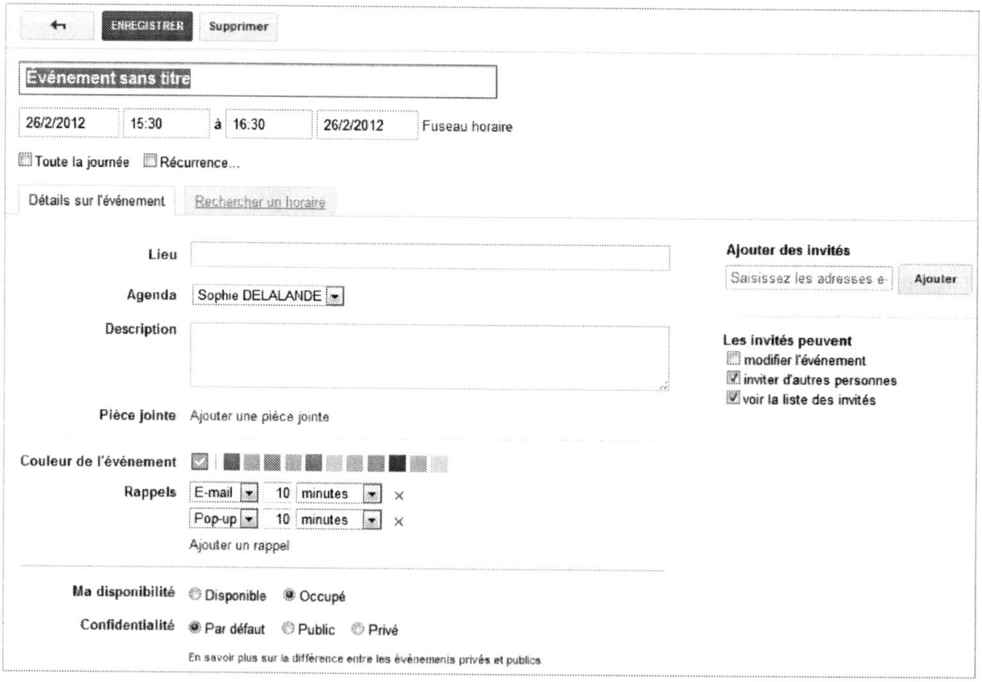

- Dans la zone **Événement sans titre**, saisissez l'objet du rendez-vous.
- Dans les zones de saisie situées sous le nom de l'événement, précisez la date et les heures de début et de fin du rendez-vous ; si les listes horaires ne proposent pas l'heure recherchée (par défaut, l'intervalle horaire est d'une demi-heure), saisissez-la au format horaire (par exemple **14:15**).

Si le rendez-vous doit durer **Toute la journée**, cochez l'option correspondante.

- Dans la zone **Lieu**, précisez l'endroit où le rendez-vous doit se dérouler. S'il s'agit d'une adresse postale, renseignez-la précisément, par exemple : **7 rue Scribe, 44000 Nantes** si vous souhaitez que vous et les personnes ayant accès à cet événement puissent afficher la carte du lieu de rendez-vous dans Google Maps en cliquant sur le lien **Plan** qui apparaîtra sous le lieu saisi.
- Si vous disposez de plusieurs agendas, sélectionnez, dans la liste **Agenda**, celui dans lequel le rendez-vous doit être planifié.
- Ajoutez éventuellement les détails du rendez-vous dans la zone **Description**.

*Le lien **Ajouter une pièce jointe** vous permet d'associer un ou plusieurs fichiers à ce rendez-vous (cf. Joindre un fichier).*

- Choisissez la **Couleur de l'événement** en cliquant sur une des pastilles de couleur correspondantes.
- Si vous souhaitez être prévenu par e-mail et/ou par l'affichage d'une fenêtre (pop-up) un laps de temps avant ce rendez-vous, choisissez éventuellement, dans la première liste de l'option **Rappels**, la méthode de notification : **E-mail** (un message électronique vous sera envoyé directement dans votre boîte de réception Gmail) ou **Pop-up** (une fenêtre s'affichera dans votre navigateur si ce dernier est ouvert et si vous êtes connecté à votre agenda). Précisez ensuite dans la zone suivante le délai avant lequel vous souhaitez être averti et sélectionnez, dans liste qui suit, s'il s'agit de **minutes**, **heures**, **jours** ou **semaines**.

Par défaut, dès qu'un événement est créé, deux rappels (un e-mail et une fenêtre pop-up) sont activés par défaut dans un délai de 10 minutes avant le rendez-vous.

Pour supprimer un rappel, cliquez sur l'outil ✕ correspondant.

Pour **Ajouter un rappel**, cliquez sur le lien correspondant et renseignez le type et le délai du rappel.

- Activez l'option correspondant à votre disponibilité : **Disponible** ou **Occupé**.

Cette information sera visible par les utilisateurs avec lesquels vous partagez votre agenda et ceux qui souhaiteront planifier une réunion en sollicitant votre présence.

- Choisissez le niveau de **Confidentialité** du rendez-vous :

Par défaut	Le rendez-vous adopte le niveau de confidentialité de l'agenda (Public ou Privé).
Public	Les informations du rendez-vous seront alors visibles à toute personne autorisée à visualiser le détail des événements de votre agenda.

© Editions ENI - Toute reproduction interdite

Privé	Le détail du rendez-vous sera remplacé par l'intitulé **Occupé(e)** pour les personnes avec lesquelles vous partagez votre agenda.

- Cliquez sur le bouton **ENREGISTRER**, en haut de la page.

  Le rendez-vous apparaît alors dans votre agenda.

Dans la vue d'affichage **Mon planning**, vous pouvez appuyer sur la touche **C** ou utiliser le bouton **CRÉER** pour créer un événement.

Méthode 2

Cette méthode est utile lorsque vous souhaitez créer plusieurs rendez-vous à la volée sans nécessairement renseigner toutes les informations vues précédemment.

Vues d'affichage Jour, Semaine ou 4 jours

- Dans le volet d'affichage de votre agenda, affichez la date (et le créneau horaire) du nouveau rendez-vous.
- Pour déterminer la plage horaire du rendez-vous, positionnez le pointeur de la souris sur l'heure de début du rendez-vous et réalisez un cliqué-glissé jusqu'à son heure de fin ; si la durée du rendez-vous est d'une heure, cliquez seulement sur l'heure de début du rendez-vous.

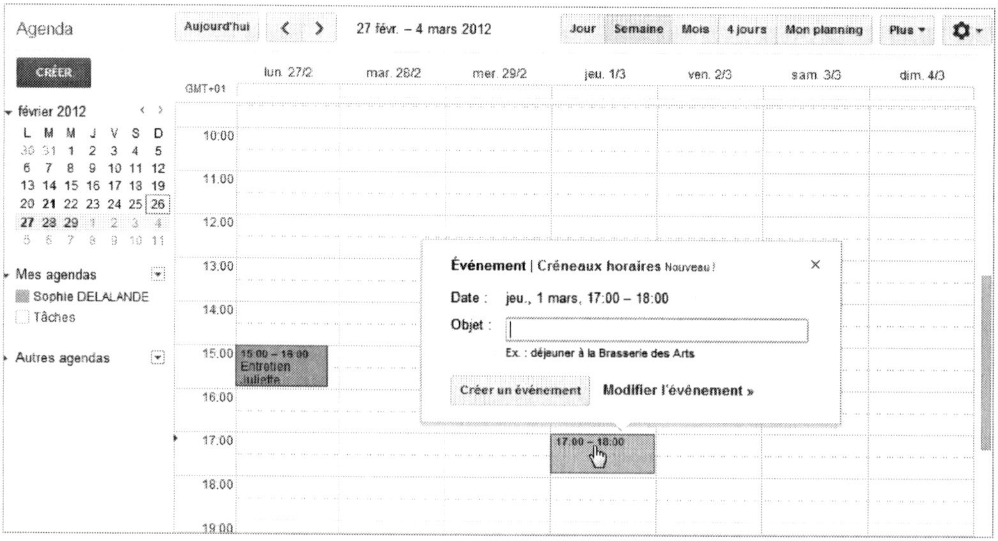

- Saisissez l'**Objet** du rendez-vous.

*Si les informations proposées ne vous conviennent pas, vous pouvez utiliser le lien **Modifier l'événement** pour accéder à la fiche complète de création d'un événement.*

- Cliquez sur le bouton **Créer un événement.**

Par défaut, la durée d'un rendez-vous est de 60 minutes, vous pouvez modifier ce paramètre en sélectionnant la durée à appliquer par défaut dans la liste **Durée de réunion par défaut** dans la page des paramètres de Google Agenda (**Mes agendas - Paramètres** - onglet **Général**).

Vue d'affichage Mois

- Dans l'agenda, cliquez sur le jour du rendez-vous.
- Dans la zone **Objet**, saisissez l'heure (au format **00:00**) et l'objet du rendez-vous si celui-ci ne doit durer qu'une heure ; pour préciser la plage horaire, saisissez-la sous la forme suivante : **00:00 - 00:00** ; si l'événement doit durer toute la journée, saisissez seulement l'objet de celui-ci sans indiquer d'horaire.

*Sur cet exemple, le rendez-vous commencera à **12h15** et se terminera à **14h00**.*

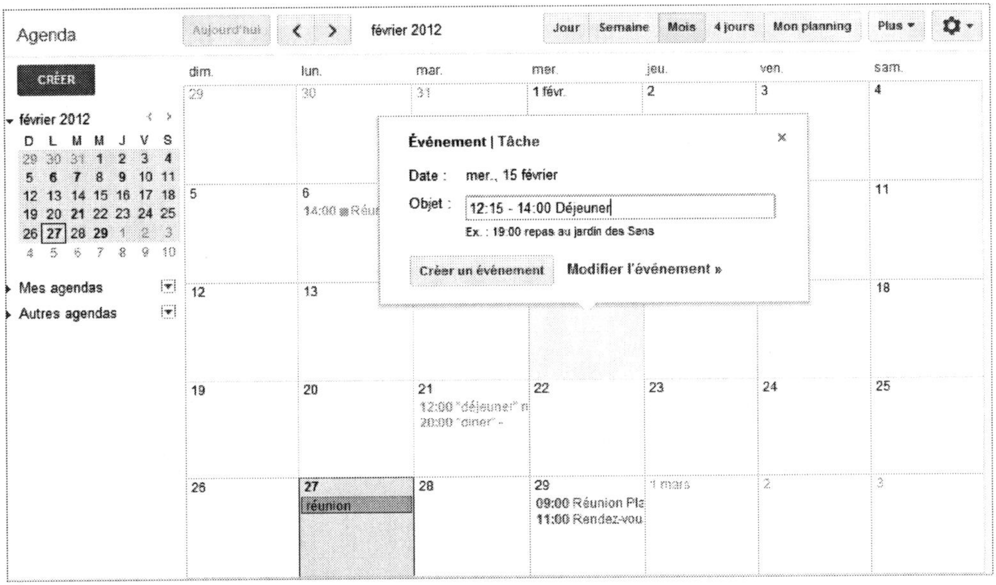

- Cliquez sur le bouton **Créer un événement.**

© Editions ENI - Toute reproduction interdite

Attention, la création d'un événement dans cette vue ne modifie pas votre statut de disponibilité : vous restez disponible pour les organisateurs de réunion et pour les personnes avec lesquelles vous partagez votre agenda. Pour modifier votre statut, cliquez sur l'événement puis sur le lien **Modifier l'événement**, activez ensuite l'option **Occupé** dans la section **Ma disponibilité** puis, cliquez sur le bouton **ENREGISTRER.**

Créer un événement répétitif

- Cliquez sur le bouton **CRÉER** ou appuyez sur la touche **C.**
- Saisissez l'objet du rendez-vous dans la zone **Événement sans titre.**
- Précisez la date ainsi que l'heure de début et de fin dans les zones suivantes.
- Cochez l'option **Récurrence.**

  La fenêtre suivante s'affiche :

- Dans la liste **Récurrent**, choisissez la fréquence de répétition de l'événement : **Toutes les semaines, Tous les jours, Tous les mois...** et le nombre de fois où il devra être répété dans la liste **Répéter tous les.**

- Selon la fréquence de répétition choisie, complétez les autres informations requises.
- Dans la section **Fin**, indiquez éventuellement le terme de cet événement

Jamais	L'événement périodique est répété indéfiniment.
Après *n* occurrences	Met fin à l'événement périodique après le nombre d'occurrences spécifié dans la zone de saisie.
Le	Met fin à l'événement périodique à la date saisie ou sélectionnée dans la zone.

*Un **Résumé** des paramètres choisis est indiqué à la suite des options.*

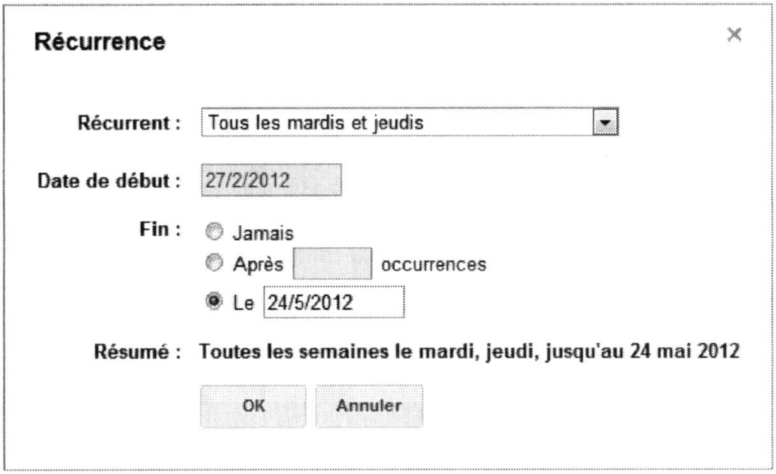

- Cliquez sur le bouton **OK**.
- Complétez, si besoin, les autres informations de l'événement puis cliquez sur le bouton **ENREGISTRER**.

Modifier/supprimer un événement

- Affichez l'événement à modifier ou à supprimer dans la zone d'affichage de votre agenda.
- Pour modifier la couleur d'affichage d'un événement, cliquez dans la partie supérieure de l'événement (sur l'intitulé des horaires) pour afficher l'info-bulle de l'événement. Ouvrez la liste de l'objet et cliquez sur la couleur à appliquer.

© Editions ENI - Toute reproduction interdite

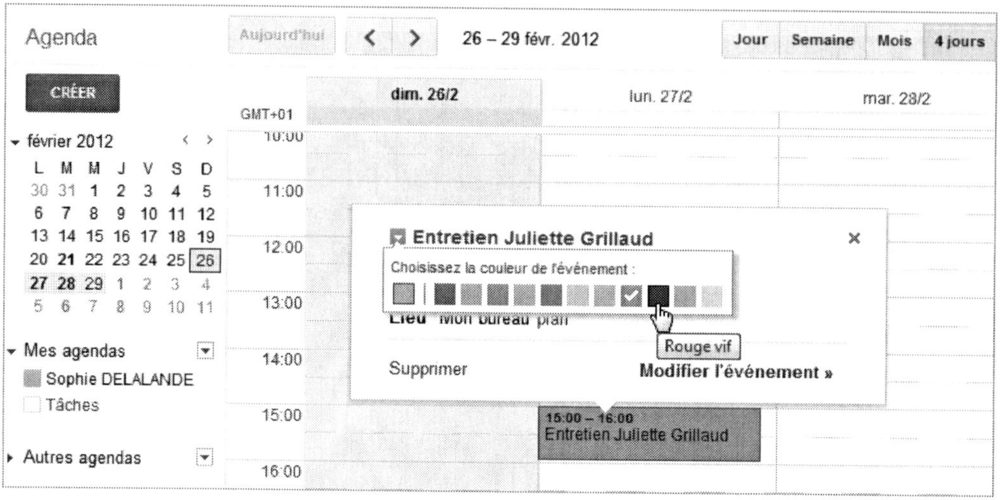

Pour modifier la durée de fin d'un événement, positionnez le pointeur de la souris sur la partie inférieure centrale de l'événement.

Le pointeur de la souris prend la forme suivante .

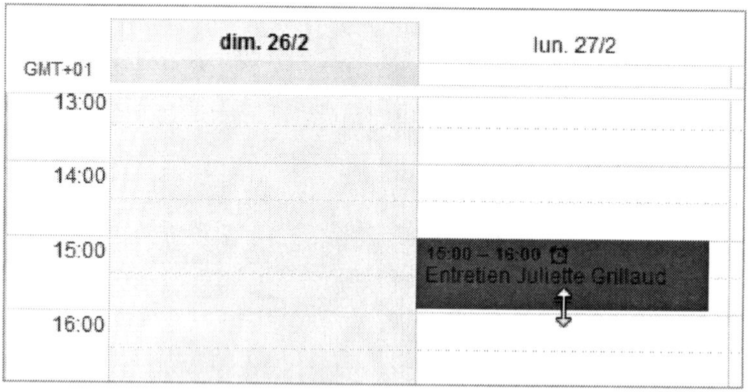

Cliquez et faites glisser jusqu'à l'heure de fin souhaitée.

*Cette manipulation est réalisable dans les vues **Jour**, **Semaine** et **4 jours**.*

Pour déplacer un événement, faites le glisser à l'endroit souhaité.

- Pour modifier les autres informations d'un événement, cliquez sur son objet ou faites un double sur l'événement puis, dans la fiche de l'événement qui s'affiche, réalisez les modifications souhaitées.

  *Le bouton **Ignorer les modifications** annule les modifications qui viennent d'être faites et rétablit l'événement tel qu'il était à l'origine. Le bouton **Supprimer** supprime l'événement de votre agenda.*

  Cliquez sur **ENREGISTRER**.

- Pour supprimer un événement : dans la fenêtre d'affichage de l'agenda, cliquez dans la partie supérieure de l'événement et, dans l'info-bulle qui s'affiche, cliquez sur le lien **Supprimer**.

Modifier/supprimer un événement répétitif

- Pour modifier une seule ou toutes les occurrences d'un événement répétitif, utilisez les procédures abordées au titre précédent sur l'occurrence à modifier ou sur une des occurrences dans le cas où toute la série est concernée par la modification.

  Après validation, la fenêtre suivante s'affiche :

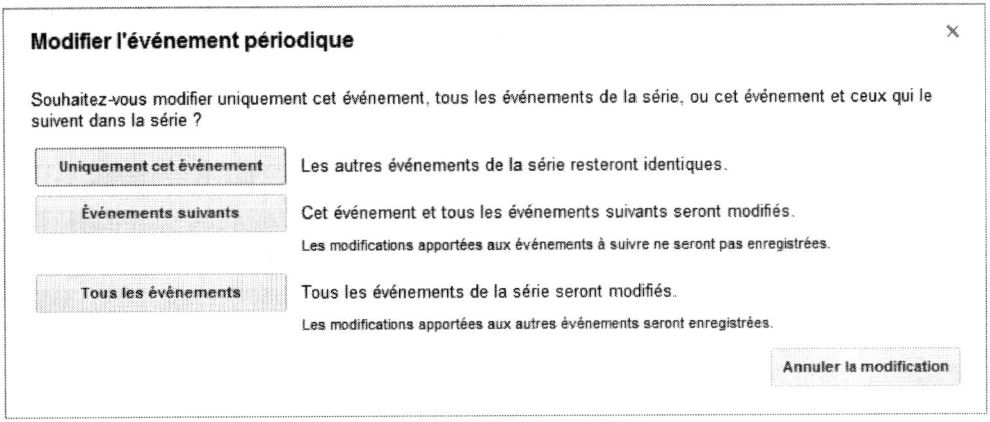

© Editions ENI - Toute reproduction interdite

Si vous avez modifié la couleur de l'événement, c'est la fenêtre suivante qui s'affiche :

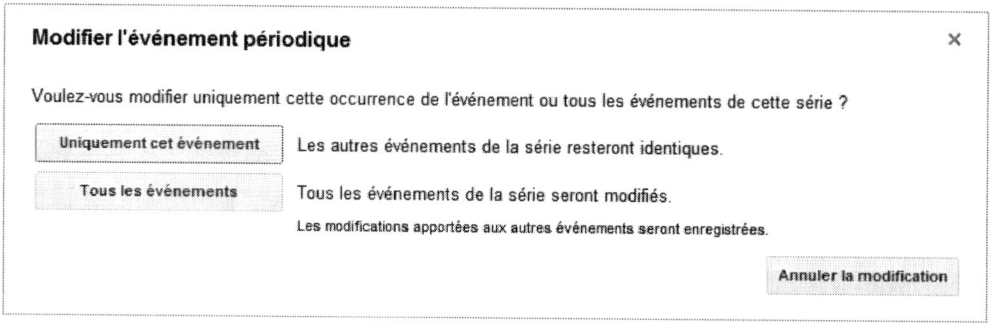

Cliquez sur le bouton correspondant aux occurrences que vous souhaitez modifier.

Pour supprimer une ou toutes les occurrences d'un événement répétitif, cliquez dans la partie supérieure de l'occurrence à modifier ou sur une des occurrences si tous les événements de la série doivent être supprimés puis cliquez sur le lien **Supprimer** dans l'info-bulle.

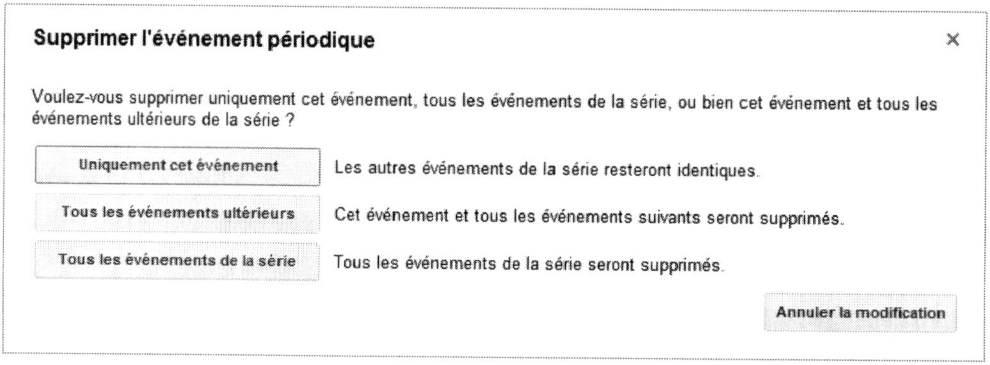

Cliquez sur le bouton correspondant aux occurrences que vous souhaitez supprimer.

Copier un événement

Cette technique peut être intéressante si vous souhaitez créer un événement dont les caractéristiques seront sensiblement similaires à un événement existant ou si vous souhaitez copier un événement d'un agenda partagé sur le vôtre ou dans un autre de vos agendas personnels.

- Ouvrez la fiche de l'événement qui doit être dupliqué.

Copier dans le même agenda

- Ouvrez la liste **Autres actions** et sélectionnez l'option **Dupliquer cet événement.**

  La fiche de l'événement dupliqué apparaît dans la fenêtre.

- Apportez les modifications nécessaires (date, horaires, invités...) puis cliquez sur le bouton **ENREGISTRER.**

Copier dans un autre agenda

- Dans la fiche de l'événement, ouvrez la liste **Autres actions** et sélectionnez l'option **Copier dans** suivi du nom de l'agenda dans lequel l'événement doit être copié.

  La fiche de l'événement dupliqué apparaît dans la fenêtre.

- Apportez les modifications nécessaires (date, horaires, invités...) puis cliquez sur le bouton **ENREGISTRER.**

Copier depuis un agenda partagé

- Affichez l'agenda partagé puis cliquez sur l'événement à copier.
- Dans l'info-bulle qui s'affiche, cliquez sur le lien **copier dans mon agenda.**
- Dans la fiche de l'agenda dupliqué, modifiez éventuellement l'**Agenda** personnel dans lequel il doit être copié en le choisissant dans la liste correspondante.
- Réalisez les modifications souhaitées puis cliquez sur le bouton **ENREGISTRER.**

Imprimer un événement

- Cliquez sur l'objet de l'événement pour l'ouvrir.
- Cliquez sur l'outil **Imprimer cet événement** 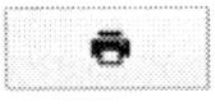 situé dans le coin supérieur droit de la fenêtre.

  Selon le navigateur et l'imprimante utilisés, la fenêtre peut être différente.

© Editions ENI - Toute reproduction interdite

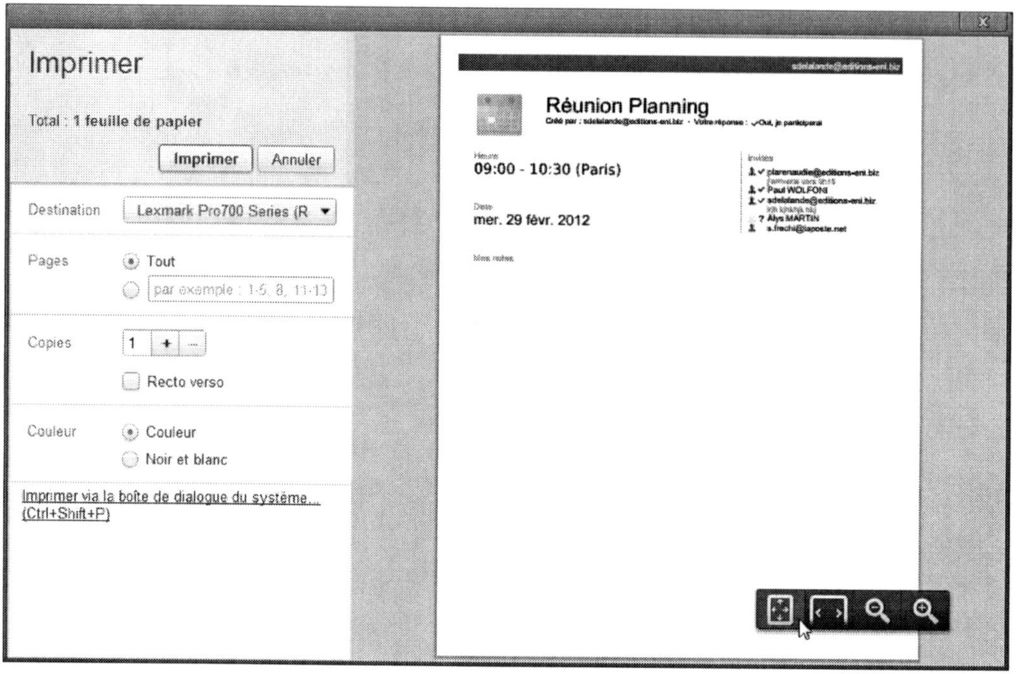

- Modifiez éventuellement les paramètres de l'impression (le numéro des pages, le nombre d'exemplaires, l'impression en noir et blanc).
- Cliquez sur le bouton **Imprimer**.

Joindre un fichier

Lorsqu'un ou plusieurs fichiers sont ajoutés à un événement (rendez-vous ou réunion), ils deviennent alors accessibles par les personnes avec lesquelles vous partagez votre agenda et celles que vous avez invitées à participer à la réunion.

Les fichiers joints peuvent provenir de votre disque dur ou de votre bibliothèque de documents de Google Documents.

- Créez un nouvel événement ou ouvrez un événement existant.
- Dans la section **Pièce jointe**, cliquez sur le lien **Ajouter une pièce jointe.**

*La liste complète de votre bibliothèque **Google Documents** s'affiche.*

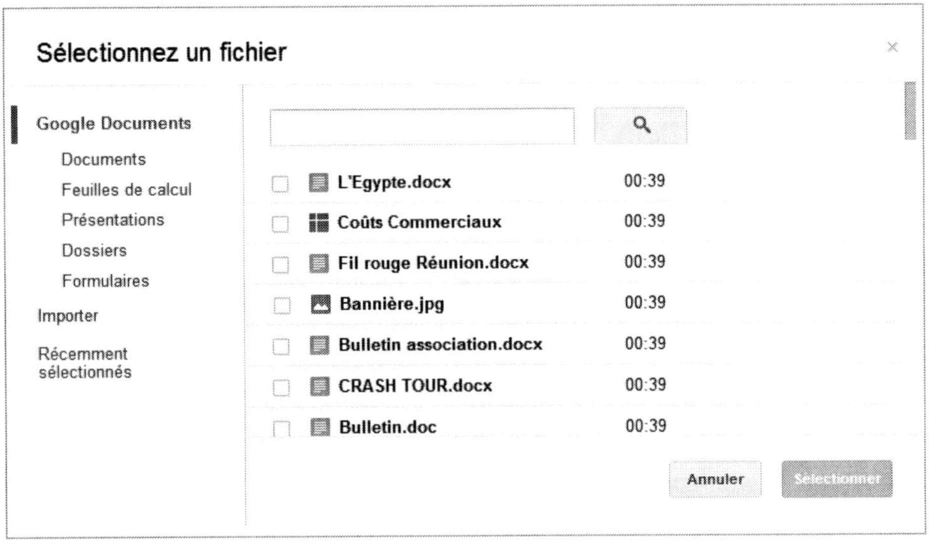

- Pour joindre un document de la liste Google Documents : cliquez éventuellement sur le libellé du type de fichier (**Documents**, **Feuilles de calcul**, **Formulaires...**) pour retrouver plus rapidement le document.

  *Le libellé **Récemment sélectionnés** affiche la liste des derniers documents joints.*

  Si la liste de vos documents est trop importante, saisissez, dans ce cas, une partie du nom du fichier recherché dans la zone de recherche et cliquez sur l'outil  ; si le nom du fichier apparaît dans la liste contextuelle, cliquez sur son nom.

  *Dans ce dernier cas, la fenêtre **Sélectionnez un fichier** se ferme et le document est ajouté à l'événement.*

  Sélectionnez ensuite le ou les fichiers en cochant la case située en regard de leur nom puis cliquez sur le bouton **Sélectionner**.

- Pour joindre un fichier de votre disque dur, cliquez sur le libellé **Importer** et sur le bouton **Sélectionner les fichiers à importer**.

  Accédez au dossier d'enregistrement du fichier et faites un double clic sur son nom ou, pour joindre plusieurs fichiers, sélectionnez-les en utilisant la touche [⇧] pour une sélection continue ou la touche [Ctrl] pour une sélection discontinue, cliquez ensuite sur le bouton **Ouvrir**.

© Editions ENI - Toute reproduction interdite

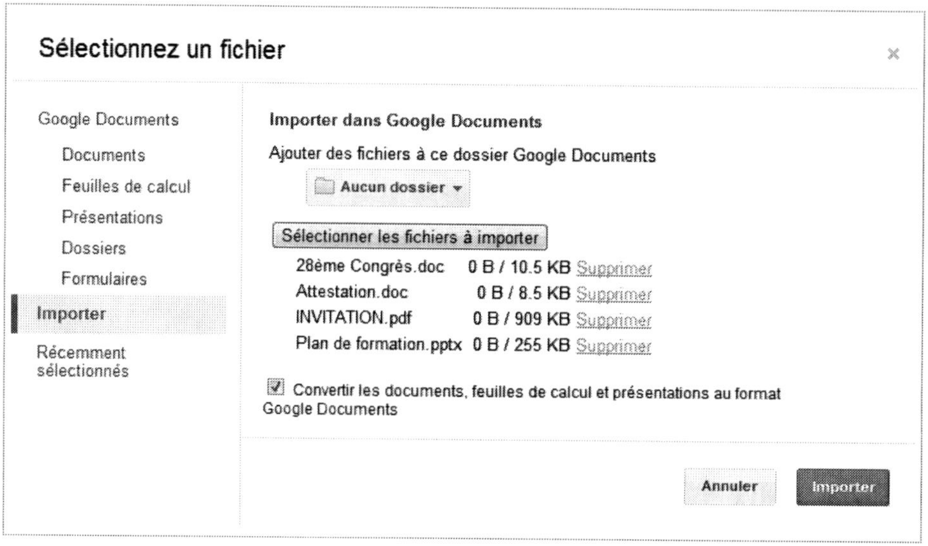

Après importation, les fichiers seront présents dans votre liste de fichiers Google Documents.

Laissez cochée l'option **Convertir les documents, feuilles de calcul et présentations au format Google Documents** si vous souhaitez que les documents importés soient compatibles avec les outils bureautiques de Google.

Cliquez sur le bouton **Importer**.

Organiser une réunion

Une réunion est un événement auquel vous conviez des participants, la présence de ces derniers peut être obligatoire ou facultative. Après la création de la réunion, une invitation est envoyée aux participants par e-mail dans laquelle une réponse est sollicitée.

- Dans la fenêtre de création ou de modification d'un événement, cliquez dans la zone de saisie **Ajouter des invités** puis saisissez l'adresse ou le nom du premier invité.

  Dès les premiers caractères saisis, une liste de noms correspondants s'affiche.

- Cliquez sur le nom du participant à ajouter si celui-ci apparaît dans la liste sinon continuez la saisie complète de son adresse de messagerie et cliquez sur le bouton **Ajouter**.

- Réalisez cette même procédure pour ajouter tous les participants à convier à la réunion.

  *Les noms des participants s'affichent les uns à la suite des autres dans la liste **Invités**.*

- Si la participation de certains invités doit être facultative, cliquez sur le lien **Présence facultative**.

  Des icônes  *apparaissent en regard de leur nom.*

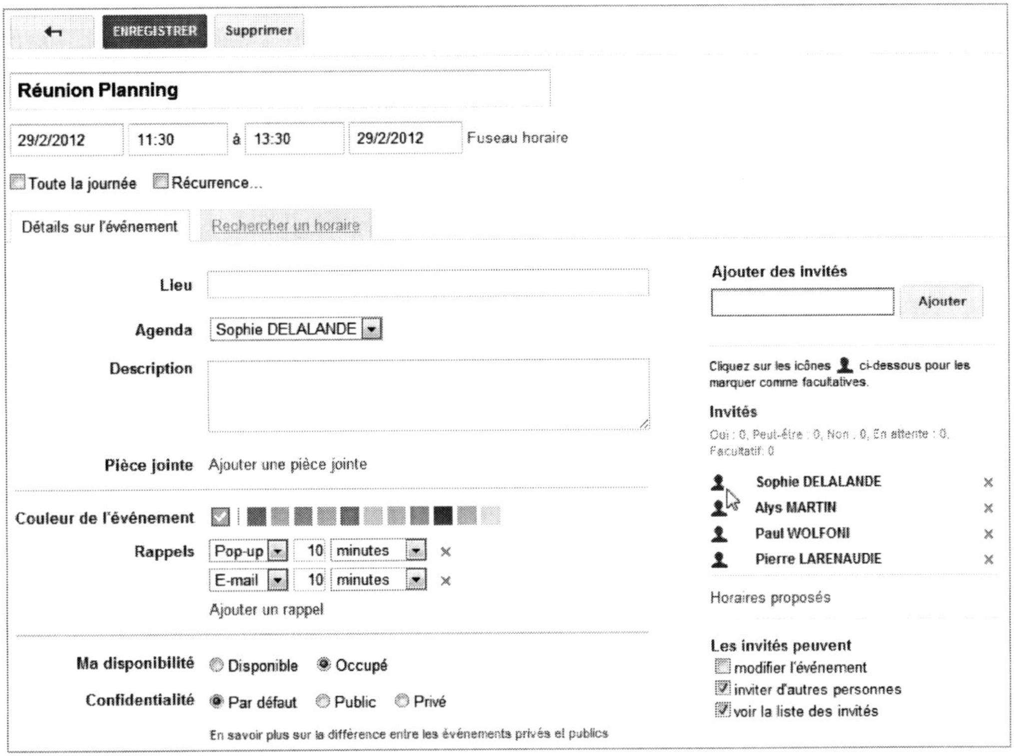

- Cliquez sur l'icône  du ou des invités pour lesquels leur présence est facultative : l'icône devient alors grisée.

© Editions ENI - Toute reproduction interdite

BIBLIOTHÈQUE MUNICIPALE
71450 BLANZY

*Le lien **Horaires disponibles** répertorie les plages horaires pendant lesquelles tous les participants sont disponibles, si ces derniers font partie de votre domaine ou s'ils utilisent Google Agenda et vous ont accordé les droits de partage de leur agenda. Si l'agenda d'un participant n'a pas pu être examiné, un astérisque apparaît à la suite de son adresse vous renvoyant à la note **Impossible d'afficher l'agenda**, ce qui signifie que ses disponibilités ne seront pas prises en compte dans les propositions des plages horaires. Ici, le dernier participant (contact en dehors du domaine) n'a pas partagé son agenda ou n'utilise pas Google Agenda.*

Sur cet exemple, la réunion est planifiée le 29 février entre 9 heures et 10 heures 30. Dans la liste des horaires, la première plage horaire propose le lendemain à 7 heures, ce qui signifie qu'un ou plusieurs invités ne sont pas disponibles aux horaires indiqués pour la réunion et qu'ils le seront dès le lendemain à 7 heures.

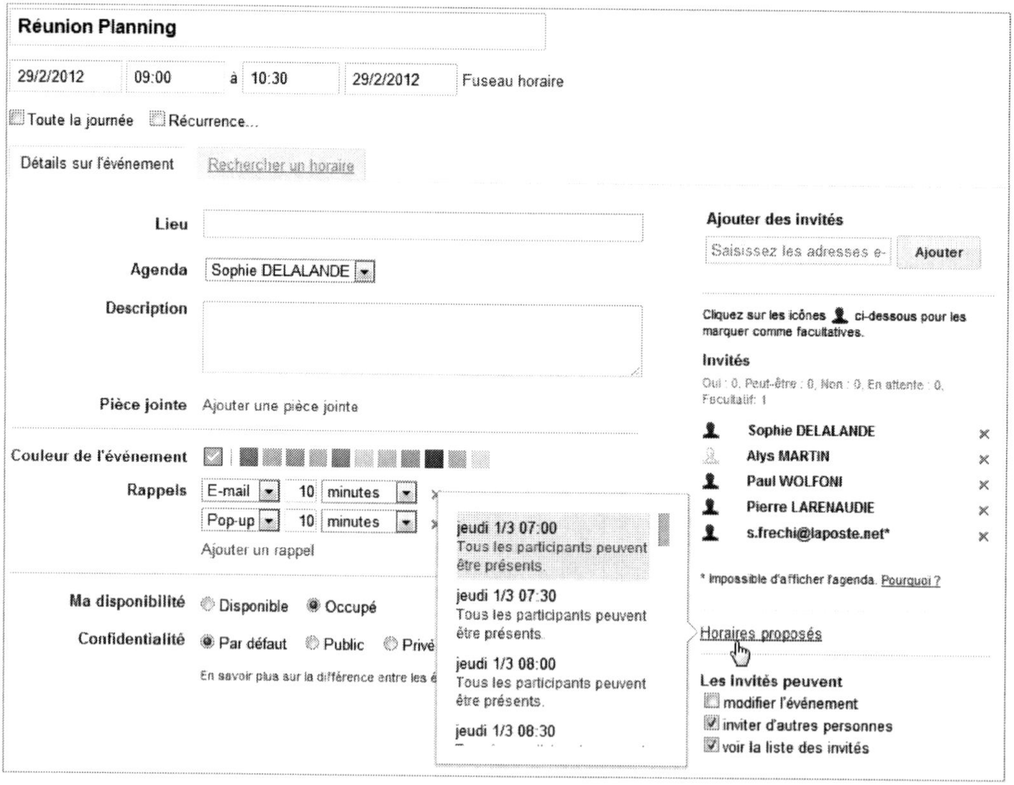

Pour afficher les disponibilités des participants et choisir un autre horaire, reportez-vous au titre Choisir un autre horaire pour une réunion.

- Choisissez ensuite si vous autorisez les invités à **modifier l'événement**, à **inviter d'autres personnes** à rejoindre cette réunion et/ou à **voir la liste des invités** en cochant les options correspondantes dans l'encadré **Les invités peuvent.**

Si vous leur accordez le droit de modifier un événement, ils pourront ainsi modifier toutes les caractéristiques de la réunion, y compris sa date, par exemple, inviter d'autres personnes et visualiser la liste des participants. Les invités non autorisés à modifier l'événement pourront malgré tout l'éditer, seulement les modifications seront enregistrées uniquement dans leur propre agenda.

- Cliquez sur le bouton **ENREGISTRER.**

Si vous avez invité des personnes externes à votre domaine, le message suivant s'affiche :

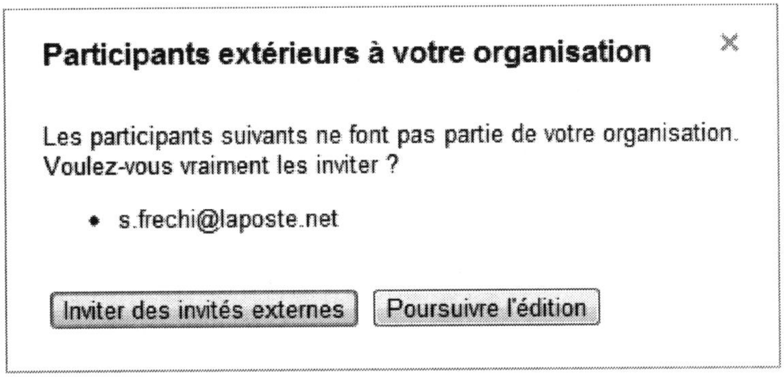

- Si vous souhaitez supprimer le ou les participants externes, cliquez sur le bouton **Poursuivre l'édition** pour revenir à la fiche de création de la réunion. Réalisez alors les modifications souhaitées puis cliquez sur le bouton **ENREGISTRER.**

Pour confirmer l'envoi, cliquez sur le bouton **Inviter des invités externes.**

© Editions ENI - Toute reproduction interdite

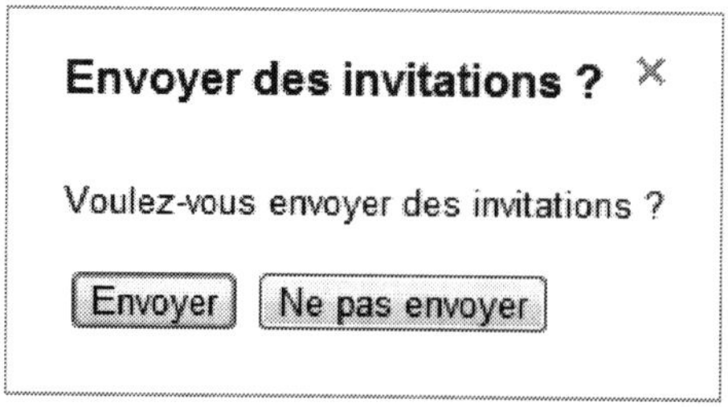

Si vous souhaitez envoyer par e-mail les invitations aux participants, cliquez sur le bouton **Envoyer**.

Pour modifier cet événement ou consulter les réponses données par les participants, il vous suffit de cliquer sur son objet dans votre agenda. Lorsque vous enregistrerez les modifications, Google vous proposera d'envoyer la mise à jour aux invités. Dans ce cas, l'objet du message qu'ils recevront sera **Invitation mise à jour** suivi de l'objet de la réunion.

Choisir un autre horaire pour une réunion

*Si la liste du lien **Horaires disponibles** d'un événement ne propose pas la plage horaire initiale de la réunion, vous pouvez la modifier directement dans la fiche de l'événement ou la définir selon la disponibilité des participants (uniquement ceux partageant leur agenda), les agendas de ces derniers seront visibles côte à côte pour faciliter votre choix.*

Dans la fiche de création ou de modification d'un événement, cliquez sur l'onglet **Rechercher un horaire**.

*La vue affiche, pour chaque participant ayant accepté de partager leur agenda avec vous, les rendez-vous à la date prévue pour la réunion. La période horaire de la réunion est matérialisée par un cadre bleu en pointillés. Les rendez-vous respectifs sont symbolisés par la couleur associée à leur nom (dans l'encadré **Invités**, à droite de la page), uniquement si aucune couleur n'a été appliquée à l'événement car, dans le cas contraire, c'est la couleur de l'événement qui est visible.*

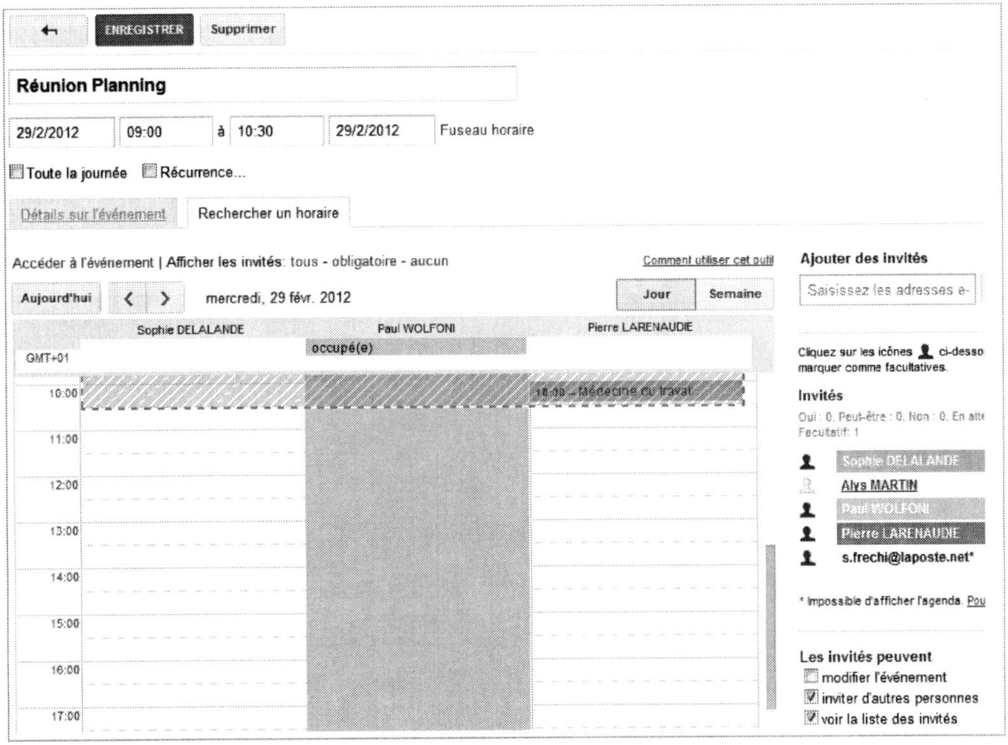

Lorsque vous pointez un des rendez-vous, l'info-bulle vous informe du nombre de conflits, le cas échéant, du nom de l'invité et du détail du rendez-vous si vous êtes autorisé à le visualiser.

Les invités dont la présence est facultative n'apparaissent pas.

- Pour afficher également les horaires de disponibilité de tous les participants facultatifs, cliquez sur le lien **Tous** situé à la suite du libellé **Afficher les invités** ; pour afficher certains participants facultatifs, cliquez dans ce cas sur le nom de l'invité dans l'encadré **Invités**, en cliquant à nouveau sur son nom, vous le masquez.
- Par défaut, c'est une vue journalière qui est proposée, si vous devez choisir un horaire à une autre date, faites défiler les jours en cliquant sur les outils **Période précédente** 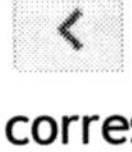 ou **Période suivante**  ; pour afficher la vue **Semaine**, cliquez sur le bouton correspondant.

© Editions ENI - Toute reproduction interdite

*Le bouton **Jour** permet de revenir à la vue quotidienne. Le bouton **Aujourd'hui** permet d'afficher la date du jour.*

- Pour définir une autre plage horaire, faites glisser le cadre bleu à l'emplacement souhaité.

Si vous déplacez le cadre sur des rendez-vous planifiés, l'info-bulle suivante s'affiche :

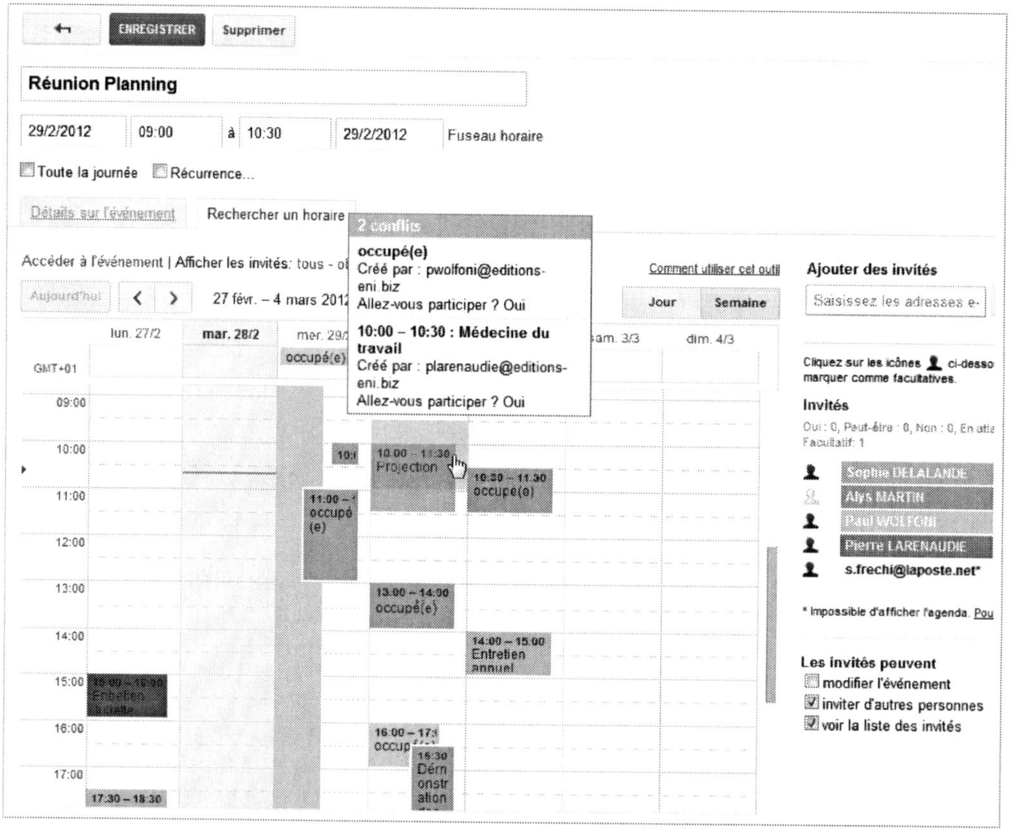

Lorsque vous relâchez le bouton de la souris, le contenu des zones de date et heure de rendez-vous (sous la zone de l'objet de l'événement) est automatiquement mis à jour.

- Pour revenir à la fiche des détails de l'événement, cliquez sur l'onglet **Détails sur l'événement.**

- Cliquez sur le bouton **ENREGISTRER** puis sur le bouton **Envoyer** si vous souhaitez envoyer la mise à jour aux participants.

En tant qu'organisateur d'une réunion, les réponses faites aux invitations vous seront envoyées par e-mail. Les différentes réponses des participants sont également visibles dans l'encadré **Invités** de l'événement, symbolisées par des icônes différentes selon leur choix : ✔ si l'invité a accepté l'invitation, **?** s'il a répondu **Peut-être**, ⊘ s'il a décliné l'invitation, ou aucune icône si l'invité n'a pas encore répondu à l'invitation.

Répondre à une invitation

*Lorsque vous avez été convié à une réunion par exemple, un message, portant l'objet de la réunion précédé de l'intitulé **Invitation**, arrive dans votre boîte de réception. La proposition de réunion sera également présente dans l'agenda des invités si ces derniers partagent leur agenda ; c'est le cas par défaut pour tous les utilisateurs d'un même domaine. Vous pouvez choisir de répondre à cette invitation via le message reçu ou via l'événement figurant dans votre agenda.*

- Depuis votre **Boîte de réception**, cliquez sur l'objet de l'invitation à laquelle vous souhaitez répondre pour ouvrir le message.

*Les informations relatives à l'événement apparaissent dans l'en-tête du message ; dans l'encadré de droite, un extrait de votre planning, pour la période concernée par l'événement, est visible. Le lien **afficher mon agenda** permet de l'ouvrir dans une nouvelle fenêtre. Le lien **Télécharger** visible dans l'encadré des pièces jointes (en bas de la fenêtre) permet de copier, sur votre disque dur, le fichier contenant la liste des participants au format **ics**.*

© Editions ENI - Toute reproduction interdite

Les adresses ou noms des participants sont visibles dans l'encadré suivant si l'organisateur a choisi de vous les montrer, sinon l'intitulé ***(La liste des invités a été masquée à la demande de l'organisateur.)*** *apparaît. Vous pouvez cliquer sur le lien d'une adresse ou d'un nom si vous souhaitez envoyer un message à l'un de ces participants, hormis les personnes dont la présence est facultative (ici, Alys MARTIN) ou qui ne partage pas leur agenda avec vous (ici, Paul WOLFONI).*

- Pour répondre à une invitation sans la commenter, cliquez sur les liens situés dans le cadre de l'en-tête : **Oui** pour l'accepter, **Peut-être** pour la rendre optionnelle ou **Non** pour la refuser.

Si vous souhaitez afficher le détail de l'événement et commenter votre réponse, cliquez sur les liens (bleus) du dernier cadre : **Oui** ; **Peut-être** ou **Non** selon votre choix.

*Les liens **plus d'infos et plus d'options** ouvre la fiche de l'événement et vous permet de répondre et de renseigner un commentaire.*

*Selon le lien sur lequel vous avez cliqué, votre réponse s'affiche dans la partie supérieure de la fenêtre. Ici, **Oui, je participerai**.*

*Dans l'encadré **Invités**, vous pouvez prendre connaissance du récapitulatif des réponses envoyées, l'icône qui précède le nom des invités symbolise la réponse qui a été donnée. Sur cet exemple, 2 participants (dont l'organisateur) ont accepté l'invitation (✔), 1 participant a répondu **Peut-être** (?), 1 participant l'a déclinée (⊘) et 1 participant n'a pas encore répondu à l'invitation (aucune icône).*

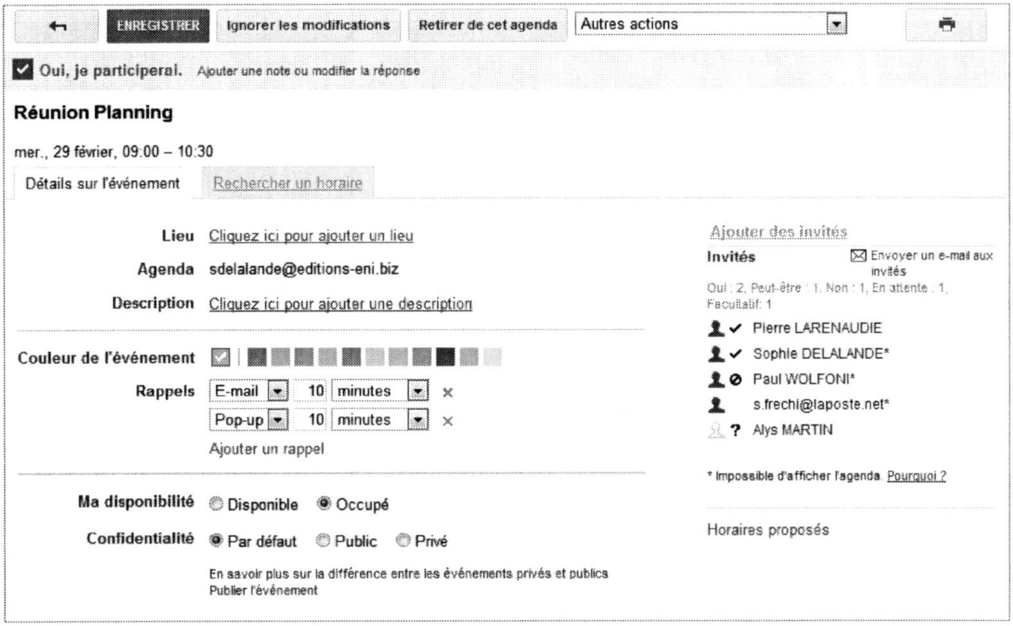

- Pour **Envoyer un e-mail aux invités** ou pour **Envoyer un e-mail à l'organisateur**, si celui-ci n'a pas souhaité afficher la liste des participants, cliquez sur le lien correspondant.

*Les différents choix de réponses ainsi que l'adresse de messagerie de l'organisateur et, éventuellement, celles des autres participants apparaissent dans la zone **À**.*

© Editions ENI - Toute reproduction interdite

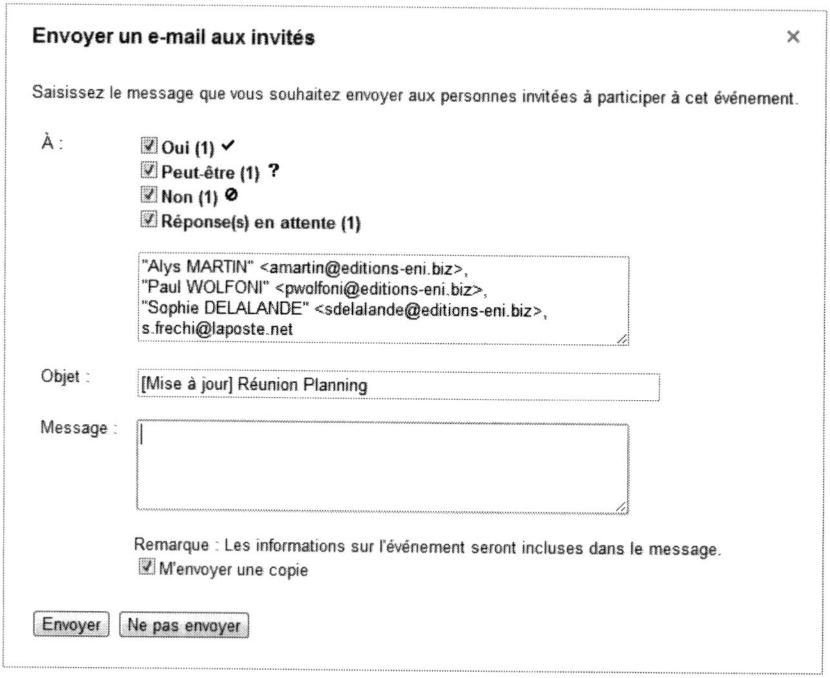

Pour envoyer le message à une partie des invités selon leur réponse, décochez les options correspondant aux types de réponses pour lesquelles le message ne doit pas être envoyé ; pour ne pas l'envoyer à certains participants quelle que soit leur réponse, supprimez leur adresse de messagerie.

*Bien que l'**Objet** puisse être modifié, nous vous déconseillons de le faire afin que ce message soit bien identifié comme faisant suite à une invitation de réunion et non à un message quelconque, de plus, si vos correspondants utilisent la vue Conversations, le message viendra s'intégrer aux messages précédents associés à cette réunion.*

Dans la zone **Message**, saisissez le texte de votre e-mail.

Laissez cochée l'option **M'envoyer une copie** pour recevoir cet e-mail dans votre boîte de réception.

Cliquez sur le bouton **Envoyer**.

Vous revenez alors dans la fiche de l'événement.

Pour commenter votre réponse et/ou pour la modifier, cliquez sur le lien **Ajouter une note ou modifier la réponse** (dans la partie supérieure de la fenêtre).

Le volet suivant s'affiche.

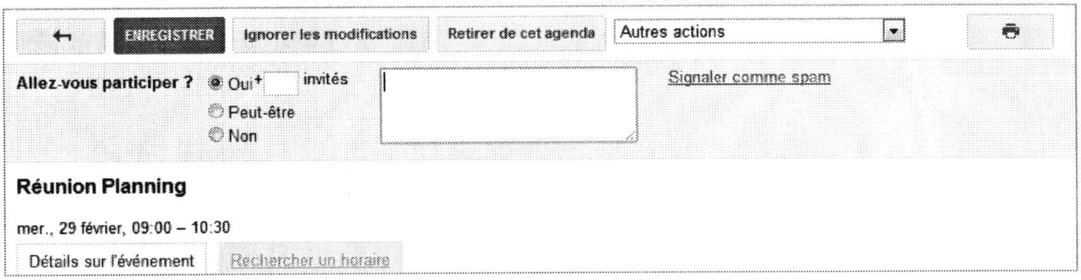

Modifiez, si besoin, votre réponse en activant l'option correspondante ; si vous avez accepté l'invitation et souhaitez venir avec d'autres personnes, précisez leur nombre dans la zone de saisie **invités**.

Saisissez éventuellement votre commentaire dans la grande zone de saisie.

Vous pouvez modifier la taille de cette zone en faisant glisser son coin inférieur droit .

Les commentaires saisis seront visibles par les participants de la réunion dans la fiche de l'événement, ils apparaîtront sous votre nom dans la liste des invités.

- Pour **ENREGISTRER** les modifications effectuées, cliquez sur le bouton correspondant ; pour ne pas les enregistrer, cliquez sur le bouton **Ignorer les modifications** ; si vous avez décliné l'invitation, cliquez sur le bouton **Retirer de cet agenda** pour le supprimer.

Pour rapidement savoir quelles sont les invitations auxquelles vous n'avez pas répondues, affichez la vue **Mon planning** aux périodes horaires souhaitées : le symbole s'affiche en regard des invitations en attente d'une réponse de votre part.

Affecter un événement à un tiers

Si vous êtes l'organisateur d'une réunion par exemple et vous souhaitez déléguer cette responsabilité à une autre personne ou, s'il s'agit d'un rendez-vous pour lequel vous ne pouvez pas vous rendre disponible, il vous est possible, par cette fonctionnalité, de transférer l'événement à une tierce personne à condition que cette dernière ait accepté de partager son agenda avec vous.

- Ouvrez la fiche de l'événement qui doit être transféré à un tiers.

© Editions ENI - Toute reproduction interdite

- Ouvrez la liste **Autres actions** et sélectionnez l'option **Changer de propriétaire.**

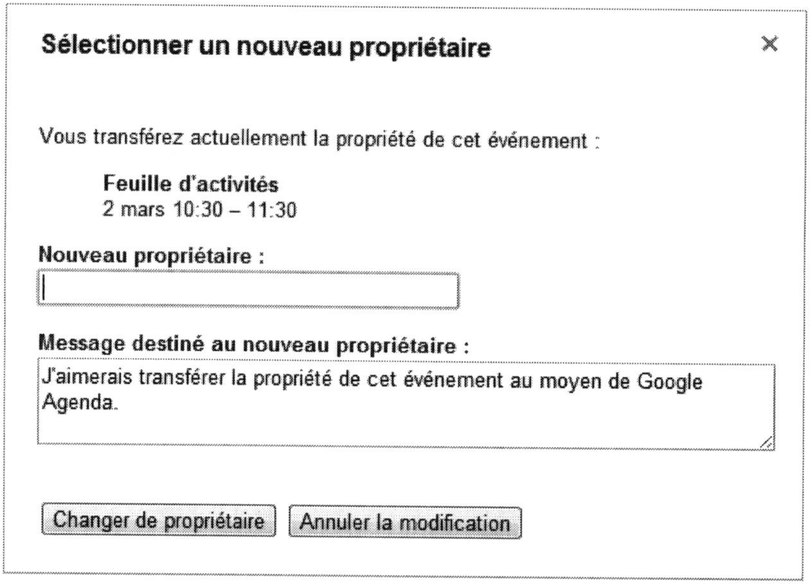

- Saisissez l'adresse de messagerie complète du **Nouveau propriétaire** dans la zone correspondante ou, si celui-ci est présent dans la liste contextuelle qui s'affiche, cliquez sur son nom.

  Il n'est pas possible de renseigner plusieurs adresses de messagerie dans cette zone, un message d'avertissement s'affichera lorsque vous validerez cette boîte de dialogue.

- Modifiez, si besoin, le texte du **Message destiné au nouveau propriétaire.**
- Cliquez sur le bouton **Changer de propriétaire.**

  *Le nouveau propriétaire recevra un message dans sa boîte de réception dont l'objet reprendra celui de l'événement précédé de l'intitulé **Transférer l'événement**. Il devra alors cliquer sur le lien proposé dans le message pour accepter le transfert puis cliquer sur le bouton **ENREGISTRER** de la fiche de l'événement qui apparaîtra, suite à quoi, l'événement sera ajouté à son agenda et retiré du vôtre. Dans la fiche de l'événement, votre nom sera visible à la suite de l'intitulé **Créé par**.*

Si des invités ont été ajoutés à l'événement transféré, ils ne seront pas prévenus du transfert. Nous vous conseillons de vous en acquitter, à défaut de quoi, un message les informera que cet événement n'est plus accessible.

Paramétrer les notifications

Par défaut, lors de la création d'un événement, un rappel est automatiquement programmé pour vous rappeler votre rendez-vous 10 minutes avant l'heure de celui-ci en vous envoyant un e-mail et en affichant une fenêtre à l'écran (uniquement si votre agenda est ouvert). Bien que vous puissiez modifier individuellement ces rappels dans la fiche de l'événement, il peut être utile d'adapter leurs paramétrages afin qu'ils correspondent à ce que vous utilisez le plus souvent. Leur configuration permettra également de supprimer tous ces rappels ou de choisir d'être prévenu par SMS sur votre téléphone portable.

- Dans le volet de navigation, ouvrez la liste de l'agenda pour lequel vous souhaitez modifier les paramètres de notifications et sélectionnez l'option **Notifications**.

La fenêtre des paramètres de votre agenda s'affiche et l'onglet ***Notifications*** *est activé.*

Le lien ***Configurez votre mobile pour recevoir des notifications*** *vous permet de paramétrer l'accès à votre téléphone portable pour l'envoi des notifications (cf. Être prévenu par SMS).*

- Dans la section **Rappels**, modifiez, si besoin, le mode ou le délai des rappels prédéfinis.

© Editions ENI - Toute reproduction interdite

- Pour supprimer un rappel, cliquez sur le lien **supprimer** correspondant ; si vous souhaitez qu'aucun rappel ne soit programmé par défaut lorsqu'un événement est créé, cliquez sur les liens **supprimer** des deux modes de rappel prédéfinis.

  Si vous avez supprimé tous les rappels, lors de la création d'un événement, il vous suffira de cliquer sur le lien ***Ajouter un rappel*** *lorsque vous souhaiterez être prévenu d'un événement particulier.*

- Pour **Ajouter un rappel**, cliquez sur le lien correspondant puis, choisissez, dans la première liste, son mode de rappel : **E-mail**, **Pop-up** ou **SMS** (uniquement si vous avez configuré votre téléphone portable). Dans la zone suivante, modifiez le délai et, dans la dernière liste, précisez s'il s'agit de **minutes**, d'**heures**, de **jours** ou de **semaines**.

  Vous pouvez ajouter jusqu'à 5 notifications.

  Sur cet exemple, pour tout nouvel événement créé dans cet agenda, 3 rappels d'envoi de message une semaine avant le rendez-vous puis la veille et enfin 30 minutes avant seront proposés ainsi que l'affichage d'une fenêtre 10 minutes avant le rendez-vous.

- Dans la section **Choisissez la manière dont vous voulez être informé**, pour chaque type de modification sur un événement, cochez la case **E-mail** et/ou **SMS** (uniquement si vous avez configuré votre téléphone portable) correspondante.

  Notez l'option ***Planning quotidien*** *qui vous permet de recevoir tous les matins votre planning du jour par e-mail.*

- Cliquez sur le bouton **Enregistrer**.

Le lien **Notifications** est également présent à droite de chacun des agendas personnels dans la fenêtre des **Paramètres de l'agenda** (menu **Mes agendas** - option **Paramètres** - onglet **Agendas**).

Être prévenu par SMS

Cette procédure vous permet de configurer Google Agenda en association avec votre téléphone portable si vous souhaitez recevoir par SMS vos rappels de rendez-vous et/ ou les actions faites sur des événements. Les opérateurs Bouygues Telecom, Orange et SFR prennent en charge ce service.

- Dans le volet de navigation, ouvrez la liste **Mes agendas** et cliquez sur l'option **Paramètres.**
- Cliquez ensuite sur l'onglet **Configuration de mobile.**

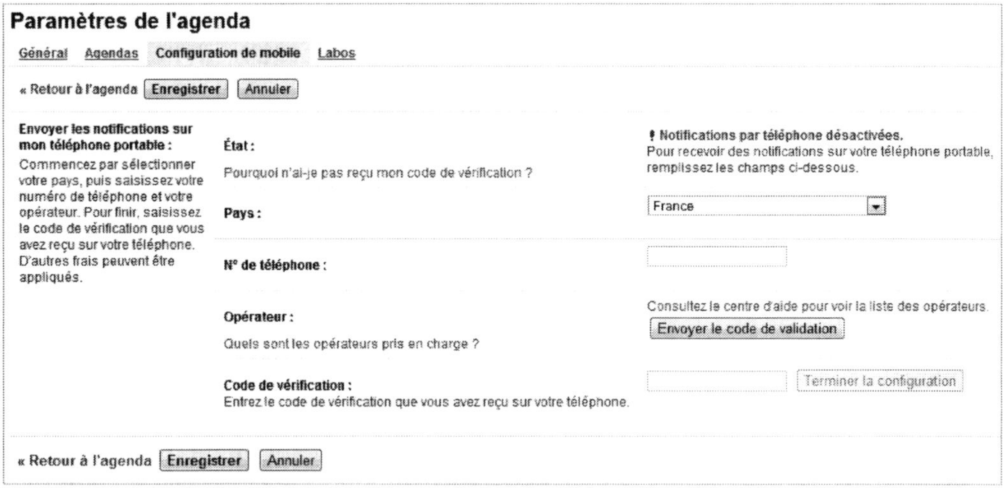

*Si la fenêtre des paramètres est ouverte sur l'onglet **Notifications**, vous pouvez cliquer sur le lien **Configurez votre mobile pour recevoir des notifications** pour afficher cette page.*

*Avant de procéder à la configuration de votre téléphone, nous vous recommandons de cliquer sur le lien **Consultez le centre d'aide pour voir la liste des opérateurs** puis sur le lien **liste des opérateurs de téléphonie mobile totalement pris en charge** pour vérifier la présence de votre opérateur dans la liste (les opérateurs sont classés par pays dans cette liste).*

- Dans la liste **Pays**, choisissez votre pays de résidence si celui proposé n'est pas correct.
- Dans la zone de saisie **N° de téléphone**, saisissez votre numéro de téléphone portable sans espace ni point.

© Editions ENI - Toute reproduction interdite

- Cliquez sur **OK** du message vous informant qu'un code de vérification a été envoyé sur votre téléphone portable.
- Ouvrez le SMS que Google vous a envoyé pour prendre connaissance du code de vérification.
- Saisissez ensuite ce **Code de vérification** dans la zone correspondante et cliquez sur le bouton **Terminer la configuration.**
- Cliquez ensuite sur le lien **Retour à l'agenda.**

Google vous envoie un nouvel SMS vous informant que votre téléphone a bien été vérifié.

Google ne facture pas les SMS de notifications qu'il vous envoie mais, il se peut que votre opérateur de téléphonie mobile vous les facture selon les termes du contrat auquel vous avez souscrit.

Créer un agenda supplémentaire

Dans Google Agenda, vous pouvez disposer de plusieurs agendas différents, par exemple, un agenda professionnel, un agenda personnel, un agenda de projet ou de service, etc. Ces agendas peuvent être privés, publics (visibles par tout internaute à qui vous avez communiqué le lien) ou partagés avec des utilisateurs disposant d'un compte Google Agenda (dans le cas contraire, Google vous proposera de leur envoyer une invitation à s'inscrire).

- Dans le volet de navigation, ouvrez la liste **Mes agendas** et cliquez sur l'option **Créer un agenda.**

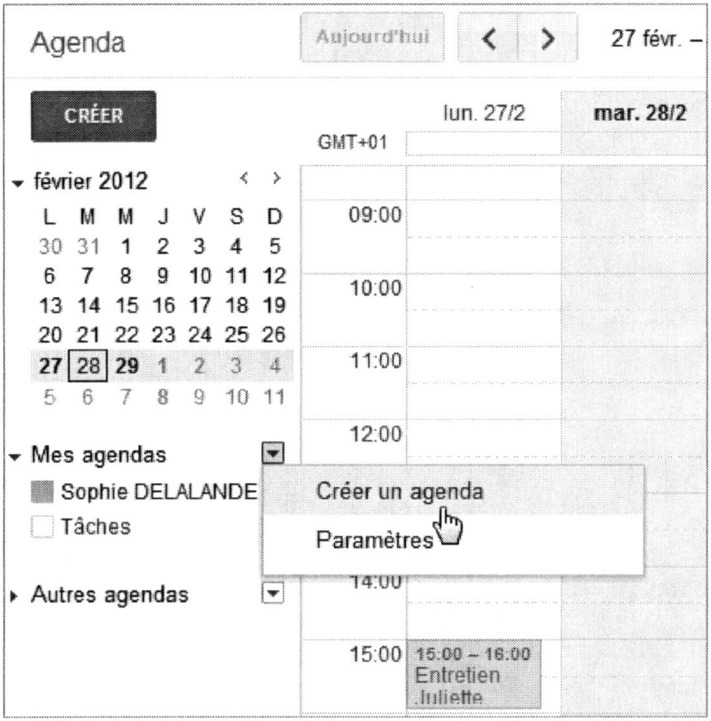

*La fenêtre **Créer un agenda** s'affiche.*

- Renseignez le **Nom de l'agenda**, sa **Description** et, si vous prévoyez de le rendre public, indiquez également son **Lieu** géographique (ville ou pays).

© Editions ENI - Toute reproduction interdite

- Éventuellement, sélectionnez le **Pays** du **Fuseau horaire de l'agenda** et le fuseau horaire dans les listes correspondantes.

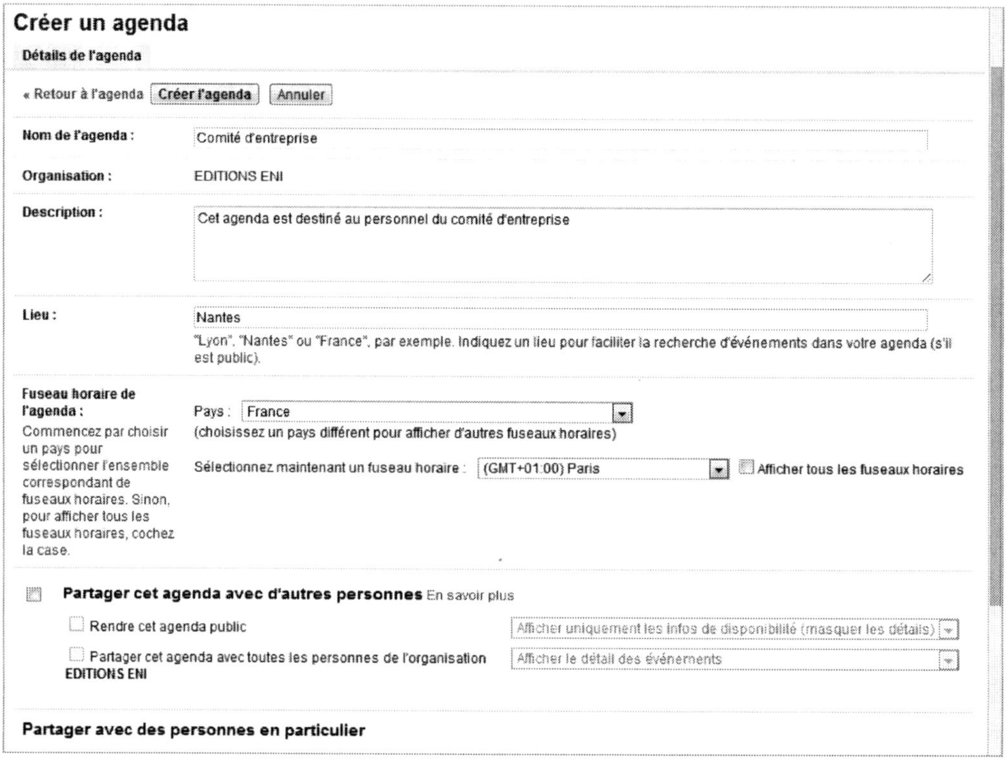

- Si vous souhaitez **Partager cet agenda avec d'autres personnes**, cochez l'option correspondante. Selon le groupe de personnes avec lequel il doit être partagé, cochez l'une ou l'autre des options suivantes :

  Rendre cet agenda public : cet agenda sera accessible par tous les internautes. Par défaut, les détails des événements ne seront pas publiés, les événements planifiés seront remplacés par l'intitulé **Occupé(e)**.

  Partager cet agenda avec toutes les personnes de l'organisation : cet agenda sera partagé uniquement avec les utilisateurs enregistrés dans votre domaine.

  Dans la liste qui suit cette dernière option, choisissez si le détail des événements doit être visible ou seulement vos indisponibilités.

- Si l'agenda n'est pas public et que vous souhaitez le **Partager avec des personnes en particulier** : dans la zone **Personne**, saisissez l'adresse de messagerie complète de votre correspondant ou, si celui-ci apparaît dans la liste contextuelle, cliquez sur son nom. Choisissez ensuite, dans la liste **Paramètres d'autorisation**, l'option correspondant aux informations que vous souhaitez rendre visibles. Validez en cliquant sur le bouton **Ajouter la personne**.

  Ajoutez ainsi toutes les personnes à qui vous souhaitez accorder l'accès à cet agenda.

  Dans la liste des utilisateurs qui ont été ajoutés, visible sous l'adresse de messagerie du propriétaire de l'agenda, vous pouvez, pour chacun, modifier les éléments qui seront publiés ou supprimer un utilisateur en cliquant sur l'icône correspondante.

  Sur cet exemple, le nouvel agenda sera partagé avec tous les utilisateurs du domaine EDITIONS ENI, pour lesquels le détail de chaque événement sera visible, et avec deux autres personnes, externes au domaine, qui n'auront pas accès aux détails des événements mais qui pourront prendre connaissance des plages horaires où vous serez indisponible.

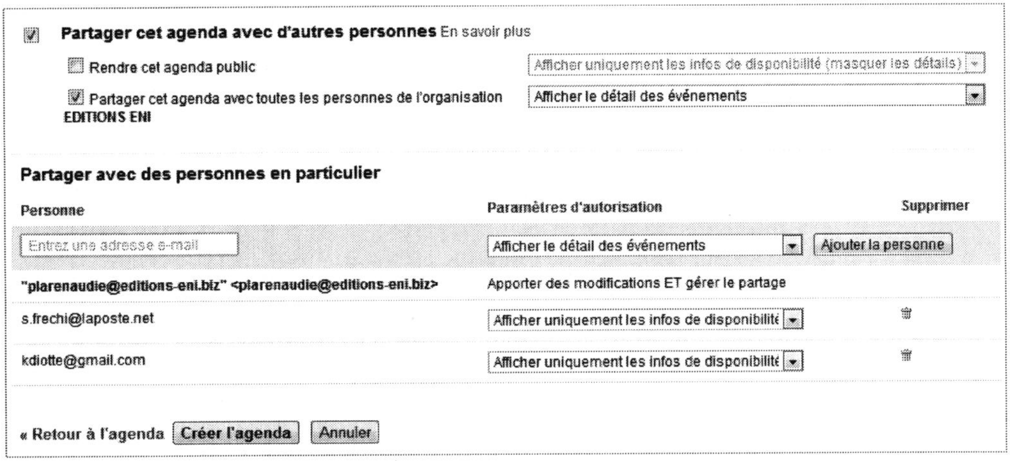

- Cliquez sur le bouton **Créer l'agenda**.

  Si un des utilisateurs renseignés ne possède pas de compte Google Agenda, un message s'affiche et vous propose d'envoyer à cet utilisateur une invitation par e-mail à s'inscrire à Google Agenda afin qu'il puisse visualiser l'agenda créé.

© Editions ENI - Toute reproduction interdite

Les personnes auxquelles vous avez seulement accordé le droit d'afficher les informations de disponibilité visualiseront votre agenda, comme dans l'exemple suivant :

- Pour modifier les informations de l'agenda, ouvrez la liste associée à son nom dans le volet de navigation et cliquez sur l'option **Paramètres de l'agenda**. Réalisez les modifications souhaitées puis cliquez sur le bouton **Enregistrer**.

L'activation des autorisations de partage s'effectue généralement quelques minutes après la création de l'agenda partagé mais parfois ce délai peut aller jusqu'à 24 heures maximum après la validation.

Afficher/masquer un agenda

- Dans le volet de navigation, affichez la liste de vos agendas en cliquant sur le symbole ▸ situé en regard de **Mes agendas**.
- Pour afficher ou masquer un agenda, cliquez sur son nom.

Pour masquer un agenda, vous pouvez également, dans la liste de l'agenda, choisir l'option ***Masquer cet agenda dans la liste****.*

Lorsque plusieurs agendas sont affichés, leurs événements respectifs apparaissent sur le calendrier. Leur couleur permet d'identifier rapidement l'agenda auquel ils appartiennent, à condition qu'aucune autre couleur ne leur soit appliquée.

Sur cet exemple, les événements des agendas de ***Sophie DELALANDE*** *et de la* ***Salle de conférence*** *sont visibles dans le calendrier.*

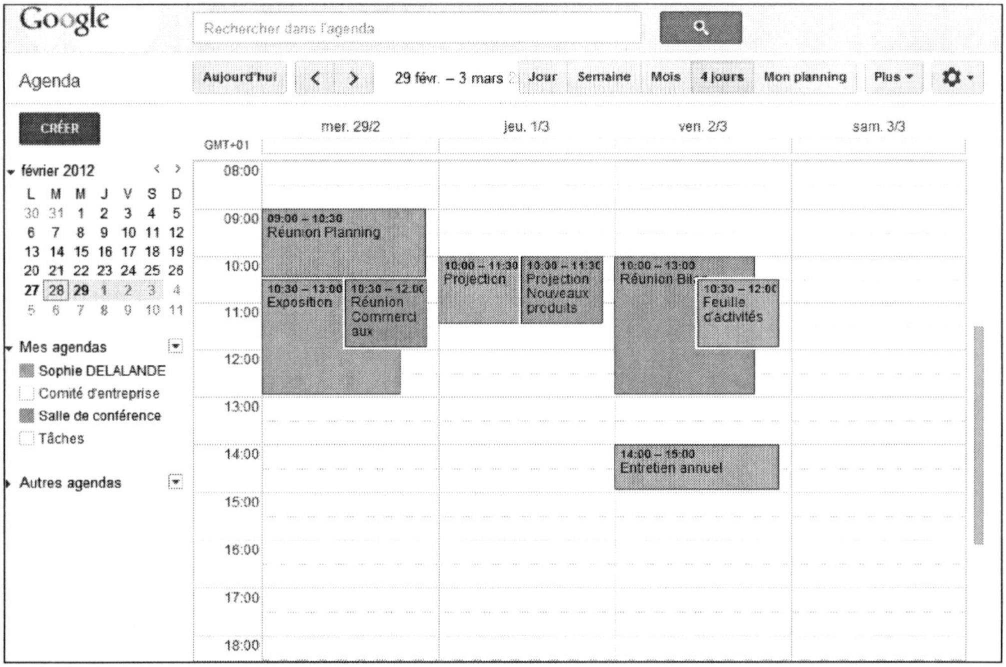

- Pour afficher un seul agenda, désélectionnez les autres agendas ou choisissez l'option **Afficher uniquement cet agenda** dans la liste de l'agenda à afficher.
- Pour modifier la couleur d'un agenda, ouvrez sa liste et cliquez sur une des pastilles de couleurs.

Pour créer un événement dans un agenda lorsque plusieurs agendas sont affichés, dans la fiche de création d'un nouvel événement, choisissez le nom de l'agenda à utiliser dans la liste **Agenda**.

© Editions ENI - Toute reproduction interdite

Imprimer un agenda

Cette fonctionnalité vous propose d'imprimer les événements d'un agenda ou de plusieurs agendas, dans ce dernier cas, les événements seront visibles sur le même calendrier.

- Dans le volet de navigation, cliquez, si besoin, sur le nom du ou des agendas à imprimer.

Pour rappel, les agendas sélectionnés sont précédés d'une pastille de couleur contrairement à ceux qui ne le sont pas.

- Cliquez sur le bouton **Plus** et sélectionnez l'option **Imprimer.**

La fenêtre ***Aperçu avant impression de l'agenda*** *s'ouvre. Si vous avez sélectionné plusieurs agendas, vous pouvez constater que les noms ou les adresses de messagerie des propriétaires des agendas seront imprimés dans l'en-tête.*

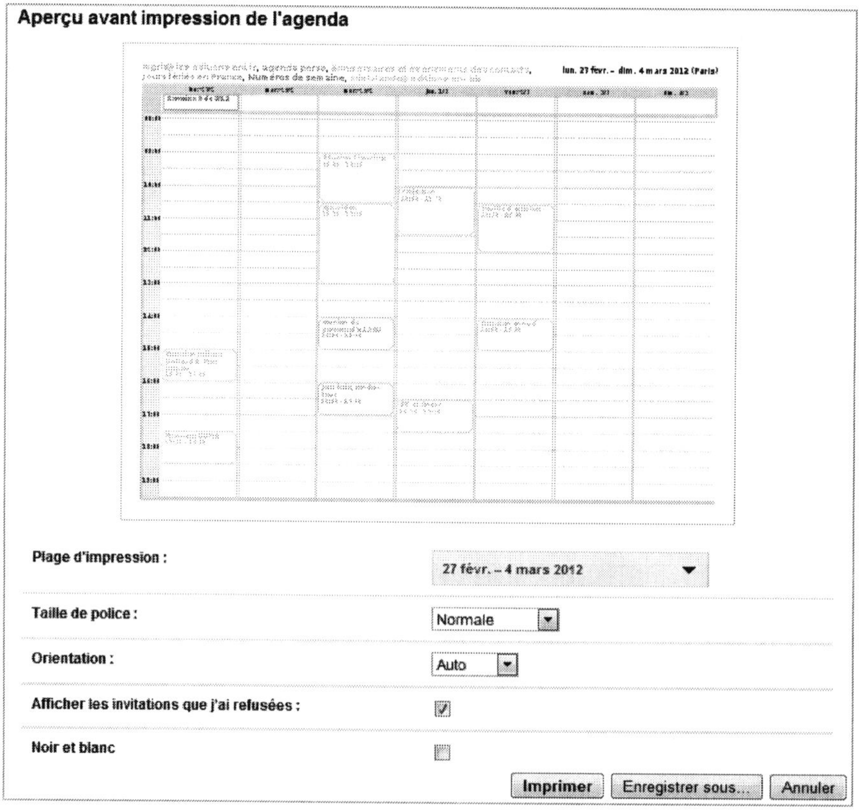

Par défaut, Google propose d'imprimer les événements de la semaine en cours.

- Dans la liste **Plage d'impression**, précisez la partie de l'agenda que vous souhaitez imprimer en saisissant la date de début et de fin dans les zones de saisie ou en cliquant sur le lien **2 semaines** ou **4 semaines** selon votre choix.
- Dans la liste **Taille de police**, sélectionnez éventuellement une autre taille de caractère et, dans la liste **Orientation**, choisissez l'option **Portrait** ou **Paysage**.
- Décochez l'option **Afficher les invitations que j'ai refusées** pour ne pas les faire apparaître dans l'agenda.
- Pour ne pas imprimer les événements en couleur, cochez l'option **Noir et blanc**.

Attention, si vous imprimez les événements de plusieurs agendas, la couleur est la seule indication visuelle pour les différencier.

- Cliquez sur le bouton **Imprimer** pour lancer l'impression.

Utiliser les agendas publics

Les agendas publics sont des agendas d'événements particuliers tels que les jours fériés ou les événements sportifs d'un pays par exemple. La liste **Autres agendas** du volet de navigation vous propose, par défaut, 3 agendas publics pré-remplis :

- **Anniversaires et événements des contacts** : affiche les dates d'anniversaire (ou autre) des contacts de votre carnet d'adresses pour lesquels vous avez renseigné ces informations.
- **Jours fériés en France** : répertorie tous les jours fériés français. Il vous est possible d'ajouter des agendas de jours fériés d'un autre pays ou confession religieuse.
- **Numéros de semaine** : affiche les numéros de semaine.

Il n'est pas possible d'ajouter ou de modifier les événements de ces différents agendas, hormis celui des anniversaires et événements des contacts qui se met automatiquement à jour selon les modifications effectuées dans la fiche de vos contacts. Lors de la création d'un événement, ces agendas ne sont pas proposés dans la liste **Agendas**.

Le contenu de ces agendas est visible dans l'agenda actif si vous avez choisi de l'activer.

- Pour afficher ou masquer les événements d'un de ces agendas, cliquez sur son nom dans le volet de navigation.

© Editions ENI - Toute reproduction interdite

Modifier/renommer un agenda public

- Pour modifier la couleur des événements d'un de ces agendas, ouvrez sa liste et cliquez sur une des pastilles de couleur proposées.
- Pour renommer un agenda, ouvrez sa liste et choisissez l'option **Paramètres de l'agenda**. Réalisez vos modifications dans la zone **Nom de l'agenda** et cliquez sur le bouton **Enregistrer**.

Ajouter/supprimer un agenda public

- Ouvrez la liste **Autres agendas** et sélectionnez l'option **Parcourir les agendas intéressants**.

  *Les agendas proposés sont répartis dans trois catégories : **Vacances**, **Sports** et **Plus**. Le lien **Aperçu** permet d'afficher l'agenda correspondant dans une nouvelle fenêtre.*

- Cliquez sur l'onglet correspondant à la catégorie dans laquelle se trouve l'agenda à ajouter ou à supprimer.
- Pour ajouter un agenda public, cliquez sur le lien **S'inscrire** correspondant.

- Pour supprimer un agenda public de votre liste d'agendas, cliquez sur le lien **Se désabonner** correspondant.

  *L'agenda **Anniversaires et événements des contacts** est visible dans la catégorie **Plus** et l'agenda **Jours fériés en France** dans la catégorie **Vacances**.*

- Lorsque vos modifications sont terminées, cliquez sur le lien **Retour à l'agenda.**

Supprimer un agenda ou se désabonner

Vous pouvez supprimer uniquement les agendas personnels que vous avez créés et ceux qui sont partagés si vous disposez des droits de modification et/ou de gestion du partage. Quant aux autres agendas (agendas publics et partagés), il vous sera possible de vous désabonner si vous ne souhaitez plus les utiliser.

La suppression d'un agenda partagé supprimera également cet agenda dans la liste des agendas des utilisateurs avec lesquels il est partagé. Si vous souhaitez seulement le supprimer de votre liste, vous choisirez alors de vous désabonner de cet agenda partagé.

- Dans le volet de navigation, ouvrez la liste **Mes agendas** et sélectionnez l'option **Paramètres.**

  *La page **Paramètres de l'agenda** s'affiche et l'onglet **Agendas** est activé. Dans cette page sont répertoriés vos agendas personnels (ceux que vous avez créés et ceux partagés que vous pouvez modifier) visibles dans la liste **Mes agendas** et les agendas auxquels vous vous êtes abonné ou ceux partagés (que vous pouvez seulement consulter) sont visibles dans la liste **Autres agendas**.*

© Editions ENI - Toute reproduction interdite

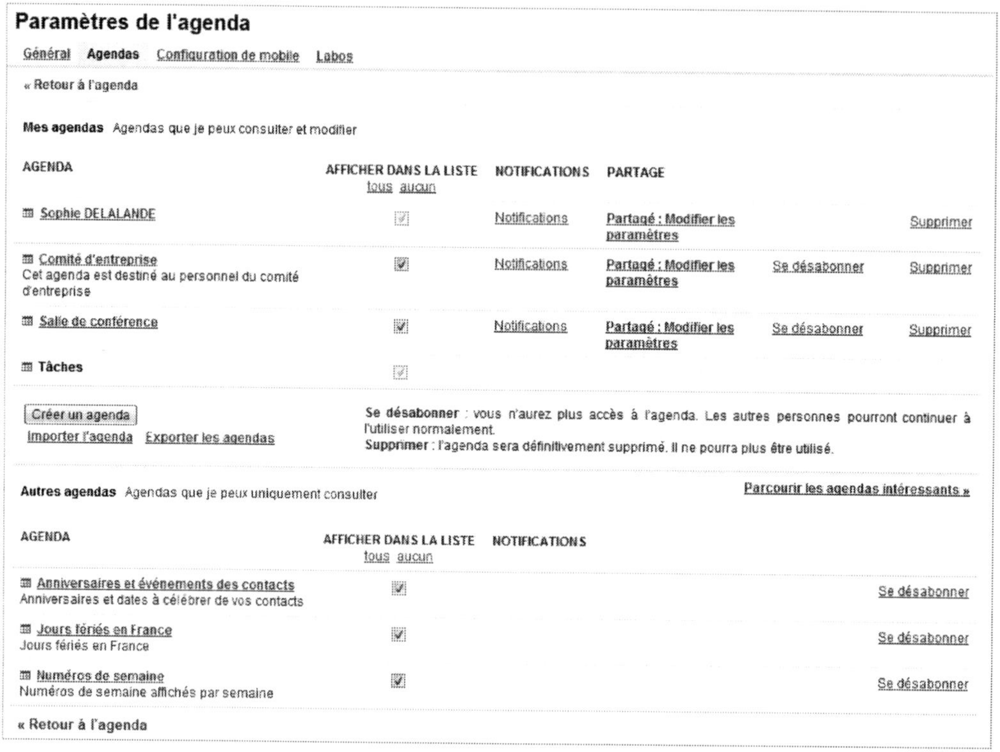

En cliquant sur le nom d'un agenda, vous affichez la page des paramètres de l'agenda. Dans la colonne ***PARTAGE****, le lien* ***Partager cet agenda*** *ou* ***Partagé : Modifier les paramètres*** *vous permet de modifier les options de partage de l'agenda.*

Attention, le lien ***Partagé : Modifier les paramètres*** *ne correspond pas au statut de l'agenda : ce lien est présent que l'agenda soit ou non partagé. Quant à l'agenda principal de l'utilisateur (le premier de la liste), le lien* ***Partager cet agenda*** *est visible lorsque celui-ci n'est pas partagé.*

- Pour masquer un agenda (sans le supprimer), décochez la case correspondante de la liste **AFFICHER DANS LA LISTE.**
- Pour supprimer un agenda personnel, cliquez sur le lien **Supprimer** correspondant.

La fenêtre suivante s'affiche. Les adresses des personnes qui partagent l'agenda sont rappelées dans ce message.

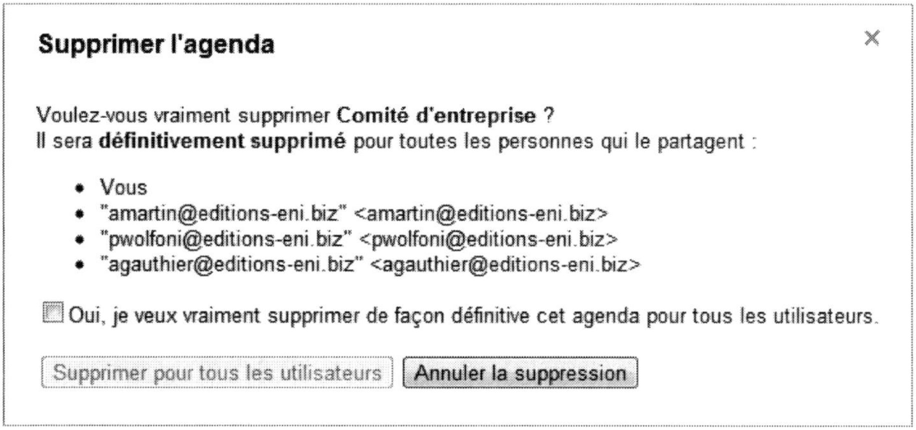

Cochez l'option **Oui, je veux vraiment supprimer de façon définitive cet agenda pour tous les utilisateurs** puis cliquez sur le bouton **Supprimer pour tous les utilisateurs.**

- Pour vous désabonner d'un agenda public ou d'un agenda autre que votre agenda principal, cliquez sur le lien **Se désabonner.** Cliquez ensuite sur le bouton **Se désabonner** du message de confirmation qui s'affiche.
- Lorsque vos modifications sont terminées, cliquez sur le lien **Retour à l'agenda.**

Afficher la météo

L'applicatif Google Weather, intégré à Google Agenda, vous permet d'afficher les prévisions météorologiques du jour et des trois jours suivants.

- Dans le volet de navigation, ouvrez la liste **Mes agendas** et sélectionnez l'option **Paramètres.**
- Cliquez sur l'onglet **Général.**
- Dans la zone de saisie de la section **Localité**, saisissez votre de résidence.
- Dans la section suivante, **Afficher la météo de ma localité**, activez l'option **°C** ou **°F** selon si les températures doivent être exprimées en degrés Celsius ou en degrés Fahrenheit.
- Cliquez sur le bouton **Enregistrer.**

© Editions ENI - Toute reproduction interdite

Les symboles de météo sont visibles pour le jour actuel et les trois jours qui suivent. Lorsque vous pointez un de ces symboles, les températures minimales et maximales sont renseignées dans une info-bulle.

- Pour afficher la météo complète, cliquez sur un symbole.

- Pour masquer les symboles de météo, affichez, si besoin, la liste **Autres agendas** et cliquez sur **Météo** ; pour l'afficher, cliquez à nouveau sur **Météo**.

Pour ne plus utiliser ce service, activez l'option ***Ne pas afficher la météo*** *dans la section* ***Afficher la météo de ma localité*** *de la page des* ***Paramètres*** *(liste* ***Mes agendas*** *- option* ***Paramètres****).*

Enregistrer son agenda au format PDF

Vous pouvez utiliser cette procédure si vous envisagez, par exemple, d'envoyer par e-mail une partie de votre agenda (ou de plusieurs) à un contact qui ne dispose pas de Gmail ou si vous souhaitez conserver une copie d'une période donnée. Le format PDF, reconnu par la majorité des navigateurs Internet, offre l'avantage de pouvoir afficher votre agenda sans que celui-ci puisse être modifié (l'utilisateur pourra néanmoins l'imprimer) et publier uniquement la période que vous aurez choisie.

- Dans le volet de navigation, cliquez, si besoin, sur le nom du ou des agendas à imprimer, puis cliquez sur le bouton **Plus** et sélectionnez l'option **Imprimer**.

La fenêtre ***Aperçu avant impression de l'agenda*** *s'ouvre.*

- Dans la liste **Plage d'impression**, précisez la partie de l'agenda que vous souhaitez publier en saisissant la date de début et de fin dans les zones de saisie ou en cliquant sur le lien **2 semaines** ou **4 semaines** selon votre choix.
- Dans la liste **Taille de police**, sélectionnez éventuellement une autre taille de caractère et, dans la liste **Orientation**, choisissez l'option **Portrait** ou **Paysage.**
- Décochez l'option **Afficher les invitations que j'ai refusées** pour ne pas les faire apparaître dans l'agenda.
- Pour ne pas imprimer les événements en couleur, cochez l'option **Noir et blanc.**
- Cliquez sur le bouton **Enregistrer sous.**

  *Si vous utilisez Google Chrome, le fichier **.pdf** est automatiquement enregistré sur votre ordinateur.*

- Si vous utilisez Internet Explorer : dans la barre d'informations qui s'affiche en bas de la fenêtre, ouvrez la liste du bouton **Enregistrer** et sélectionnez l'option **Enregistrer sous.** Sélectionnez le dossier d'enregistrement du fichier et cliquez sur le bouton **Enregistrer.**

Afficher/gérer les tâches

Dans la partie consacrée à Gmail, nous avons vu comment créer des tâches depuis la messagerie. La liste des tâches est également accessible dans Google Agenda. Vous pouvez donc consulter les tâches créées, les modifier, les supprimer, en ajouter, créer des listes, etc., comme vous le feriez depuis votre espace de messagerie. Les tâches pour lesquelles vous avez défini une date d'échéance apparaissent sur fond de couleur dans votre agenda si vous avez activé leur affichage.

- Pour afficher les tâches, développez, si besoin, la liste **Mes agendas** puis cliquez sur **Tâches.**

  *Le volet **Tâches** apparaît à droite de la fenêtre et les tâches sont visibles dans votre agenda.*

© Editions ENI - Toute reproduction interdite

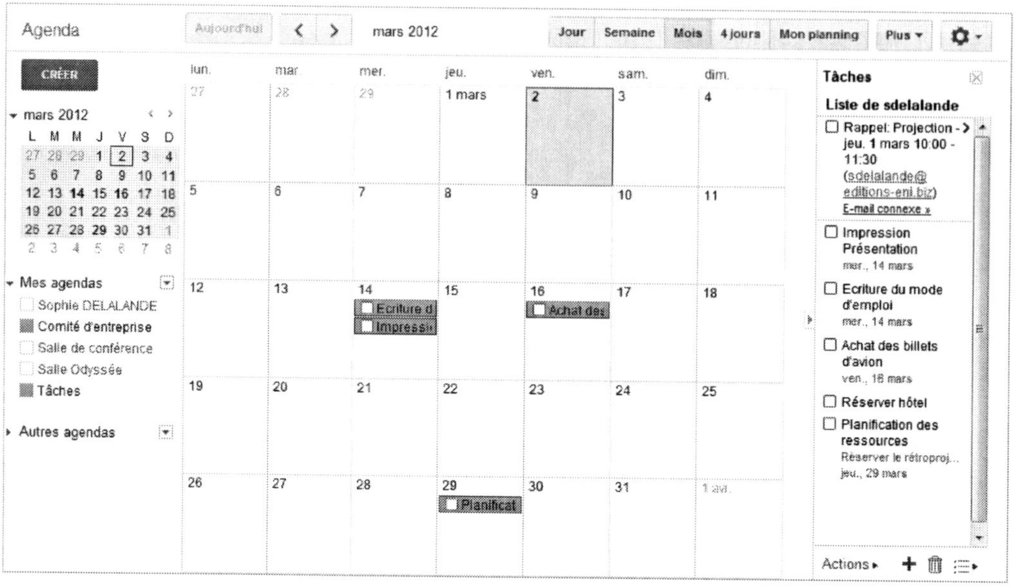

Pour masquer les tâches, cliquez à nouveau sur **Tâches** dans le volet de navigation ou cliquez sur l'outil dans le coin supérieur du volet.

Pour gérer les tâches, utilisez les mêmes procédures que celles vues dans le chapitre Tâches de la partie Messagerie.

Utiliser l'agenda Hors connexion

Si, pour une raison ou une autre, vous devez être déconnecté d'Internet, cette fonctionnalité vous permettra de continuer à utiliser Google Agenda. Lorsque le mode Hors connexion est activé, les données relatives à vos agendas sont stockées sur votre disque dur, il vous est donc possible de consulter vos agendas et de répondre aux invitations ; par contre, vous ne pouvez pas ajouter, modifier ou supprimer des événements. Lorsque vous vous reconnectez, Google synchronise automatiquement les modifications effectuées vers votre agenda en ligne.

Le mode Hors connexion est fonctionnel uniquement si vous utilisez le navigateur Internet Google Chrome.

Mise en place du mode Hors connexion

Avant d'utiliser la première fois le mode Hors connexion, vous devez l'activer en installant l'application Web Google Agenda sur votre poste de travail.

- Cliquez sur l'outil **Options** (à droite du nom de l'utilisateur dans la partie supérieure droite de la fenêtre) et sélectionnez l'option **Mode hors connexion.**
- Dans la fenêtre du message qui s'affiche, cliquez sur le bouton **Installer depuis le Web Store.**
- Dans la page **Chrome Web Store** qui s'affiche, cliquez sur le bouton **+AJOUTER À CHROME.**
- Cliquez sur le bouton **Installer** pour lancer l'installation.

  Une page proposant les différentes applications Google Chrome s'affiche dans un nouvel onglet.
- Cliquez sur l'icône **Google Agenda.**

  *Il se peut qu'une fenêtre pop-up s'affiche ; dans ce cas, vous pouvez cliquer sur le bouton **LANCER L'APPLI.***

© Editions ENI - Toute reproduction interdite

Votre agenda s'affiche. Google effectue la transition de vos données sur votre disque dur, cette transition peut être plus ou moins longue selon le volume de données à enregistrer. Lorsque cette procédure est terminée, l'option **Mode hors connexion** *de l'outil* **Options** *est suivie du symbole ; dans le cas contraire, le symbole de synchronisation apparaît, ce qui signifie que la synchronisation des données est en cours.*

Choisir les agendas à afficher en mode Hors connexion

Par défaut, l'agenda principal de l'utilisateur est le seul à être accessible en mode Hors connexion. Si vous souhaitez accéder à vos autres agendas personnels ou partagés, vous devez activer le mode Hors connexion pour ces derniers. Cette procédure doit être effectuée avec une connexion Internet active.

- Cliquez sur l'outil **Options** et sélectionnez l'option **Paramètres de Google Agenda.**
- Cliquez sur l'onglet **Hors connexion.**

Cochez les cases correspondant aux agendas à activer en mode Hors connexion puis cliquez sur le bouton **Enregistrer**.

Pour accéder à la page des paramètres Hors connexion, vous pouvez également choisir l'option **Mode hors connexion** dans la liste de l'outil  puis cliquer sur le lien **Paramètres du mode hors connexion.**

© Editions ENI - Toute reproduction interdite

Utiliser le mode Hors connexion

Lorsque votre poste de travail est subitement déconnecté d'Internet, Google Agenda passe automatiquement en mode Hors connexion. Le message suivant s'affiche dans la partie supérieure de la fenêtre :

Dès que la connexion se rétablit, Google Agenda synchronise alors les modifications effectuées en mode Hors connexion vers votre agenda en ligne et bascule automatiquement en mode en ligne.

- Si vous n'étiez pas connecté à votre agenda et que vous souhaitez le consulter en mode Hors connexion, saisissez l'adresse www.google.com/calendar dans le navigateur Google Chrome.

  Nous vous rappelons qu'en mode Hors connexion, vous pouvez seulement consulter les événements des agendas pour lesquels vous avez activé ce mode et répondre aux invitations qui vont été envoyées.

Désactiver le mode Hors connexion

Si vous ne souhaitez plus bénéficier du mode Hors connexion, vous pouvez dans ce cas le désactiver. Google supprimera alors les données enregistrées sur votre disque dur. Vous devez être connecté à Internet pour effectuer cette manipulation.

- Cliquez sur l'outil et sélectionnez l'option **Mode hors connexion.**
- Cliquez sur le lien **Désactiver l'agenda en mode hors connexion.**

Pour rétablir le mode Hors connexion, il vous suffira de sélectionner l'option **Mode hors connexion** dans la liste de l'outil et de cliquer sur le bouton **Activer** du message qui s'affichera.

Pour connaître l'état de synchronisation, sélectionnez l'option **Mode hors connexion** dans la liste de l'outil : **Synchronisé** apparaît à la suite de l'intitulé **État** lorsque toutes les modifications de votre agenda ont été synchronisées.

Partager un agenda

Lorsque vous choisissez de partager un de vos agendas personnels, celui-ci sera alors visible par les personnes à qui vous autoriserez le partage et, si ces personnes utilisent Google Agenda, il leur sera possible de l'ajouter à leur liste d'agendas.

Les agendas des utilisateurs d'une même organisation ou domaine sont, par défaut, partagés (si votre administrateur n'a pas restreint les autorisations de partage).

- Dans le volet de navigation, affichez, si besoin, la liste de vos agendas personnels en cliquant sur le symbole situé en regard de **Mes agendas**.
- Ouvrez la liste de l'agenda à partager et sélectionnez l'option **Partager cet agenda.**

*La fenêtre des paramètres de l'agenda s'affiche et l'onglet **Partager cet agenda** est activé.*

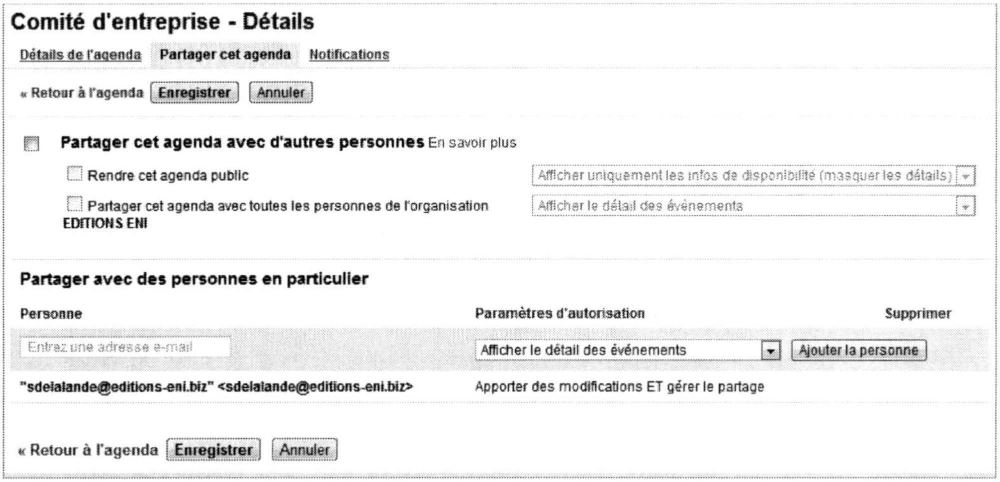

- Si vous souhaitez **Partager cet agenda avec d'autres personnes**, cochez l'option correspondante. Selon le groupe de personnes avec lequel il doit être partagé, cochez l'une ou l'autre des options suivantes :

Rendre cet agenda public : cet agenda sera accessible par tous les internautes à qui vous aurez communiqué le lien d'accès. Les détails des événements ne seront pas, par défaut, publiés, l'option **Afficher uniquement les infos de disponibilité (masquer les détails)** est visible dans la liste qui suit cette option : les événements planifiés seront remplacés par l'intitulé **Occupé(e).**

© Editions ENI - Toute reproduction interdite

Le contenu de cette liste peut être différent selon les choix faits par votre administrateur.

Partager cet agenda avec toutes les personnes de l'organisation : cet agenda sera partagé uniquement avec les utilisateurs enregistrés dans votre domaine.

Choisissez ensuite, dans les listes associées à ces options, si le détail des événements doit être visible ou seulement vos indisponibilités.

*Attention, si vous avez rendu votre agenda public et que l'option **Afficher le détail des événements** a été sélectionnée (uniquement si votre administrateur a paramétré ce choix), les informations de vos événements apparaîtront dans les résultats de recherche effectuée via Google Agenda ou via le moteur de recherche Google.*

Si l'agenda n'est pas public et que vous souhaitez le **Partager avec des personnes en particulier** : dans la zone **Personne**, saisissez l'adresse de messagerie complète de votre correspondant et appuyez sur la touche ↵ ou, si celui-ci apparaît dans la liste contextuelle, cliquez sur son nom.

Ajoutez ainsi tous les utilisateurs avec lesquels vous souhaitez partager l'agenda.

Une fois les utilisateurs ajoutés, choisissez, dans la liste des **Paramètres d'autorisation** associée à leur adresse de messagerie, l'option correspondant aux informations que vous souhaitez rendre visibles :

- **Apporter des modifications ET gérer le partage** : l'utilisateur possède alors les mêmes droits que vous pour cet agenda : il peut modifier, ajouter, supprimer des événements et le partager à son tour.
- **Apporter des modifications aux événements** : l'utilisateur pourra modifier, ajouter et supprimer des événements de cet agenda, uniquement s'il utilise Google Agenda.
- **Afficher le détail des événements** : l'utilisateur n'aura accès qu'aux informations des événements, mais ne pourra pas les modifier (uniquement s'il utilise Google Agenda ou d'un compte Google+).
- **Afficher uniquement les infos de disponibilité (masquer les détails)** : le détail de l'événement ne sera pas visible mais remplacé par l'information **Occupé(e)**.

Cette option est la seule proposée s'il s'agit d'un utilisateur externe à votre organisation.

Pour supprimer de la liste un utilisateur, cliquez sur l'icône 🗑 correspondante.

*Sur cet exemple, l'agenda **Comité d'entreprise** sera partagé avec tous les utilisateurs du domaine EDITIONS ENI, pour lesquels l'information de disponibilité sera uniquement visible, et avec **Paul WOLFONI**, également utilisateur du domaine mais pour qui les informations des événements seront visibles (mais non modifiables).*

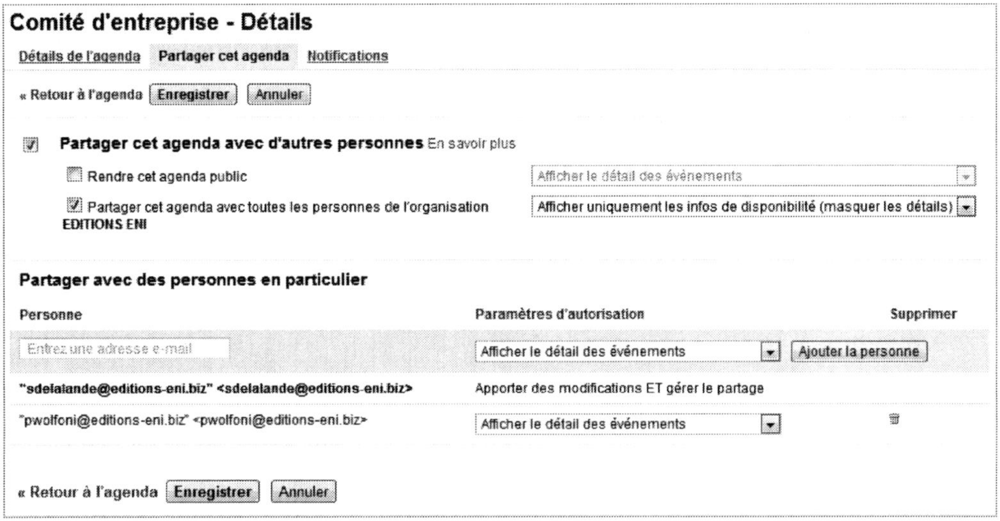

Cliquez sur le bouton **Enregistrer**.

Si un des utilisateurs renseignés ne possède pas de compte Google Agenda, un message s'affiche et vous propose d'envoyer à cet utilisateur une invitation par e-mail à s'inscrire à Google Agenda afin qu'il puisse visualiser l'agenda créé.

Si un des utilisateurs ne fait pas partie de votre domaine, le message suivant s'affiche :

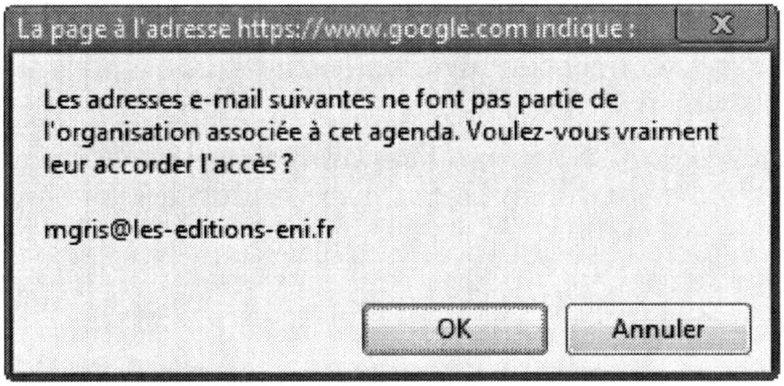

© Editions ENI - Toute reproduction interdite

- Cliquez sur **OK**.

  *L'agenda partagé est automatiquement ajouté à la liste **Mes agendas** des utilisateurs de Google Agenda si vous leur avez accordé l'autorisation de le modifier sinon celui-ci est ajouté à la liste **Autres agendas**.*

  Les personnes auxquelles vous avez seulement accordé le droit d'afficher les informations de disponibilité visualiseront votre agenda, comme dans l'exemple suivant :

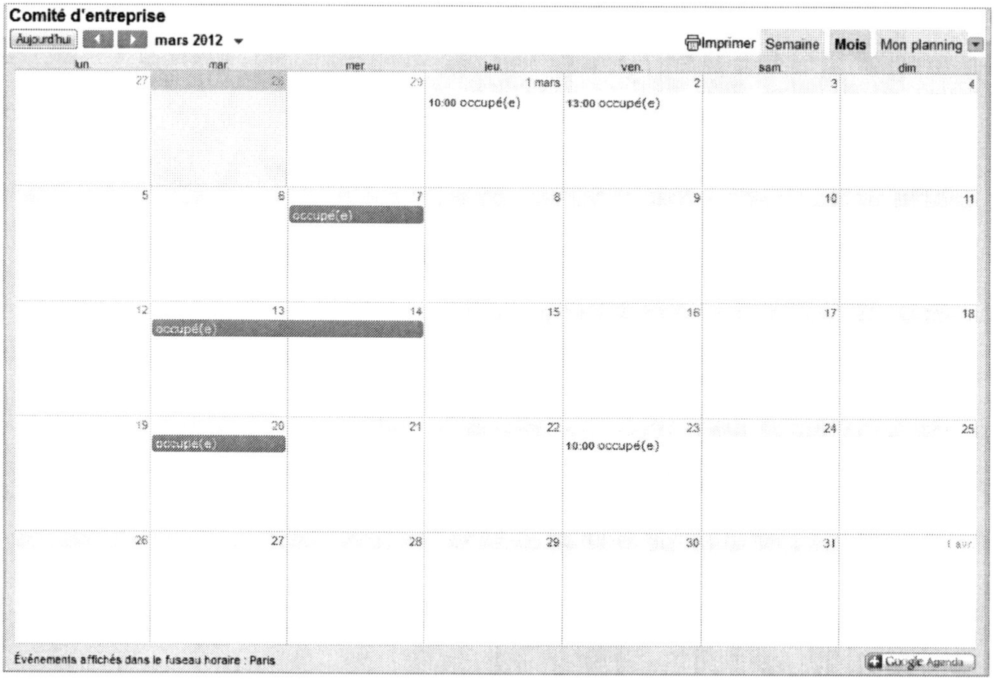

La validation des options de partage est généralement rapide cependant il peut arriver que ce délai s'étende jusqu'à 24 heures maximum.

Pour rappel, le partage des agendas permet aux collaborateurs de votre domaine de pouvoir planifier une réunion en choisissant les plages horaires disponibles de votre agenda.

Modifier les options de partage

La modification des options de partage est réalisable uniquement par le propriétaire de l'agenda partagé et, le cas échéant, par les personnes autorisées à modifier et à gérer le partage.

- Dans la liste **Mes agendas** du volet de navigation, ouvrez la liste de l'agenda à modifier et sélectionnez l'option **Partager cet agenda.**
- Réalisez les modifications souhaitées.
- Cliquez sur le bouton **Enregistrer.**

Transmettre l'adresse URL d'un agenda partagé

*Cette méthode permet de communiquer le lien d'accès à votre agenda partagé, si celui-ci a été rendu **public**, aux destinataires de votre choix. L'adresse URL leur donnera ainsi accès aux événements de votre agenda en lecture seule, depuis n'importe quel navigateur Internet ou depuis un lecteur de flux (Google Reader par exemple).*

Nous vous rappelons que les personnes que vous avez autorisées à modifier un de vos agendas partagés ne pourront le faire uniquement si elles utilisent Google Agenda et, dans ce cas, l'agenda étant ajouté automatiquement à leur liste d'agendas, il ne vous est donc pas nécessaire de leur envoyer l'adresse URL.

- Dans le volet de navigation, ouvrez la liste de l'agenda pour lequel vous souhaitez afficher l'adresse URL et sélectionnez l'option **Paramètres de l'agenda.**
- Faites défiler la fenêtre et accédez à la section **Adresse URL de l'agenda.**

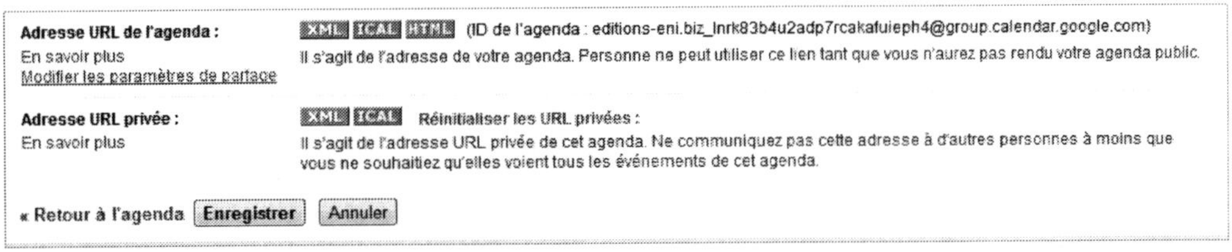

- Cliquez sur un des boutons suivants :

XML affiche l'adresse URL à utiliser dans un lecteur de flux.

HTML affiche l'adresse URL à utiliser dans un navigateur Internet.

© Editions ENI - Toute reproduction interdite

- Faites un clic droit sur l'adresse URL et sélectionnez l'option **Copier l'adresse du lien** (Chrome et Firefox) ou l'option **Copier le raccourci** (Internet Explorer).
- Cliquez ensuite sur **OK** pour refermer la fenêtre et sur le bouton **Enregistrer** dans la fenêtre des paramètres de l'agenda.
- Accédez à Gmail et créez un nouveau message. Renseignez l'adresse de messagerie des destinataires et son objet. Cliquez ensuite dans la zone de saisie du message et collez le lien copié en utilisant, par exemple, le raccourci-clavier Ctrl **V**. Complétez les autres informations du message puis envoyez-le.

Il suffira à vos destinataires de cliquer sur le lien du message pour afficher votre agenda dans leur navigateur ou dans leur lecteur de flux avec, pour ce dernier cas, la possibilité de s'abonner à ce flux.

Les boutons XML et HTML de la section **Adresse URL privée** proposent également des liens d'accès à votre agenda partagé, seulement l'utilisation de ces liens affichera tous les détails de vos événements, c'est pourquoi Google vous recommande de ne pas les communiquer. Si vous les avez transmis, vous pouvez cliquer dans ce cas sur le lien **Réinitialiser les URL privées** afin qu'ils soient changés.

Exporter des agendas

Selon si vous souhaitez exporter un seul agenda ou tous vos agendas, utilisez l'une ou l'autre de ces méthodes.

*L'exportation d'un agenda crée un fichier au format iCalendar (**ics**). Ce fichier devra ensuite être importé dans l'application que vous souhaitez utiliser pour gérer cet agenda. Ce format de fichier est reconnu par des applications d'agenda comme Apple iCal ou Microsoft Outlook par exemple.*

Exporter un agenda

- Dans le volet de navigation, ouvrez la liste de l'agenda que vous souhaitez exporter et sélectionnez l'option **Paramètres de l'agenda**.
- Faites défiler la fenêtre et accédez à la section **Adresse URL de l'agenda**.

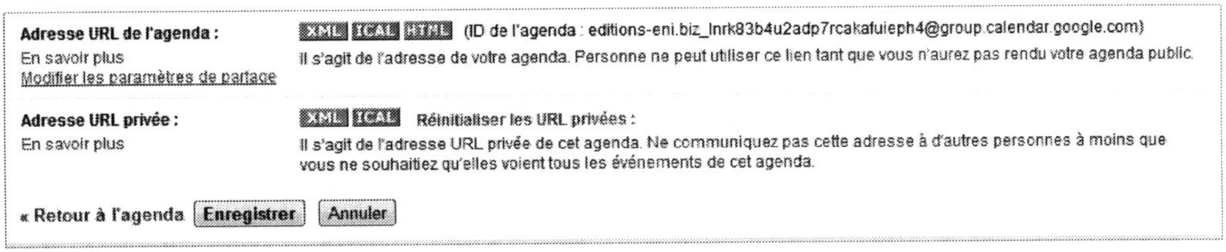

- Cliquez sur le bouton ICAL dans la section **Adresse URL de l'agenda.**
- Dans la fenêtre qui s'affiche, cliquez sur le lien proposé.

  *Si vous utilisez Google Chrome, le fichier est automatiquement enregistré dans le dossier **Téléchargement** de votre ordinateur.*
- Si vous utilisez Internet Explorer : dans la barre d'informations qui s'affiche en bas de la fenêtre, ouvrez la liste du bouton **Enregistrer** et sélectionnez l'option **Enregistrer sous.** Sélectionnez le dossier d'enregistrement du fichier et cliquez sur le bouton **Enregistrer.**

Exporter les agendas personnels

*Cette procédure permet d'exporter tous les agendas situés dans la liste **Mes agendas**. Le fichier généré par l'exportation est un fichier compressé dans lequel seront enregistrés les fichiers de vos agendas.*

- Dans le volet de navigation, ouvrez la liste **Mes agendas** et sélectionnez l'option **Paramètres.**
- Dans la page **Paramètres de l'agenda**, cliquez sur le lien **Exporter les agendas** (au-dessus de la section **Autres agendas**).

  Si vous utilisez Google Chrome, le fichier compressé est automatiquement enregistré sur votre ordinateur.
- Si vous utilisez Internet Explorer : dans la barre d'informations qui s'affiche en bas de la fenêtre, ouvrez la liste du bouton **Enregistrer** et sélectionnez l'option **Enregistrer sous.** Sélectionnez le dossier d'enregistrement du fichier et cliquez sur le bouton **Enregistrer.**

© Editions ENI - Toute reproduction interdite

Si votre logiciel de messagerie ou d'agenda est le seul installé sur votre ordinateur, il vous suffit de réaliser un double clic sur un des fichiers exportés (**basic.ics** si vous en avez exporté qu'un seul, sinon les fichiers reprennent les noms des agendas d'origine) pour importer et afficher l'agenda dans cette application. Si vous utilisez plusieurs logiciels, réalisez dans ce cas les procédures d'importation dans l'application de votre choix.

Importer un agenda

Cette procédure consiste à importer les événements d'un agenda exporté au format CSV ou iCard dans un de vos agendas personnels. Le fichier source peut provenir d'un logiciel de messagerie ou d'agenda, comme Outlook ou iCalendar par exemple.

- Dans l'application d'origine de l'agenda à importer, réalisez les procédures nécessaires pour exporter le fichier au format CSV (valeurs séparées par une virgule) ou au format iCard.
- Dans Google Agenda, ouvrez la liste **Autres agendas** et sélectionnez l'option **Importer l'agenda**.

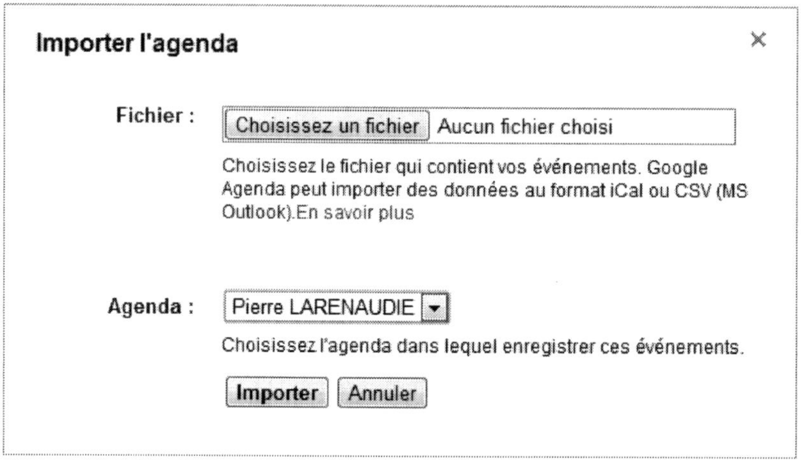

- Cliquez sur le bouton **Choisissez un fichier**. Accédez au dossier d'enregistrement du fichier et faites un double clic sur son nom.
- Dans la liste **Agenda**, choisissez, parmi vos agendas personnels, celui dans lequel les événements seront importés.
- Cliquez sur le bouton **Importer**.

Lorsque les événements ont été importés, un message vous en avertit et vous indique leur nombre.

- Cliquez sur le bouton **Fermer**.

Ajouter l'agenda d'un utilisateur

*Cette procédure vous permet d'afficher (sans possibilité de le modifier) l'agenda d'un utilisateur si celui-ci dispose également d'un compte Google Agenda. Les agendas ainsi ajoutés seront visibles dans votre liste **Autres agendas**. Si l'utilisateur n'a pas activé le partage de son agenda, Google vous proposera de lui envoyer par e-mail une invitation et, après acceptation de l'utilisateur, son agenda sera ajouté à votre liste.*

- Cliquez dans la zone de saisie située sous la section **Autres agendas**.
- Saisissez l'adresse complète de messagerie de la personne à contacter puis appuyez sur la touche [Entrée] ou, si votre contact s'affiche dans la liste contextuelle, cliquez sur son nom.

*Si l'agenda du contact est partagé, il est alors automatiquement ajouté à la liste **Autres agendas** ; dans le cas contraire, la fenêtre suivante s'ouvre :*

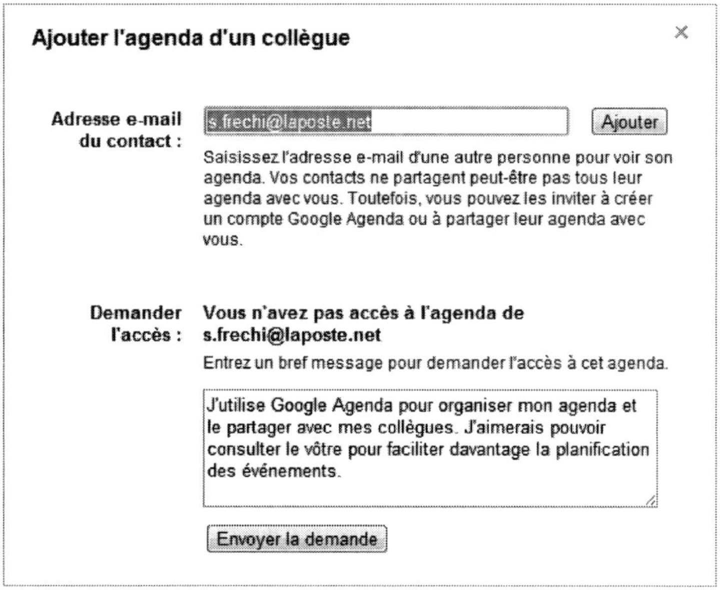

© Editions ENI - Toute reproduction interdite

- Modifiez éventuellement l'**Adresse e-mail du contact** si elle est erronée.
- Pour proposer à votre contact de partager son agenda avec vous, remplacez, si besoin, le contenu du message dans la zone **Demander l'accès** puis cliquez sur le bouton **Envoyer la demande.**

  L'utilisateur reçoit alors un message dans lequel il lui sera proposé de cliquer sur le lien pour accepter votre demande de partage.

Si vous souhaitez connaitre les permissions que vous a accordées le contact qui partage son agenda avec vous : ouvrez la liste de l'agenda partagé et cliquez sur l'option **Paramètres de l'agenda**, les informations sont visibles dans la section **Vous pouvez.**

Ajouter un agenda secondaire d'un contact

Nous avons vu précédemment comment ajouter l'agenda d'un contact dans votre liste ***Autres agendas****. Cette procédure ajoute seulement l'agenda principal de votre contact. Nous allons apprendre à ajouter un des agendas secondaires d'un contact, vous devez, bien évidemment, disposer des droits de partage sur cet agenda pour pouvoir l'afficher.*

Pour ce faire, le propriétaire de l'agenda partagé doit vous fournir l'adresse URL privée de cet agenda au format iCal que vous renseignerez pour ajouter cet agenda à votre liste d'agendas.

Transmettre l'adresse URL privée iCal

Cette procédure est à réaliser par le propriétaire de l'agenda partagé.

- Ouvrez la liste de l'agenda à partager et sélectionnez l'option **Paramètres de l'agenda.**
- Dans la rubrique **Adresse URL privée**, cliquez sur le bouton ICAL.
- Dans la fenêtre qui s'affiche, faites un clic droit sur le lien qui s'affiche et sélectionnez l'option **Copier l'adresse du lien** (Chrome et Firefox) ou **Copier le raccourci** (Internet Explorer).
- Cliquez ensuite sur **OK** pour refermer la fenêtre et sur le bouton **Enregistrer** dans la fenêtre des paramètres de l'agenda.
- Accédez à Gmail et créez un nouveau message. Renseignez l'adresse de messagerie des destinataires et son objet. Cliquez ensuite dans la zone de saisie du message et collez le lien copié en utilisant, par exemple, le raccourci-clavier Ctrl **V**. Complétez les autres informations du message puis envoyez-le.

Ajouter l'agenda

- Dans le message envoyé par le propriétaire de l'agenda, faites un clic droit sur le lien qui s'affiche et sélectionnez l'option **Copier l'adresse du lien** (Chrome et Firefox) ou **Copier le raccourci** (Internet Explorer).
- Affichez votre agenda puis ouvrez la liste **Autres agendas** et sélectionnez l'option **Ajouter par URL**.

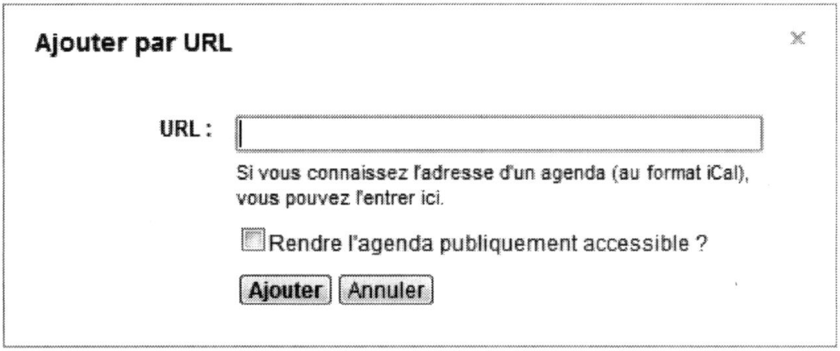

- Dans la zone URL, collez le lien copié en utilisant, par exemple, le raccourci-clavier Ctrl **V**.
- Cliquez sur le bouton **Ajouter**.

Paramétrer un agenda en tant que ressource

Pour les versions Google Apps Business ou Education, l'administrateur du domaine est habilité à créer des ressources. Les ressources créées sont visibles dans le carnet d'adresses du domaine, vous permettant ainsi de les ajouter à votre liste d'invités lorsque vous souhaitez les réserver pour une réunion.

Si vous utilisez seulement la version Standard Google Apps ou si la ressource que vous souhaitez gérer n'a pas été créée par votre administrateur, nous vous proposons de suivre les procédures décrites dans ce titre pour créer et optimiser la gestion d'un agenda destiné à une ressource, qu'il s'agisse de gérer une salle de réunion, un rétroprojecteur, des voitures d'un parc de voitures d'entreprise ou autre.

Certaines procédures ayant déjà été abordées, nous vous renverrons dans ce cas au titre correspondant.

© Editions ENI - Toute reproduction interdite

Créer et partager l'agenda de la ressource

- Créez l'agenda en choisissant l'option **Créer un agenda** dans la liste **Mes agendas.**
- Renseignez le **Nom de l'agenda**, sa **Description** et éventuellement le **Lieu.**
- Pour donner la possibilité à vos contacts d'inviter cette ressource lors de la planification de leur rendez-vous, précisez, dans les options de partage, les personnes autorisées (cf. Partager un agenda).

  Sur cet exemple, les contacts du domaine seront les seuls à pouvoir proposer des rendez-vous dans cet agenda.

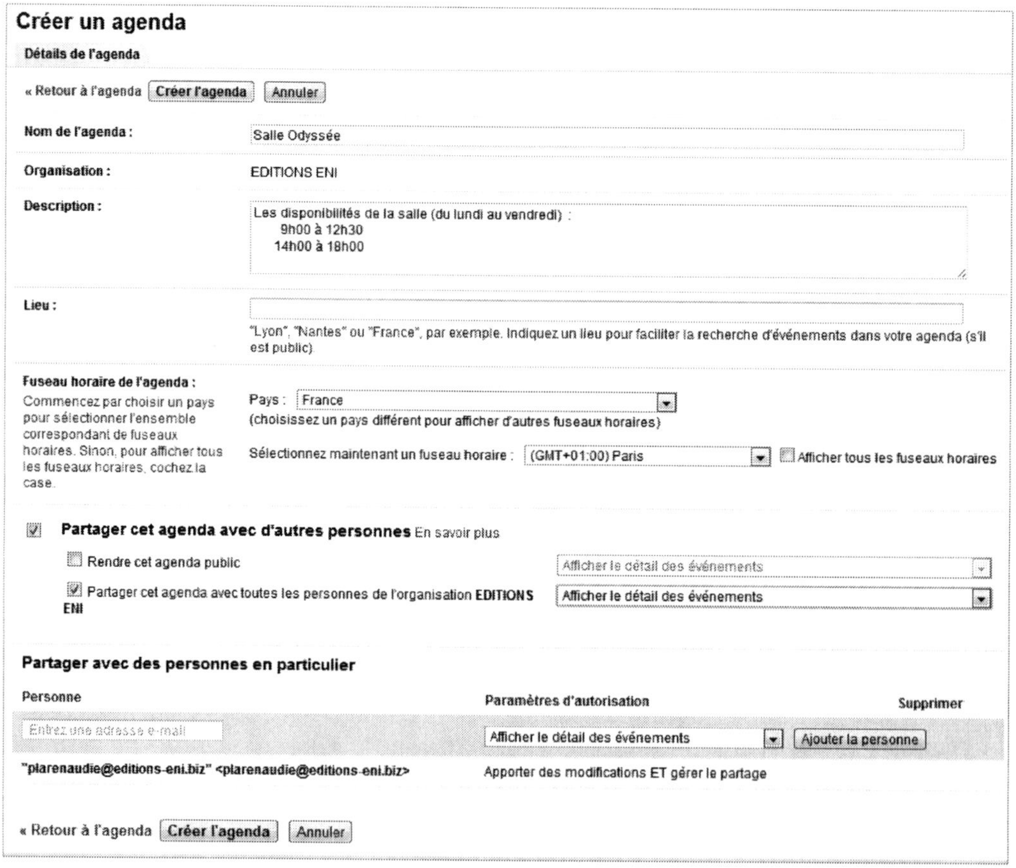

- Cliquez sur **Créer l'agenda.**

Paramétrer l'acceptation automatique des invitations

Nous allons à présent configurer l'agenda afin que toutes les invitations envoyées soient automatiquement acceptées si la plage horaire est libre : les événements de ces invitations apparaîtront alors dans cet agenda et les organisateurs de réunion seront prévenus que l'invitation a été acceptée ; si la plage horaire n'est pas libre, l'événement sera automatiquement refusé.

- Dans le volet de navigation, ouvrez la liste de l'agenda et sélectionnez l'option **Paramètres de l'agenda.**
- Dans la section **Accepter automatiquement les invitations**, activez l'option **Accepter automatiquement les invitations si disponible.**

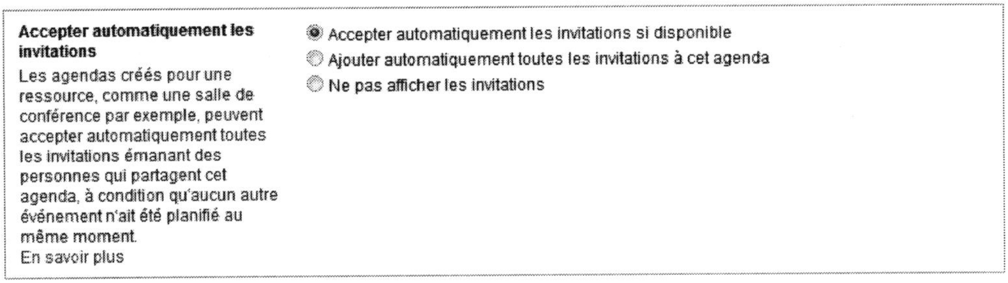

- Cliquez sur le bouton **Enregistrer.**

Définir les plages horaires disponibles

Maintenant que les invitations sont automatiquement acceptées pendant les plages horaires disponibles, les contacts autorisés vont pouvoir réserver un rendez-vous à n'importe quel moment de la journée (et de la nuit). Nous allons donc limiter la prise de ces rendez-vous uniquement pendant les plages horaires de bureau en créant un ou plusieurs événements récurrents pour bloquer les autres.

Dans notre exemple, l'agenda Salle Odyssée doit pouvoir accepter les planifications de rendez-vous uniquement entre 9h et 18h. Il nous faut donc bloquer les plages horaires allant de minuit à 9h et celles de 18h à minuit ainsi que les journées entières du samedi et du dimanche.

- Créez un premier événement dans l'agenda de la ressource.
- Sélectionnez **00:00** dans la zone de l'heure de début et **09:00** dans la zone de l'heure de fin puis cochez l'option **Récurrence.**

© Editions ENI - Toute reproduction interdite

- Dans la fenêtre qui s'affiche, choisissez l'option **Toutes les semaines** dans la liste **Récurrent** puis cochez les 5 premiers jours de la semaine (**L**, **M**, **M**, **J** et **V**).

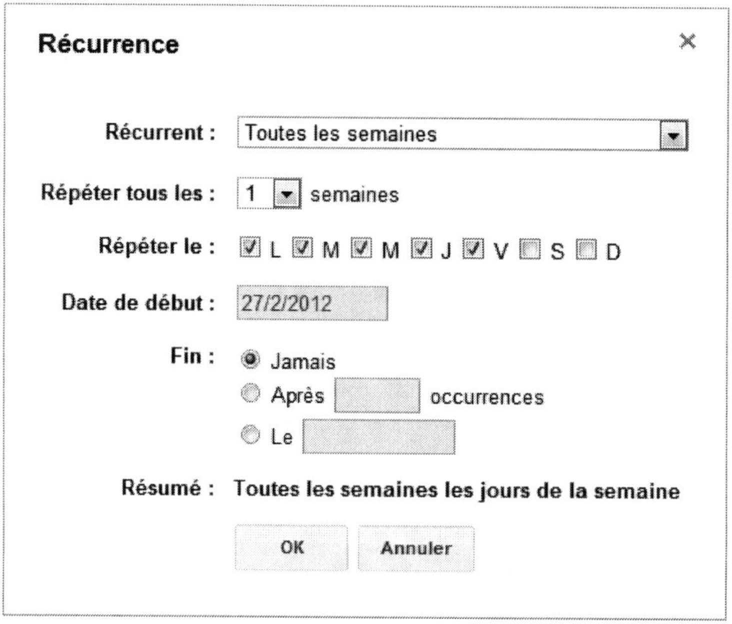

- Cliquez sur le bouton **OK**.
- Si vous ne souhaitez pas que vos contacts puissent voir le détail de cet événement, dans la section **Confidentialité**, activez l'option **Privé**.
- Cliquez sur le bouton **ENREGISTRER.**

  Pour créer le deuxième événement, nous allons copier puis modifier l'événement précédemment créé.

- Cliquez sur une des occurrences de l'événement que nous venons de créer.
- Dans la liste **Autres actions**, sélectionnez l'option **Dupliquer cet événement.**
- Dans la fiche du nouvel événement dupliqué, précisez **18:00** comme heure de début et **00:00** comme heure de fin.
- Cliquez sur le bouton **ENREGISTRER.**

Pour bloquer les jours de week-end, procédez comme suit :

- Créez un nouvel événement et cochez l'option **Toute la journée.**
- Cochez l'option **Récurrence.**
- Dans la fenêtre qui s'affiche, choisissez l'option **Toutes les semaines** dans la liste **Récurrent** puis cochez les 2 derniers jours de la semaine (**S** et **D**).

- Cliquez sur le bouton **OK.**
- Si vous ne souhaitez pas que vos contacts puissent voir le détail de cet événement, dans la section **Confidentialité**, activez l'option **Privé.**
- Cliquez sur le bouton **ENREGISTRER.**

Envoyer l'adresse de messagerie de l'agenda

L'adresse de messagerie de l'agenda (ou ID de l'agenda) est requise pour pouvoir ajouter cette ressource à la liste des invités d'un événement. Vous devez donc la communiquer à vos contacts.

- Dans le volet de navigation, ouvrez la liste de l'agenda et sélectionnez l'option **Paramètres de l'agenda.**

© Editions ENI - Toute reproduction interdite

- Dans la section **Adresse URL de l'agenda**, sélectionnez l'adresse située à la suite de l'intitulé **ID de l'agenda** puis faites un clic droit sur la sélection et choisissez l'option **Copier** ou utilisez le raccourci-clavier Ctrl **C**.

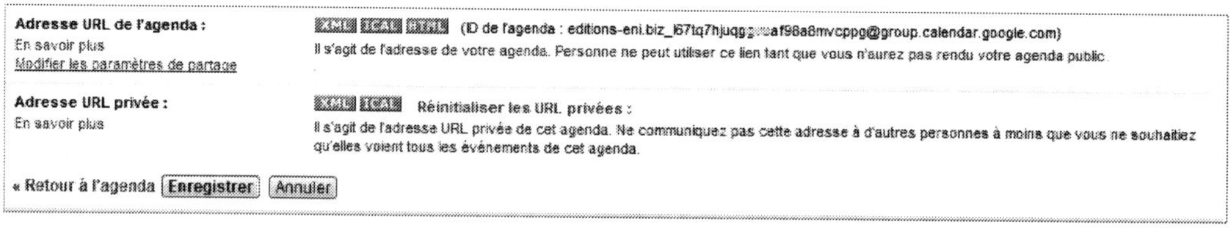

- Cliquez sur le bouton **Annuler** pour refermer la fenêtre.
- Accédez à Gmail et créez un nouveau message. Renseignez l'adresse de messagerie des destinataires et son objet. Cliquez ensuite dans la zone de saisie du message et collez l'adresse copiée en utilisant, par exemple, le raccourci-clavier Ctrl **V**. Complétez les autres informations du message puis envoyez-le.

Réserver une ressource

Les contacts qui souhaitent réserver une ressource doivent créer un événement dans lequel l'agenda de la ressource sera invité.

- Avant de créer l'événement, copiez l'adresse de messagerie de l'agenda de la ressource.
- Dans la fiche de création de l'événement, cliquez dans la zone **Ajouter des invités** et collez l'adresse copiée puis cliquez sur le bouton **Ajouter**.
- Complétez les autres informations de l'événement puis enregistrez-le.

Introduction

Les créneaux horaires correspondent aux plages horaires de disponibilité pendant lesquelles vous autorisez vos contacts à prendre des rendez-vous. Après avoir défini les plages horaires dans votre agenda, vous mettrez à disposition des contacts de votre choix cet agenda sur lequel ne seront visibles que ces créneaux horaires (vos événements ne seront pas visibles). Chaque contact qui le souhaite pourra ensuite réserver un rendez-vous, une invitation vous sera envoyée et le créneau horaire ne sera plus disponible pour les autres contacts.

L'utilisation des créneaux horaires est réservée aux utilisateurs de Google Agenda. L'agenda sur lequel vous programmez les créneaux horaires ne doit pas être nécessairement partagé.

Planifier un créneau horaire

- Sélectionnez, si besoin, l'agenda concerné.
- Sur le calendrier, cliquez sur le jour où les créneaux horaires doivent être planifiés ou réalisez un cliqué-glissé pour sélectionner la plage horaire.
- Dans l'info-bulle qui s'affiche, cliquez sur l'onglet **Créneaux horaires**.

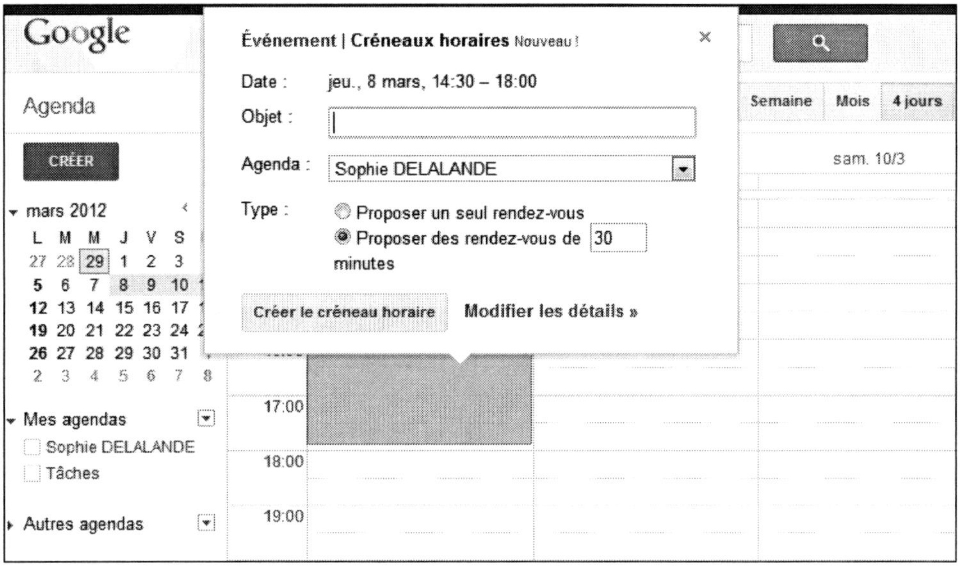

© Editions ENI - Toute reproduction interdite

- Saisissez l'**Objet** du créneau horaire dans la zone correspondante.

  Attention, si l'intitulé des créneaux horaires comporte des caractères accentués, lorsque l'agenda sera ouvert dans les explorateurs Firefox ou Internet Explorer, ils seront remplacés par des symboles.

- Si l'agenda sélectionné ne convient pas, choisissez-en un autre dans la liste **Agenda.**
- Si la plage horaire indiquée correspond à la prise d'un seul rendez-vous, activez l'option **Proposer un seul rendez-vous** dans le cadre **Type** ; si plusieurs rendez-vous peuvent être pris, activez l'option **Proposer des rendez-vous de** et sélectionnez la durée de chaque rendez-vous dans la zone associée ou saisissez directement le nombre de minutes si la durée n'est pas proposée dans la liste.
- Si vous souhaitez apporter des informations supplémentaires, cliquez sur le lien **Modifier les détails.**

  L'adresse URL de cette page donnera accès à l'agenda des créneaux horaires. Cette adresse devra être communiquée à vos contacts.

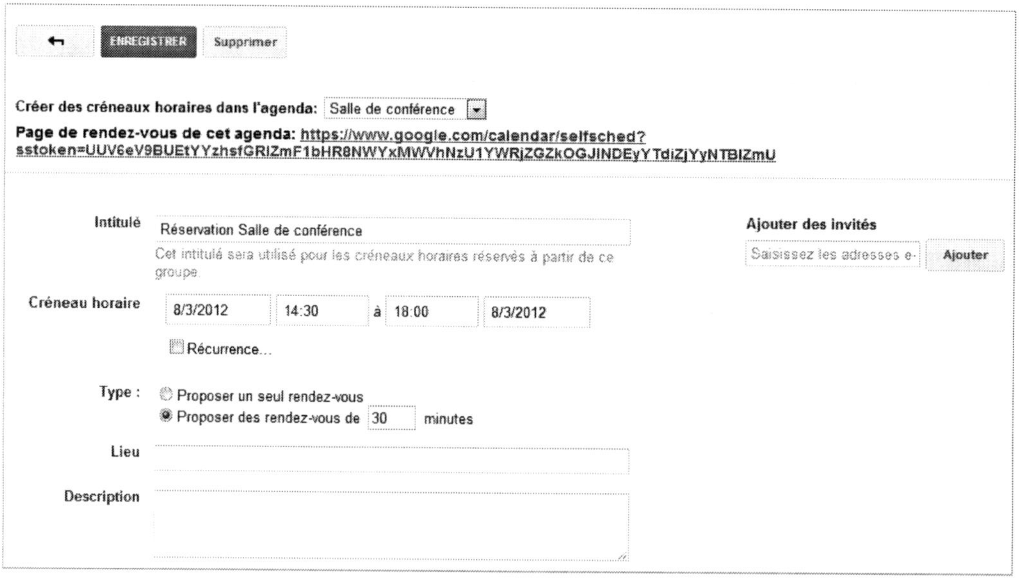

- Modifiez et complétez, si besoin, l'**Intitulé**, la date et les heures de début et de fin du **Créneau horaire**, son **Lieu** et une **Description** dans les zones correspondantes.
- Pour rendre répétitif ce créneau horaire, cochez l'option **Récurrence**.

La fenêtre suivante s'affiche :

- Dans la liste **Récurrent**, choisissez la fréquence de répétition de l'événement : **Toutes les semaines**, **Tous les jours**, **Tous les mois...** et le nombre de fois où il devra être répété dans la liste **Répéter tous les**.

  Selon la fréquence de répétition choisie, complétez les autres informations requises.

  Dans la section **Fin**, indiquez éventuellement le terme de cet événement :

Jamais	L'événement périodique est répété indéfiniment.
Après *n* occurrences	Met fin à l'événement périodique après le nombre d'occurrences spécifié dans la zone de saisie.
Le	Met fin à l'événement périodique à la date saisie ou sélectionnée dans la zone.

  *Un **Résumé** des paramètres choisis est indiqué à la suite des options.*

  Cliquez sur le bouton **OK**.

- Pour convier des personnes à assister aux rendez-vous de ce créneau horaire, saisissez leur adresse de messagerie dans la zone **Ajouter des invités** et cliquez sur le bouton **Ajouter**.

© Editions ENI - Toute reproduction interdite

- Cliquez sur le bouton **ENREGISTRER.**
- Si vous avez invité des contacts, cliquez sur le bouton **Envoyer** du message qui s'affiche si vous souhaitez que les personnes soient prévenues par e-mail ; dans le cas contraire, cliquez sur le bouton **Ne pas envoyer**.

Les créneaux horaires apparaissent dans l'agenda. Le symbole ⊞ situé dans le coin supérieur gauche de l'événement indique qu'il s'agit d'un créneau horaire. Sur cet exemple, le créneau horaire est récurrent : il se répète tous les jours entre 14h30 et 18h.

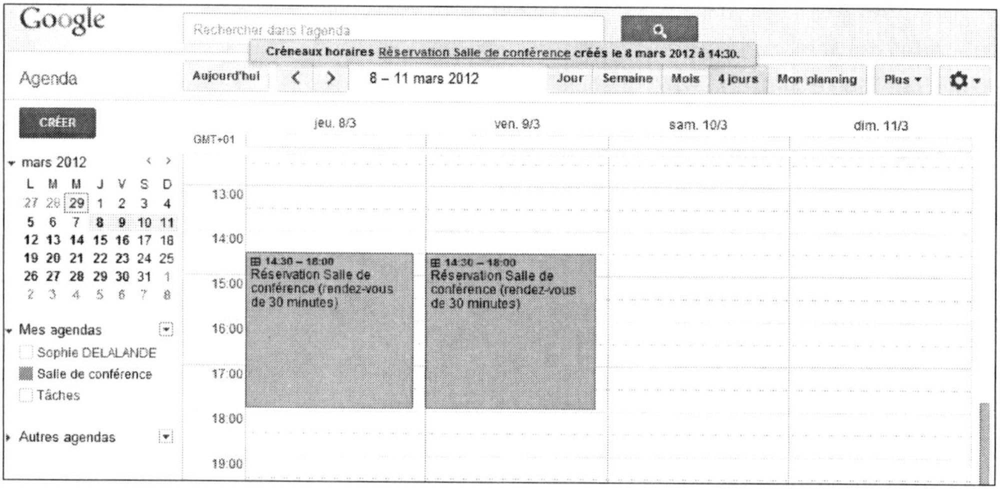

Envoyer le lien d'accès aux créneaux horaires

Il vous faut à présent envoyer à vos contacts le lien d'accès à ces créneaux horaires afin qu'ils puissent prendre rendez-vous.

- Cliquez sur l'objet d'un des créneaux horaires pour l'ouvrir.
- Faites un clic droit sur l'adresse URL et sélectionnez l'option **Copier l'adresse du lien** (Chrome et Firefox) ou l'option **Copier le raccourci** (Internet Explorer).
- Cliquez ensuite sur l'outil  pour fermer la fenêtre et revenir à l'agenda.

- Accédez à Gmail et créez un nouveau message. Renseignez l'adresse de messagerie des destinataires et son objet. Cliquez ensuite dans la zone de saisie du message et collez le lien copié en utilisant, par exemple, le raccourci-clavier Ctrl V. Complétez les autres informations du message puis envoyez-le.

Il suffira à vos destinataires de cliquer sur le lien du message pour afficher les créneaux horaires de l'agenda dans leur navigateur.

Prendre rendez-vous

Nous vous rappelons que seuls les utilisateurs de Google Agenda sont habilités à réserver des rendez-vous. Pour prendre rendez-vous, vos contacts doivent suivre la procédure suivante.

- Cliquez sur le lien fourni dans le message envoyé par le propriétaire de l'agenda.

Votre navigateur Internet s'ouvre. Si vous n'êtes pas connecté à votre compte Google Agenda, la page qui s'affiche vous demande de vous identifier.

- Saisissez dans ce cas votre adresse de messagerie et votre mot de passe puis cliquez sur le bouton **Connexion**.

L'agenda s'affiche à la date du jour. S'il n'existe aucun créneau horaire pour cette période, un lien vous signale la prochaine date de planification.

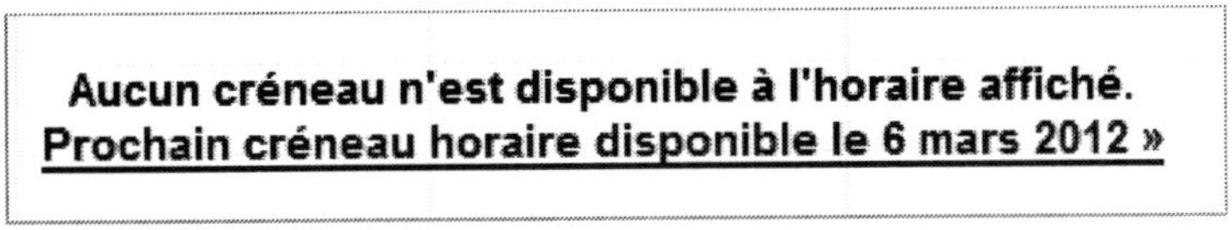

- Cliquez sur le lien si celui-ci est présent dans l'agenda.

Tous les créneaux horaires définis pour la période affichée sont visibles dans l'agenda ainsi que ses propres événements. La durée de chaque rendez-vous est matérialisée par des cadres distincts. Sur cet exemple, les rendez-vous ***Formation individuelle*** *sont de 2 heures tandis que les rendez-vous* ***Réservation salle*** *sont d'une heure. Les rendez-vous personnels du contacts apparaissent sur fond bleu.*

© Editions ENI - Toute reproduction interdite

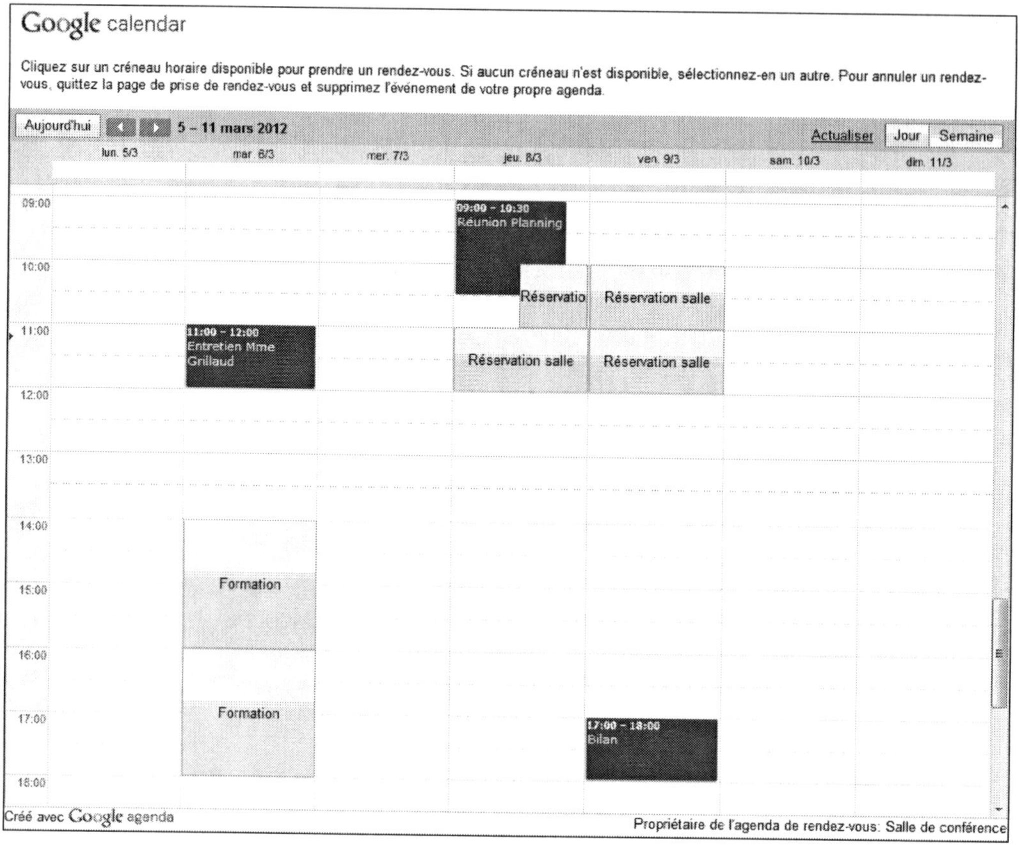

Pour prendre rendez-vous, cliquez sur le créneau horaire souhaité.

*La boîte de dialogue **Réserver un rendez-vous** s'ouvre.*

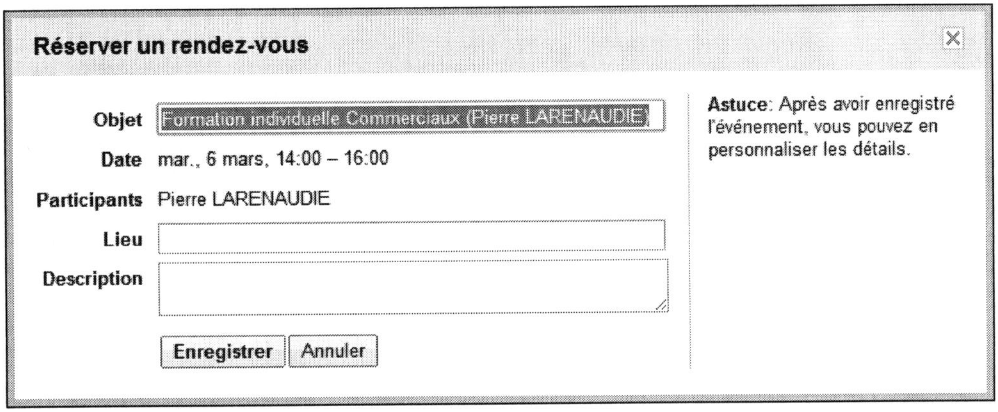

- Si vous souhaitez indiquer un **Lieu** ou une **Description**, renseignez-les dans les zones correspondantes.
- Cliquez sur le bouton **Enregistrer**.

  La fenêtre suivante s'affiche :

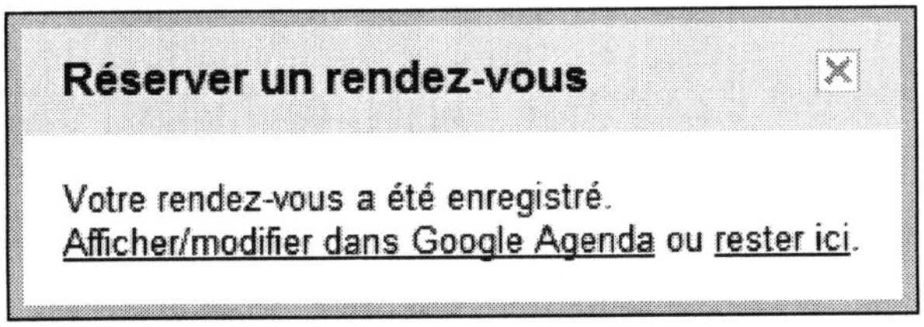

- Cliquez sur le lien **Afficher/modifier dans Google Agenda** si vous souhaitez afficher la fiche de l'événement dans votre agenda afin d'apporter des modifications ou cliquez sur le lien **rester ici** si vous souhaitez réserver d'autres rendez-vous dans cet agenda ou modifier les informations du rendez-vous que vous venez de prendre.
- Si vous avez choisi **Afficher/modifier dans Google Agenda**, réalisez les modifications souhaitées dans la fiche de l'événement puis cliquez sur le bouton **ENREGISTRER** pour revenir ensuite à votre agenda.

  *Si vous avez choisi **rester ici**, vous constatez, qu'après enregistrement, le créneau horaire utilisé a été remplacé par votre rendez-vous. Les contacts qui se connecteront alors ne visualiseront pas le créneau horaire que vous avez utilisé (ni votre prise de rendez-vous) empêchant ainsi que plusieurs rendez-vous soient pris pour un même créneau horaire.*

© Editions ENI - Toute reproduction interdite

Le rendez-vous est automatiquement ajouté à votre agenda et une invitation est également envoyée dans votre boîte de réception.

Si plusieurs contacts sont connectés à ce même agenda, nous vous conseillons avant de procéder à une prise de rendez-vous de mettre à jour l'affichage de cet agenda en cliquant sur le lien **Actualiser**.

Annuler un rendez-vous

Suite à l'annulation d'un rendez-vous, sa plage horaire correspondante devient alors à nouveau disponible pour les autres contacts.

- Affichez, dans votre agenda, le rendez-vous à annuler.
- Cliquez dans la partie supérieure de l'événement puis, dans l'info-bulle qui s'affiche, cliquez sur le lien **Annuler le rendez-vous.**

Le message de confirmation suivant s'affiche :

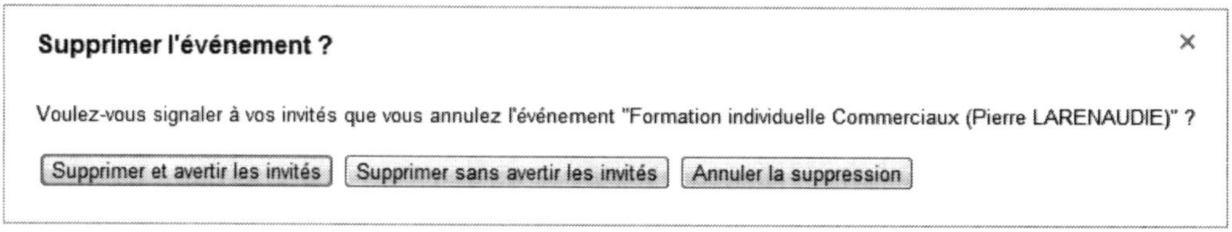

- Cliquez sur un des boutons suivants :

Supprimer et avertir les invités	Pour supprimer le rendez-vous de votre agenda en envoyant un message d'avertissement aux invités du rendez-vous, le cas échéant.
Supprimer sans avertir les invités	Pour supprimer le rendez-vous de votre agenda sans envoyer de message d'avertissement aux invités du rendez-vous.
Annuler la suppression	Pour revenir à l'agenda sans supprimer le rendez-vous.

Liste de documents

Introduction

Google Documents fournit des applications bureautiques : un traitement de texte, un tableur, un logiciel de présentation et de dessin ainsi qu'un concepteur de formulaires.

Les fichiers générés par ces applications sont accessibles dans l'espace de travail de Google Documents. Vous disposez dans cet espace de différentes fonctionnalités pour gérer ces fichiers.

Nous n'aborderons pas dans ce chapitre la création et la modification des documents, ces points étant abordés dans les chapitres suivants consacrés à chacune des applications Google.

Accéder à Google Documents

Si vous êtes connecté, cliquez sur **Documents** dans la barre de liens supérieure.

Si vous n'êtes pas connecté, saisissez une des adresses suivantes dans la barre d'adresses de votre navigateur :

docs.*nom de votre domaine*

*Par exemple : **docs.editions-eni.biz***

docs.google.com/a/*nom de votre domaine*

*Par exemple : **docs.google.com/a/editions-eni.biz***

Si vous constatez que l'interface n'est pas dans la langue souhaitée, choisissez-la dans la liste **Langue** de la fenêtre **Paramètres** (outil 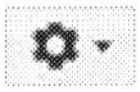 - option **Paramètres** - onglet **Général**).

© Editions ENI - Toute reproduction interdite

Description de la fenêtre

L'accès à Google Documents affiche la liste des documents créés dans les applications bureautique de Google mais également ceux que vous avez importés et partagés.

Les documents partagés sont indiqués par l'intitulé **Partagée** à la suite de leur nom ; s'il s'agit de documents partagés par d'autres utilisateurs et dont vous n'êtes pas le propriétaire), le nom du propriétaire du document est visible dans la colonne **PROPRIÉTAIRE.**

Les types de fichiers

La liste répertorie à la fois les documents que vous avez ajoutés ainsi que les dossiers (collections) créés par vous ou partagés par les utilisateurs. L'icône qui précède le nom des fichiers symbolise l'application source et celle qui précède le nom des collections vous permet de savoir s'il s'agit d'une collection partagée ou non :

 Document de traitement de texte.

 Feuille de calcul.

Présentation.

Formulaire.

Dessin.

Image.

Document PDF.

Collection (dossier de stockage de documents).

Collection partagée par vous ou par vos collaborateurs.

Le volet de navigation

Le volet de navigation donne accès aux différents affichages de contenu :

Accueil Affiche, par défaut, la liste de tous les documents et collections (les vôtres et ceux partagés par d'autres utilisateurs) ; si cette liste est trop importante, vous pouvez choisir d'afficher dans cette vue uniquement les documents (ou collections) auxquels vous accédez régulièrement en masquant les autres.

Suivis Affiche les documents et collections que vous avez choisi de suivre (ceux pour lesquels une étoile jaune est visible dans la deuxième colonne).

Créé(s) par moi Affiche uniquement les documents et collections dont vous êtes le propriétaire.

Tous les éléments Affiche la liste complète de vos documents et collections, y compris ceux partagés par des utilisateurs et ceux que vous avez choisi de masquer dans la vue **Accueil**.

Corbeille Affiche les documents et collections que vous avez supprimés.

Mes collections Donne accès aux collections (dossiers) que vous avez créées ; les collections permettent de classer vos différents documents.

© Editions ENI - Toute reproduction interdite

Collections partagées avec moi	Contient les collections que les utilisateurs partagent avec vous.

Ouvrir/fermer un document

- Pour ouvrir un document, cliquez sur son nom ou sélectionnez-le puis cliquez sur le bouton **Autres** et sur l'option **Ouvrir**.

  Le document s'ouvre dans une des applications de Google Documents, s'il s'agit d'un document texte, d'une feuille de calcul, d'une présentation, d'un dessin ou d'un formulaire. Sur cet exemple, il s'agit d'un document texte.

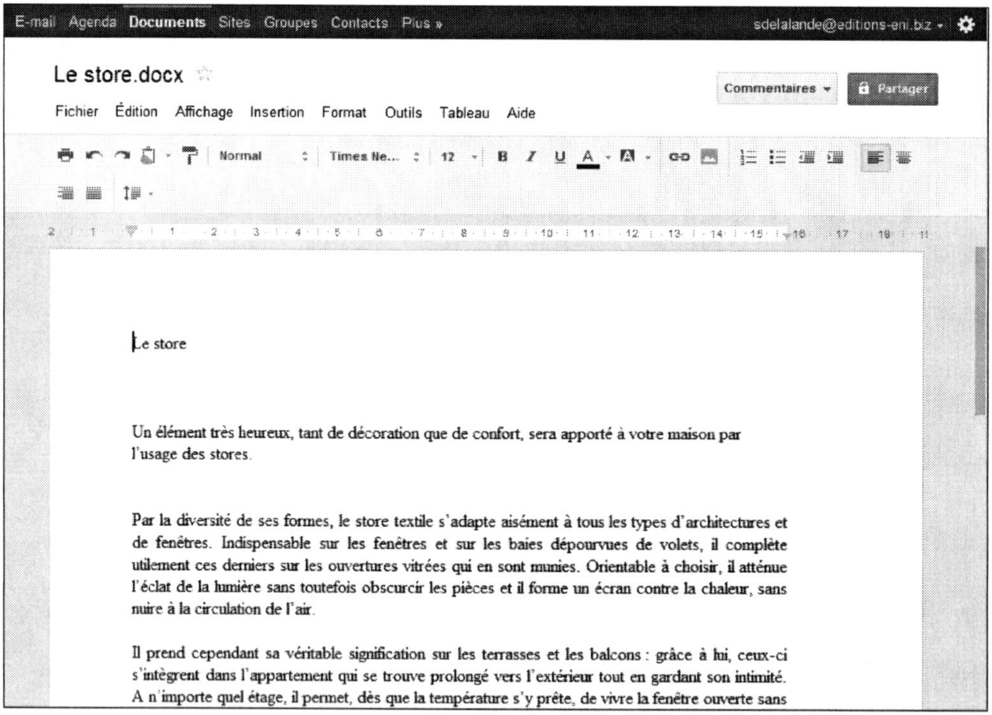

Le document étant ouvert dans un nouvel onglet de votre navigateur, vous pouvez, sans le fermer, revenir à la liste de vos documents en cliquant sur l'onglet correspondant.

- Pour fermer le document, fermez l'onglet de la fenêtre.

  *Si vous avez effectué des modifications, aucune demande d'enregistrement ne sera formulée. En effet, les enregistrements sont automatiques. Une notification d'enregistrement sera visible à la suite de la barre des menus. Avant de fermer l'onglet du document, assurez-vous que l'information **Toutes les modifications ont été enregistrées** est affichée, sinon l'information **Enregistrement en cours** sera présente.*

- Pour afficher les informations relatives au dernier enregistrement effectué, positionnez le pointeur de la souris sur la notification d'enregistrement.

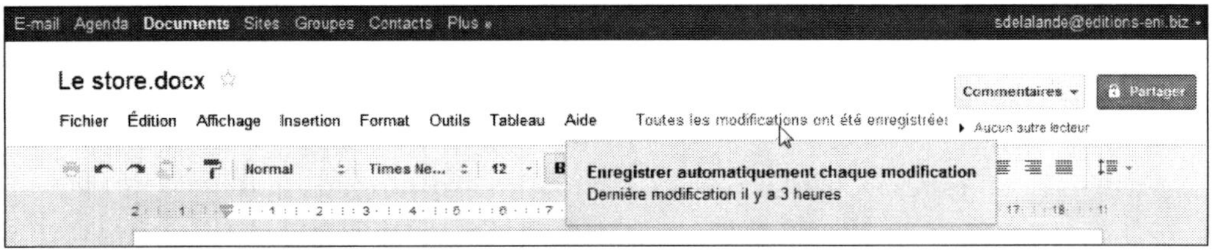

Si vous souhaitez que les documents ne s'ouvrent pas dans un nouvel onglet mais dans la même fenêtre, activez l'option **Dans la fenêtre actuelle** dans la section **Emplacement pour l'ouverture des éléments** de la fenêtre **Paramètres** (outil  - option **Paramètres** - onglet **Général**).

Trier la liste des documents

- Sélectionnez, dans le volet de navigation, la vue dans laquelle se trouvent les documents à trier.
- Cliquez sur le bouton **Trier** :

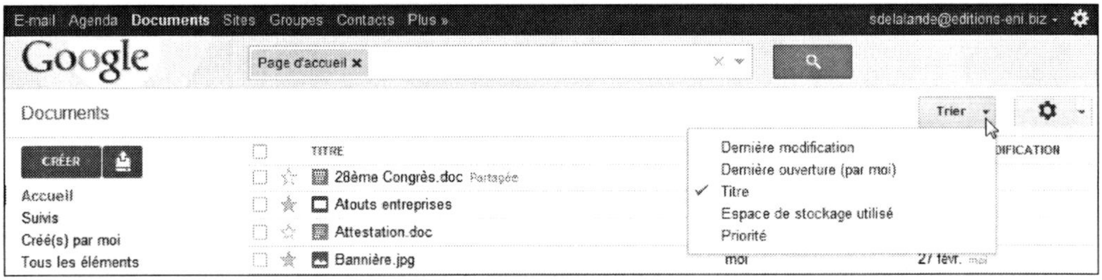

Choisissez une des options de tri proposées :

Dernière modification : classe les documents selon la date de la dernière modification, de la plus récente à la moins récente.

Dernière ouverture (par moi) : classe les documents selon la date de la dernière ouverture, de la plus récente à la moins récente.

Titre : les documents sont classés par ordre alphabétique des noms de fichier.

Espace de stockage utilisé : les documents sont triés par taille de fichier, du plus volumineux au moins volumineux.

Seuls les documents importés et non convertis au format Google Documents occupent de la place dans votre espace de stockage.

Priorité : classe en début de liste les documents les plus couramment utilisés (ouverts ou modifiés).

*Selon l'ordre de tri choisi, la dernière colonne affiche le critère sur lequel est basé le tri : par exemple, si vous avez choisi de classer vos documents par taille de fichier (option **Espace de stockage utilisé**), la dernière colonne affiche leur taille en kilo-octets (Ko) s'il ne s'agit pas de fichiers convertis au format Google Documents, dans le cas contraire, un tiret apparaît dans la colonne **ESPACE DE STOCKAGE UTILISÉ**.*

Pour connaître l'espace de stockage restant disponible, cliquez sur l'outil **Paramètres** 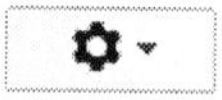 et sur l'option **Paramètres**. Le nombre de Méga-octets utilisés et la capacité totale de stockage sont visibles dans la section **Stockage** de l'onglet **Général**.

Recherche des documents

Les fonctionnalités de recherche vont vous permettre de retrouver très rapidement un document. La recherche s'effectue à la fois sur le titre des documents et sur leur contenu (y compris dans les en-têtes et les pieds de page).

Recherche simple

Dans le volet de navigation, sélectionnez la vue dans laquelle la recherche devra se faire.

*Si vous avez sélectionné une vue autre que **Tous les éléments** et que vous souhaitez effectuer la recherche sur l'ensemble des documents, vous pouvez cliquer sur l'icône*  *située à droite du nom de la vue dans la zone de recherche.*

*Sur cet exemple, la vue **Accueil** est sélectionnée. En cliquant sur l'icône , la vue **Tous les éléments** va être automatiquement sélectionnée et la recherche pourra alors s'effectuer sur l'ensemble des documents.*

Vous pouvez également cliquer sur l'outil située à droite de la zone de recherche.

- Cliquez dans la zone de recherche et saisissez le mot clé pour lequel vous souhaitez lancer la recherche.
- Appuyez ensuite sur la touche ou cliquez sur l'outil .

La liste des documents dont le titre ou le contenu contient le mot clé saisi s'affiche.

- Pour effacer votre recherche et afficher à nouveau tous vos documents, cliquez sur l'outil , située à droite de la zone de recherche ou sélectionnez une vue dans le volet de navigation.

Si vous avez renseigné plusieurs mots clés dans la zone de recherche, Google effectue la recherche sur chacun des mots indépendamment. Par exemple, si vous avez saisi **Notes de frais**, le résultat de cette recherche affichera à la fois tous les fichiers contenant le mot **Notes** mais également ceux contenant le mot **de** et le mot **frais**. Pour affiner votre recherche, utilisez dans ce cas les différents critères de recherche avancée (cf. Rechercher des documents - Recherche avancée) ou des filtres (cf. Filtrer la liste des documents).

© Editions ENI - Toute reproduction interdite

Recherche avancée

Les techniques abordées ici vous permettent de combiner plusieurs critères de recherche et de préciser des critères de recherche élaborés (comme la recherche par date, par propriétaire, etc.).

- Sélectionnez, si besoin, la vue d'affichage dans le volet de navigation.
- Cliquez dans la zone de recherche et utilisez les procédures suivantes pour renseigner vos critères de recherche :

Expression exacte : saisir les mots clés entre guillemets ; par exemple, pour rechercher le terme exact *Notes de frais*, saisissez **"Notes de frais"**.

Exclure un terme : faire précéder le terme du signe - (moins) ; par exemple, vous souhaitez rechercher le terme *notes* mais pas les *notes de frais*, dans ce cas, saisissez **notes -frais**.

Document partagé par un utilisateur : faire précéder le nom ou l'adresse de messagerie de l'utilisateur par l'expression **from:** ; par exemple, pour rechercher tous les documents de *Walter*, saisissez **from:Walter**.

Document partagé par vous : faire précéder le nom ou l'adresse de messagerie de l'utilisateur par l'expression **to:** ; par exemple, pour rechercher les documents que vous partagez avec *Walter*, saisissez **to:Walter**.

Document d'un propriétaire : faire précéder le nom ou l'adresse de messagerie du propriétaire par l'expression **owner:** ; par exemple, pour rechercher les documents de *Walter*, saisissez **owner:Walter**.

Document par date : pour rechercher des documents modifiés avant une date précise, faire précéder la date de l'expression **before:** ; pour rechercher des documents modifiés après une date précise, faire précéder la date de l'expression **after:** ; la date doit être saisie au format *aaaa-mm-jj* ; par exemple, si vous recherchez les documents modifiés après le *31 décembre 2011*, saisissez **after:2011-12-31**.

Titre d'un document : pour limiter la recherche au titre des documents sans analyser le contenu de ces derniers, faire précéder le nom du document par l'expression **title:** ; par exemple, pour recherche le document *Bulletin*, saisissez **title:Bulletin**.

Ces différents critères peuvent être combinés ensemble. Sur cet exemple, les documents de l'utilisateur ***Walter*** *modifiés après le* ***29 février 2012*** *vont être recherchés :*

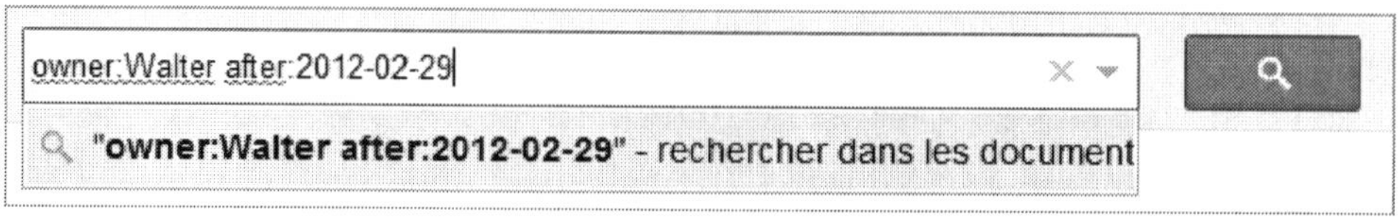

Filtrer la liste des documents

Grâce aux filtres proposés par Google Documents, vous pouvez également retrouver rapidement un document. Plusieurs combinaisons de filtres peuvent être utilisées pour affiner vos critères de recherche.

- Sélectionnez la vue dans laquelle le ou les filtres choisis doivent être appliqués.
- Ouvrez la liste de la zone de recherche.

*Les filtres proposés sont répartis dans 3 catégories différentes : **TYPE**, **ACCÈS** et **PROPRIÉTÉ**.*

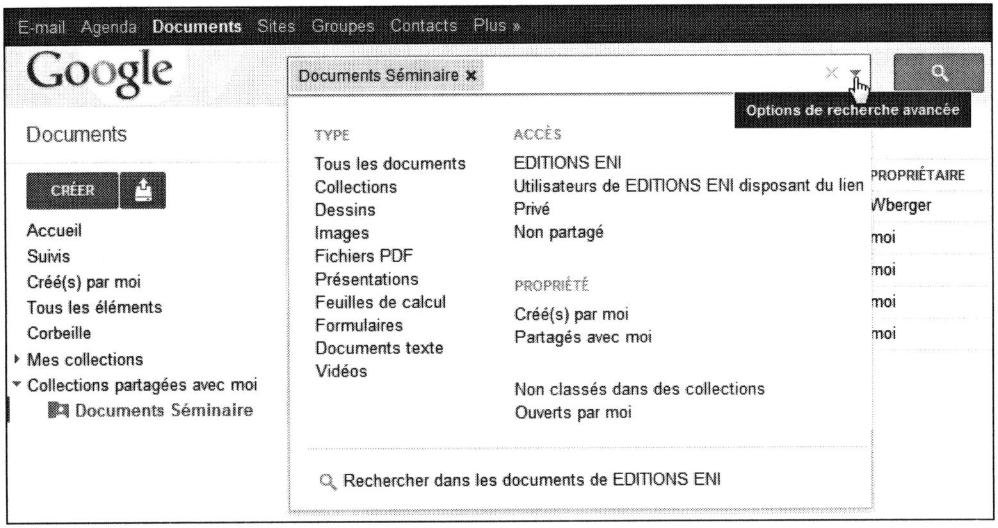

- Cliquez sur le filtre à appliquer ; par exemple, pour afficher uniquement les **Feuilles de calcul**, cliquez sur le libellé correspondant.
- Pour ajouter un autre critère de filtre, ouvrez à nouveau la liste de la zone de recherche et cliquez sur le libellé correspondant au critère à appliquer.

*Les filtres choisis se cumulent, vous ne pouvez donc pas sélectionner plusieurs critères de la même catégorie ; par exemple, vous ne pouvez pas choisir d'afficher à la fois des **Feuilles de calcul** et des **Documents texte**, par contre, vous pouvez choisir d'afficher les **Documents texte** que vous n'avez pas partagés (filtre **Non partagé** dans la catégorie **ACCÈS**).*

© Editions ENI - Toute reproduction interdite

- Pour supprimer un filtre, cliquez sur l'icône associée à son nom dans la zone de recherche.
- Pour supprimer tous les filtres appliqués et afficher à nouveau l'ensemble des documents, cliquez sur l'icône à droite de la zone de recherche.

*Vous pouvez combiner ces filtres avec une recherche par mots clés. Sur cet exemple, les **Documents texte** et ceux de **Walter** seront affichés :*

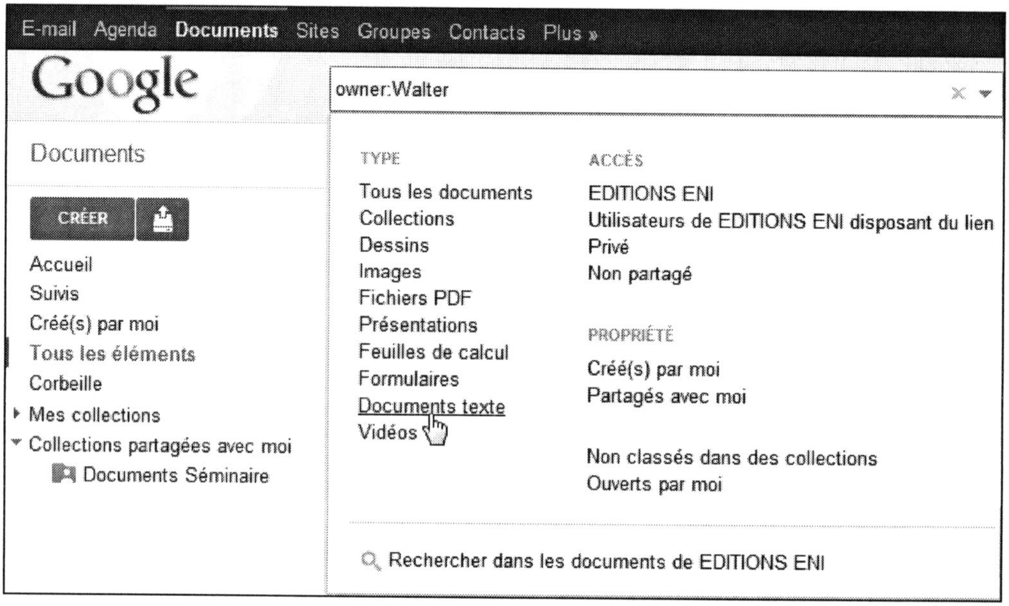

*Si vous souhaitez afficher uniquement les Documents texte de Walter sans les vôtres, effectuez dans un premier temps la recherche des documents de Walter puis, lorsque le résultat de la recherche est affiché, ouvrez la liste de la zone de recherche et sélectionnez le filtre **Documents texte**.*

Sélectionner des documents

- Pour sélectionner un ou plusieurs documents, cochez la case située en regard de leur nom (dans la première colonne de la liste des documents).
- Pour sélectionner une suite de plusieurs documents adjacents, cochez le premier document à sélectionner, maintenez ensuite la touche ⇧ et cochez le dernier document à sélectionner.
- Pour sélectionner tous les documents de la liste, cochez la case située dans l'en-tête de la colonne.

  Lorsqu'une partie des documents est sélectionnée, l'icône de cet en-tête prend l'aspect suivant ; lorsqu'aucun document n'est sélectionné, c'est l'icône suivante qui est visible ; si tous les documents sont sélectionnés, la case est cochée .
- Pour désélectionner un document, cliquez sur sa case pour la décocher.
- Pour désélectionner tous les documents, cliquez sur la case située dans l'en-tête de la première colonne.

Afficher l'aperçu d'un document

- Sélectionnez le document pour lequel vous souhaitez visualiser l'aperçu.
- Cliquez sur l'outil .

  L'aperçu du document est visible dans la partie supérieure du volet visible à droite de la fenêtre. Des informations supplémentaires sont également renseignées comme les options de partage, la description du document, la collection dans laquelle il se trouve, ses différentes versions ainsi que la dernière date de modification et son auteur. Les symboles qui apparaissent à la suite des intitulés permettent d'éditer les informations correspondantes afin de pouvoir les modifier.

© Editions ENI - Toute reproduction interdite

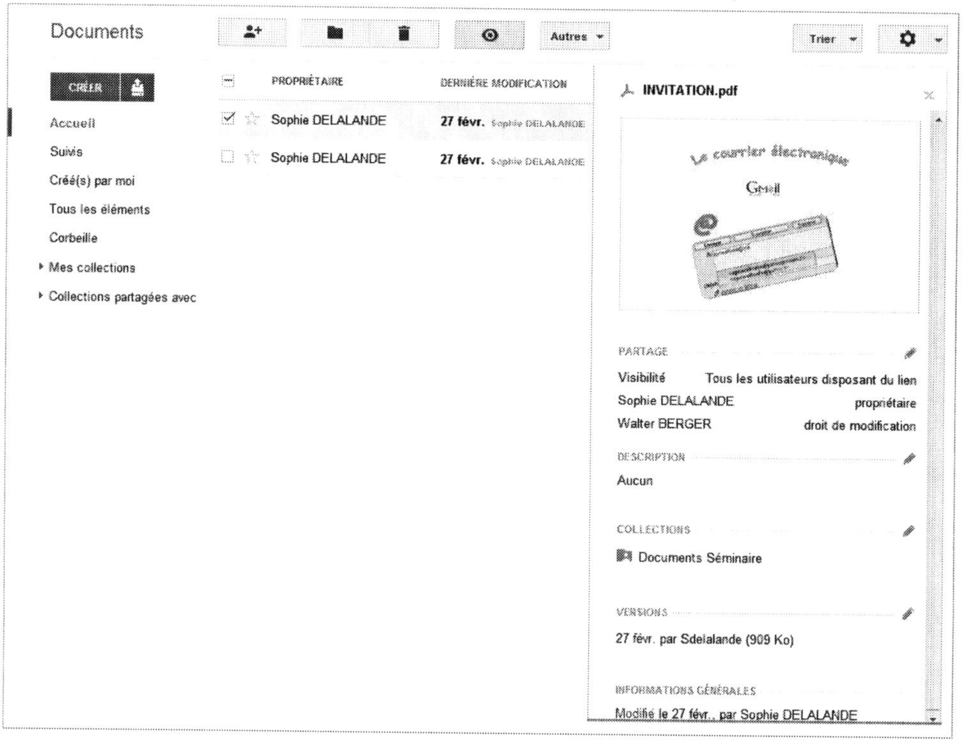

- Par exemple, pour modifier la description d'un document, cliquez sur le symbole à la suite de l'intitulé **DESCRIPTION**. Saisissez votre description dans la zone de saisie qui apparaît, pour passer à la ligne, appuyez sur la touche ↵. Validez votre saisie en cliquant en dehors de la zone.
- Pour fermer le volet de l'aperçu, cliquez sur son outil de fermeture ou désélectionnez le document.

Créer/gérer les collections

Les collections servent à classer vos différents documents. Elles peuvent également vous permettent de stocker la liste des documents que vous souhaitez partager et, dans ce cas, il vous suffira de partager la collection et non les documents un à un.

Créer une collection

- Dans le volet de navigation, cliquez sur le bouton **CRÉER** et sélectionnez **Collection.**

- Saisissez le nom à donner à la nouvelle collection et cliquez sur **OK**.

  *Les collections créées apparaissent sous l'intitulé **Mes collections** dans le volet de navigation. Pour les afficher, cliquez sur le symbole ▸ qui précède cet intitulé.*

- Pour afficher la liste des collections dans le volet d'affichage, cliquez sur l'intitulé **Mes collections.**

  Sur cet exemple, 3 collections ont été créées :

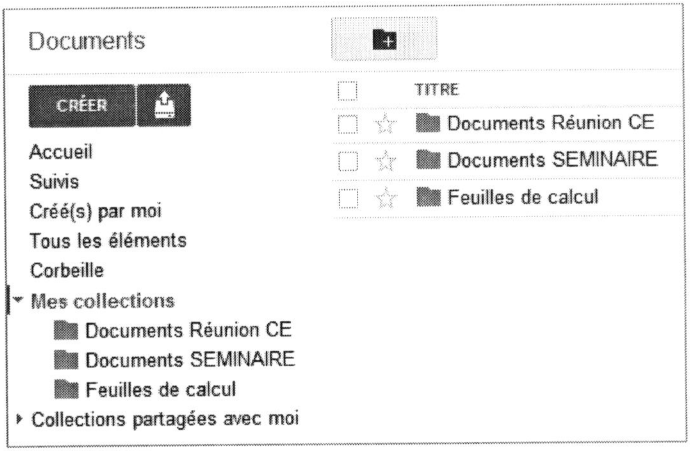

Modifier la couleur d'une collection

Par défaut, la couleur des icônes d'une collection est grise. Pour permettre de mieux les distinguer visuellement, vous pouvez leur appliquer des couleurs différentes.

- Utilisez une des méthodes suivantes :

  Sélectionnez la collection concernée. Cliquez ensuite sur le bouton **Autres**, pointez l'option **Modifier la couleur** et cliquez sur une des pastilles de couleur de la palette.

  Faites un clic droit sur le nom de la collection (dans le volet de navigation ou dans la liste des documents), pointez l'option **Modifier la couleur** et cliquez sur une des pastilles de couleur.

  Dans le volet de navigation, sélectionnez le nom de la collection à modifier et ouvrez la liste associée. Pointez ensuite l'option **Modifier la couleur** et cliquez sur la couleur souhaitée.

© Editions ENI - Toute reproduction interdite

Déplacer des documents dans une collection

Les collections sont des vues dans lesquelles vous pouvez classer vos documents. Un même document peut être visible dans plusieurs collections ; le document ne sera pas dupliqué, il est seulement accessible depuis plusieurs vues.

En utilisant la boîte de dialogue

- Sélectionnez les documents à rendre visibles dans une collection.
- Cliquez sur l'outil **Organiser** 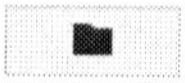 .

La fenêtre suivante s'affiche. La liste des collections existantes sont proposées. L'icône  *symbolise les collections que vous avez mises en partage ; si vous ajoutez des documents dans ce type de collection, les utilisateurs autorisés pourront y avoir accès.*

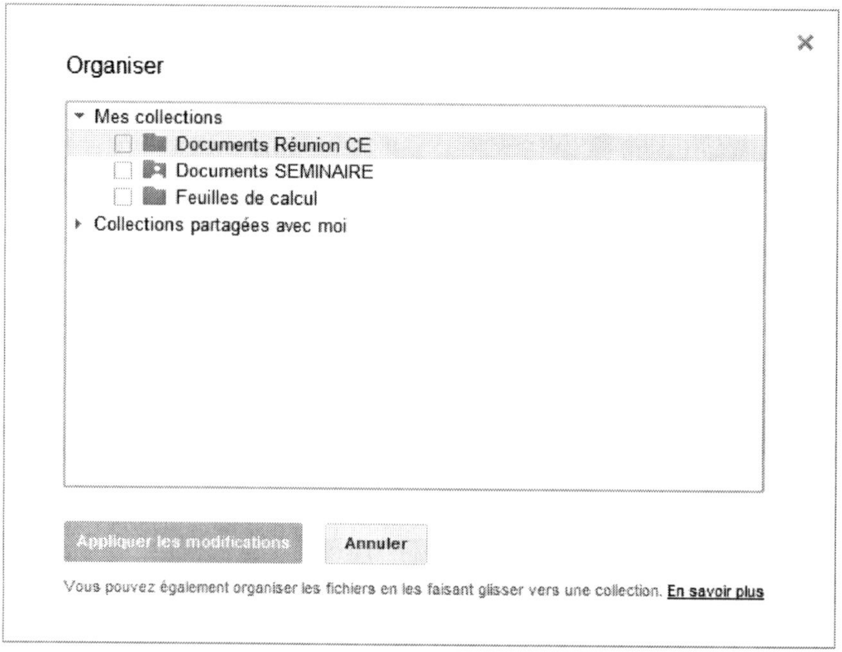

- Sélectionnez la ou les collections dans lesquelles les documents doivent apparaître.
- Cliquez sur le bouton **Appliquer les modifications.**

En utilisant la souris

- Dans le volet de navigation, sélectionnez la vue dans laquelle se trouvent les documents à déplacer puis, si besoin, affichez la collection de destination en cliquant sur le symbole ▸ qui précède **Mes collections.**
- Sélectionnez les documents souhaités.
- Pointez un des documents sélectionnés, cliquez et faites glisser en direction de la collection visible dans le volet de navigation.

*L'information **Déplacer "Nom du document"** ou **Déplacer n éléments** apparaît à côté du pointeur de la souris.*

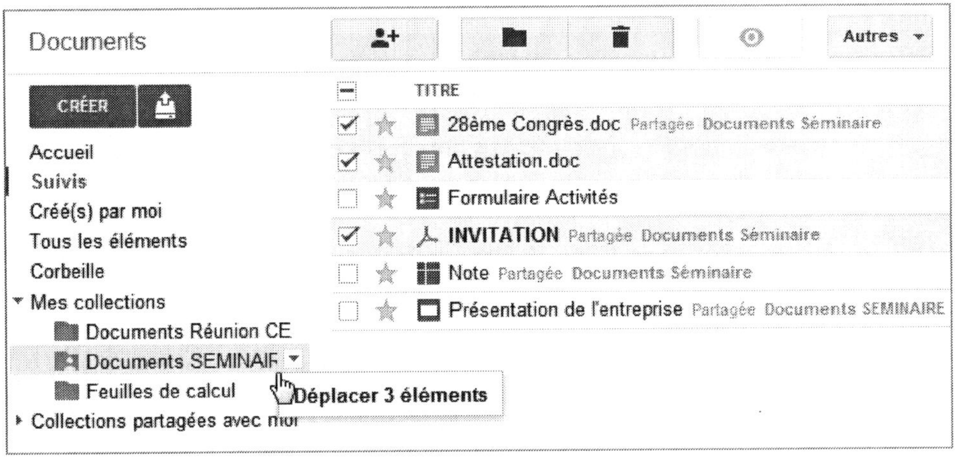

- Relâchez le bouton de la souris quand la collection souhaitée est atteinte.

*Vous constatez que les documents déplacés sont toujours visibles dans la vue d'origine et toujours accessibles depuis les vues **Accueil** et **Tous les éléments**. Dans ces vues, le nom de la collection est visible à la suite du nom du fichier, dans la liste des documents.*

Si vous placez un document d'une collection dans une autre, il ne sera plus visible dans la collection d'origine. Pour que le document reste visible dans la première collection, déplacez-le en maintenant la touche Ctrl enfoncée. L'information qui apparaîtra en regard du pointeur de la souris sera **Ajouter *n* éléments** ou **Ajouter *"Nom du document"*.**

© Editions ENI - Toute reproduction interdite

Retirer des documents d'une collection

- Sélectionnez les documents à ne plus afficher dans la collection active.
- Cliquez sur l'outil **Organiser** .
- Décochez la ou les collections concernées puis cliquez sur le bouton **Appliquer les modifications**.

Activer le suivi d'un document/d'une collection

Les documents (ou collections) pour lesquels vous activez le suivi seront accessibles depuis la vue ***Suivis*** *du volet de navigation. Cette méthode permet d'identifier rapidement les éléments que vous jugez importants et/ou pour lesquels un travail ou un suivi doit être réalisé.*

- Pour activer le suivi d'un seul élément, cochez l'icône en forme d'étoile qui apparaît dans la deuxième colonne. L'icône prend alors la couleur jaune .
- Pour marquer plusieurs éléments, sélectionnez-les puis cliquez sur le bouton **Autres** et sur l'option **Activer le suivi**.
- Cliquez sur la vue **Suivis** pour afficher tous les éléments marqués pour le suivi.
- Pour ne plus marquer un élément pour le suivi, cliquez sur l'icône correspondante ou, s'il s'agit de plusieurs éléments, sélectionnez-les et choisissez l'option **Désactiver le suivi** dans la liste du bouton **Autres**.

Renommer un document/une collection

- Sélectionnez le document ou la collection à renommer.
- Cliquez sur le bouton **Autres** et sélectionnez l'option **Renommer**.
- Saisissez le nom à attribuer au document ou à la collection et cliquez sur le bouton **OK** ou appuyez sur la touche ↵.

Masquer des documents/collections de la vue Accueil

Par défaut, la vue ***Accueil*** *affiche l'ensemble de vos documents et collections. Pour optimiser l'utilisation de cette vue, vous pouvez choisir d'afficher uniquement les éléments que vous utilisez régulièrement en masquant les autres. Les éléments masqués ne sont pas supprimés, ils seront toujours accessibles depuis la vue* ***Tous les éléments****.*

- Sélectionnez les éléments à retirer de la vue **Accueil**.
- Cliquez sur le bouton **Autres** et sélectionnez l'option **Ne pas afficher sur la page d'accueil.**

Supprimer et restaurer des documents/collections

La suppression d'éléments n'est pas définitive : les éléments sont déplacés dans la Corbeille de Google Documents. Vous pouvez donc, le cas échéant, les restaurer. Si vous supprimez un document que vous avez partagé avec d'autres utilisateurs, un message les préviendra lorsqu'ils souhaiteront ouvrir le document.

Supprimer des éléments

Si vous supprimez une collection, tous les documents contenus dans la collection seront également placés dans la Corbeille.

- Sélectionnez les éléments à supprimer puis cliquez sur l'outil .

Si vous avez sélectionné des documents dont vous êtes le propriétaire et qui ne sont pas partagés, aucune confirmation n'est demandée.

- Si vous avez choisi de supprimer une ou plusieurs collections, cliquez sur le bouton **Déplacer la collection vers la Corbeille** ou **Déplacer les collections vers la Corbeille** du message qui s'affiche.
- Si vous avez choisi de supprimer à la fois des collections et des documents, cliquez sur le bouton **Déplacer vers la Corbeille** pour confirmer la suppression.

Si vous avez choisi de supprimer une collection ou un document partagé par un utilisateur, cet élément ne sera pas supprimé et un message vous propose de vous désabonner du partage.

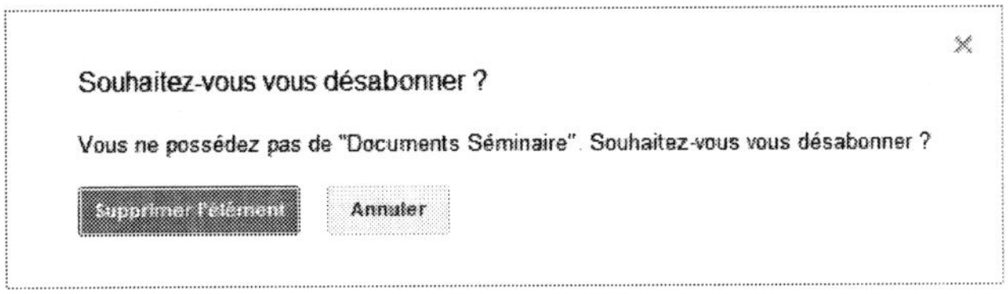

© Editions ENI - Toute reproduction interdite

- Cliquez sur le bouton **Supprimer l'élément.**

  Si vous supprimez une collection ou un document dont vous êtes propriétaire mais qui est partagé avec d'autres utilisateurs, le message qui s'affiche vous propose de modifier le propriétaire de l'élément avant de le supprimer de votre liste ou de le placer dans la corbeille et le rendre inaccessible aux autres utilisateurs :

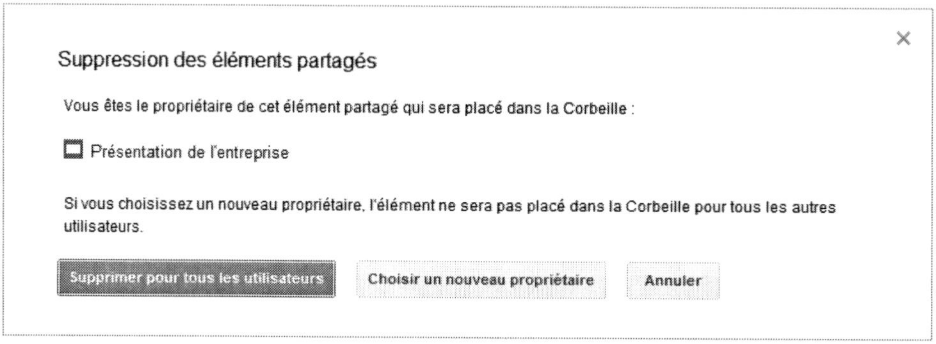

- Pour placer le document ou la collection dans la corbeille, cliquez sur le bouton **Supprimer pour tous les utilisateurs.**

  Pour **Choisir un nouveau propriétaire**, cliquez sur le bouton correspondant. Saisissez l'adresse de messagerie dans la zone **Nouveau Propriétaire** ou, si l'adresse de l'utilisateur est présente dans votre carnet d'adresses, utilisez le lien **Sélectionner dans mes contacts.** Validez en cliquant sur le bouton **Changer de propriétaire.**

  *De retour sur la liste des documents, vous constatez que le document (ou la collection) est toujours présent et que le nom de l'utilisateur choisi apparaît dans la colonne **PROPRIÉTAIRE**.*

  Pour supprimer l'élément de la liste, cliquez sur l'outil  et sur le bouton **Supprimer l'élément** du message qui s'affiche.

Pour supprimer un document partagé par un autre utilisateur, vous pouvez également choisir l'option **Se désabonner** dans la liste du bouton **Autres.**

Restaurer des éléments supprimés

- Dans le volet de navigation, cliquez sur la vue **Corbeille.**

  La liste de tous les éléments que vous avez supprimés sont visibles dans cette vue.

- Sélectionnez les éléments à retirer de la corbeille et cliquez sur le bouton **Restaurer.**

*Une notification vous indique que l'élément ou les éléments ont été retirés de la Corbeille. Le lien **Annuler** permet d'annuler l'action.*

Supprimer définitivement

- Dans le volet de navigation, cliquez sur la vue **Corbeille**.
- Pour supprimer définitivement certains éléments, sélectionnez-les et cliquez sur le bouton **Supprimer définitivement**.
- Pour supprimer définitivement tous les éléments contenus dans la Corbeille, cliquez sur le bouton **Vider la corbeille**. Cliquez ensuite sur le bouton **OK** du message de confirmation qui s'affiche.

Importer des documents

Pour compléter la liste de vos documents, il vous est possible d'importer, depuis votre poste de travail, des documents existants réalisés avec d'autres applications. Vous pourrez ensuite accéder en ligne à ces documents et les partager.

Les formats de fichiers acceptés

Documents de texte	**.doc** (ou **.docx**) provenant de Microsoft Word. **.odt** provenant d'OpenOffice (ou LibreOffice) Writer. **.rtf** ; **.txt** et **.sxw**.
Feuilles de calcul	**.xls** (ou **.xslx**) provenant de Microsoft Excel. **.ods** provenant d'OpenOffice (ou LibreOffice) Calc. **.csv** correspondant au format de fichier d'exportation.
Présentations	**.ppt** (ou **.pptx**) et **.pps** provenant de Microsoft PowerPoint.

*Ces différents formats de fichiers, s'ils sont convertis au format Google Documents, n'occupent pas de place dans votre espace de stockage, ce qui n'est pas le cas pour les fichiers images et ceux au format **.pdf**.*

Importer un fichier

Cette méthode vous permet d'importer un fichier ou certains fichiers contenus dans un même dossier.

- Dans le volet de navigation, cliquez sur l'outil **Importer** , visible à la suite du bouton **CRÉER**, et sur l'option **Fichiers**.

© Editions ENI - Toute reproduction interdite

- Dans la boîte de dialogue **Ouvrir**, accédez à l'emplacement du ou des fichiers. Pour importer un seul fichier, faites un double clic sur son nom ; pour en importer plusieurs, sélectionnez-les en utilisant la touche ⇧ pour une sélection continue ou la touche Ctrl pour une sélection discontinue puis validez en cliquant sur le bouton **Ouvrir**.

  *La fenêtre **Paramètres d'importation** s'affiche.*

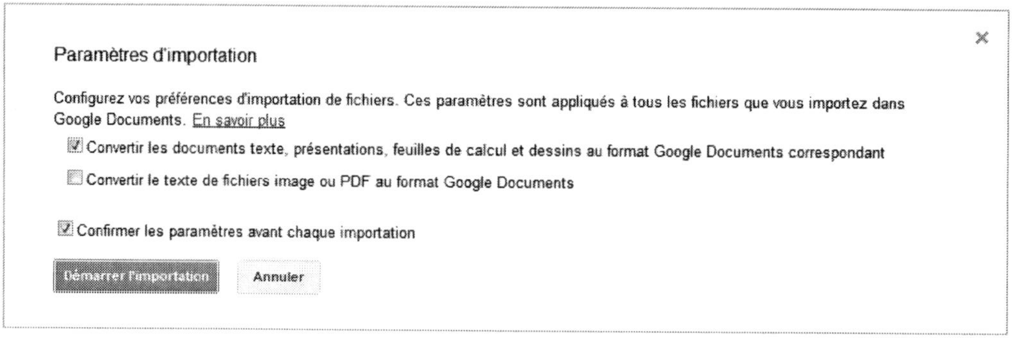

- Laissez cochée la première option si vous souhaitez que les documents choisis soient convertis au format des applications Google Documents ainsi, les documents ne seront pas comptabilisés dans votre espace de stockage par Google.

  Si les documents sont des fichiers images qui contiennent du texte et que vous souhaitez que le texte soit convertit en document texte, vous pouvez cocher la deuxième option (cf. Convertir des images en document texte).

- Laissez cochée l'option **Confirmer les paramètres avant chaque importation** si vous souhaitez que cette fenêtre s'affiche à chaque importation.
- Cliquez sur le bouton **Démarrer l'importation.**

  Le volet d'importation qui s'ouvre affiche la progression de téléchargement du ou des fichiers sélectionnés.

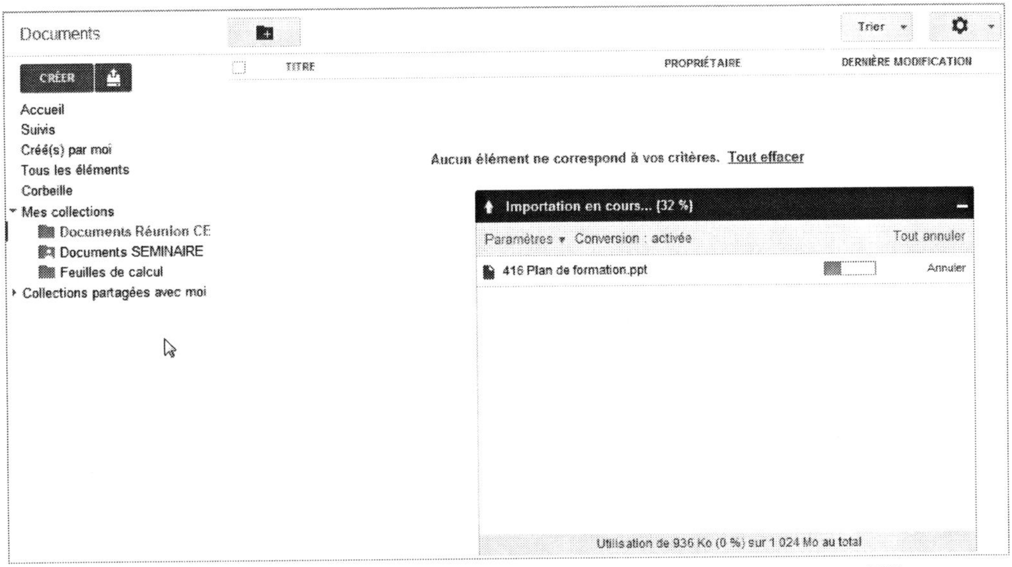

Une fois l'importation terminée, fermez le volet en cliquant sur l'outil .

*Le ou les fichiers importés sont visibles dans les vues **Accueil** et **Tous les éléments**.*

Lors de l'importation, si la fenêtre **Paramètres d'importation** ne s'ouvre pas, cliquez sur l'outil **Importer** , pointez l'option **Paramètres** et sélectionnez l'option **Vérifier les paramètres avant chaque importation** pour l'activer.

Importer un dossier

Si vous souhaitez importer un nombre importants de fichiers, nous vous conseillons de les placer dans un même dossier et d'utiliser cette procédure d'importation.

*Cette fonctionnalité n'étant active que dans le navigateur Google Chrome, il vous est possible de l'utiliser dans un autre navigateur si vous avez, au préalable, téléchargé l'applet Java pour l'utiliser (outil - option **Activer l'importation de dossiers** - bouton **Installer l'applet**).*

Dans le volet de navigation, cliquez sur l'outil **Importer** et sur l'option **Dossier** ou, si vous n'utilisez pas Google Chrome, sur l'option **Fichiers et dossiers**.

© Editions ENI - Toute reproduction interdite

- Dans la boîte de dialogue **Rechercher un dossier** (ou **Importer** dans les autres navigateurs), sélectionnez celui contenant l'ensemble des fichiers à importer puis cliquez sur le bouton **OK**.
- Précisez les **Paramètres d'importation** dans la fenêtre qui s'affiche comme vu précédemment puis cliquez sur le bouton **Démarrer l'importation**.
- Lorsque l'indication **Importé** apparaît à la suite du nombre d'éléments importés dans le volet d'importation, fermez le volet en cliquant sur son outil de fermeture.

  Le dossier sélectionné est alors ajouté en tant que collection dans la liste ***Mes collections*** *et il contient tous les fichiers importés.*

Importer des fichiers par cliqué-glissé

Cette méthode, uniquement disponible dans Google Chrome, vous permet d'importer rapidement les fichiers de votre disque dur vers une des collections ou vues de Google Documents.

- Dans le volet de navigation, affichez, si besoin, la collection dans laquelle vous placerez les fichiers.
- Sur votre poste de travail, ouvrez le dossier des fichiers à importer.
- Disposez les fenêtres du dossier et de l'explorateur côte à côte.
- Dans la fenêtre du dossier, sélectionnez le ou les fichiers souhaités, puis pointez un des fichiers sélectionnés, cliquez et faites glisser la sélection en direction de la vue ou de la collection de votre choix.

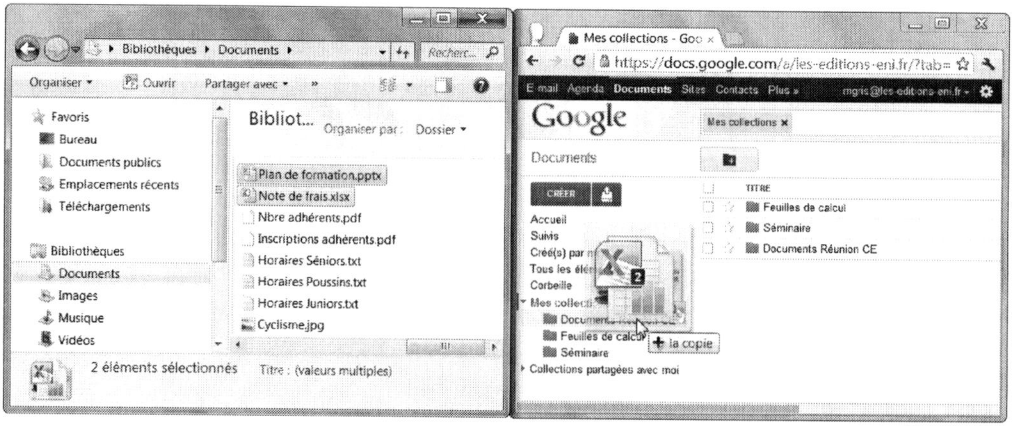

- Relâchez le bouton de la souris lorsque la vue ou la collection de destination est atteinte.

Télécharger des documents sur son ordinateur

*Cette méthode enregistre et convertit vos documents Google Documents en un format de fichier reconnu par les autres applications que vous utilisez. Les formats des applications Microsoft Office et OpenOffice (ou LibreOffice) sont proposés ainsi que les formats texte (**.txt** ou **.rtf**), HTML et PDF. La conversion crée une copie du document sur votre ordinateur, le fichier original conserve donc son format initial.*

- Sélectionnez le ou les documents à exporter ou, si vous souhaitez exporter tous les documents de la liste, sélectionnez seulement un de ces fichiers.
- Cliquez sur le bouton **Autres** et sur l'option **Télécharger**.

Cette option n'est visible que si le ou les documents sélectionnés sont au format Google Documents ou s'ils ont été convertis en tant que tel lors de l'importation.

*La fenêtre **Convertir et télécharger** s'ouvre.*

- Si vous souhaitez exporter l'ensemble de vos documents, cliquez sur l'onglet **Tous les éléments**.

Si la procédure s'applique à plusieurs fichiers, ils seront enregistrés dans un fichier compressé (.zip). Notez également que la taille maximale de ce fichier ne doit pas excéder 2 Go. Si vous pensez dépasser ce quota, exportez vos fichiers en plusieurs étapes.

Par défaut, les documents seront convertis au format Microsoft Office.

- Pour les convertir dans un autre format, cliquez sur le lien **Open Office** ou **PDF** selon votre choix.

Si, pour certains fichiers, vous souhaitez choisir un autre format de conversion, ouvrez la liste du type de fichiers concerné puis sélectionnez le format souhaité.

*Les options de la liste sont différentes selon le type de fichiers. Sur cet exemple, il s'agit des documents de traitement de texte. L'option **Ouvrir le document** permet de le convertir au format OpenOffice Writer.*

© Editions ENI - Toute reproduction interdite

- Cliquez sur le bouton **Télécharger**.

  *Si vous utilisez Google Chrome, le fichier est automatiquement enregistré dans le dossier **Téléchargement** de Windows. Vous pouvez ouvrir la liste du bouton qui porte le nom du fichier (visible dans la partie inférieure de la fenêtre) et choisir l'option **Ouvrir** ou **Afficher dans le dossier** si vous le souhaitez.*

- Si vous utilisez Internet Explorer, ouvrez la liste du bouton **Enregistrer** qui apparaît dans la barre d'informations (en bas de la fenêtre) et sélectionnez l'option **Enregistrer sous.** Sélectionnez le dossier d'enregistrement du fichier et cliquez sur le bouton **Enregistrer.**

Si le document est ouvert, vous pouvez utiliser l'option **Télécharger au format** du menu **Fichier.**

Créer une copie d'un document

Cette procédure permet d'enregistrer une copie du document affiché.

- Dans la liste des documents, cliquez sur le nom du document pour l'ouvrir.
- Cliquez sur le menu **Fichier** et sur l'option **Créer une copie.**

- Si le document est partagé, cochez l'option **Copier aussi les collaborateurs du document** pour enregistrer la liste des personnes qui sont en partage.
- Cliquez sur le bouton **OK.**

  *Le document dupliqué s'ouvre dans un nouvel onglet, le nom du document d'origine est repris précédé de l'intitulé **Copie de**. Vous pouvez alors modifier ce document indépendamment du document original et le renommer.*

Convertir des images en document texte

Il s'agit ici d'utiliser la reconnaissance de caractères de Google Documents pour vos documents numérisés par exemple ou pour tout autre fichier image contenant du texte. À l'issue de cette conversion, il vous sera alors possible de modifier le texte de ces fichiers images.

- Dans le volet de navigation, cliquez sur l'outil **Importer**  et sur l'option **Fichiers.**
- Dans la boîte de dialogue **Ouvrir**, accédez à l'emplacement du fichier et faites un double clic sur son nom.
- Dans la fenêtre **Paramètres d'importation** qui s'affiche, décochez la première option et cochez l'option **Convertir le texte de fichiers image ou PDF au format Google Documents.**

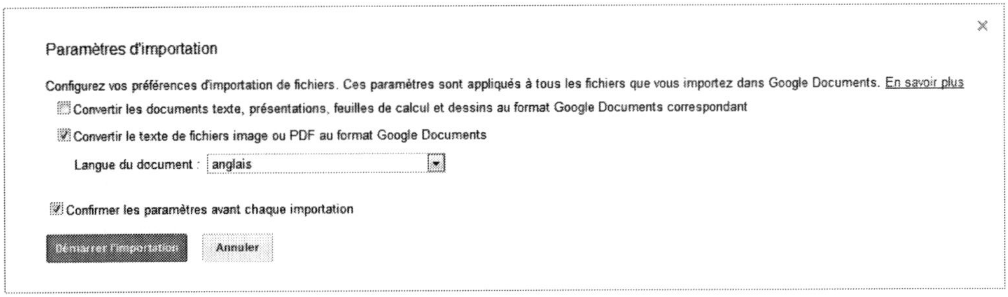

- Sélectionnez la **Langue du document** dans la liste correspondante.
- Cliquez sur le bouton **Démarrer l'importation.**
- Une fois l'importation terminée, fermez le volet en cliquant sur l'outil .

  *Le fichier est visible dans les vues **Accueil** et **Tous les éléments**. Bien que l'extension du fichier ait été conservée, il s'agit bien d'un document texte. Vous pouvez, bien évidemment, renommer ce fichier.*

© Editions ENI - Toute reproduction interdite

- Cliquez sur le nom du fichier si vous voulez l'ouvrir.

  Le document s'affiche dans l'application de traitement de texte de Google. L'image apparaît en début de document et le texte converti à la suite de cette image. Selon la qualité du document numérisé ou de l'image, certaines coquilles peuvent apparaître lorsque certains caractères n'ont pas pu être reconnus. Il vous faut dans ce cas les modifier manuellement.

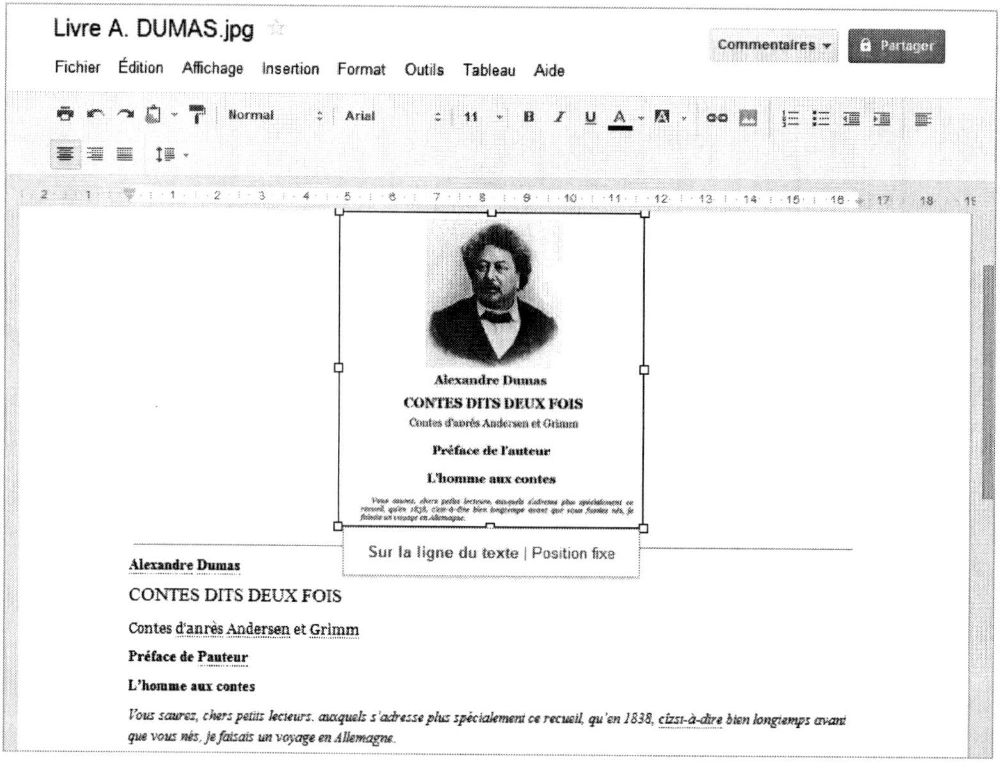

- Pour revenir à la liste des documents, fermez l'onglet de la fenêtre.

Partager un document/une collection

Vous pouvez choisir de partager, de manière individuelle, certains de vos documents ou l'ensemble des documents contenus dans une collection. Pour les utilisateurs externes à votre organisation, il n'est pas nécessaire qu'ils disposent d'un compte Gmail (ou Google) pour pouvoir modifier le document si vous leur attribuez cette autorisation.

- Sélectionnez les éléments à partager (documents et/ou collections).

- Cliquez sur l'outil **Partager**  .

  *Par défaut, le niveau d'accès est **Privé** et seul votre nom figure dans la liste des utilisateurs autorisés.*

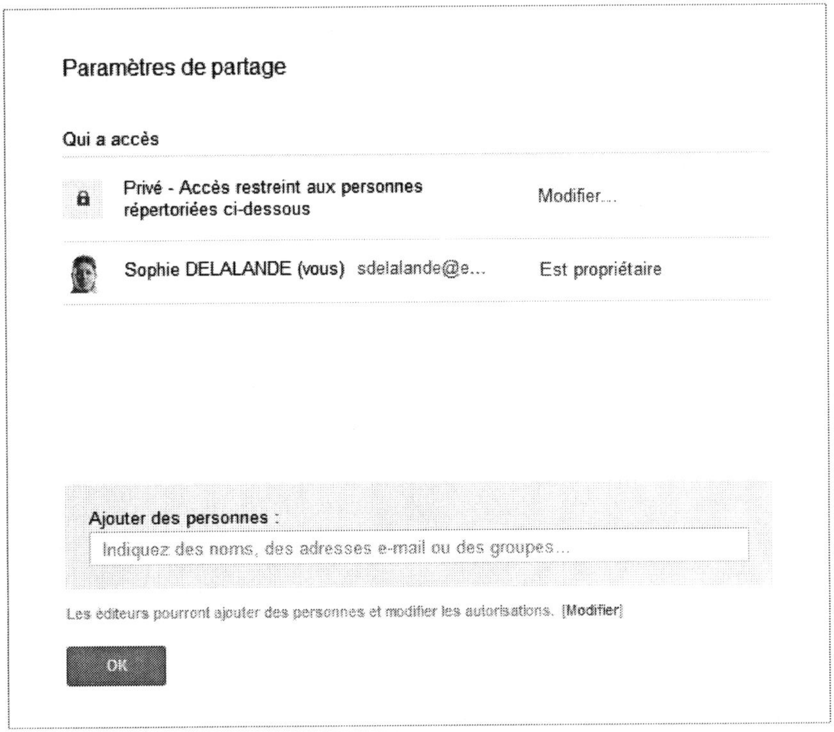

- Pour modifier le niveau d'accès, cliquez sur le lien **Modifier**.

© Editions ENI - Toute reproduction interdite

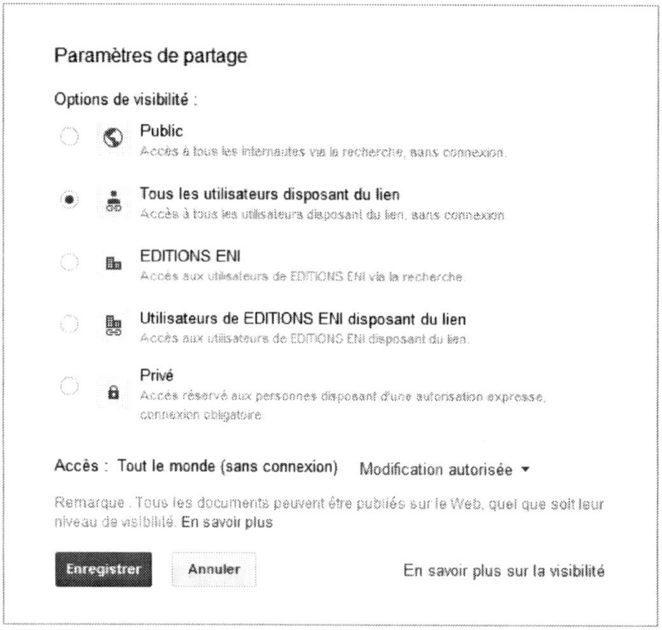

- Activez une des options :

  Public : tout internaute aura accès aux éléments partagés sans demande de connexion à un compte Gmail ou Google. Les documents apparaîtront dans les résultats d'une recherche effectuée par des moteurs de recherche.

  Tous les utilisateurs disposant du lien : tout internaute à qui vous communiquerez le lien URL aura accès aux éléments partagés sans demande de connexion à un compte Gmail ou Google.

  Nom du domaine : l'accès sera uniquement autorisé aux utilisateurs de votre domaine. Les éléments partagés apparaîtront automatiquement dans la liste de leurs documents (vues **Accueil** et **Tous les éléments**) et, s'il s'agit de collections, dans la vue **Collections partagées avec moi**.

  Utilisateurs de *Nom du domaine* disposant du lien : seuls les utilisateurs du domaine qui posséderont le lien URL pourront accéder aux éléments partagés.

- Si le document à partager est de type Texte ou Présentation : dans la zone **Accès**, ouvrez la liste qui propose par défaut **Modification** (ou **Consultation**) **autorisée**, et sélectionnez l'option correspondant aux actions que les utilisateurs pourront effectuer :

  Modification autorisée : les utilisateurs auront accès à toutes les fonctions d'édition du document et pourront le modifier ou le partager à leur tour.

Commentaire autorisé : les utilisateurs auront accès en lecture seule au document mais auront la possibilité de l'annoter à l'aide de commentaires.

Consultation autorisée : les utilisateurs pourront afficher le document uniquement en lecture seule sans la possibilité de le modifier ou de l'annoter, en revanche, ils pourront, s'ils le souhaitent, l'imprimer.

- Si l'élément partagé est un autre type de fichier ou s'il s'agit d'une collection : dans la zone **Accès en écriture**, cochez l'option **Accès en écriture pour tous (sans connexion)** pour autoriser les internautes à modifier le document sans qu'il soit nécessaire de s'identifier (pour le niveau **Public** ou **Tous les utilisateurs disposant du lien**) ou l'option **Autoriser tous les utilisateurs de *Nom du domaine* à modifier ce document** (pour le niveau ***Nom du domaine*** ou **Utilisateurs de *Nom du domaine* disposant du lien**).
- Cliquez sur le bouton **Enregistrer**.
- Pour ajouter à la liste, des utilisateurs supplémentaires, cliquez dans la zone **Ajouter des personnes** et saisissez leur adresses de messagerie en les séparant par une virgule ou, si les utilisateurs sont présents dans vos carnets d'adresses, saisissez les premiers caractères de leur nom ou adresse et cliquez sur leur nom dans la liste contextuelle ; pour choisir plusieurs destinataires dans un de vos carnets d'adresses, cliquez sur le lien **Sélectionner dans mes contacts.** Choisissez, si besoin, le carnet d'adresses ou le type de contact dans la liste puis cliquez sur chacun des contacts à ajouter.

La zone de recherche située dans la partie supérieure de la fenêtre permet de retrouver rapidement un contact en saisissant une partie de son nom. Si vous souhaitez désélectionner un des contacts, il suffit de cliquer à nouveau sur son nom.

© Editions ENI - Toute reproduction interdite

Cliquez sur le bouton **OK**.

Dans la liste située à droite, choisissez l'action que les utilisateurs seront autorisés à faire.

Sur cet exemple, tous les utilisateurs du domaine EDITIONS ENI auront accès au document partagé en Lecture seule hormis Alys MARTIN et Anne GAUTHIER qui pourront le modifier.

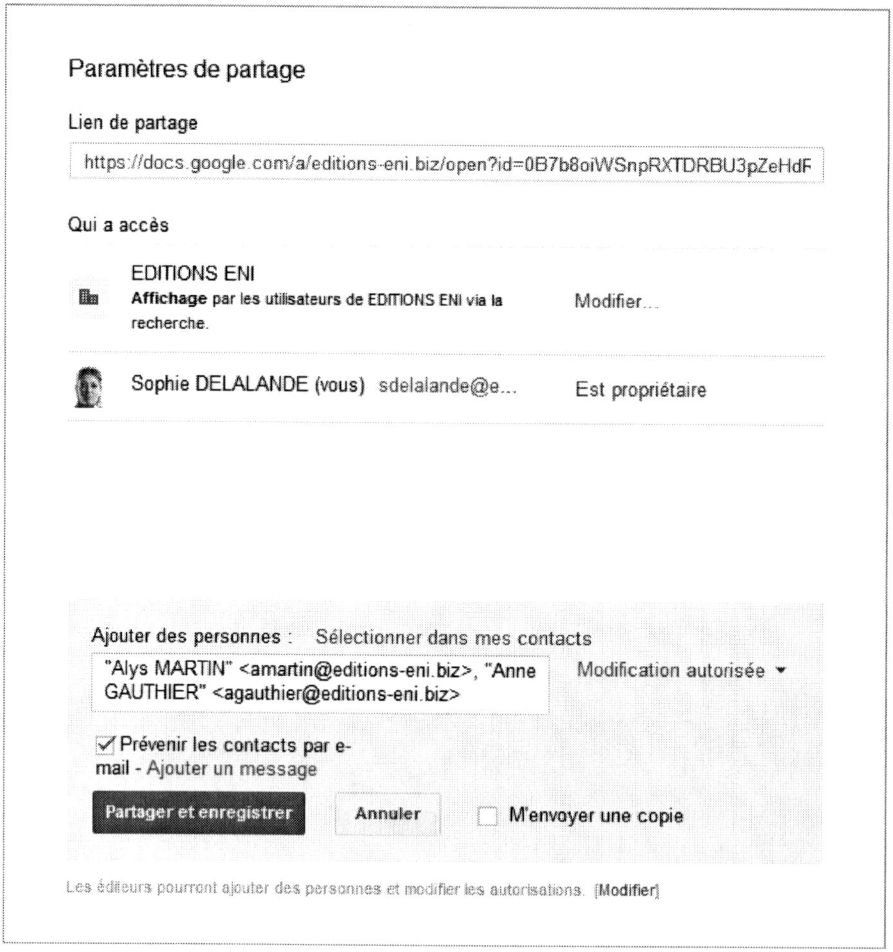

- Si vous souhaitez qu'un e-mail soit envoyé aux utilisateurs renseignés dans la zone **Ajouter des personnes**, laissez cochée l'option **Prévenir les contacts par e-mail.**

  *Le message envoyé contiendra le lien d'accès à l'élément ou aux éléments partagés. Le lien **Ajouter un message** permet de modifier le texte du message qui sera envoyé.*

- Si vous souhaitez recevoir une copie de cet e-mail, cochez l'option **M'envoyer une copie.**

- Si vous avez choisi un niveau pour lequel les utilisateurs devront disposer du lien URL pour accéder à l'élément ou aux éléments partagés, sélectionnez le lien visible dans la zone **Lien de partage** et copiez-le en utilisant le raccourci-clavier Ctrl **C** par exemple. Après validation et depuis votre logiciel de messagerie, vous pourrez coller le lien dans la zone de saisie du message destiné aux utilisateurs souhaités.

- Cliquez sur le bouton **Partager et enregistrer.**

  *Un récapitulatif des paramètres du partage s'affiche. Le lien **Modifier** permet de changer le niveau de partage Pour supprimer un des utilisateurs de la liste, vous pouvez cliquer sur le symbole* ✖.

- Cliquez sur **OK.**

- Si vous avez renseigné l'adresse de messagerie d'un utilisateur ne faisant pas partie du domaine, Google vous demande confirmation, cliquez dans ce cas sur **Oui.**

  *L'information **Partagée** apparaît à la suite du nom des éléments partagés et les collections partagées sont symbolisées par l'icône suivante* .

- Pour modifier les options de partage, sélectionnez l'élément concerné puis cliquez sur l'outil **Partager** . Réalisez les modifications souhaitées puis validez.

Si aucun lien n'est requis pour accéder au partage, les documents partagés apparaissent automatiquement dans la liste des documents des utilisateurs autorisés s'ils utilisent Google Documents ; les collections partagées quant à elles sont visibles dans **Collections partagées avec moi.**

Le partage d'un document est également possible depuis un document ouvert via le bouton **Partager.** En pointant ce bouton, les informations relatives au partage s'affichent dans une info-bulle.

© Editions ENI - Toute reproduction interdite

Pour afficher la liste des utilisateurs qui partage un document, vous pouvez, après avoir sélectionné le document, cliquer sur l'outil **Aperçu** .

Modifier le propriétaire d'un document

*Chaque utilisateur est propriétaire des fichiers qu'il importe ou qu'il crée via les applications Google Documents. Dans la colonne **PROPRIÉTAIRE** de la liste des documents, le nom du propriétaire est visible pour chacun des documents. Si vous souhaitez vous défaire d'un document et déléguer son édition à une autre personne (uniquement un utilisateur de votre domaine), vous allez pouvoir lui donner les droits de propriété. Ledit document restera en partage et vous y aurez toujours accès depuis votre liste de documents. Sachez, avant de réaliser cette procédure, que la personne que vous désignerez comme propriétaire d'un de vos documents aura ensuite tous les droits sur ce dernier, à savoir, il pourra le modifier, le supprimer, restreindre voire supprimer, s'il le souhaite, vos autorisations de partage, et même, à son tour, choisir un autre propriétaire. Ce document ne vous appartient plus !*

- Sélectionnez le document concerné et cliquez sur l'outil **Partager** .
- Dans la zone **Ajouter des personnes**, saisissez une partie du nom du contact et cliquez sur son nom lorsqu'il s'affiche dans la liste contextuelle.
- Cliquez sur le bouton **Partager et enregistrer.**
- Ouvrez la liste située à droite du nom du contact et sélectionnez **Est propriétaire.**

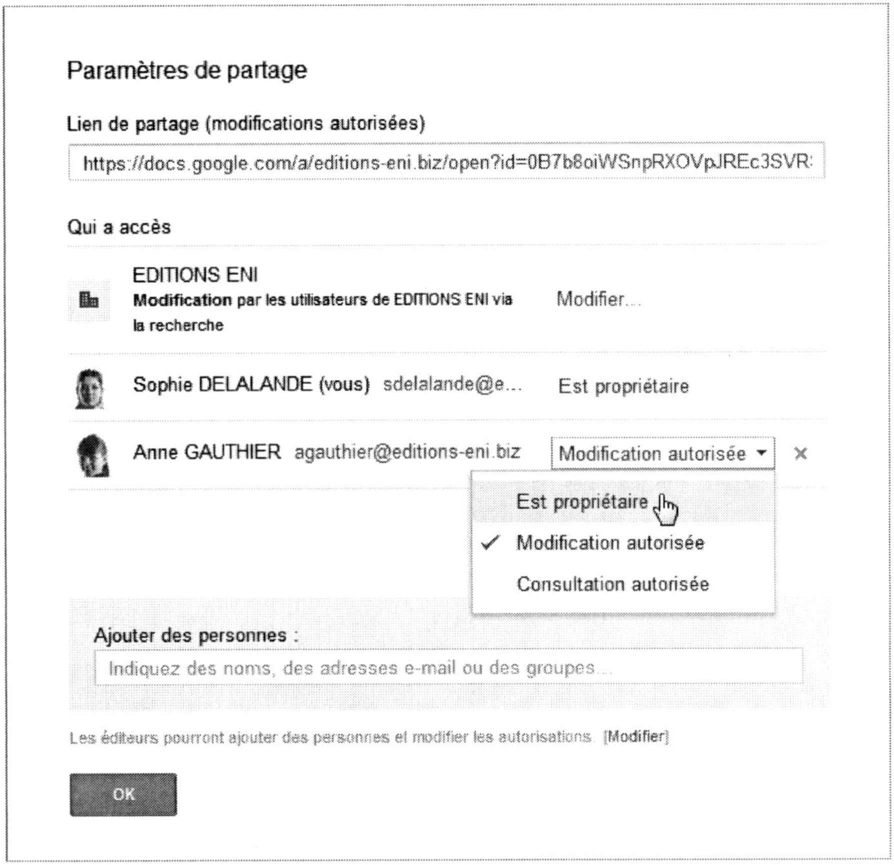

Cliquez sur le bouton **Enregistrer les modifications** puis sur **OK.**

Si vous avez coché l'option **Prévenir les contacts par e-mail** dans la fenêtre **Paramètres de partage**, le nouveau propriétaire reçoit seulement une notification de partage, rien dans le message n'indique son changement de statut.

© Editions ENI - Toute reproduction interdite

Envoyer un e-mail aux collaborateurs d'un document partagé

Par cette technique, vous pouvez contacter tous les utilisateurs qui partagent le même fichier, qu'ils soient propriétaires ou non de ce document. Un lien d'accès vers le document sera visible dans l'e-mail reçu par vos collaborateurs.

- Sélectionnez le document concerné.
- Cliquez sur le bouton **Autres**, pointez l'option **Partager** et choisissez l'option **Envoyer un e-mail aux collaborateurs**.

  *La zone **Objet** reprend le nom du document sélectionné et la liste des personnes partageant ce document est visible dans le volet droit de la fenêtre. Par défaut, tous les collaborateurs sont sélectionnés.*

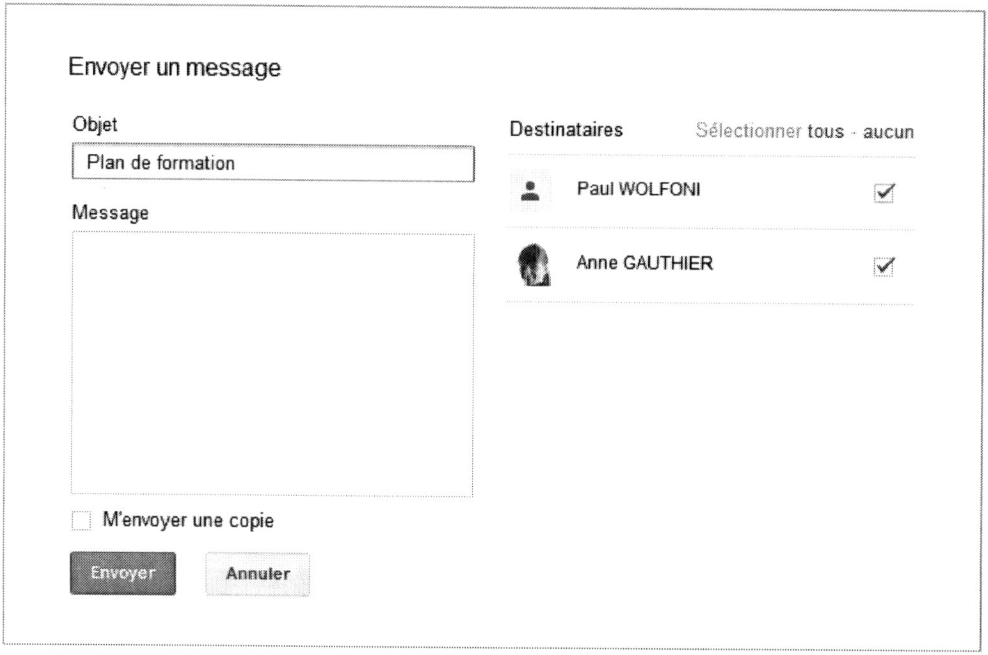

- Si vous ne souhaitez pas envoyer cet e-mail à toutes ces personnes, décochez alors les noms des contacts à retirer de la liste.
- Modifiez, si besoin, l'**Objet** puis saisissez le texte du **Message**.
- Si vous souhaitez recevoir une copie de l'e-mail, cochez l'option **M'envoyer une copie**.

- Cliquez sur le bouton **Envoyer**.
- Si le document est ouvert, vous pouvez utiliser l'option **Envoyer par e-mail aux collaborateurs** du menu **Fichier**.

Envoyer un document par e-mail

- Sélectionnez le document concerné.
- Cliquez sur le bouton **Autres**, pointez l'option **Partager** et choisissez l'option **Envoyer par e-mail en pièce jointe**.

  *La zone **Objet** reprend le nom du document sélectionné.*
- Dans la liste **Joindre au format**, sélectionnez le format d'envoi du fichier (HTML, PDF, Microsoft Word...).
- Dans la zone **À**, saisissez l'adresse de messagerie des destinataires ou cliquez sur le lien **Sélectionner dans mes contacts** pour les choisir dans un de vos carnets d'adresses.
- Modifiez, si besoin, l'**Objet** puis saisissez le texte du **Message**.
- Si vous souhaitez recevoir une copie de l'e-mail, cochez l'option **M'envoyer une copie**.
- Cliquez sur le bouton **Envoyer**.
- Si le document est ouvert, vous pouvez utiliser l'option **Envoyer par e-mail en pièce jointe** du menu **Fichier**.

Afficher/utiliser l'historique des révisions

Les enregistrements étant automatiques, Google conserve différentes versions d'un document qui peuvent être consultées ou être récupérées très facilement. Lorsqu'un document est partagé, l'historique reprend les modifications de tous les utilisateurs ayant contribué à la modification du document.

- Lorsque le document est ouvert, cliquez sur le menu **Fichier** et sur l'option **Consulter l'historique des révisions**.

  *Le volet **Historique des révisions** s'affiche à droite de la fenêtre. Les corrections sont visibles dans le document, leur couleur reprend celle de l'auteur des corrections.*

© Editions ENI - Toute reproduction interdite

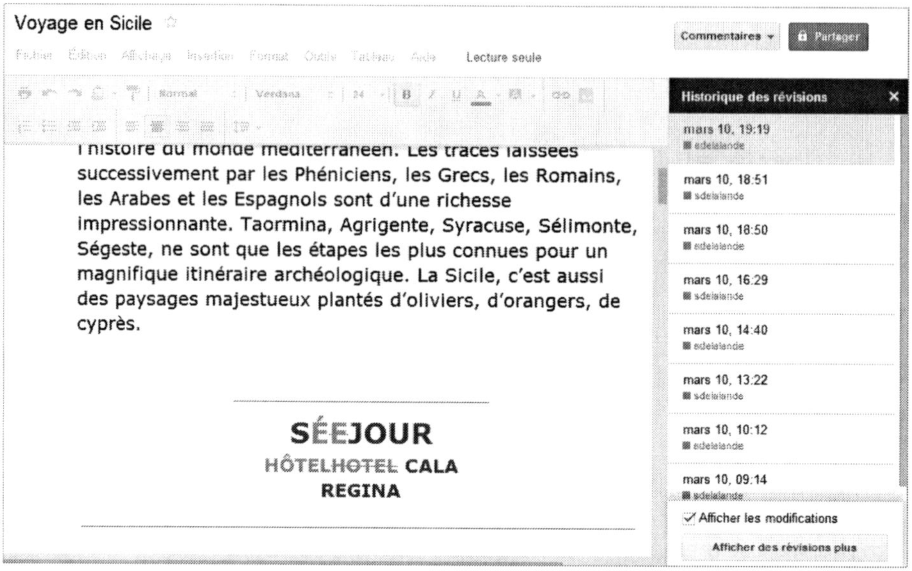

Par défaut, un nombre restreint de versions est proposé.

- Pour afficher l'ensemble des versions, cliquez sur le bouton **Afficher des révisions plus détaillées.**
- Cliquez sur la version que vous souhaitez consulter.
- Pour utiliser une des versions du document en remplacement de la dernière version, cliquez sur la révision puis sur le lien **Restaurer cette révision.**

Quelle que soit la version restaurée, il vous est possible à tout moment de revenir à une version ultérieure à celle choisie.

Publier un document sur Internet

La publication d'un document permet de mettre à disposition des internautes auxquels vous aurez transmis le lien, les pages d'un document Texte, d'une présentation ou d'une ou de plusieurs feuilles de calcul d'un classeur au format HTML en mode consultation. Vous pouvez également utiliser cette technique pour insérer le code HTML du document dans un blog ou un site de Google Sites.

- Ouvrez le document à publier.
- Dans le menu **Fichier**, sélectionnez l'option **Publier sur le Web.**

La fenêtre qui s'affiche est différente selon le type de document publié.

- S'il s'agit d'un classeur, choisissez éventuellement la feuille de calcul à publier dans la liste déroulante.
- Si la publication est uniquement destinée aux membres de votre domaine, cochez l'option **Les lecteurs doivent se connecter avec leur compte *Nom du domaine*.**
- Pour que la page Web publiée soit mise automatiquement à jour à chaque modification, cochez l'option **Republier automatiquement après chaque modification.**
- Cliquez sur le bouton **Démarrer la publication** et sur le bouton **OK** du message de confirmation qui s'affiche.

Les informations de la fenêtre sont différentes selon le type de document que vous publiez.

Pour un document de type Feuille de calcul

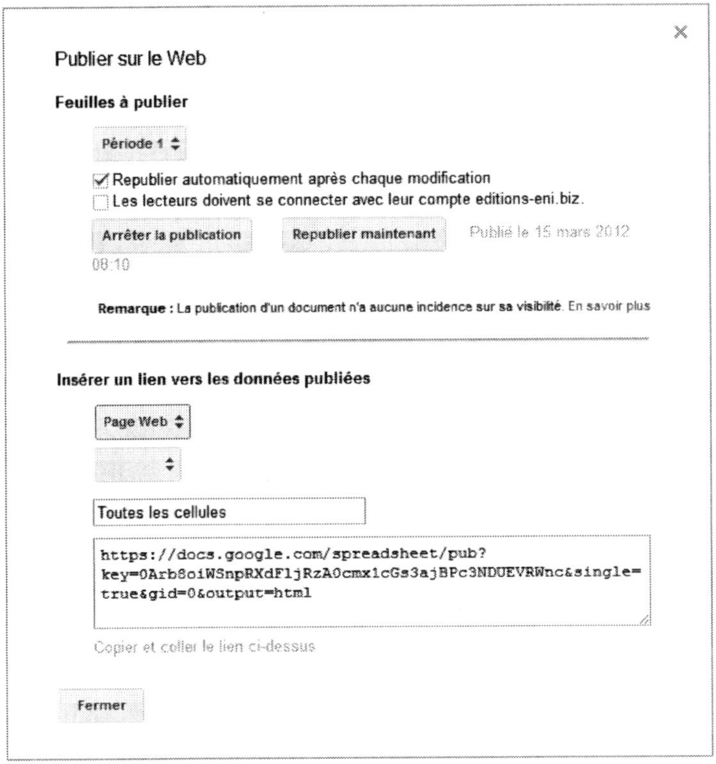

© Editions ENI - Toute reproduction interdite

- Dans le cadre **Insérer un lien vers les données publiées**, sélectionnez le format de publication dans la liste : **Page Web**, **Code HTML à intégrer dans une page** (pour un blog ou un site Web), **CSV**, **TXT** ou **PDF**.
- Pour publier uniquement une partie de la feuille de calcul, indiquez la plage de cellules concernées dans la zone de saisie suivante, par exemple **A1:F20** ou, si la plage de cellules a été nommée, saisissez son nom. Cliquez ensuite dans la zone où apparaît le code afin qu'il puisse se mettre à jour en fonction de la plage précisée.
- Sélectionnez et copiez ensuite l'intégralité du code d'accès : cliquez, si besoin, dans la zone puis faites Ctrl **A** puis Ctrl **C**.
- Si vous avez copié le code HTML, accédez à la page d'un billet de blog existant ou d'un nouveau billet de blog ou bien à la page HTML du site dans laquelle vous souhaitez le publier puis collez-le en utilisant le raccourci Ctrl **V**.
- Si vous souhaitez transmettre le lien par messagerie, créez un nouveau message dans votre logiciel de messagerie ou dans Gmail puis, dans la zone de saisie, collez le lien via le raccourci Ctrl **V**. Renseignez les adresses des destinataires et les autres informations du message et envoyez-le.
- Lorsque tous les liens d'accès souhaités ont été collés, cliquez sur le bouton **Fermer** de la fenêtre **Publier sur le Web**.

Pour un document de type Présentation

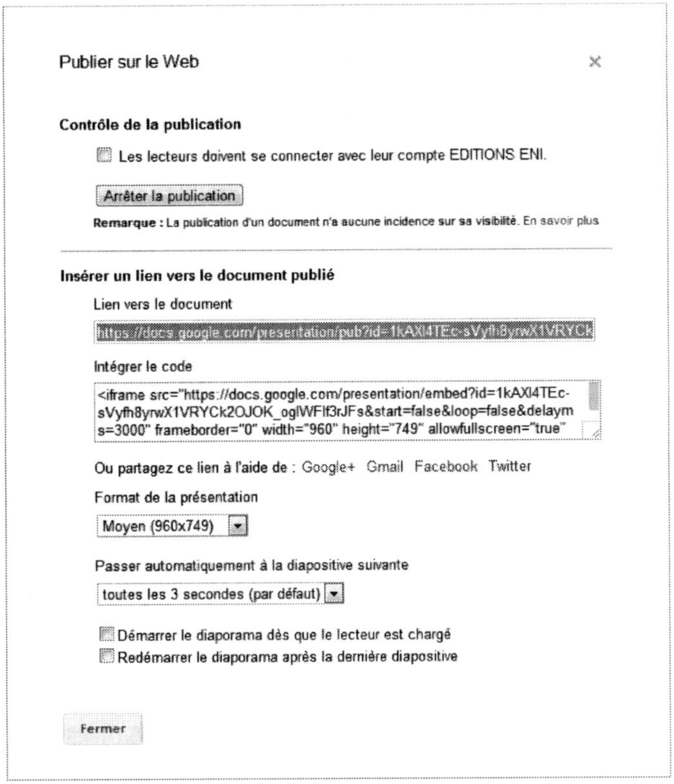

- Dans le cadre **Insérer un lien vers le document publié**, choisissez, dans la liste correspondante, le **Format de la présentation.**
- Dans la liste suivante, **Passer automatiquement à la diapositive suivante**, sélectionnez la durée d'affichage de chaque diapositive.
- Cochez l'option **Démarrer le diaporama dès que le lecteur est chargé** si le diaporama doit se lancer automatiquement.
- Pour faire défiler le diaporama en boucle (après l'affichage de la dernière diapositive, le diaporama reprendra automatiquement depuis la première), cochez l'option **Redémarrer le diaporama après la dernière diapositive.**
- Pour transmettre le lien d'accès au diaporama aux utilisateurs souhaités, cliquez sur le lien **Gmail.**

© Editions ENI - Toute reproduction interdite

La fenêtre d'un nouveau message Gmail s'affiche, le lien d'accès apparaît dans la zone de saisie.

- Renseignez les adresses de messagerie des destinataires, complétez le message puis envoyez-le.

*Vous pouvez également utiliser les liens **Google+**, **Facebook** ou **Twitter**.*

- Pour copier le code HTML, cliquez dans la zone **Intégrer le code** pour le sélectionner puis faites Ctrl **C** pour le copier ; accédez à la page d'un billet de blog existant ou d'un nouveau billet de blog ou bien à la page HTML du site dans laquelle vous souhaitez le publier puis collez-le en utilisant le raccourci Ctrl **V**.
- Fermez ensuite la fenêtre **Publier sur le Web** en cliquant sur le bouton **Fermer**.

Pour un document de type Texte

*Comme pour un document de type Présentation, vous pouvez envoyer le lien d'accès par messagerie électronique (**Gmail**) ou sur un réseau social (**Facebook** ou **Twitter**). Vous pouvez également copier le lien HTML pour l'intégrer dans un billet de blog ou sur une page de votre site Web.*

Lorsque vous avez terminé, cliquez sur le bouton **Fermer**.

Travailler et communiquer sur un document partagé

Lorsqu'un document est partagé entre plusieurs utilisateurs, les modifications effectuées sont visibles en temps réel. Vous pouvez alors communiquer avec ces personnes lorsque ces dernières sont en train de travailler sur ce document.

Le nombre de personnes connectées au document est visible dans la partie supérieure droite de la fenêtre. Chaque lecteur est identifié par une couleur différente. Sur cet exemple, **2 autres lecteurs** travaillent sur ce document. En pointant une pastille de couleur, une info-bulle vous informe du nom du lecteur correspondant, ici, il s'agit de Paul WOLFONI.

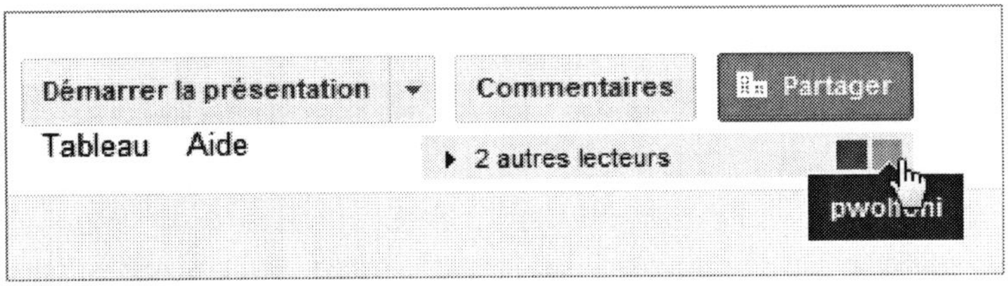

Dans un document Texte, les modifications de chaque collaborateur sont symbolisées par des indicateurs de couleur (la couleur est différente selon l'utilisateur). En positionnant le pointeur de la souris sur un de ces indicateurs, le nom de la personne s'affiche dans une info-bulle.

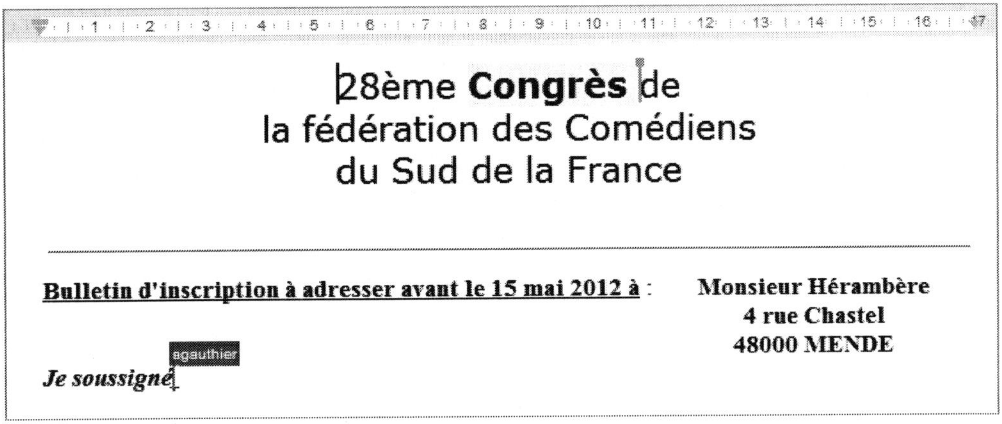

© Editions ENI - Toute reproduction interdite

Sur une feuille de calcul, la cellule sur laquelle un utilisateur est en train d'intervenir est encadrée d'une bordure de couleur reprenant celle de l'utilisateur concerné. En pointant la cellule, le nom de l'utilisateur s'affiche dans le coin supérieur gauche de la cellule.

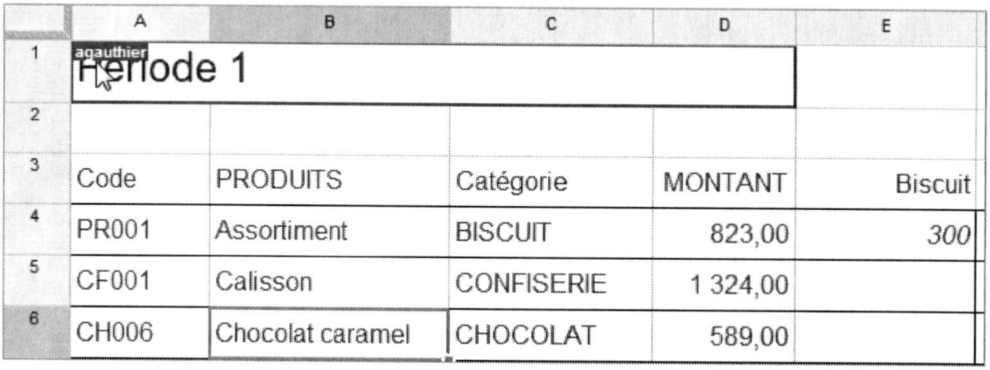

	A	B	C	D	E
1	agauthier Période 1				
2					
3	Code	PRODUITS	Catégorie	MONTANT	Biscuit
4	PR001	Assortiment	BISCUIT	823,00	*300*
5	CF001	Calisson	CONFISERIE	1 324,00	
6	CH006	Chocolat caramel	CHOCOLAT	589,00	

Sur une présentation, les objets sur lesquels travaillent vos collaborateurs sont encadrés de couleur (la couleur est différente selon l'utilisateur). Dans le volet des Diapositives, des indicateurs de couleur sont également visibles dans la partie inférieure de la diapositive. En pointant un de ces indicateurs, une info-bulle affiche le nom de l'utilisateur correspondant.

- Pour communiquer avec les personnes connectées à ce document, cliquez sur le nombre de lecteurs visible dans la partie supérieure droite de la fenêtre.

  Un volet s'affiche et vous informe des différentes activités des personnes connectées.

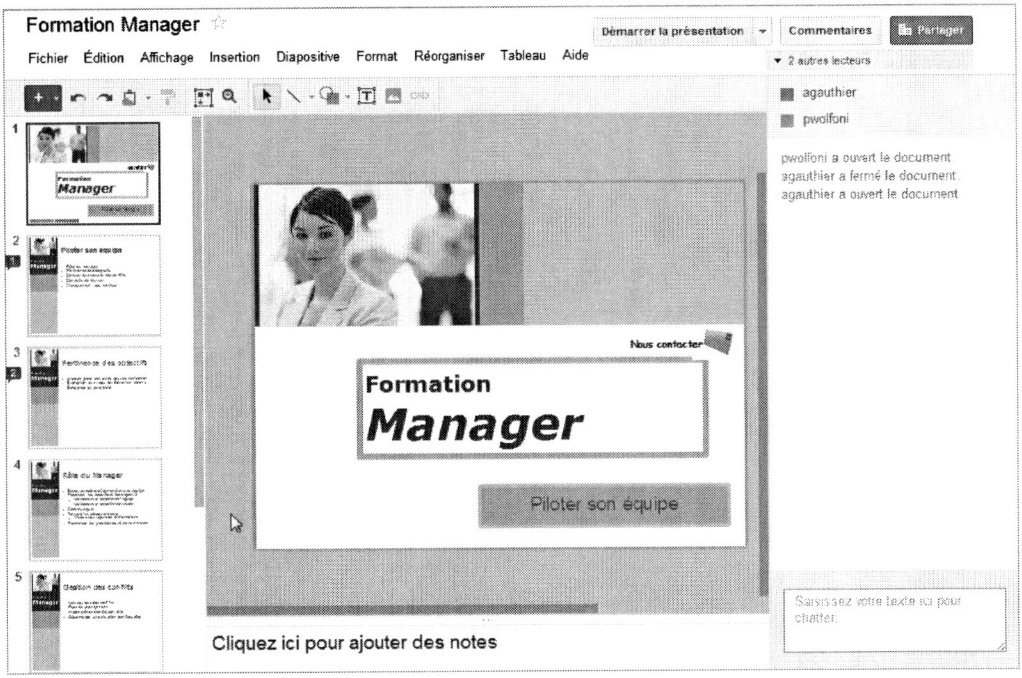

- Dans la zone de saisie située en bas du volet, saisissez le message que vous souhaitez envoyer aux collaborateurs du document puis appuyez sur la touche ↵.

© Editions ENI - Toute reproduction interdite

BIBLIOTHÈQUE MUNICIPALE
71450 BLANZY

Sur l'écran des personnes connectées, le volet de chat s'ouvre et affiche votre message. Lorsqu'un de vos collaborateurs répond, sa réponse s'affiche à la suite de votre message sous le vôtre. Vous pouvez ainsi continuer à dialoguer.

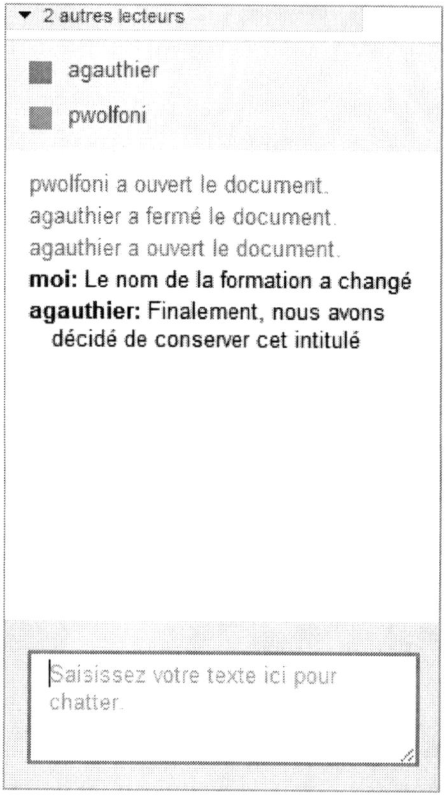

- Lorsque votre conversation est terminée, cliquez à nouveau sur le nombre de lecteurs pour fermer le volet.

Créer un nouveau document

- Dans le volet de navigation de Google Documents, cliquez sur le bouton **CRÉER** et sur l'option **Document texte.**

  Si un document est déjà ouvert, ouvrez le menu **Fichier**, pointez l'option **Nouveau** et cliquez sur l'option **Document texte.**

  Un nouveau document de traitement de texte s'ouvre dans un nouvel onglet.

  Les éléments de la fenêtre sont les suivants :

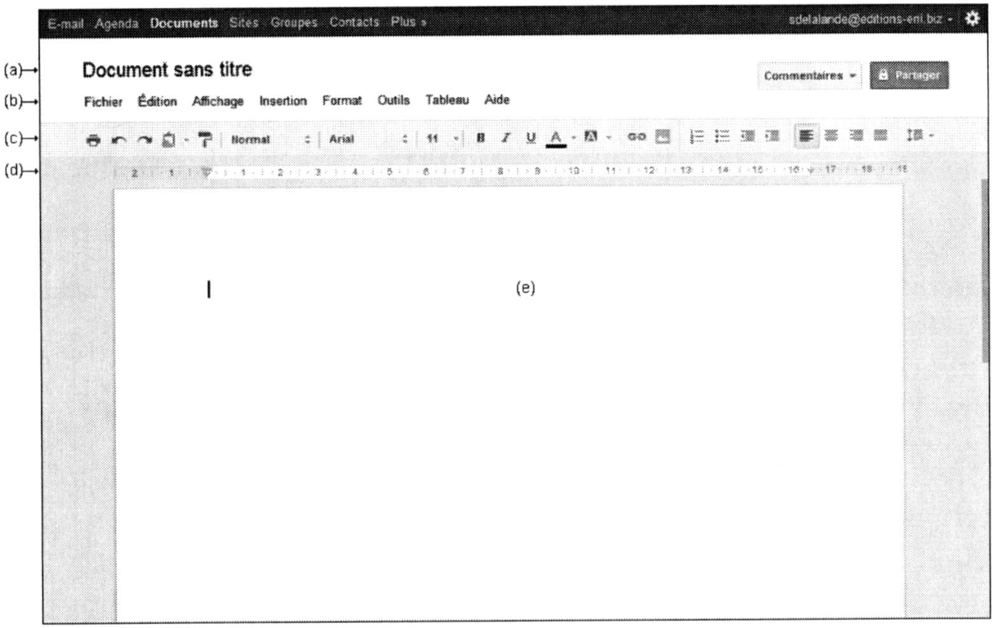

La **barre de titre** (a) : reprend, à gauche, le nom du document (ici, **Document sans titre** car le document n'a pas encore été nommé) ; à droite, le bouton **Commentaires** permet d'annoter le document tandis que le bouton **Partager** donne accès aux commandes de partage du document.

La **barre des menus** (b) : donne accès aux différentes fonctionnalités d'édition du document.

La **barre d'outils** (c) : propose des outils destinés à exécuter des commandes courantes comme l'impression, l'annulation de la dernière manipulation et les mises en valeur de texte.

© Editions ENI - Toute reproduction interdite

La **Règle** (d) : permet d'effectuer des retraits de paragraphe, d'ajouter des taquets de tabulation et de modifier les marges du document. Pour masquer ou afficher la règle, sélectionnez l'option **Afficher la règle** du menu **Affichage.**

Le **volet d'affichage de la page active** du document (e) dans laquelle vous effectuerez la saisie du texte.

Google met à disposition une galerie de modèles que vous pouvez utiliser pour créer de nouveaux documents (menu **Fichier - Nouveau - À partir du modèle**).

Nommer un document

Dans la plupart des logiciels bureautiques, le nom du document est attribué lors de son enregistrement. Dans les applications de Google Apps, il n'est pas nécessaire d'enregistrer puisqu'une sauvegarde est automatiquement effectuée après chacune des modifications, une information s'affiche dans la barre de titre du document lorsque l'enregistrement est en cours puis lorsqu'il est terminé.

Vous pouvez utiliser la procédure suivante pour nommer un nouveau document ou renommer un document existant. Selon les droits d'autorisations qui vous ont été accordés sur un document partagé, celui-ci peut être ouvert en mode Consultation et, dans ce cas, vous ne pourrez pas le renommer.

Cliquez sur le nom du document dans la barre de titre ou cliquez sur le menu **Fichier** puis sur l'option **Renommer.**

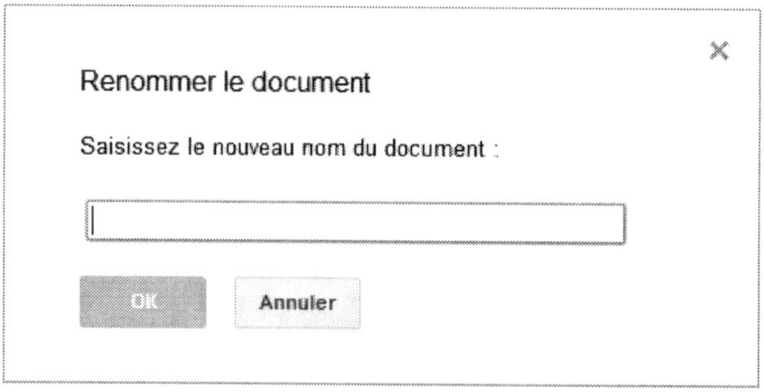

Saisissez le nom à attribuer au document puis cliquez sur le bouton **OK** ou appuyez sur la touche ↵.

Tout document créé se retrouve dans votre liste de documents dans la vue **Accueil** et dans la vue **Tous les éléments.** Depuis ces vues, il vous est possible d'attribuer un nom aux documents en choisissant l'option **Renommer** du bouton **Autres.**

Naviguer dans un document

Pour faire défiler un document ou pour placer le point d'insertion (barre clignotante) à l'endroit où vous souhaitez saisir du texte, vous pouvez utiliser les techniques suivantes du clavier ou de la souris et, si nécessaire, cliquer dans le texte à l'endroit souhaité.

- Avec le clavier, utilisez un des raccourcis-clavier suivants pour déplacer le point d'insertion :

Caractère suivant/précédent	→ / ←
Début du mot suivant/précédent	Ctrl → / Ctrl ←
Début de ligne/fin de ligne	Home / Fin
Début du paragraphe suivant/précédent	Ctrl ↓ / Ctrl ↑
Page écran suivante/précédente	⇟ / ⇞
Début/fin du document	Ctrl Home / Ctrl Fin

- Pour vous déplacer avec la souris, utilisez la barre de défilement verticale. Pour atteindre une page, faites glisser le curseur de défilement vers le haut ou vers le bas.

  Vous pouvez également utiliser la molette de la souris.

Modifier l'affichage

Les manipulations indiquées ici permettent de modifier l'affichage des pages du document et celle de l'interface.

- Pour choisir un mode d'affichage, cliquez sur le menu **Affichage** puis sur l'option **Affichage du document.**

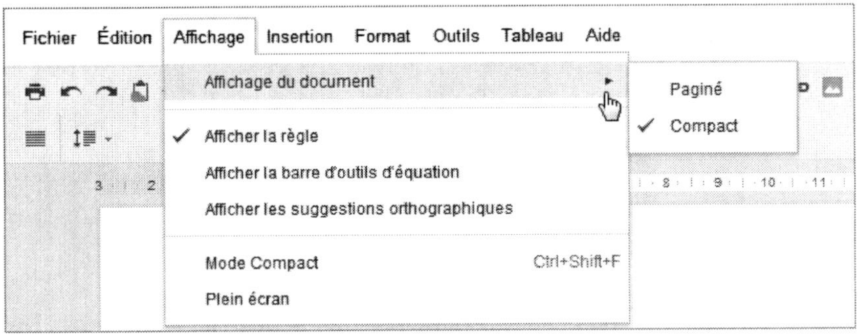

© Editions ENI - Toute reproduction interdite

- Choisissez l'option **Paginé** pour afficher le document tel qu'il sera imprimé avec les en-têtes et pieds de page et les marges du document.
- Choisissez l'option **Compact** pour afficher le texte du document sans les en-têtes et pieds de page et les marges du document ; les sauts de page sont matérialisés par une ligne en pointillés.
- Pour afficher le document en plein écran et ainsi masquer la barre de titre, la barre des menus, la règle et la barre d'outils, sélectionnez l'option **Plein écran** dans le menu **Affichage**. Pour quitter le mode **Plein écran**, appuyez sur la touche [Echap].
- Pour masquer la barre de titre, sélectionnez l'option **Mode Compact** dans le menu **Affichage**. Pour quitter ce mode, sélectionnez à nouveau l'option **Mode Compact** dans le menu **Affichage**.

Saisir du texte

- Cliquez à l'endroit où doit être saisi le texte.
- Saisissez le texte "au kilomètre" sans vous soucier des retours à la ligne : lorsque le point d'insertion arrive à la fin d'une ligne, il est automatiquement ramené au début de la ligne suivante.
- Appuyez sur la touche [↵] pour créer un nouveau paragraphe.

Insérer des caractères spéciaux

Cette technique vous permet d'insérer des caractères qui n'apparaissent pas sur votre clavier.

- Positionnez le point d'insertion à l'endroit où doit apparaître le symbole.
- Cliquez sur le menu **Insertion** et sur l'option **Caractères spéciaux**.

  *Parmi les symboles proposés, vous visualisez ceux insérés récemment dans la zone **Sélections récentes**.*

- Dans la première liste, choisissez le type de caractères à insérer : **Symbole**, **Ponctuation**, **Nombre**, etc.
- Selon le type choisi, sélectionnez, dans la liste suivante, sa catégorie. Par exemple, pour un symbole, les catégories **Flèches**, **Devise**, **Mathématiques**, **Musique**, etc.
- Faites défiler les symboles jusqu'à ce que vous visualisiez celui qui vous convient et sélectionnez-le.

  *Le symbole apparaît dans la zone **Aperçu**.*
- Ajoutez ainsi tous les symboles à insérer puis cliquez sur le bouton **Insérer**.

© Editions ENI - Toute reproduction interdite

Pour empêcher une rupture de ligne entre deux mots, vous pouvez insérer, à la place de l'espace, un espace insécable en utilisant la combinaison [Alt] **0160.**

Le symbole inséré étant considéré comme un caractère, vous pouvez lui appliquer des attributs de caractères comme une taille ou une couleur différente par exemple.

Sélectionner du texte

La sélection est l'étape fondamentale avant d'effectuer une commande de mise en forme ou d'édition sur un texte.

- Pour sélectionner une portion de texte, placez le pointeur de la souris à gauche du premier caractère à sélectionner (le pointeur prend alors l'aspect suivant I), cliquez puis faites glisser vers la droite pour sélectionner les caractères suivants.

  Les caractères sélectionnés apparaissent sur fond de couleur.

- Pour annuler une sélection, cliquez à un autre endroit.
- Pour sélectionner une partie de texte plus importante, cliquez à gauche du premier caractère de la sélection, affichez, si besoin le dernier mot à sélectionner en utilisant la barre de défilement (n'utilisez pas les touches fléchées du clavier), maintenez la touche [⇧] et cliquez à droite du dernier caractère à sélectionner.

  Vous pouvez utiliser cette technique pour modifier une sélection en cours.

- Pour ne pas utiliser la souris, après avoir cliqué à gauche du premier caractère de la sélection et maintenu la touche [⇧], utilisez les touches de déplacement du clavier pour atteindre le dernier caractère de la sélection, par exemple :

[⇧] [→] / [⇧] [←]	Pour sélectionner le caractère à droite ou à gauche.
[⇧] [↓] / [⇧] [↑]	Pour sélectionner de ligne en ligne.
[⇧] [Fin] / [⇧] [Home]	Pour sélectionner jusqu'à la fin/début de la ligne.
[⇧] [Ctrl] [Fin] / [⇧] [Ctrl] [Home]	Pour sélectionner jusqu'à la fin/début du document.

- Utilisez les méthodes suivantes pour sélectionner rapidement :

  un mot : faites un double clic sur le mot.

  un paragraphe : faites un triple clic sur un mot du paragraphe.

  tout le document : utilisez le raccourci-clavier [Ctrl] **A.**

Pour sélectionner tout le document, vous pouvez également choisir l'option **Tout Sélectionner** dans le menu **Édition**.

Supprimer du texte

- Pour supprimer le caractère précédant ou suivant le point d'insertion, appuyez sur la touche [←] ou [Suppr].
- Pour supprimer le mot ou le début du mot qui précède le point d'insertion, faites [Ctrl][←], et pour supprimer le mot ou la fin du mot qui suit le point d'insertion, faites [Ctrl][Suppr].
- Pour un groupe de caractères, sélectionnez-le puis appuyez sur [Suppr].

Pour remplacer un texte existant par un autre, sélectionnez le texte et saisissez le texte de remplacement. Il n'est pas nécessaire d'appuyer sur la touche [Suppr] avant d'effectuer la saisie.

Annuler/répéter la dernière commande

- Pour annuler la dernière commande effectuée, cliquez sur l'outil **Annuler** dans la barre d'outils ou faites [Ctrl] **Z**.

  Ce raccourci-clavier peut être utilisé dans la plupart des logiciels.

- Pour rétablir une action annulée, cliquez sur l'outil **Rétablir** ou faites [Ctrl] **Y**.

Utiliser la vérification orthographique automatique

Lorsque vous saisissez un texte qui contient une faute d'orthographe ou un mot inconnu du dictionnaire, un trait ondulé rouge apparaît sous le mot.

- Pour corriger une faute, cliquez avec le bouton droit de la souris sur le mot à corriger.

© Editions ENI - Toute reproduction interdite

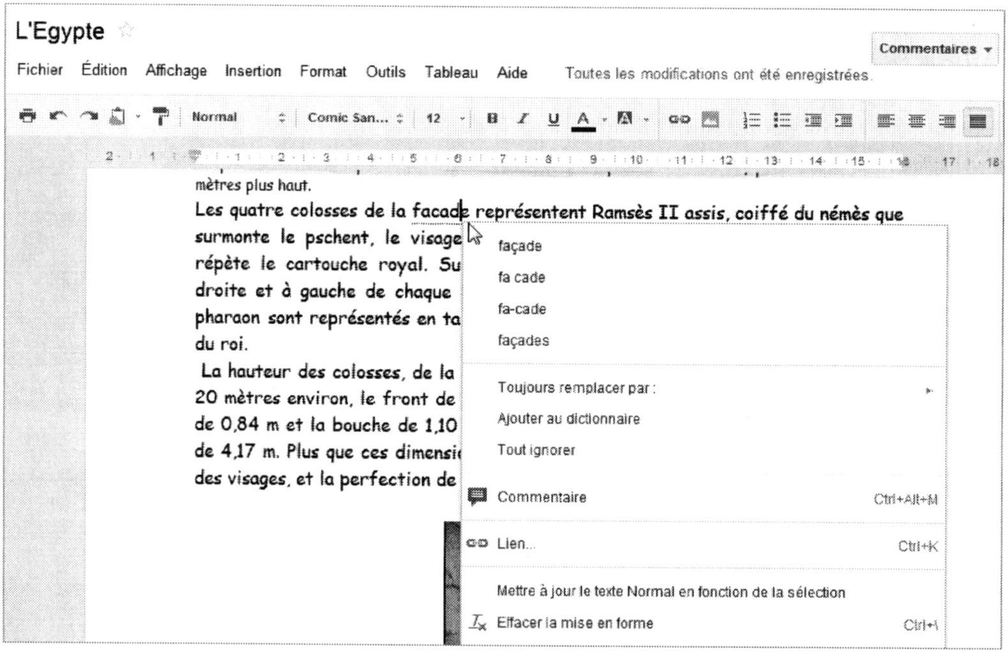

Utilisez une des procédures suivantes selon la correction à effectuer :

Si le terme correctement orthographié apparaît dans la liste des suggestions, sélectionnez-le.

Si la correction doit être appliquée à tous les termes identiques et mal orthographiés du document, pointez l'option **Toujours remplacer par** et cliquez sur le terme par lequel il doit être remplacé.

Si le mot souligné ne nécessite pas de correction, cliquez sur l'option **Tout ignorer** afin que ce mot ne soit plus considéré comme incorrect dans tout le document.

Si le mot souligné est correctement orthographié et si vous souhaitez l'ajouter au dictionnaire personnel de Google Documents, choisissez l'option **Ajouter au dictionnaire.**

Le mot est ajouté au dictionnaire, il ne sera donc plus considéré comme mal orthographié dans tous les documents et il fera partie des mots proposés dans la liste des suggestions lorsqu'un mot approchant sera erroné.

Pour ne pas afficher les fautes d'orthographe, désactivez l'option **Afficher les suggestions orthographiques** dans le menu **Affichage**.

Copier/déplacer un texte

Déplacer un texte avec la souris

Cette technique peut seulement être utilisée pour déplacer une partie de texte d'un document à un autre endroit de ce même document.

- Sélectionnez le texte à déplacer.
- Placez le pointeur de la souris sur le texte sélectionné puis réalisez un cliqué-glissé vers la nouvelle position.

  Un curseur gris apparaît à l'endroit du pointeur de la souris, il symbolise la nouvelle position du texte qui est déplacé. Sur cet exemple, le deuxième paragraphe va être déplacé sous le titre.

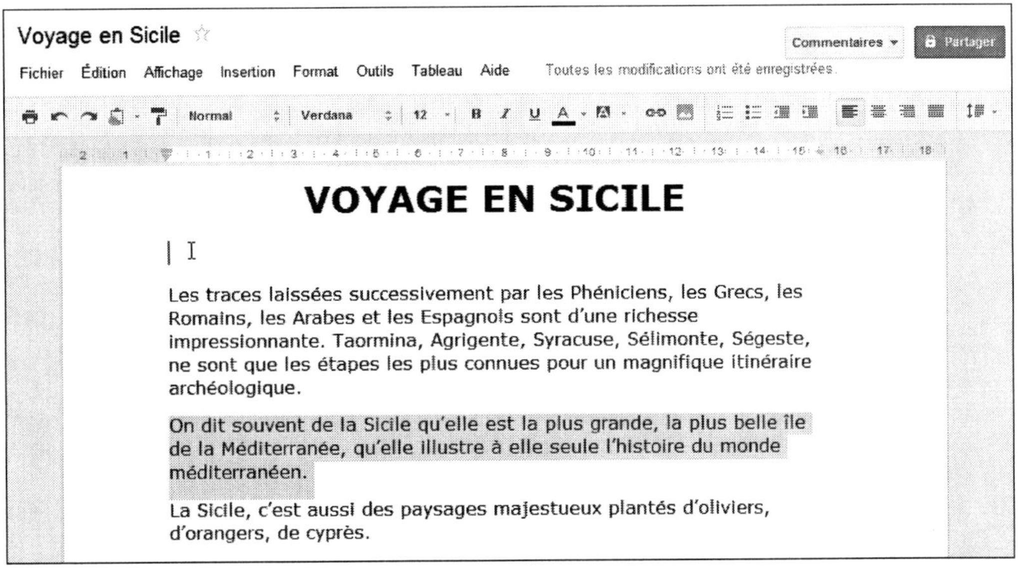

- Relâchez le bouton de la souris lorsque le curseur est positionné à l'endroit souhaité.

© Editions ENI - Toute reproduction interdite

Utiliser le Presse-papiers Windows

Par cette technique, le texte copié sera transféré dans la mémoire temporaire de Windows, permettant ainsi de pouvoir le coller dans n'importe quel autre document ou dans n'importe quelle autre application. Le contenu du Presse-papiers est conservé jusqu'à ce que vous choisissiez de déplacer ou copier un autre élément qui viendra remplacer le contenu précédent. Le Presse-papiers est vidé à la fermeture de Windows.

- Sélectionnez le texte à déplacer ou à copier.
- Pour déplacer la sélection, utilisez le raccourci-clavier Ctrl **X** ; pour dupliquer la sélection, utilisez le raccourci-clavier Ctrl **C**.

  La sélection est stockée dans le Presse-papiers de Windows.
- Si le texte doit être copié dans un autre document ou dans un fichier d'une autre application, ouvrez le document ou le fichier de destination.
- Cliquez dans le document à l'endroit où le texte doit apparaître.
- Utilisez le raccourci-clavier Ctrl **V**.

  *Si le texte doit être à nouveau collé à un autre emplacement, vous pouvez, après avoir cliqué à l'endroit où le texte doit être collé, utiliser Ctrl **V**. Procédez ainsi pour chaque collage à effectuer.*

Si vous ne souhaitez pas conserver la mise en forme du texte source, sélectionnez le texte, faites un clic droit sur la sélection et sélectionnez l'option **Effacer la mise en forme**.

Si vous utilisez les options **Couper**, **Copier** ou **Coller** du menu **Édition**, un message vous indiquera que la procédure ne peut être réalisée qu'avec les raccourcis-clavier.

Utiliser le Presse-Papiers Web

Le Presse-papiers Web est disponible dans toutes les applications Google Documents, la méthode qui suit peut s'appliquer de la même façon dans ces applications.

Le Presse-papiers Web stocke les éléments copiés dans une mémoire temporaire de votre compte Google, ce qui permet non seulement de coller l'élément copié dans un autre document ou fichier sur votre ordinateur mais également sur un autre ordinateur connecté à Internet (uniquement en utilisant votre compte de connexion sur les deux postes).

Contrairement au Presse-papiers de Windows, le Presse-papiers Web peut mémoriser plusieurs sélections, ce qui vous permet ensuite de choisir l'élément que vous souhaitez coller. Son contenu est conservé pendant une période de 30 jours.

- Sélectionnez le texte ou l'élément (image, graphique...) à copier.
- Cliquez sur l'outil **Presse-papiers Web**  et sélectionnez l'option **Copier la sélection dans le Presse-papiers Web.**
- Réalisez ainsi toutes les copies souhaitées.
- Pour coller un des éléments du Presse-papiers Web, accédez à l'endroit où vous souhaitez réaliser le collage puis cliquez sur l'outil **Presse-papiers Web** .

  La liste de tous les éléments copiés est visible dans la deuxième partie du menu. En positionnant le pointeur de la souris sur un de ces éléments, un aperçu de son contenu apparaît. Ici, il s'agit d'une image.

© Editions ENI - Toute reproduction interdite

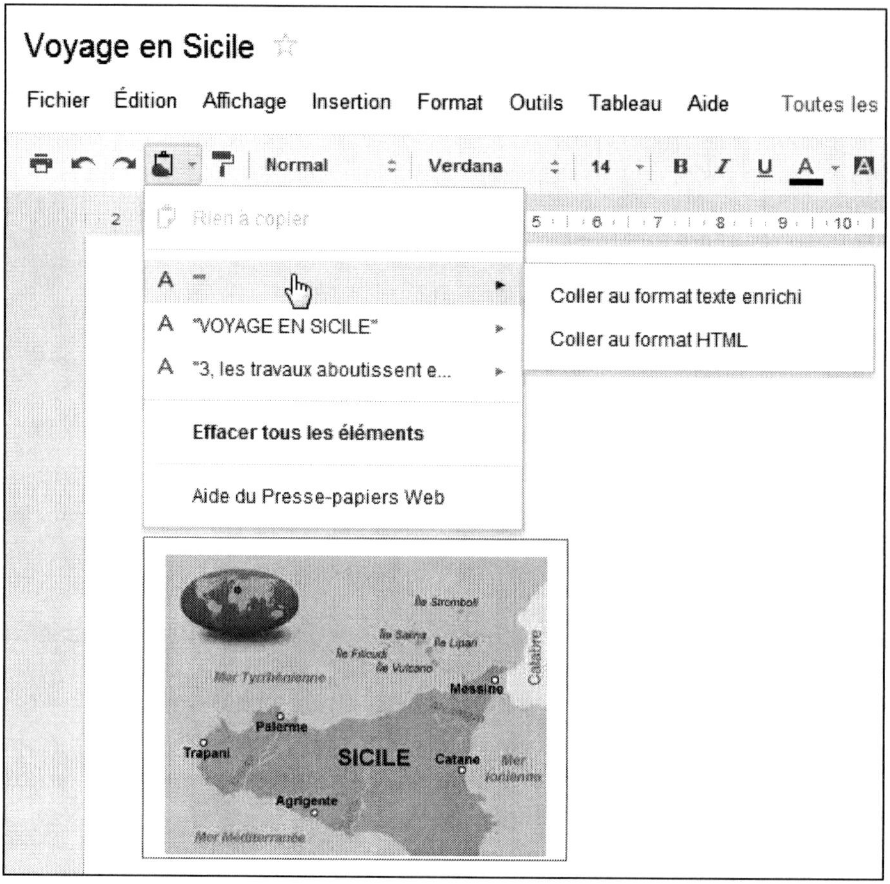

Pointez l'élément à coller et cliquez sur un des formats proposés.

Pour vider le contenu du Presse-papiers, sélectionnez l'option **Effacer tous les éléments** dans la liste de l'outil **Presse-papiers Web** .

Mettre en valeur des caractères

Il s'agit d'appliquer aux caractères des attributs de mise en valeur tels que le gras, l'italique et de modifier la police, la taille, la couleur...

Ces mises en valeur s'appliquent aux caractères sélectionnés ou aux caractères que vous saisissez après avoir activé la ou les mises en valeur.

À l'aide de la souris

- Sélectionnez le texte s'il est déjà saisi.
- En fonction de la mise en valeur à appliquer, cliquez sur un ou plusieurs des outils suivants :

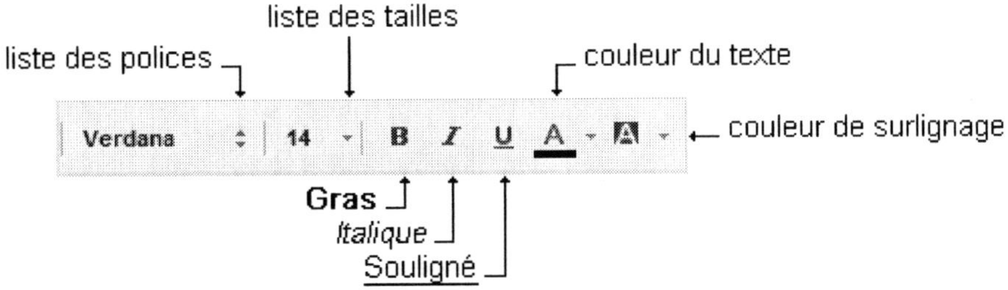

- Pour désactiver une mise en valeur, cliquez de nouveau sur l'outil correspondant.

*Pour mettre en valeur les caractères, vous pouvez également utiliser les options situées dans la première partie du menu **Format**.*

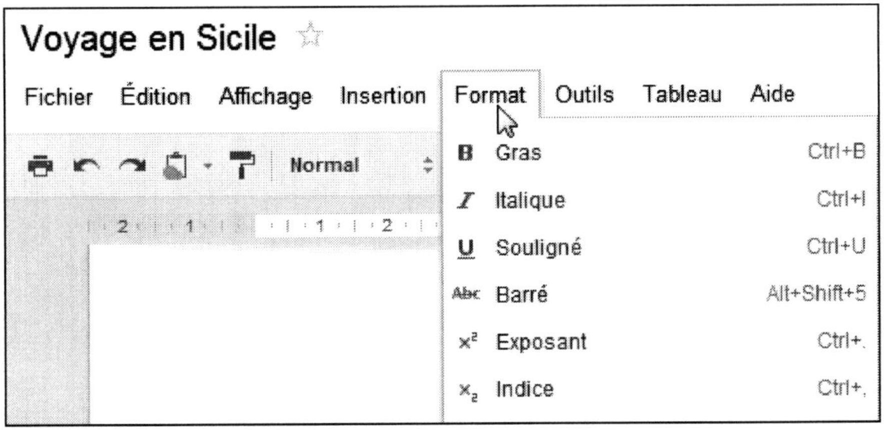

© Editions ENI - Toute reproduction interdite

À l'aide du clavier

- Sélectionnez le texte s'il est déjà saisi.
- En fonction du résultat attendu, utilisez l'une des combinaisons de touches suivantes :

Gras	Ctrl **B**
Italique	Ctrl **I**
Souligné	Ctrl **U**
~~Barré~~	Ctrl ⇧ **5** (pavé alphanumérique)
Position ^{Exposant}	Ctrl **;** (point-virgule)
Position $_{\text{Indice}}$	Ctrl **,** (virgule)

Mettre en valeur des paragraphes

Les modifications de mise en forme de paragraphes s'appliquent au paragraphe courant ou aux paragraphes sélectionnés. Pour qu'elles s'appliquent à tous les paragraphes possédant le même style, il faut modifier le style correspondant (cf. Utiliser les styles de paragraphe).

Modifier l'alignement

- Sélectionnez les paragraphes concernés ou positionnez le point d'insertion dans le paragraphe.
- En fonction de l'alignement attendu, utilisez l'une des techniques suivantes :

Alignement	Outil	Raccourci-clavier
Gauche		Ctrl ⇧ **L**
Centré		Ctrl ⇧ **E**
Droit	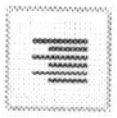	Ctrl ⇧ **R**
Justifié	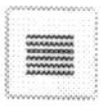	Ctrl ⇧ **J**

Ces alignements sont également accessibles dans la liste de l'option **Aligner** du menu **Format.**

Modifier l'interligne

L'interligne détermine l'espacement entre les lignes d'un paragraphe.

- Sélectionnez les paragraphes concernés ou positionnez le point d'insertion dans le paragraphe.
- Cliquez sur l'outil **Interligne** et sur la valeur de l'interligne à appliquer.

Les valeurs d'interligne sont également présentes dans la liste de l'option **Interligne** du menu **Format.**

Modifier l'espacement entre les paragraphes

Cette manipulation permet d'insérer un espace vide avant et/ou après un paragraphe et ainsi "d'aérer" votre texte sans insérer de paragraphes vides.

- Sélectionnez les paragraphes concernés ou positionnez le point d'insertion dans le paragraphe.
- Cliquez sur l'outil Interligne et choisissez l'option **Insérer un espacement avant le paragraphe** ou l'option **Insérer un espacement après le paragraphe** selon votre choix.
- Pour supprimer l'espace ajouté avant ou après le paragraphe, cliquez sur l'outil **Interligne** et choisissez l'option **Supprimer l'espacement avant le paragraphe** ou l'option **Supprimer l'espacement après le paragraphe**.

© Editions ENI - Toute reproduction interdite

Provoquer des retraits de paragraphe

Vous visualisez ici les différents retraits de paragraphe possibles :

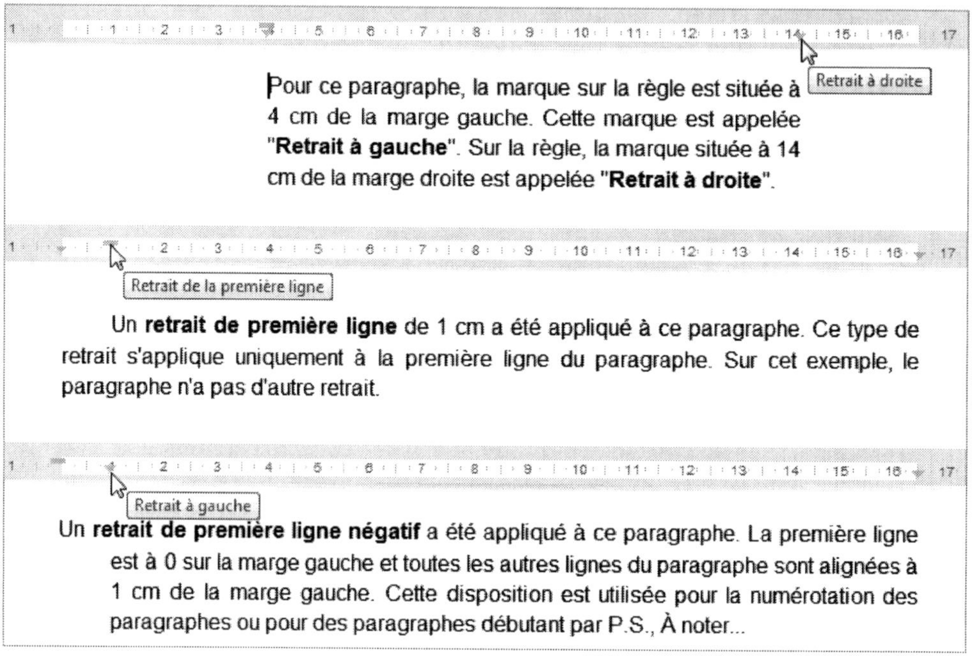

- Sélectionnez les paragraphes concernés ou positionnez le point d'insertion dans le paragraphe.
- Si besoin, affichez la règle en choisissant l'option **Afficher la règle** dans le menu **Affichage**.
- Dans la règle, faites glisser la marque correspondant au retrait à effectuer :

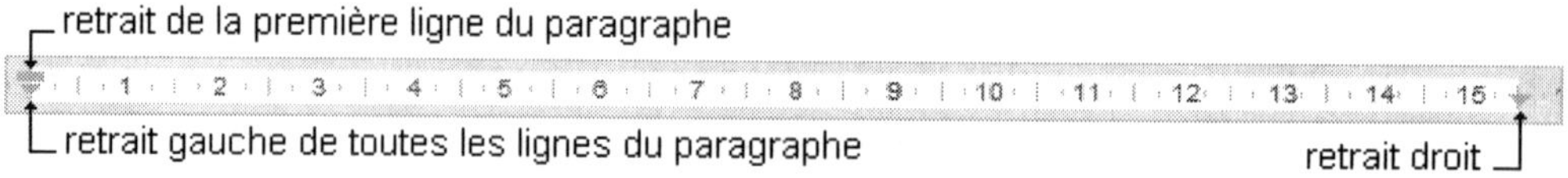

- Pour créer un retrait négatif de la première ligne, déplacez vers la gauche la marque du retrait de la première ligne.

Vous pouvez également utiliser les outils **Augmenter le retrait** ou **Diminuer le retrait** pour créer un retrait gauche ou pour le supprimer, ou le diminuer.

Reproduire des mises en valeur

- Pour reproduire les mises en valeur des caractères et du paragraphe, sélectionnez le paragraphe contenant les attributs à copier en réalisant un triple clic dans le paragraphe ; pour copier une mise en valeur de caractères, sélectionnez les caractères sur lesquels les mises en valeurs ont été appliquées.
- Cliquez sur l'outil **Appliquer le format** .
- Sélectionnez le texte sur lequel les attributs de mise en valeur doivent être copiés.

Pour reproduire des mises en valeurs sur plusieurs paragraphes ou groupes de caractères, faites un double clic sur l'outil . L'outil restera actif après la première utilisation et vous pourrez l'appliquer sur d'autres textes. À la fin de la procédure, cliquez sur l'outil pour le désactiver.

Effacer les mises en forme

Par cette technique, tous les attributs de caractères et de paragraphes seront annulés sur le texte sélectionné.

- Sélectionnez le texte concerné ou, pour annuler également les mises en valeur de paragraphe, réalisez un triple clic sur le paragraphe.
- Cliquez sur le menu **Format** et sur l'option **Effacer la mise en forme** ou utilisez le raccourci-clavier Ctrl Alt **0** (zéro sur le pavé numérique).

© Editions ENI - Toute reproduction interdite

Créer une liste à puces/numérotée

- Sélectionnez les paragraphes concernés.
- Cliquez sur l'outil **Liste numérotée**  pour numéroter les paragraphes sélectionnés ou sur l'outil **Liste à puces** 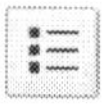 pour placer une puce devant chaque paragraphe.
- Pour choisir un autre style de puces ou de numérotation, cliquez sur le menu **Format** et pointez l'option **Styles de liste.**

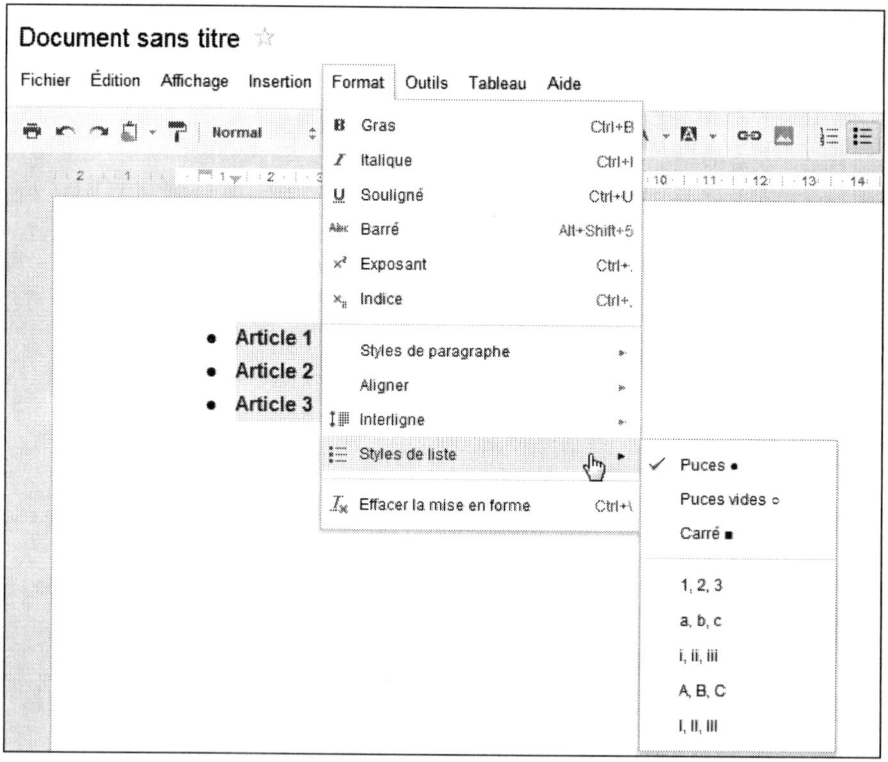

- Cliquez sur le style à appliquer.
- Pour supprimer les puces ou les numéros appliqués à des paragraphes, sélectionnez les paragraphes concernés puis désactivez l'outil 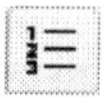 ou 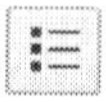 en cliquant dessus.

Utiliser les styles de paragraphe

Appliquer un style

Un style contient des caractéristiques de mises en valeur de caractères et de paragraphes. Les styles prédéfinis proposés dans Google Documents (au nombre de 6) permettent de hiérarchiser les titres du document pour, éventuellement, générer ensuite une table des matières.

- Sélectionnez les paragraphes ou cliquez dans le paragraphe concerné.
- Ouvrez la liste **Styles**.

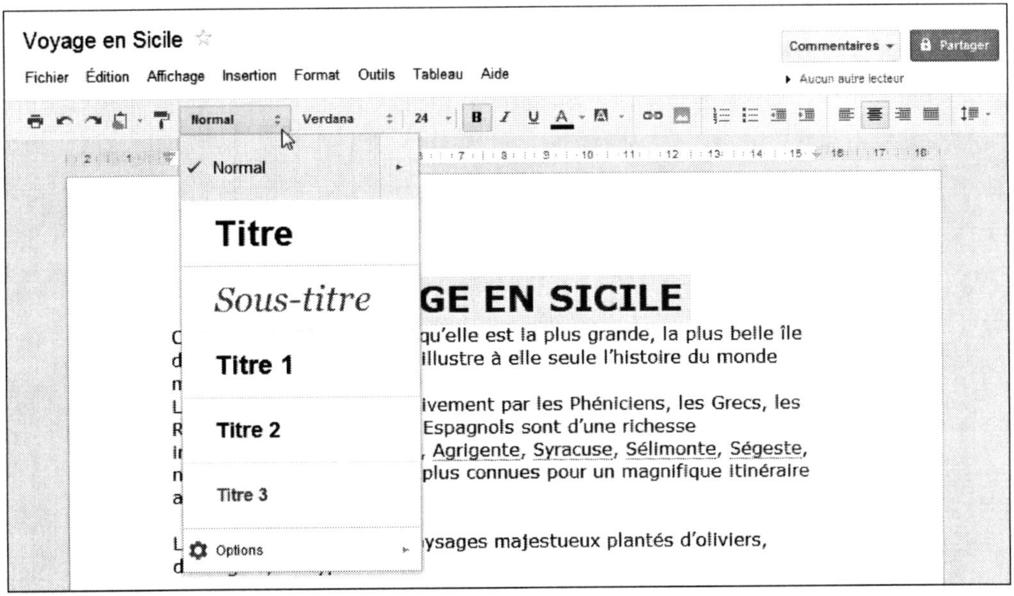

- Cliquez sur le style à appliquer.
- Pour appliquer un niveau de style non présent dans la liste, ouvrez le menu **Format**, pointez l'option **Styles de paragraphe** puis cliquez sur le style à appliquer.

Instantanément la mise en forme enregistrée dans le style est appliquée au(x) paragraphe(s) sélectionné(s).

© Editions ENI - Toute reproduction interdite

Modifier un style

Un des grands intérêts des styles est que lorsque celui-ci est modifié, tous les paragraphes utilisant le style sont également modifiés sans qu'il soit nécessaire d'intervenir sur chacun d'eux. Cette méthode va vous permettre de modifier un des paragraphes d'un style puis de reproduire automatiquement les nouveaux attributs de mise en valeur sur les paragraphes existants de même niveau.

*Concernant le style **Normal**, il s'agit du style appliqué par défaut à tout le texte d'un document avant que vous n'appliquiez un autre style. Sa modification se répercutera donc sur tout le texte de votre document pour lequel aucun style n'a été appliqué mais également sur les paragraphes titre car les styles sont tous basés sur le style **Normal**. Il est fortement conseillé de modifier le style **Normal** avant même d'appliquer un style hiérarchique aux paragraphes titre de votre document.*

- Réalisez les modifications sur un des paragraphes utilisant le style à modifier.
- Sélectionnez le paragraphe.
- Ouvrez la liste **Styles** puis cliquez sur la flèche située en regard du style à modifier. Sélectionnez l'option **Mettre à jour le *Nom du style* en fonction de la sélection.**

  *Les nouveaux attributs de mise en forme sont visibles sur le nom du style dans la liste **Styles**.*

Annuler l'application d'un style

Il s'agit d'effacer les mises en valeurs appliquées par le style.

- Sélectionnez le texte concerné puis, dans la liste **Styles**, cliquez sur le style **Normal** ou utilisez le raccourci-clavier Ctrl Alt **0** (zéro du pavé numérique).

Enregistrer sa liste de styles

Si vous avez effectué des modifications sur les styles standard de Google Documents, vous pouvez choisir d'utiliser ces styles modifiés dans tous les nouveaux documents en enregistrant cette liste.

- Ouvrez la liste **Styles**, pointez **Options** et cliquez sur **Enregistrer en tant que mes styles par défaut.**

  *Si vous créez un nouveau document (menu **Fichier - Nouveau - Document texte**), vous constatez que la liste **Styles** propose vos derniers styles modifiés.*

- Pour revenir à la liste des styles prédéfinis de Google Documents, dans la liste **Styles**, pointez **Options** et cliquez sur **Rétablir les styles.**

Rechercher/remplacer du texte

Rechercher un texte

- Positionnez le point d'insertion à l'endroit où doit commencer la recherche.
- Faites Ctrl **F**.

  Une zone de recherche apparaît à droite de la règle.

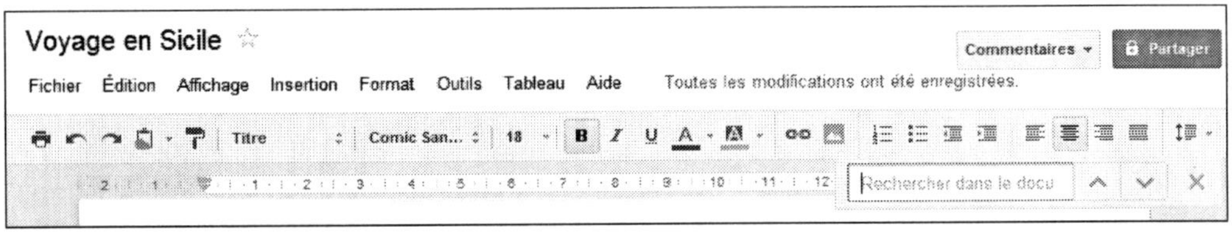

- Saisissez, dans la zone, le terme recherché.

  Automatiquement toutes les occurrences trouvées dans le document sont surlignées, elles apparaissent sur fond orangé.

- Pour accéder à l'occurrence suivante, cliquez sur l'outil ou appuyez sur la touche ; pour accéder à l'occurrence précédente, cliquez sur l'outil ou faites .
- Lorsque votre recherche est terminée, cliquez sur l'outil de fermeture de la zone de recherche.

Remplacer un texte par un autre

- Dans le menu **Édition**, sélectionnez l'option **Chercher et remplacer**.

  *La fenêtre **Rechercher et remplacer** s'ouvre.*

- Saisissez le texte à **Rechercher** dans la zone de saisie correspondante.
- Dans la zone **Remplacer par**, saisissez le texte par lequel l'occurrence recherchée sera remplacée.
- Cochez l'option **Respecter la casse** si le remplacement doit tenir compte de la combinaison exacte de majuscules et de minuscules des termes saisis dans les deux zones.
- Cliquez sur le bouton **Suivant** pour rechercher et sélectionner la première occurrence du texte recherché.

© Editions ENI - Toute reproduction interdite

*Le nombre d'occurrences trouvées s'affiche à droite de la zone **Rechercher**. Ici, 16 occurrences ont été trouvées dans le document.*

- Si les remplacements doivent être faits un à un, cliquez sur le bouton **Remplacer** pour remplacer la chaîne de caractères sélectionnée et rechercher l'occurrence suivante ou, cliquez sur le bouton **Suivant** pour rechercher l'occurrence suivante sans effectuer le remplacement. Si les remplacements doivent tous être réalisés en même temps, cliquez sur le bouton **Tout remplacer.**

*Le bouton **Préc.** permet d'atteindre les occurrences précédentes.*

- Lorsque tous les remplacements souhaités ont été effectués, fermez la fenêtre **Rechercher et remplacer**.

Exploiter la correction automatique

La correction automatique permet de corriger automatiquement un mot après que celui-ci a été saisi à condition que le mot mal orthographié et sa correction soient présents dans la table de remplacement de Google Documents. Il est également possible d'utiliser la correction automatique pour remplacer automatiquement une abréviation par le terme complet (par exemple, vous pouvez ajouter à la table de remplacement vos initiales pour qu'elles soient automatiquement remplacées par vos nom et prénom) ou par un caractère spécial.

Activer/désactiver la correction automatique

- Cliquez sur le menu **Outils** et sur l'option **Préférences.**
- Cochez ou décochez l'option **Remplacement automatique** selon que vous souhaitez ou non arrêter la correction et le remplacement automatique du texte en cours de frappe.

Cette option est cochée par défaut.

- Cliquez sur le bouton **OK**.

<u>Définir les corrections automatiques</u>

- Si le texte correctement orthographié ou le symbole est visible dans votre document, sélectionnez-le et faites Ctrl **C** pour le copier.
- Cliquez sur le menu **Outils** et sur l'option **Préférences**.
- Cochez, si besoin est, l'option **Remplacement automatique**.
- Saisissez le mot mal orthographié ou l'abréviation dans la zone **Remplacer**.
- Saisissez, si besoin, la bonne orthographe dans la zone **Par** ou, si vous avez copié le texte ou le symbole, faites Ctrl **V**.

  Le texte est ajouté à la table de remplacement.

- Définissez ainsi d'autres corrections automatiques.

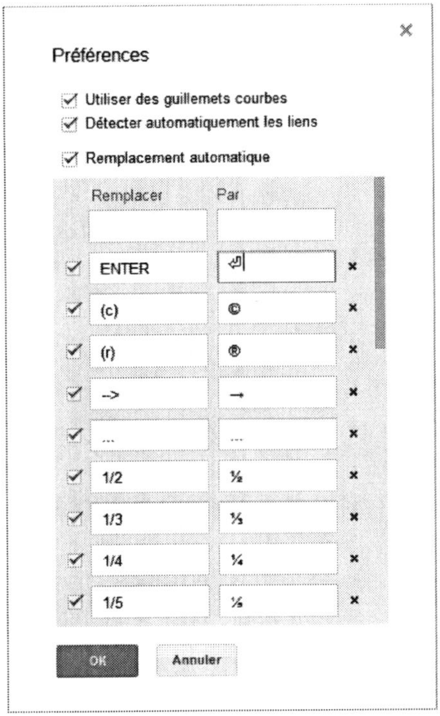

© Editions ENI - Toute reproduction interdite

- Pour supprimer une correction automatique, cliquez sur l'outil [x] correspondant à la correction à supprimer.
- Cliquez sur le bouton **OK**.

Utiliser la Correction automatique

- Pour utiliser une correction automatique, saisissez l'abréviation correspondant au texte de remplacement ou au symbole à insérer et appuyez sur la touche [Espace] ou [Entrée].
- Si vous ne souhaitez pas que le mot soit corrigé automatiquement, utilisez le raccourci-clavier [Ctrl] **Z**.

Insérer un saut de page

Des sauts de page sont automatiquement insérés lorsque la fin d'une page est atteinte mais vous pouvez insérer des sauts de page manuels aux emplacements souhaités.

- Positionnez le point d'insertion à l'endroit où vous souhaitez commencer une nouvelle page.

  Le texte situé à la suite du point d'insertion sera déplacé au début de la page suivante.
- Faites [Ctrl][Entrée].

  *Vous pouvez également sélectionner l'option **Saut de page** dans le menu **Insertion**.*
- Pour supprimer ce saut de page "manuel", positionnez le point d'insertion à la fin de la ligne qui précède le saut de page et appuyez sur la touche [Suppr] ou positionnez le point d'insertion à gauche du premier caractère qui début la page et appuyez sur la touche [Retour arrière].

  Il sera peut-être nécessaire d'appuyer deux fois sur la touche [Suppr] ou sur la touche [Retour arrière].

Insérer un en-tête et un pied de page

Les en-têtes et les pieds de page sont des textes qui apparaissent respectivement dans la marge du haut et dans la marge du bas du document. Les en-têtes et les pieds de page sont visibles sur toutes les pages du document.

- Cliquez sur le menu **Insertion** puis, selon l'élément à créer, sélectionnez l'option **En-tête** ou l'option **Pied de page**.

  *Le point d'insertion clignote dans la zone d'en-tête (en haut de la page) ou dans celle du pied de page (en bas de la page). Si le document était en affichage **Compact**, il bascule automatiquement en affichage **Paginé**.*

Certaines commandes ne sont pas disponibles lorsque l'en-tête ou le pied de page est activé.

- Saisissez le contenu de votre en-tête (pied de page) puis réalisez les mises en forme de paragraphes et/ou de caractères de votre choix.

  *Vous pouvez également insérer une image (un logo), le numéro de la page et le total des pages (cf. Numéroter les pages d'un document), ajouter une **Ligne horizontale** en choisissant l'option correspondante dans le menu **Insertion**.*

- Une fois l'en-tête (pied de page) créé, cliquez dans le texte du document.

En mode d'affichage **Compact**, les en-têtes et pieds de page ne sont pas visibles, ils seront néanmoins imprimés.

Numéroter les pages d'un document

Les numéros des pages s'afficheront en haut ou en bas de toutes les pages du document.

- Dans le menu **Insertion**, pointez l'option **Numéro de page** puis, selon l'emplacement où le numéro doit apparaître, sélectionnez l'option **Haut de page** ou **Bas de page**.

  Le numéro de la page apparaît à droite, sous la zone de l'en-tête ou dans la zone du pied de page. Vous pouvez modifier son alignement en cliquant sur l'outil d'alignement souhaité dans la barre d'outils.

- Pour insérer le total des pages, cliquez à l'endroit où il doit apparaître puis choisissez l'option **Nombre de pages** dans le menu **Insertion**.

  Si vous souhaitez que le nombre de pages apparaisse à la suite du numéro de page, n'oubliez pas d'insérer un texte ou une barre oblique entre les deux.

En mode d'affichage **Compact**, les numéros de page ne sont pas visibles, ils seront néanmoins imprimés.

Mettre en page un document

Avant d'imprimer un document, vous allez pouvoir définir les marges de celui-ci, son orientation et le format du papier utilisé.

Modifier les marges manuellement

- Positionnez le pointeur de la souris dans la règle, entre la partie grise et la partie blanche.

© Editions ENI - Toute reproduction interdite

Le pointeur de la souris prend la forme d'une double flèche et l'indication ***Marge gauche*** *ou* ***Marge droite*** *apparaît.*

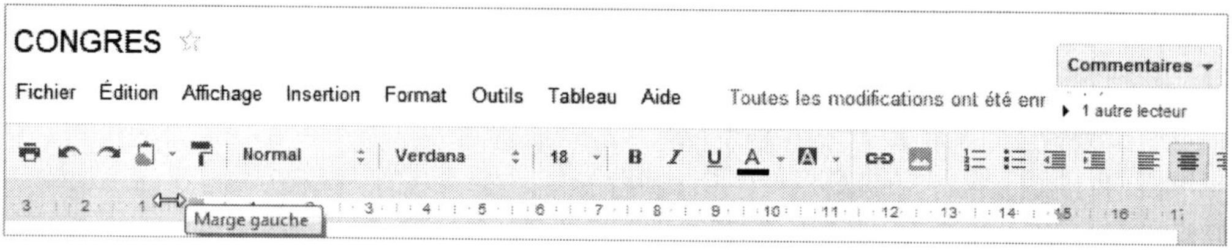

- Cliquez et faites glisser vers la droite ou la gauche pour modifier la marge.

Il est également possible de modifier manuellement les marges d'un document dans la fenêtre **Imprimer** (cf. Imprimer un document).

Modifier la mise en page

- Cliquez sur le menu **Fichier** et sur l'option **Configurer la page**.

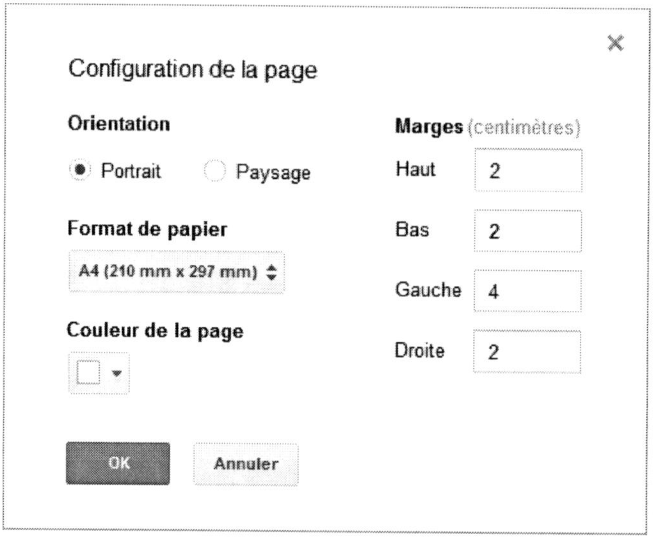

- Pour modifier l'**Orientation** de la page, activez l'option **Portrait** ou **Paysage**.
- Pour modifier la taille du papier, choisissez-la dans la liste **Format de papier**.
- Dans les zones correspondantes du cadre **Marges**, précisez, en centimètres, les marges du **Haut**, du **Bas**, **Gauche** et **Droite**.

- Pour changer la **Couleur de la page**, sélectionnez une des pastilles de couleur dans la liste correspondante.
- Pour valider la mise en page, cliquez sur le bouton **OK**.

Imprimer un document

- Dans le menu **Fichier**, sélectionnez l'option **Imprimer** ou cliquez sur l'outil **Imprimer** ou utilisez le raccourci-clavier Ctrl **P**.

  *La fenêtre **Imprimer** s'ouvre. La partie gauche de la fenêtre donne accès au paramétrage de l'impression tandis que la partie droite affiche l'aperçu du document tel qu'il sera imprimé.*
- Pour choisir une autre imprimante, sélectionnez-la dans la liste **Destination**.

  Par défaut, toutes les pages du document sont imprimées.
- Pour choisir la partie du document à imprimer, cliquez dans la zone de saisie **Pages** et renseignez les numéros de pages à imprimer : pour imprimer plusieurs pages qui se suivent, tapez le numéro de la première page, un tiret puis le numéro de la dernière (ex : pour imprimer de la page 2 à la page 4, tapez : **2-4**). Si les pages à imprimer ne se suivent pas, séparez leurs numéros par des virgules (ex : pour imprimer les pages 2 et 4, tapez : **2, 4**).
- Dans la zone **Copies**, précisez le nombre d'exemplaires à imprimer en le saisissant ou en cliquant sur les boutons + – .
- Pour imprimer le document en **Noir et blanc**, activez l'option correspondante.
- Pour modifier les marges du document imprimé, sélectionnez une des options proposées dans la liste **Marges** ; si vous souhaitez les changer manuellement, sélectionnez l'option **Personnalisé** puis, dans la zone d'aperçu, faites glisser les lignes en pointillés qui se sont affichées.

© Editions ENI - Toute reproduction interdite

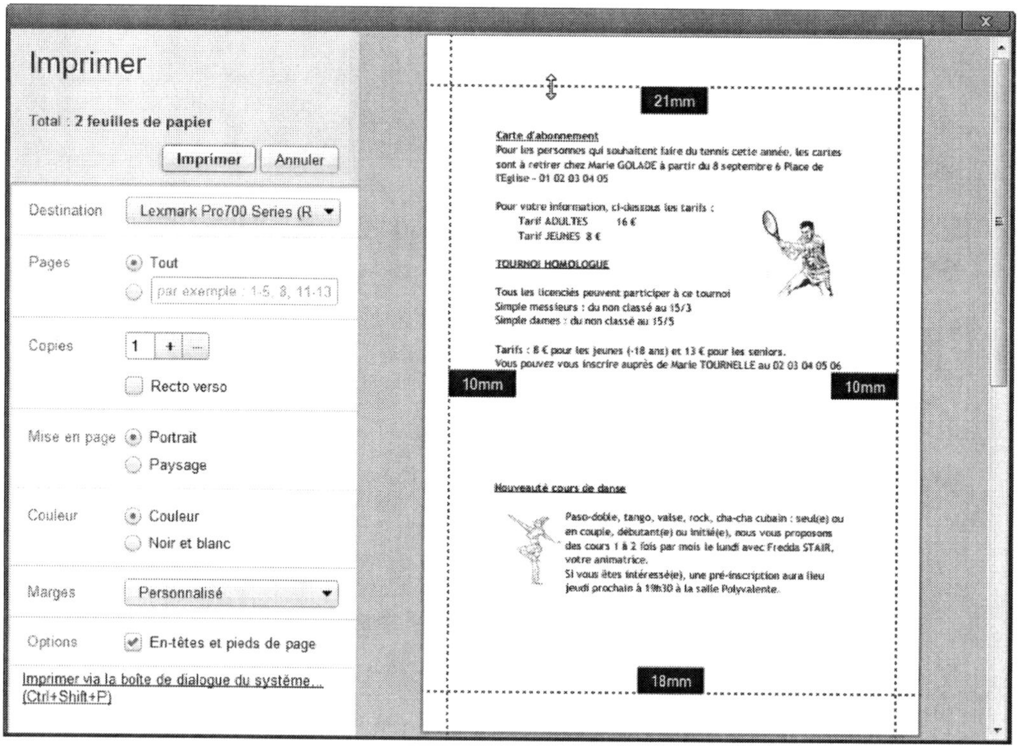

- Pour ne pas imprimer les **En-têtes et pieds de page**, décochez l'option correspondante.
- Lancez l'impression du document en cliquant sur le bouton **Imprimer**.

Insérer un lien hypertexte

Dans un document, un lien hypertexte permet de créer un renvoi vers une page d'un site Web, vers un emplacement du document actif ou vers une adresse de messagerie.

Créer un signet

Si vous souhaitez insérer un lien vers un emplacement précis du document, il est nécessaire, au préalable, d'identifier cet emplacement par un signet.

- Cliquez dans le texte qui doit être marqué d'un signet.
- Dans le menu **Insertion**, cliquez sur l'option **Signet**.

Le paragraphe marqué d'un signet est précédé du symbole .

Créer un lien vers un emplacement du document

- Positionnez le point d'insertion à l'endroit où doit être inséré le lien hypertexte ou, sélectionnez le texte à afficher comme lien hypertexte.
- Dans le menu **Insertion**, sélectionnez l'option **Lien** ou cliquez sur l'outil **Insérer un lien** ou utilisez le raccourci-clavier Ctrl **K**.

  Si vous avez sélectionné un texte, celui-ci est repris dans la zone ***Texte à afficher****.*

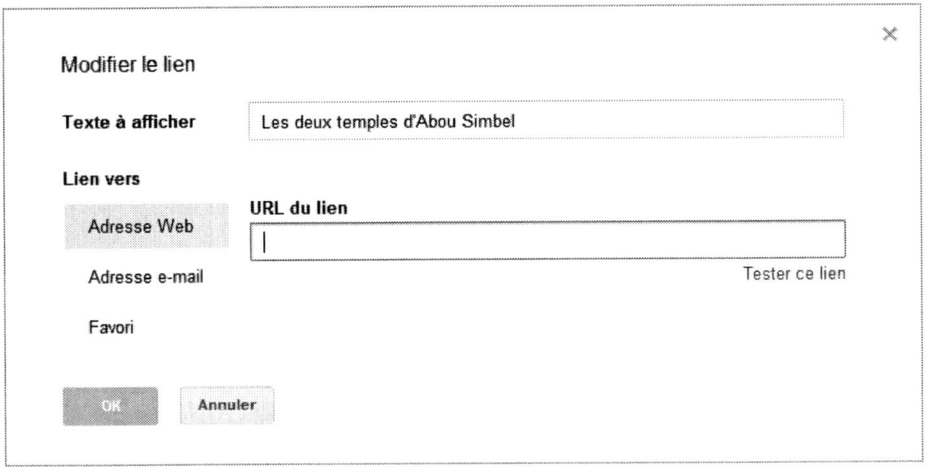

© Editions ENI - Toute reproduction interdite

- Si vous n'avez pas sélectionné de texte, saisissez, dans la zone correspondante, le **Texte à afficher** dans le document et qui permettra d'utiliser le lien hypertexte.
- Dans le cadre **Lien vers**, sélectionnez **Favori** pour afficher la liste des signets existant dans le document.
- Sélectionnez le signet que le lien devra atteindre puis cliquez sur le bouton **OK.**

Créer un lien vers une page Web

- Dans le cadre **Lien vers** de la fenêtre **Modifier le lien**, sélectionnez **Adresse Web** et renseignez l'adresse **URL du lien** dans la zone correspondante puis cliquez sur **OK.**

Créer un lien vers une adresse de messagerie

- Dans le cadre **Lien vers** de la fenêtre **Modifier le lien**, sélectionnez **Adresse e-mail** et renseignez l'**Adresse e-mail du lien** dans la zone correspondante puis cliquez sur le bouton **OK.**

Utiliser/modifier un lien hypertexte

Le texte des liens hypertextes apparaissent soulignés et en bleu dans le document.

- Cliquez sur le texte du lien hypertexte.

L'adresse du lien apparaît sous le texte. Sur cet exemple, il s'agit d'un lien vers une page d'un site Internet.

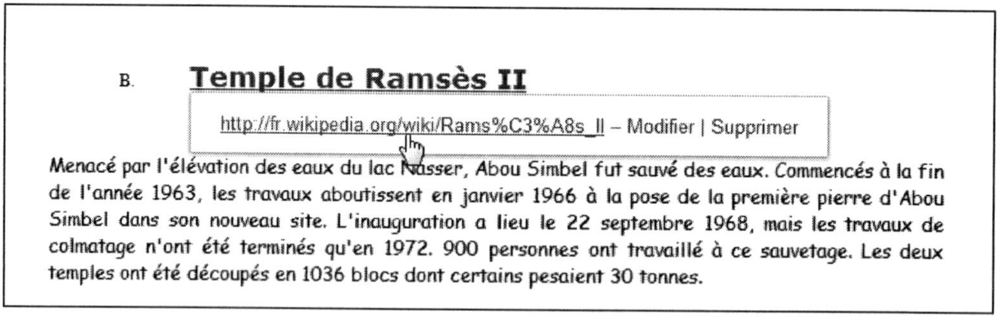

- Pour activer un lien hypertexte, cliquez sur le lien.

Si le lien est associé à un signet, le texte du signet est alors atteint ; si le lien est associé à un site Web, la page du site s'affiche dans votre navigateur ; si le lien est associé à une adresse de messagerie, la fenêtre d'un nouveau message s'ouvre dans votre logiciel de messagerie et il contient l'adresse de messagerie renseignée.

- Pour modifier un lien hypertexte, cliquez sur le lien hypertexte puis sur le lien **Modifier**. Réalisez les modifications souhaitées puis cliquez sur **OK**.
- Pour supprimer un lien hypertexte, cliquez sur le lien hypertexte puis sur le lien **Supprimer**.

Insérer une image/photo

- Positionnez le point d'insertion à l'endroit où l'image doit apparaître.
- Dans le menu **Insertion**, sélectionnez l'option **Image** ou cliquez sur l'outil **Insérer une image** .

Depuis un fichier image

*Utilisez cette technique si le fichier image est situé sur votre ordinateur. Les formats autorisés étant les fichiers **.png**, **.jpg** et **.gif** et leur taille ne doit pas excéder 2 Mo.*

- Dans le volet gauche de la fenêtre **Insérer une image**, cliquez, si besoin, sur **Importer**.

- Cliquez sur le bouton **Sélectionner l'image à importer**.
- Accédez au dossier dans lequel se trouve le fichier image puis faites un double clic sur son nom.

  L'image apparaît dans le document.

Depuis une adresse URL

- Dans le volet gauche de la fenêtre **Insérer un image**, cliquez sur **URL**.
- Saisissez l'adresse URL complète dans la zone **Coller l'URL de l'image ici** ou, si vous avez copié au préalable l'adresse, collez-la dans la zone.
- Cliquez sur le bouton **Sélectionner**.

En recherchant une image sur le Web

- Dans le volet gauche de la fenêtre **Insérer un image**, cliquez sur **Google Recherche d'images**.
- Saisissez, dans la zone **Google**, le mot clé correspondant à l'élément recherché.
- Cliquez sur le bouton  ou appuyez sur la touche .

  *La liste, située sous la zone de recherche, vous permet de sélectionner le type de photos : **Visage**, **Photo**, **Images clipart** ou **Dessin au trait**. Vous pouvez également, en cliquant sur une des pastilles de couleur, sélectionner uniquement celles où la dominante de la couleur choisie est visible.*

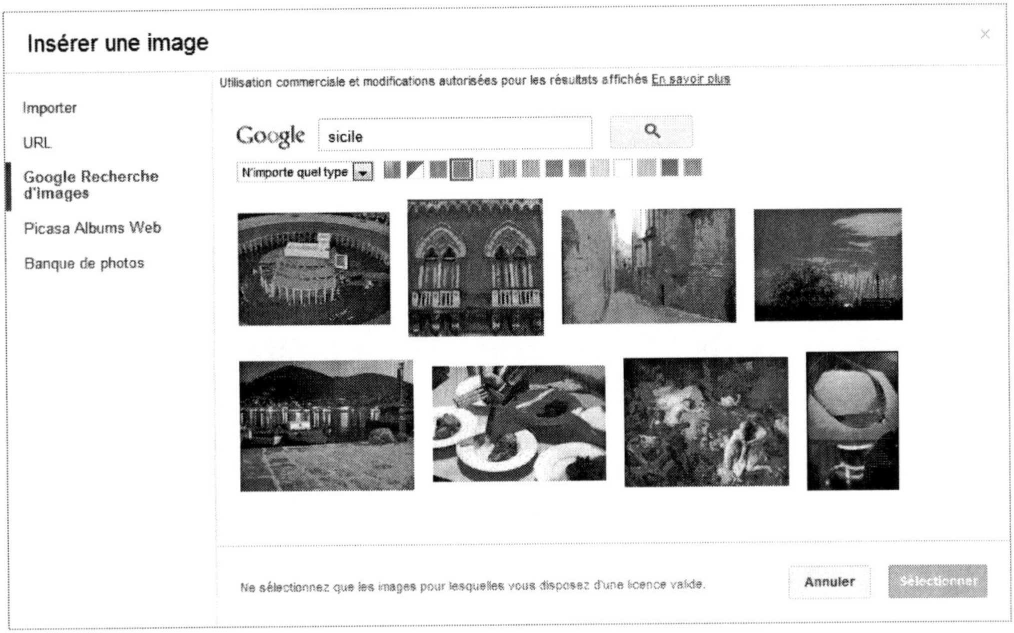

- Faites défiler la liste et cliquez sur la vignette de la photo à insérer puis cliquez sur le bouton **Sélectionner**.

Depuis un album Picasa Web

Si vous disposez d'un compte Picasa Album Web, vous pouvez utiliser cette technique pour insérer une des images ajoutées à vos albums Web.

- Dans le volet gauche de la fenêtre **Insérer un image**, cliquez sur **Picasa Albums Web**.
- Saisissez, dans la zone de recherche, le mot clé correspondant à l'élément recherché puis cliquez sur le bouton  ou appuyez sur la touche ⏎.
- Dans la liste des images qui apparaît, cliquez sur celle à insérer puis cliquez sur le bouton **Sélectionner**.

© Editions ENI - Toute reproduction interdite

Depuis la bibliothèque de photos de Google

- Dans le volet gauche de la fenêtre **Insérer un image**, cliquez sur **Banque de photos.**
- Saisissez, dans la zone de recherche, le mot clé correspondant à l'élément recherché puis cliquez sur le bouton ou appuyez sur la touche .
- Dans la liste des images qui apparaît, cliquez sur celle à insérer puis cliquez sur le bouton **Sélectionner**.

Utiliser la technique du glissé-déposé

Si l'image est située sur votre ordinateur ou si elle provient d'un site Web, il vous est alors possible de la faire glisser directement dans un document.

- Dans une fenêtre de votre navigateur, affichez le document et l'endroit où l'image devra être insérée.
- Dans une autre fenêtre de votre navigateur ou dans la fenêtre de l'explorateur Windows, affichez l'image qui doit être copiée.
- Organisez les deux fenêtres afin qu'elles soient placées côte à côte.
- Pointez l'image ou le fichier image puis cliquez et faites glisser vers le document.

Après un court laps de temps, l'image apparaît dans votre document.

Modifier la position et la taille d'une image

Modifier les dimensions d'une image

- Cliquez sur l'image à modifier pour la sélectionner.
- Pour modifier la taille d'une image, faites glisser ses poignées de coin afin de ne pas la déformer.

Modifier sa position et son habillage

Par défaut, l'image est insérée dans le texte, elle s'aligne sur les caractères. Vous pouvez choisir de la positionner n'importe où sur le texte afin que ce dernier puisse se répartir autour.

- Cliquez sur l'image pour la sélectionner.

*L'information qui apparaît sous l'image indique que l'habillage actuel de la photo est aligné **Sur la ligne du texte**.*

- Si vous souhaitez que le texte se répartisse autour de l'image, cliquez sur le lien **Position fixe.**
- Si besoin, faites ensuite glisser l'image à l'endroit où celle-ci doit apparaître.

Insérer un tableau

- Positionnez le point d'insertion à l'endroit où le tableau doit être inséré.
- Cliquez sur le menu **Tableau** et pointez l'option **Insérer un tableau.**
- Pointez la première cellule puis faites glisser la souris sur la dernière cellule du tableau en fonction du nombre de lignes ou de colonnes souhaité.

© Editions ENI - Toute reproduction interdite

Sur cet exemple, un tableau de 4 colonnes et 2 lignes va être inséré.

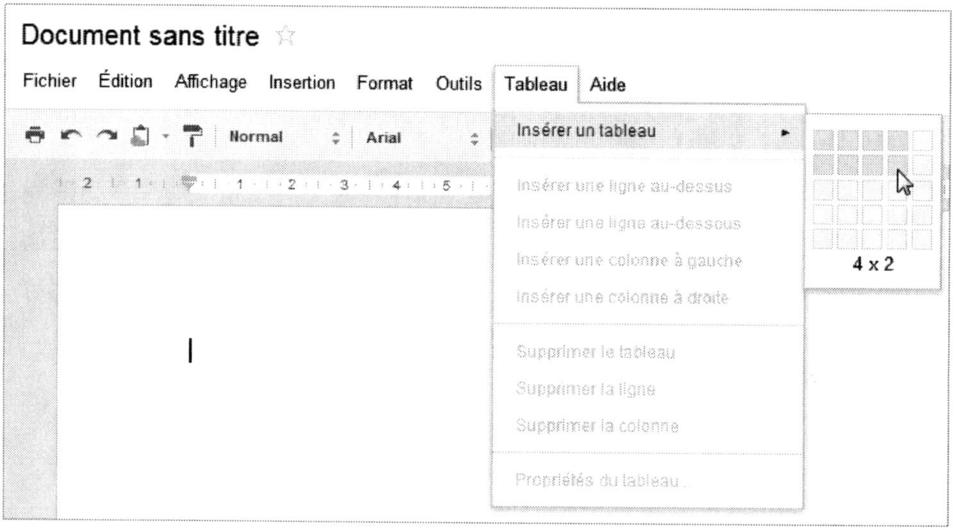

- Cliquez sur la dernière cellule du tableau pour insérer le tableau dans le document.
- Complétez ensuite le tableau. Saisissez le texte de la première cellule puis accédez à la cellule suivante en utilisant la touche ⇥.
- Pour mettre en valeur le contenu des cellules, procédez comme pour n'importe quel texte.
- Pour ajouter, modifier ou supprimer des cellules du tableau, utilisez les commandes du menu **Tableau**.

Créer une table des matières

La table des matières d'un document inclut les textes auxquels vous avez appliqué un style prédéfini (Titre 1, Titre 2...).

- Positionnez le point d'insertion à l'endroit où la table des matières doit être insérée.
- Dans le menu **Insertion**, sélectionnez l'option **Table des matières**.

La table des matières est insérée dans un cadre. Chacun des titres apparaît sous forme de liens permettant ainsi d'accéder rapidement aux titres de votre document.

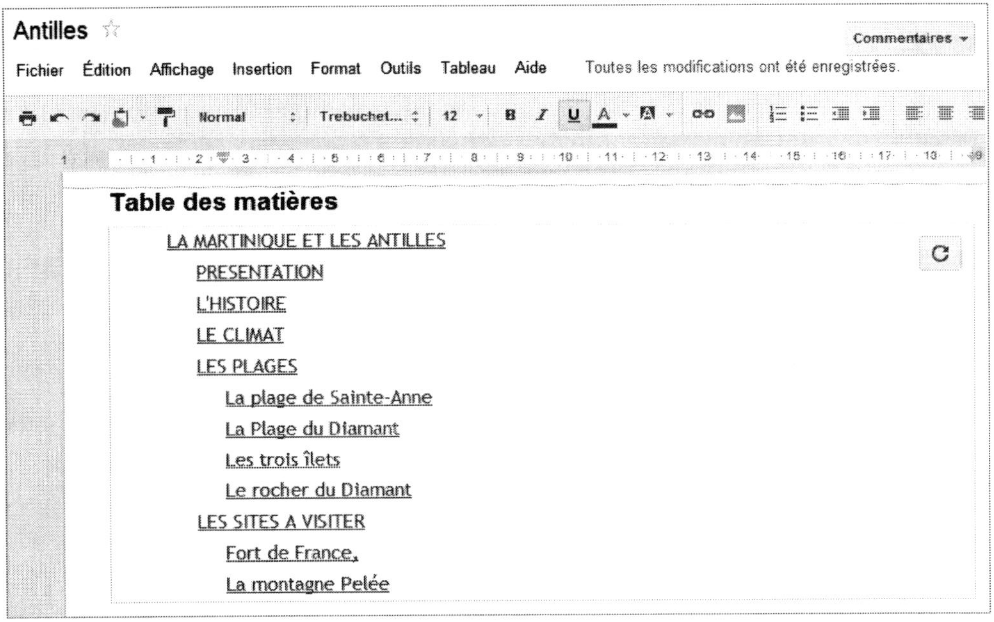

- Pour atteindre un des titres du document, cliquez sur le titre puis sur le lien qui apparaît.
- Pour mettre à jour la table des matières, cliquez sur l'outil  visible à droite de la table des matières.

© Editions ENI - Toute reproduction interdite

Insérer des commentaires

Créer des commentaires

Cette technique vous permet d'annoter un document en associant des commentaires à un texte. Les commentaires sont surtout utilisés dans un document qui est mis à disposition de plusieurs utilisateurs puisque toutes les personnes avec lesquelles le document est partagé pourront laisser des commentaires et y répondre.

- Positionnez le point d'insertion ou sélectionnez le texte sur lequel doit porter le commentaire.
- Dans le menu **Insertion**, sélectionnez l'option **Commentaire** ou utilisez le raccourci-clavier Ctrl Alt **M.**

*Vous pouvez également faire un clic droit sur la sélection et choisir l'option **Commentaire**.*

La zone du commentaire accompagnée du nom de l'auteur, est visible dans la marge de droite.

- Saisissez le texte du commentaire dans la zone.
- Si le commentaire est destiné à une personne en particulier, à la suite du texte de votre commentaire, saisissez le signe +.

La liste des contacts apparaît dans une fenêtre contextuelle.

Cliquez sur le nom de la personne à laquelle est destiné ce commentaire.

La personne sera prévenue par e-mail à condition que vous ayez partagé ce document avec cette personne.

- Cliquez ensuite sur le bouton **Commenter** pour valider.

Dans le document, le texte sur lequel porte le commentaire apparaît sur fond de couleur.

Si, dans le document, des commentaires ont été créés par plusieurs utilisateurs, les zones de commentaire vous informent du nom de l'auteur, la date et l'heure de ces commentaires.

- Cliquez n'importe où dans le document.

Afficher tous les commentaires d'un document

- Cliquez sur le bouton **Commentaires** (visible à droite de la barre de titre du document) et sélectionnez l'option **Afficher le flux de commentaires.**

*La liste de toutes les personnes ayant ajouté des commentaires sur le document est affichée. Le texte sur lequel porte le commentaire ainsi que le commentaire sont visibles. La première zone de saisie, **Commentaire sur le document**, permet d'associer un commentaire général au document. Le lien **Commenter** permet de répondre à un commentaire précis. La réponse sera alors visible par tous les collaborateurs de ce document. Le lien **Fermer la discussion** permet de clôturer le commentaire et ainsi de le masquer du document.*

© Editions ENI - Toute reproduction interdite

- Lorsque la consultation des flux de commentaires est terminée, fermez la fenêtre.

Répondre à un commentaire

- Cliquez sur la zone du commentaire concerné.
- Saisissez le texte de votre réponse puis cliquez sur le bouton **Répondre.**

  Un message sera automatiquement envoyé à l'auteur du commentaire.

Supprimer un commentaire

- Cliquez dans la zone du commentaire à supprimer puis sur le lien **Supprimer**.
- Cliquez sur le bouton **Supprimer** du message de confirmation qui s'affiche.

Fermer un commentaire

*Lorsqu'un commentaire est fermé, celui-ci n'apparaît plus dans la marge droite du document. Il sera néanmoins visible dans la liste des flux de commentaires avec l'indication **Discussion marquée comme fermée**.*

- Cliquez dans la zone du commentaire concerné puis sur **Fermer la discussion.**
- Pour ouvrir à nouveau une discussion, cliquez sur le bouton **Commentaires** de la barre de titre du document et sélectionnez l'option **Afficher le flux de commentaires.** Cliquez ensuite sur le lien **Rouvrir** du commentaire à réactiver.

Paramétrer les notifications

Pour être ou non averti par e-mail des différents commentaires ou réponses données aux commentaires que vous avez initiés sur un document, vous pouvez configurer ces différentes notifications.

- Cliquez sur le bouton **Commentaires** puis sur l'option **Paramètres de notification.**

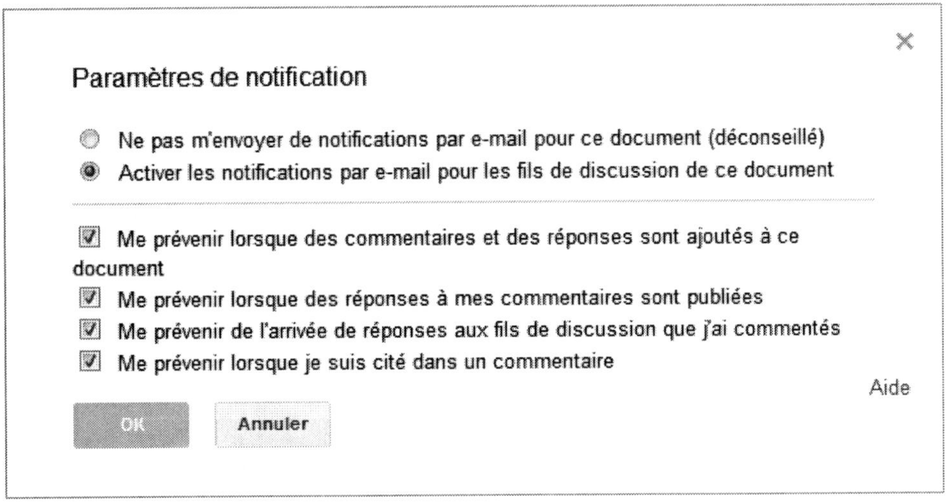

© Editions ENI - Toute reproduction interdite

- Pour désactiver les notifications, activez l'option **Ne pas m'envoyer de notifications par e-mail pour ce document (déconseillé).**

  Vous devrez alors ouvrir le document pour prendre connaissance des nouveaux commentaires et réponses.

- Si vous avez choisi d'**Activer les notifications par e-mail pour les fils de discussion de ce document**, choisissez alors les notifications souhaitées en cochant les options correspondantes ou décochez celles que vous ne souhaitez pas activer.
- Cliquez sur le bouton **OK**.

Convertir au format Word, ODT ou PDF

- Dans le menu **Fichier**, pointez l'option **Télécharger au format** puis cliquez sur le format souhaité.

  *Si vous utilisez Google Chrome, le fichier est automatiquement enregistré dans le dossier **Téléchargement** de Windows. Vous pouvez ouvrir la liste du bouton qui porte le nom du fichier (visible dans la partie inférieure de la fenêtre) et choisir l'option **Ouvrir** ou **Afficher dans le dossier** si vous le souhaitez.*

- Si vous utilisez Internet Explorer, ouvrez la liste du bouton **Enregistrer** qui apparaît dans la barre d'informations (en bas de la fenêtre) et sélectionnez l'option **Enregistrer sous**. Sélectionnez le dossier d'enregistrement du fichier et cliquez sur le bouton **Enregistrer**.

Créer un classeur

*Le terme **Classeur** est le nom générique donné au document Feuille de calcul de Google Documents. Un classeur, ou document Feuille de calcul, peut contenir une ou plusieurs feuilles de calcul.*

Dans le volet de navigation de Google Documents, cliquez sur le bouton **CRÉER** et sur l'option **Feuille de calcul.**

Si un document est déjà ouvert, ouvrez le menu **Fichier**, pointez l'option **Nouveau** et cliquez sur l'option **Feuille de calcul.**

Une nouvelle feuille de calcul s'ouvre dans un nouvel onglet.

Les éléments de la fenêtre sont les suivants :

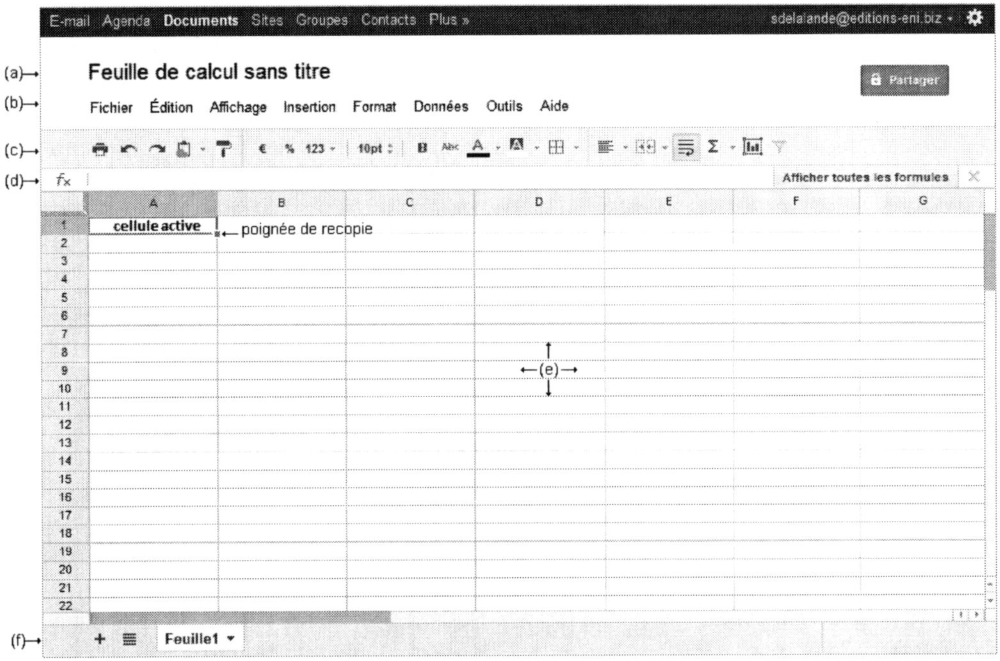

La **barre de titre** (a) : reprend, à gauche, le nom de la feuille de calcul (ici, **Feuille de calcul sans titre** car le document n'a pas encore été nommé) ; à droite, le bouton **Partager** donne accès aux commandes de partage du document.

La **barre des menus** (b) : donne accès aux différentes fonctionnalités d'édition de la feuille de calcul.

© Editions ENI - Toute reproduction interdite

La **barre d'outils** (c) : propose des outils destinés à exécuter des commandes courantes comme l'impression, l'annulation de la dernière manipulation, les mises en valeur de texte, l'insertion de formules et de graphiques.

La **barre de formule** (d) : permet de saisir ou modifier les données. Elle affiche le contenu de la cellule sélectionnée, si la cellule contient une formule de calcul, la barre de formule affiche la syntaxe du calcul. Pour masquer ou afficher la barre de formule, sélectionnez l'option **Barre de formule** dans le menu **Affichage**.

La **feuille de calcul** (e) est composée de cellules organisées en lignes et en colonnes ; les lignes sont caractérisées par des numéros tandis que les colonnes le sont par des lettres ; par défaut, elle est composée de 100 lignes et de 20 colonnes mais il est tout à fait possible d'en ajouter d'autres ; chaque cellule correspond à l'intersection d'une ligne et d'une colonne et est identifiée par la lettre associée à cette colonne et le numéro associé à cette ligne (on parle de référence de cellule). Par exemple, la cellule située à l'intersection de la troisième colonne et de la dixième ligne est identifiée C10. Lorsque vous êtes positionné dans une cellule, elle devient la **cellule active**. Le carré bleu qui apparaît dans le coin inférieur droit de la cellule active s'appelle la **poignée de recopie**.

La **barre de navigation des feuilles** (f) affiche les onglets de feuilles et des outils pour insérer des feuilles supplémentaires et naviguer entre les feuilles. À droite, la **barre d'état** affiche des informations selon les actions qui sont faites : elle peut afficher le contenu de la cellule sélectionnée ou la somme des cellules numériques sélectionnées.

Un document peut contenir plusieurs feuilles de calcul, par défaut, une seule est visible.

Google met à disposition une galerie de modèles que vous pouvez utiliser pour créer de nouveaux classeurs (menu **Fichier** - **Nouveau** - **À partir du modèle**).

Nommer un document

- Cliquez sur le nom du document dans la barre de titre ou cliquez sur le menu **Fichier** puis sur l'option **Renommer**.
- Saisissez le nom à attribuer au document puis cliquez sur le bouton **OK** ou appuyez sur la touche ⏎.

Tout document créé se retrouve dans votre liste de documents dans la vue **Accueil** et dans la vue **Tous les éléments**. Depuis ces vues, il vous est possible d'attribuer un nom aux documents en choisissant l'option **Renommer** du bouton **Autres**.

Ouvrir un classeur

Dans le menu **Fichier**, sélectionnez l'option **Ouvrir** ou utilisez le raccourci-clavier Ctrl **O**.

*La fenêtre **Ouvrir une feuille de calcul** s'ouvre. La liste affiche les documents Feuilles de calcul existants.*

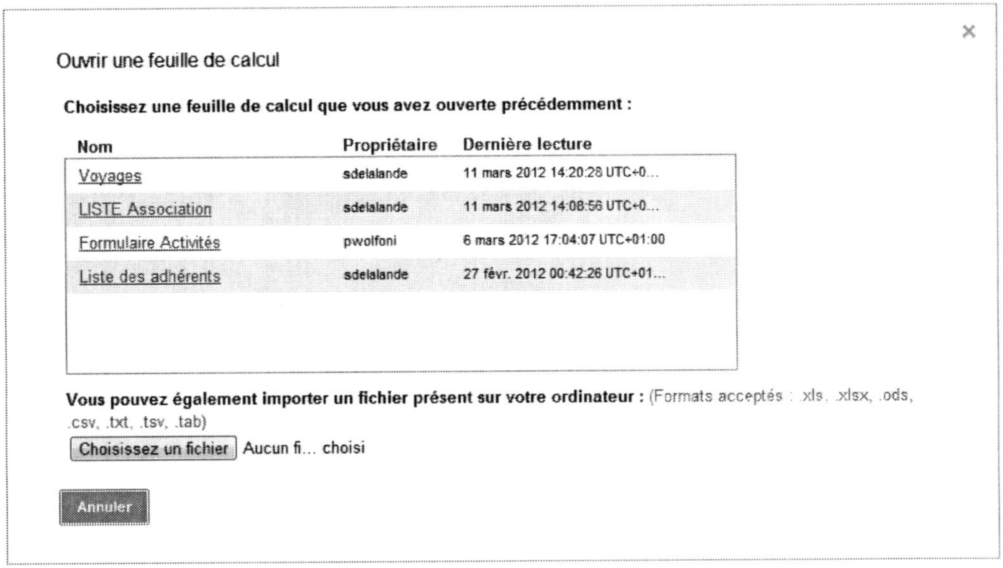

Pour ouvrir un document existant de la liste, cliquez sur son nom.

Pour importer un document, cliquez sur le bouton **Choisissez un fichier**. Accédez au dossier d'enregistrement du fichier puis faites un double clic sur son nom. Une fois l'importation terminée, cliquez sur le lien **Ouvrir maintenant**.

Pour importer un classeur, vous pouvez également utiliser l'option **Importer** du menu **Fichier** qui offre l'avantage de pouvoir ajouter une feuille de calcul au classeur ou de remplacer celle qui est active.

© Editions ENI - Toute reproduction interdite

Se déplacer dans une feuille de calcul

Plusieurs techniques sont à votre disposition en fonction de l'outil que vous souhaitez utiliser : la souris ou le clavier.

- Vous pouvez utiliser le clavier de la manière suivante :

[→] ou [Tab]/[←] ou [⇧][Tab]	cellule de droite/de gauche
[↑]/[↓] ou [↵]	cellule du haut/du bas
[Alt][Pg Suiv]/[Alt][Pg Préc]	page écran de droite/de gauche
[Pg Préc]/[Pg Suiv]	page écran du haut/bas
[↖]	colonne A de la ligne active
[Fin]	dernière colonne de la ligne active
[Ctrl][↖]	cellule A1
[Ctrl][Fin]	dernière cellule

- Pour vous déplacer avec la souris, utilisez les barres de défilement vertical et horizontal. Vous pouvez aussi faire glisser le curseur de défilement.

  Vous pouvez aussi utiliser la molette de la souris.

Sélectionner les cellules

Une plage de cellules

- Utilisez l'une des techniques suivantes :

Le cliqué-glissé	Cliquez dans la première cellule à sélectionner et, sans relâcher le bouton de la souris, faites glisser celle-ci pour étendre la sélection ; relâchez le bouton de la souris lorsque la sélection vous convient. Attention, ne réalisez pas le cliqué-glissé à partir du bouton de recopie (carré bleu en bas et à droite de la cellule active) !
Le [⇧] clic	Cliquez dans la première cellule à sélectionner, pointez la dernière, appuyez sur la touche [⇧] et, sans la relâcher, cliquez. Relâchez ensuite le bouton de la souris puis la touche.

Avec le clavier Appuyez sur la touche ⇧ et, tout en la maintenant enfoncée, utilisez les touches de déplacement correspondant à la sélection à réaliser ; par exemple : ⇧ → sélectionne la cellule située à droite.

Un tableau Cliquez dans une cellule du tableau puis utilisez le raccourci-clavier Ctrl **A.**

Toute la feuille Cliquez dans une cellule vide de la feuille de calcul puis utilisez le raccourci-clavier Ctrl **A.**

Une plage de cellules sélectionnée apparaît encadrée et sur fond de couleur bleue ; la cellule active de la sélection est matérialisée par un cadre bleu.

Par défaut, la barre d'état affiche la somme des cellules sélectionnées si au moins l'une des cellules sélectionnées contient une valeur numérique ; la barre d'état peut également afficher le nombre de valeurs (texte, numérique ou autre) contenues dans la sélection.

- Pour modifier le calcul affiché dans la barre d'état, cliquez sur le bouton **Somme** dans la barre d'état et sur la fonction à afficher.

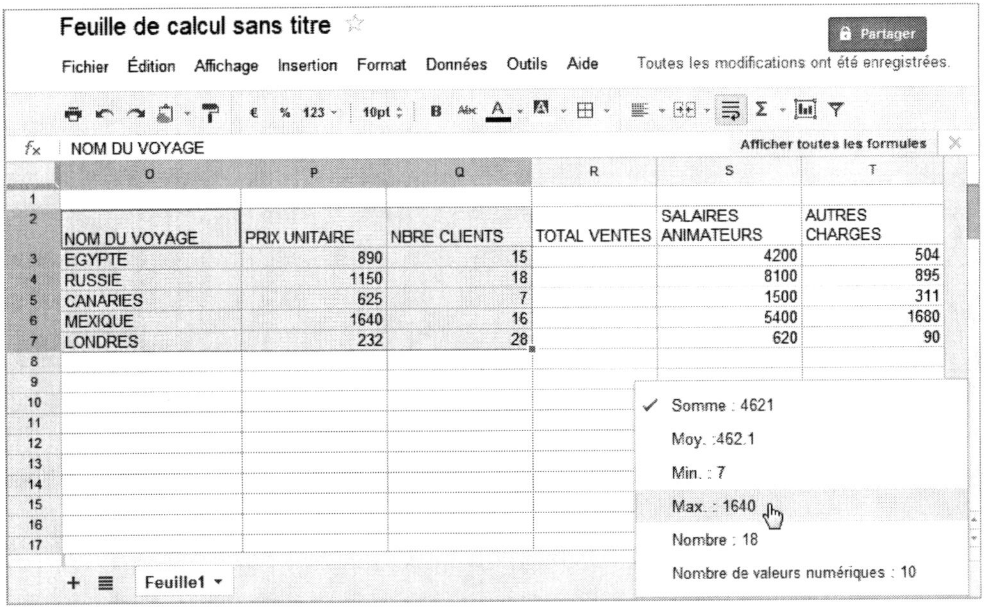

© Editions ENI - Toute reproduction interdite

Des lignes/colonnes entières

- Procédez selon les techniques suivantes :

  Ligne Cliquez sur le numéro de la ligne à sélectionner.

  Colonne Cliquez sur la lettre de la colonne à sélectionner.

  Lorsqu'une ligne (une colonne) est sélectionnée, son numéro (sa lettre) apparaît sur fond de couleur sombre.

- Pour sélectionner plusieurs lignes (colonnes) adjacentes, faites glisser la souris sur les en-têtes de lignes (colonnes).

Une sélection peut être composée de lignes et de colonnes.

Saisir des données

Données constantes (texte, valeurs...)

- Cliquez sur la cellule dans laquelle la donnée doit apparaître.
- Saisissez la donnée.

  Les caractères saisis apparaissent également dans la barre de formule.

- Pour valider la saisie, appuyez sur la touche [Entrée] ou [Tab] ou une touche de direction quelconque.

  Après validation, les données de type Texte s'alignent à gauche des cellules et celles de type Date ou Numérique s'alignent à droite.

- Pour la saisie des données, prêtez attention aux remarques suivantes :
  - Pour les valeurs numériques, faites attention à saisir des 0 (zéros) et pas des O (la lettre o).
  - Pour saisir une valeur négative, faites-la précéder d'un signe moins (-) ou entourez-la de parenthèses.
  - Pour entrer un pourcentage, saisissez le signe % juste après le nombre.
  - Pour saisir des décimales, utilisez la virgule.
  - Pour la saisie des dates, saisissez-les sous forme de chiffre en séparant le jour, le mois et l'année d'une barre oblique (par exemple, 25/12/2012).

Si le format des dates ou des nombres saisis n'est pas adapté à la langue, choisissez, dans la fenêtre **Paramètres de la feuille de calcul**, le pays de référence dans la liste des **Paramètres régionaux** (menu **Fichier** - option **Paramètres de la feuille de calcul**).

Insérer la date et l'heure système

La date et l'heure système sont gérées par Windows.

- Sélectionnez la cellule dans laquelle doit apparaître la date et/ou l'heure système.
- Pour insérer la date et/ou l'heure système mises à jour à chaque ouverture du document, utilisez l'une des deux fonctions suivantes :

=TODAY()	Pour insérer la date.
=NOW()	Pour insérer la date et l'heure.

- Pour insérer la date du jour et/ou l'heure système fixe, utilisez l'un des raccourcis-clavier suivants : Ctrl ; pour insérer la date ou Ctrl Shift : pour insérer l'heure.

  À l'heure où nous rédigions ce manuel, ces raccourcis-clavier, fournis par Google, ne fonctionnaient pas.

Si vous effacez une cellule contenant une date, le format de date est conservé ; pour saisir une valeur autre, effacez, au préalable, le format appliqué à la cellule en choisissant l'option **Effacer la mise en forme** du menu **Format.**

Si le format de la date n'est pas celui attendu, choisissez votre **Langue** dans la liste correspondante de l'onglet **Général** de la fenêtre **Paramètres de Google Documents** (outil ⚙).

Si la date affichée n'est pas celle du jour, corrigez la date système de votre micro-ordinateur à partir du **Panneau de configuration** de Windows, option **Horloge, langue et région** puis **Date et heure.**

Copier un même contenu dans plusieurs cellules

Cette technique recopie le contenu d'une cellule sur d'autres cellules sans le format de la cellule. N'utilisez pas cette technique pour recopier des formules de calcul car la formule serait alors remplacée par sa valeur de résultat.

- Sélectionnez la cellule contenant la valeur à recopier et les cellules dans lesquelles le contenu doit être dupliqué.
- Utilisez la combinaison de touches Ctrl Entrée.

© Editions ENI - Toute reproduction interdite

Saisir un texte de plusieurs lignes dans une cellule

Deux techniques permettent de faire apparaître du texte sur plusieurs lignes dans une cellule : par la saisie ou en modifiant le format de la cellule.

Entrer un saut de ligne

- Lorsque vous êtes en cours ou en modification de saisie, utilisez la combinaison de touches [Alt] [Entrée] pour imposer un retour à la ligne à l'endroit souhaité.
- Validez en appuyant sur la touche [Entrée].

La hauteur de ligne s'adapte automatiquement.

La barre de formule n'affiche que la première ligne saisie, pour afficher les lignes suivantes, vous pouvez cliquer successivement à l'extrémité de la barre de formule pour faire défiler les lignes de la cellule.

Définir un renvoi à la ligne automatique

- Sélectionnez les cellules concernées.
- Cliquez sur l'outil **Retour à la ligne automatique** .

Les données sont renvoyées à la ligne de manière à ajuster le contenu de la cellule à la largeur de la colonne. Si vous modifiez la largeur des colonnes, les données sont automatiquement ajustées en conséquence.

Utiliser des listes de données

Cette technique vous permet d'effectuer des séries incrémentées sur des valeurs exclusivement numériques ou des dates.

- Dans la première cellule, saisissez la première valeur ou date ; dans la deuxième cellule, saisissez la deuxième valeur avec l'incrémentation souhaitée.
- Sélectionnez les deux cellules puis faites glisser la poignée de recopie vers le bas ou vers la droite (selon la disposition des deux cellules sélectionnées).

Modifier le contenu d'une cellule

- Faites un double clic sur la cellule à modifier ou sélectionnez-la et appuyez sur la touche [F2].
- Réalisez vos modifications directement dans la cellule.

- Validez les modifications.

Vous pouvez aussi cliquer dans la cellule puis dans la barre de formule pour effectuer directement vos modifications.

Effacer le contenu des cellules

- Sélectionnez les cellules à effacer puis appuyez sur la touche Suppr.

  Le contenu des cellules est alors supprimé mais pas le format.

- Pour effacer le format, utilisez l'option **Effacer la mise en forme** du menu **Format.**
- Pour effacer le contenu d'une colonne ou d'une ligne, cliquez sur la lettre d'en-tête de la colonne ou le numéro de la ligne pour la sélectionner puis faites un clic droit sur la sélection et sélectionnez l'option **Effacer la colonne** ou **Effacer la ligne.**

  Attention, ces options effacent le contenu de la colonne et de la ligne sans la supprimer.

Si vous avez effacé un contenu par erreur, vous pouvez toujours annuler votre commande en cliquant sur l'outil **Annuler** .

Modifier la mise en valeur des cellules

- Sélectionnez les cellules concernées.
- Utilisez les outils suivants pour appliquer les mises en valeurs souhaitées :

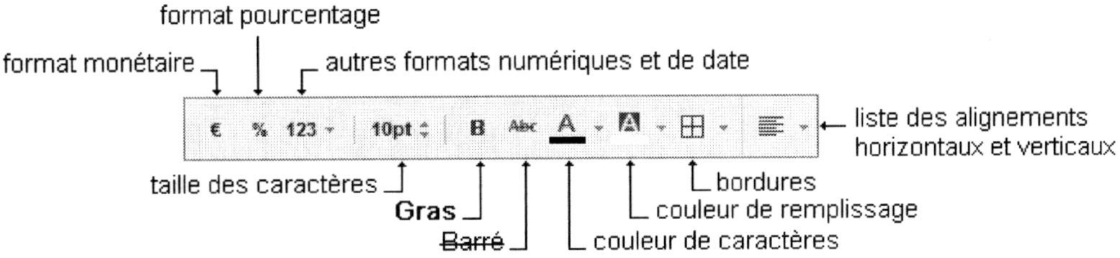

*Vous pouvez également utiliser les options **Nombre**, **Police** et **Taille de police** du menu **Format**.*

© Editions ENI - Toute reproduction interdite

Modifier la largeur des colonnes/la hauteur des lignes

- Sélectionnez chaque colonne concernée par une même largeur (ou chaque ligne concernée par une même hauteur) ; si une seule colonne/ligne est concernée, ne la sélectionnez pas.
- Pointez le trait vertical situé à droite de l'une des colonnes concernées (ou le trait horizontal situé au-dessous du chiffre de l'une des lignes).

  *Le pointeur de la souris prend la forme d'une double flèche horizontale ou verticale. Sur cet exemple, les colonnes **D**, **E** et **F** vont être modifiées.*

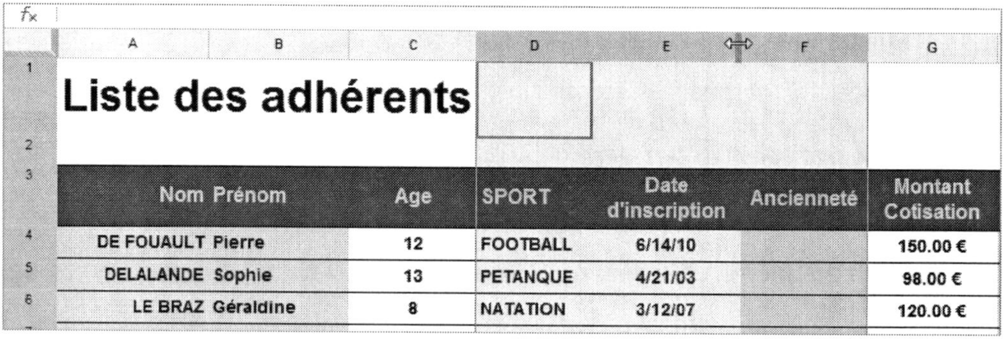

- Faites alors un cliqué-glissé sans relâcher le bouton de la souris.

  La nouvelle largeur (hauteur) est matérialisée par un trait fin.
- Relâchez le bouton de la souris lorsque la largeur (hauteur) vous convient.
- Pour modifier précisément la largeur d'une colonne (ou ligne), sélectionnez la ou les colonnes (ou lignes) puis faites un clic droit sur la sélection et choisissez l'option **Redimensionner la** ou **les colonnes** (ou lignes). Saisissez une valeur en pixel puis cliquez sur **OK**.

Pour économiser la mémoire de votre ordinateur, "aérez" vos feuilles par cette technique plutôt que par des insertions de lignes et de colonnes.

Ajuster la largeur d'une colonne/hauteur d'une ligne

Cette technique permet d'ajuster la largeur d'une colonne à son contenu le plus long et la hauteur des lignes à son contenu le plus haut.

- Sélectionnez, si besoin, les lignes ou les colonnes concernées.
- Pour ajuster la largeur de la ou des colonnes sélectionnées, faites un double clic sur le trait vertical situé à droite de la lettre de la colonne concernée.
- Pour ajuster la hauteur de ligne, faites un double clic sur le trait horizontal situé au-dessous du numéro de la ligne.

Insérer des lignes/colonnes

- Pour insérer une seule ligne/colonne, sélectionnez la ligne ou la colonne entière (en cliquant sur le numéro de la ligne ou sur la lettre de la colonne) après ou avant laquelle vous souhaitez insérer la nouvelle.

  Pour insérer plusieurs lignes/colonnes, sélectionnez autant de lignes ou colonnes que vous souhaitez en insérer.
- Faites un clic droit sur la sélection et choisissez l'option **Insérer *n* à gauche** ou **Insérer *n* à droite** s'il s'agit d'insertion de colonne(s) ; choisissez **Insérer *n* au-dessus** ou **Insérer *n* au-dessous** s'il s'agit d'insertion de ligne(s).

  S'il s'agit d'une seule colonne, vous pouvez également sélectionner une des options dans la liste associée à la colonne.

Ajouter des lignes/colonnes en fin de feuille

Les feuilles de calcul sont, par défaut, constituées de 100 lignes et de 20 colonnes maximum, ce nombre est différent s'il s'agit d'une feuille de calcul importée. Si ce nombre vous semble insuffisant, utilisez cette procédure pour en ajouter d'autres.

- Pour ajouter des lignes, faites glisser le curseur de la barre de défilement vertical vers le bas pour atteindre la dernière ligne de la feuille.

© Editions ENI - Toute reproduction interdite

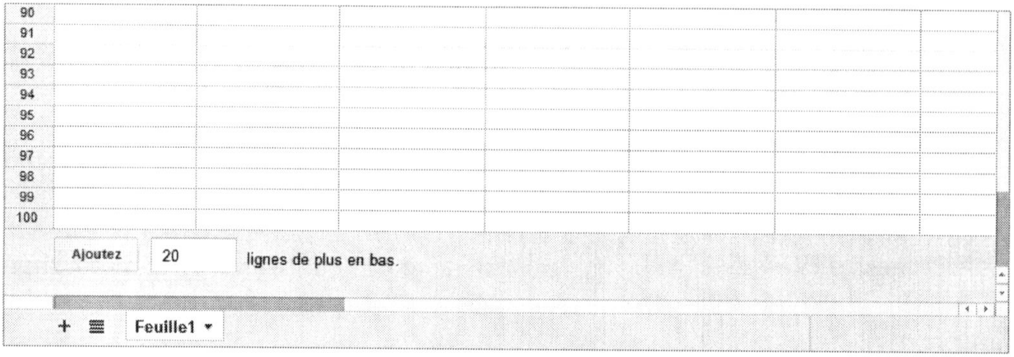

Saisissez le nombre de lignes à ajouter dans la zone **lignes de plus en bas** puis cliquez sur le bouton **Ajoutez**.

- Pour ajouter des colonnes, faites glisser le curseur de la barre de défilement horizontal vers la droite pour atteindre la dernière colonne de la feuille, la colonne **T**.

  Pour insérer plusieurs colonnes, sélectionnez le nombre de colonnes à insérer, y compris la colonne T.

  Pointez l'en-tête de colonne, ouvrez la liste associée et sélectionnez l'option **Insérer *n* à droite**.

Supprimer des lignes/des colonnes

- Sélectionnez les colonnes (ou les lignes) entières à supprimer, en sélectionnant les lettres de colonnes (ou numéros de lignes).
- Faites un clic droit sur la sélection et sélectionnez l'option **Supprimer la** ou **les colonnes** (ou la ligne).

Masquer des lignes/colonnes

- Sélectionnez la ou les lignes (ou colonnes) à masquer en cliquant sur le numéro de la ou des lignes (ou lettre des colonnes).

  Pour éviter de déplacer les lignes ou les colonnes lorsque vous les sélectionnez, cliquez sur le numéro (ou lettre) de la première ligne (ou colonne) à sélectionner puis relâchez le bouton de la souris. Maintenez la touche ⇧ puis cliquez sur le numéro (ou lettre) de la dernière ligne (ou colonne) à sélectionner.

- Faites un clic droit sur la sélection puis choisissez l'option **Masquer les lignes** ou **Masquer les colonnes.**
- Pour afficher des lignes ou colonnes masquées, pointez, à l'intersection des numéros de ligne ou de colonne, le symbole matérialisant la ou les lignes ou colonnes masquées.

  Le pointeur de la souris doit prendre la forme d'une main.

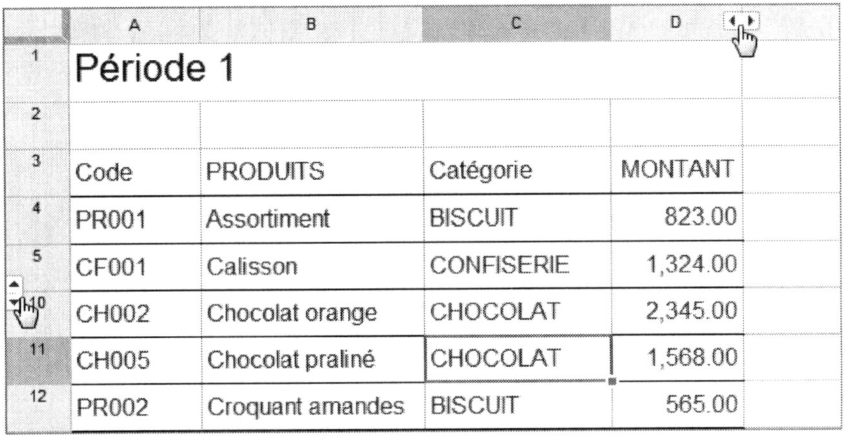

	A	B	C	D
1	Période 1			
2				
3	Code	PRODUITS	Catégorie	MONTANT
4	PR001	Assortiment	BISCUIT	823.00
5	CF001	Calisson	CONFISERIE	1,324.00
10	CH002	Chocolat orange	CHOCOLAT	2,345.00
11	CH005	Chocolat praliné	CHOCOLAT	1,568.00
12	PR002	Croquant amandes	BISCUIT	565.00

Cliquez pour afficher les lignes ou les colonnes.

Pour masquer une seule colonne, ouvrez la liste associée à la lettre de la colonne et choisissez l'option **Masquer la colonne**.

Copier/déplacer des cellules

Déplacer par cliqué-glissé

Cette technique est surtout utilisée lorsque vous pouvez visualiser en même temps les cellules à transférer et le lieu de destination.

- Sélectionnez les cellules à transférer.
- Pointez l'un des bords de la sélection.

  La souris prend alors l'apparence d'une main. Attention, ne pointez pas la poignée de recopie.

© Editions ENI - Toute reproduction interdite

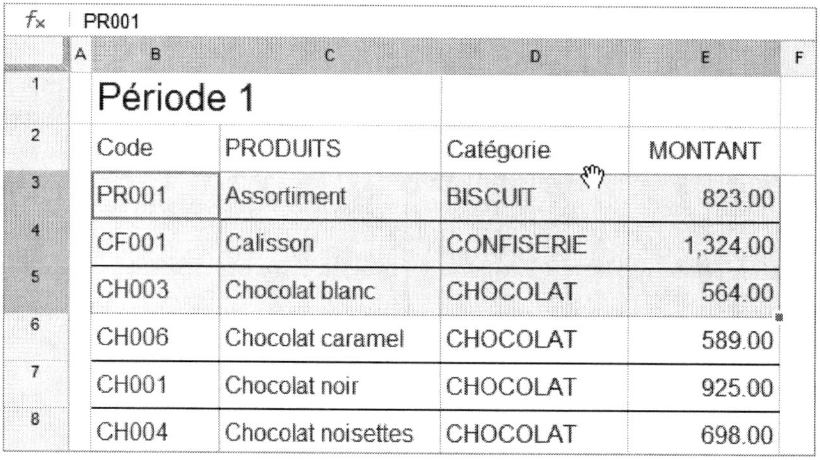

fx PR001

	A	B	C	D	E	F
1		Période 1				
2		Code	PRODUITS	Catégorie	MONTANT	
3		PR001	Assortiment	BISCUIT	823.00	
4		CF001	Calisson	CONFISERIE	1,324.00	
5		CH003	Chocolat blanc	CHOCOLAT	564.00	
6		CH006	Chocolat caramel	CHOCOLAT	589.00	
7		CH001	Chocolat noir	CHOCOLAT	925.00	
8		CH004	Chocolat noisettes	CHOCOLAT	698.00	

- Réalisez un cliqué-glissé vers les cellules de destination.

  Le contenu et la mise en forme des cellules sont déplacés.

En utilisant le Presse-papiers

Cette technique va vous permettre de déplacer ou copier une plage de cellule à un autre emplacement ou dans une autre feuille mais également dans un document texte ou une présentation.

- Sélectionnez les cellules à transférer.
- S'il s'agit de copier les cellules, faites [Ctrl] **C** ; pour les déplacer, faites [Ctrl] **X**.

  *Les options **Couper** et **Coller** du menu **Édition** ne fonctionnant pas pour tous les types de copie et de déplacement, il est préférable d'utiliser le plus souvent les raccourcis-clavier.*

  La sélection apparaît entourée d'un cadre orangé.

- Cliquez dans la cellule de destination (de la feuille active ou d'une autre feuille).

  Même si plusieurs cellules sont copiées ou déplacées, seule une cellule de destination doit être sélectionnée.

- Utilisez le raccourci-clavier [Ctrl] **V**.

Lorsque la copie de données est interne aux feuilles de calcul, vous pouvez utiliser l'option **Collage spécial** du menu **Édition** pour préciser si le collage doit inclure ou non le format des cellules d'origine ou uniquement les validations de données ou les mises en forme conditionnelles.

Vous pouvez également utiliser le Presse-papiers Web (cf. Copier/déplacer un texte - Utiliser le Presse-Papiers Web du chapitre Document Texte).

Fusionner des cellules

Cette manipulation permet de regrouper plusieurs cellules en une seule de manière horizontale ou verticale. Le contenu de la première cellule fusionnée s'étendra dans les autres cellules, le contenu de ces dernières sera alors supprimé.

Sur cet exemple, les cellules A1 à F1 sont fusionnées : le contenu de la cellule A1 est centré horizontalement sur les cellules A1 à F1 ; les cellules A4 à A9 et A10 à A15 sont fusionnées verticalement.

Résultats des examens

CLASSE	Noms des élèves	Français	Maths	Anglais	Histoire
Terminale	D'ISSOIR Alain	10.00	5.00	4.00	9.00
	ALISE Jeanne	16.00	6.00	6.00	9.00
	HISSE Paul	16.00	16.00	4.00	8.00
	ENCORIMPEU Oreste	7.00	7.00	18.00	17.00
	ORATION Amélie	7.00	6.00	13.00	19.00
	MENVUSSA Gérard	11.00	14.00	11.00	7.00
Première	TERNETTE Alain	9.00	19.00	6.00	3.00
	ATTAN Charles	16.00	2.00	9.00	11.00
	TASSION Félicie	3.00	19.00	14.00	7.00
	TROUGE Thomas	17.00	12.00	19.00	14.00
	OUCESOIR Ondine	11.00	2.00	2.00	15.00
	KRONNIC Anna	14.00	18.00	13.00	10.00

Sélectionnez les cellules à fusionner.

© Editions ENI - Toute reproduction interdite

- Si vous avez sélectionné plusieurs cellules d'une même ligne ou d'une même colonne, cliquez sur l'outil **Fusionner les cellules**, sans ouvrir la liste de l'outil.

  Si vous avez sélectionné à la fois des cellules disposées sur une ou plusieurs lignes ou colonnes, ouvrez la liste de l'outil **Fusionner les cellules** et sélectionnez une des options :

Tout fusionner	La sélection sera convertie en une seule cellule ; le contenu de la première cellule de la sélection sera conservée et s'affichera dans les cellules fusionnées.
Fusionner horizontalement	Chaque sélection de cellules disposée horizontalement sera fusionnée : si vous avez, par exemple, sélectionné plusieurs lignes, la fusion s'effectuera sur chacune des lignes.
Fusionner verticalement	Chaque sélection de cellules disposée verticalement sera fusionnée : si vous avez, par exemple, sélectionné plusieurs colonnes, la fusion s'effectuera sur chacune des colonnes.

- Pour annuler la fusion, sélectionnez la cellule fusionnée puis choisissez l'option **Annuler la fusion** dans la liste de l'outil **Fusionner les cellules**.

Réaliser une formule de calcul simple

Il s'agit d'élaborer un calcul intégrant des références de cellules, des opérateurs de calcul et/ou des constantes.

- Cliquez dans la cellule où vous souhaitez afficher le résultat de la formule.
- Saisissez le signe =
- Construisez la formule :

  Pour intégrer le contenu d'une cellule, cliquez sur la cellule en question ou saisissez sa référence (par exemple, **C4**).

  Saisissez l'opérateur de calcul : **+** pour additionner, **-** pour soustraire, ***** pour multiplier, **/** pour diviser.

  Si vous utilisez plusieurs opérateurs, définissez, si besoin, des priorités afin de regrouper des valeurs en utilisant les parenthèses.

Vous suivez l'évolution de la formule dans la barre de formule ; les références des cellules qui la composent apparaissent de couleurs différentes. La formule ci-dessous permet de calculer le montant HT en multipliant le prix unitaire par la quantité.

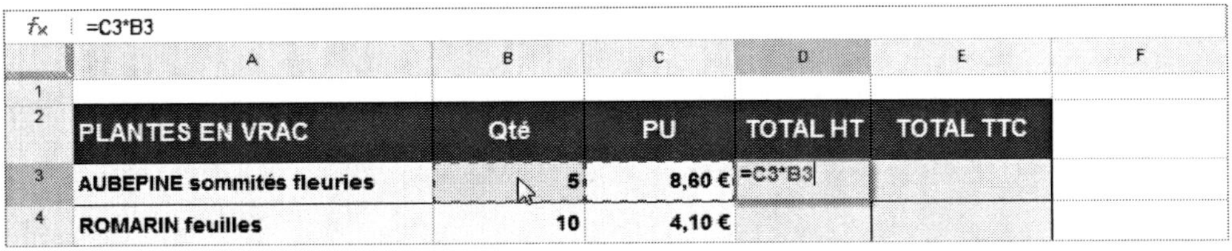

- Validez la formule en appuyant sur la touche ⏎.
- Les formules de calcul sont, par défaut, automatiquement recalculées lorsque vous modifiez les valeurs intervenant dans les formules.

Recopier une formule

- Sélectionnez la cellule contenant la formule à recopier.
- Pointez la poignée de recopie de la cellule :

  Cette poignée correspond au petit carré bleu situé en bas à droite de la cellule active. Le pointeur de la souris prend l'aspect d'une croix fine.
- Cliquez et, sans relâcher le bouton de la souris, faites glisser en direction de la dernière cellule destinatrice de la copie.

  Les cellules ainsi "balayées" apparaissent avec des bords pointillés.

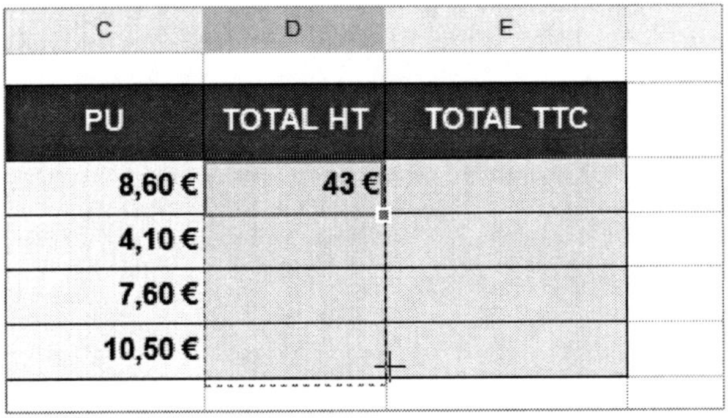

- Quand la dernière cellule destinatrice est atteinte, relâchez le bouton de la souris.

© Editions ENI - Toute reproduction interdite

Pour recopier rapidement une formule (verticalement), vous pouvez faire un double clic sur la poignée de recopie. La formule est alors recopiée jusqu'à la dernière cellule de la colonne à condition que la colonne située à gauche ne soit pas vide.

Additionner un ensemble de cellules

- Sélectionnez la cellule qui affichera le résultat du calcul.
- Cliquez sur l'outil **Fonctions** Σ et sur la fonction **SUM.**
- Sélectionnez, à l'aide d'un cliqué-glissé, les cellules à additionner.

fx =SUM(D2:D5)

	A	B	C	D	E
1	Quantité	Désignation	Prix Unitaire H.T.	Montant HT	
2	5	Machine à écrire TAPVITE	134,00 €	670,00 €	
3	6	Marguerite Encre verte	45,00 €	270,00 €	
4	5	Imprimante Louis XVI	125,00 €	625,00 €	
5					
6					
7			Montant HT	=SUM(D2:D5)	
8					
9			TVA 19,6%		
10			*Total TTC*		
11					

- Validez par la touche ↵.

Utiliser une fonction statistique

- Sélectionnez la cellule qui affichera le résultat du calcul.
- Cliquez sur l'outil **Fonctions** Σ et sur la fonction désirée :

AVERAGE Calcule la moyenne d'un ensemble de cellules contenant des valeurs numériques.

COUNT Calcule le nombre de cellules contenant des valeurs numériques dans un ensemble de cellules.

MAX Extrait la valeur maximale d'un ensemble de cellules contenant des valeurs numériques.

MIN Extrait la valeur minimale d'un ensemble de cellules contenant des valeurs numériques.

- Sélectionnez la ou les cellules sur lesquelles le calcul doit porter en réalisant un cliqué-glissé.
- Appuyez sur la touche [Entrée] pour valider la formule de calcul.

Hormis ces quelques fonctions statistiques, pour utiliser une autre fonction, il vous faudra la saisir sous la forme **=nom_de_fonction()** et compléter (entre les parenthèses) les différents arguments demandés. Les noms des fonctions de Google Feuille de calcul sont toutes en anglais, vous pouvez consulter la **Liste des fonctions** en choisissant l'option correspondante dans le menu **Aide**. Si vous utilisez des fonctions d'Excel et que vous souhaitez connaître leur traduction en anglais, consultez la page du site suivant :
www.glossaire.be/english_french/glossaire_excel_fonction_anglais_francais.htm
ou accédez à la page www.glossaire.be et cliquez sur le lien **Bureautique** du menu gauche puis sur le lien **Fonctions** situé dans l'en-tête.

Utiliser une fonction conditionnelle

Ce type de formule permet d'afficher une valeur ou d'effectuer un calcul selon une ou plusieurs conditions. Il s'agit d'utiliser la fonction IF

- Sélectionnez la cellule qui affichera le résultat du calcul.
- Saisissez **=IF(**

L'info-bulle qui s'affiche vous indique la syntaxe attendue. La fonction IF est constituée de trois arguments : le premier concerne le test logique (VRAI ou FAUX) sur la valeur d'une cellule ou sur le résultat d'une autre formule ; en fonction du résultat de ce test, le deuxième argument doit indiquer l'action à effectuer si le résultat est VRAI, et le dernier argument indiquera l'action à effectuer si le résultat est FAUX.

=IF(test_logique;valeur si VRAI;valeur si FAUX)

- Renseignez les différents arguments de la formule.

© Editions ENI - Toute reproduction interdite

Sur cet exemple, le résultat de la formule doit afficher le texte ***Reçu*** *si la moyenne de l'élève (colonne E) est supérieure à* ***12*** *; dans le cas contraire, elle affichera le nombre de points manquants.*

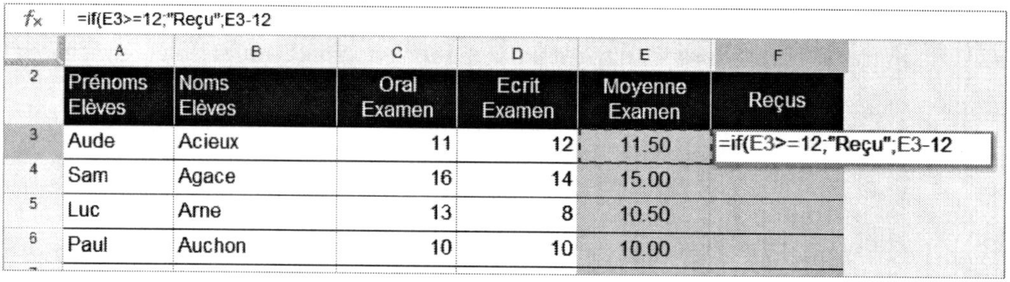

- Validez en appuyant sur la touche ↵.

Rendre absolue une référence de cellule dans une formule

Cette technique permet de fixer la référence d'une cellule dans une formule de façon à ce que cette référence ne se modifie pas lors de la recopie de la formule.

- Commencez à saisir la formule et arrêtez-vous lorsque la cellule concernée par la référence absolue est montrée.
- Appuyez sur la touche F4.

La référence de la cellule présente maintenant le caractère $ devant la lettre de colonne et devant le numéro de ligne.

Lorsque vous appuyez sur la touche F4*, vous obtenez une référence absolue de cellule ; si vous appuyez sur* F4 *une seconde fois, seule la référence de la ligne devient absolue ; si vous appuyez sur* F4 *une troisième fois, c'est alors la référence de la colonne qui devient absolue.*

- Appuyez sur la touche F4 autant de fois que nécessaire afin de rendre absolu l'élément souhaité.
- Au besoin, terminez la saisie de la formule puis validez.

Saisir une formule multifeuille

Cette technique permet d'insérer dans une feuille une formule (appelée formule 3D) faisant référence à des cellules d'une ou de plusieurs autres feuilles.

- Sélectionnez la cellule dans laquelle le résultat du calcul doit apparaître.
- Saisissez le signe =
- Commencez la formule et, au moment désiré, cliquez sur l'onglet de la feuille concernée puis sélectionnez la ou les cellules de votre choix.
- Terminez la formule (attention, n'activez pas la feuille de la cellule de résultat) et validez.

*Sur cet exemple, la cellule **F3** réalise la moyenne des cellules **H5** à **M5** de la feuille **Résultats**.*

=AVERAGE(Résultats!H5:M5)

Liste des gymnastes

N°	Gymnaste	G/F	Age	Catégorie (âge)	Moyenne générale
07	ALBAN Florent	G	16 ans	13-16	9.238
08	AUBRY Sylvaine	F	14 ans	13-16	7.382
04	BARBOT Christine	F	11 ans	6-12	7.218
09	BAZIER Laure	F	19 ans	17-20	7.498
05	CLOSERAIE Pauline	F	19 ans	17-20	7.450
14	DELALANDE Christian	G	17 ans	17-20	6.803
01	DELALANDE Marc	G	8 ans	6-12	5.714

Noms | Résultats | Moyenne | Candidat n°1

© Editions ENI - Toute reproduction interdite

Afficher les formules à la place des résultats

- Pour afficher ou masquer les formules dans les cellules de la feuille de calcul : dans le menu **Affichage**, choisissez l'option **Toutes les formules** ou cliquez sur le bouton **Afficher toutes les formules** situé à droite de la barre de formule.

  Lorsque les formules sont affichées, il est possible ensuite de les imprimer.

Nommer et gérer les cellules nommées

Lorsqu'une plage de cellules est nommée, il vous est ensuite possible d'utiliser son nom dans une formule de calcul, de l'atteindre pour la sélectionner ou de la choisir lors de la publication d'une partie de la feuille de calcul (cf. chapitre Liste de documents - Publier un document sur Internet).

Nommer une plage de cellules

- Sélectionnez la cellule ou la plage de cellules à nommer.
- Dans le menu **Insertion**, pointez l'option **Plage nommée** et cliquez sur l'option **Définir une nouvelle plage** ou faites un clic droit sur la sélection et choisissez l'option **Définir une nouvelle plage**.
- Dans la zone **Pseudonyme**, saisissez le nom à attribuer à la sélection.

  Un nom peut contenir 250 caractères au maximum. Vous ne pouvez pas utiliser d'espaces ou de symboles. Le premier caractère doit être une lettre, les autres caractères peuvent être des lettres, des chiffres, des points et des caractères de soulignement ; les noms ne peuvent pas être identiques à une référence de cellules. Nous vous conseillons d'utiliser des noms succincts pour faciliter leur saisie dans les formules de calcul.

  La référence de la plage de cellules sélectionnée est visible dans la zone suivante.

  L'outil 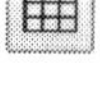 *permet, le cas échéant, de la modifier.*

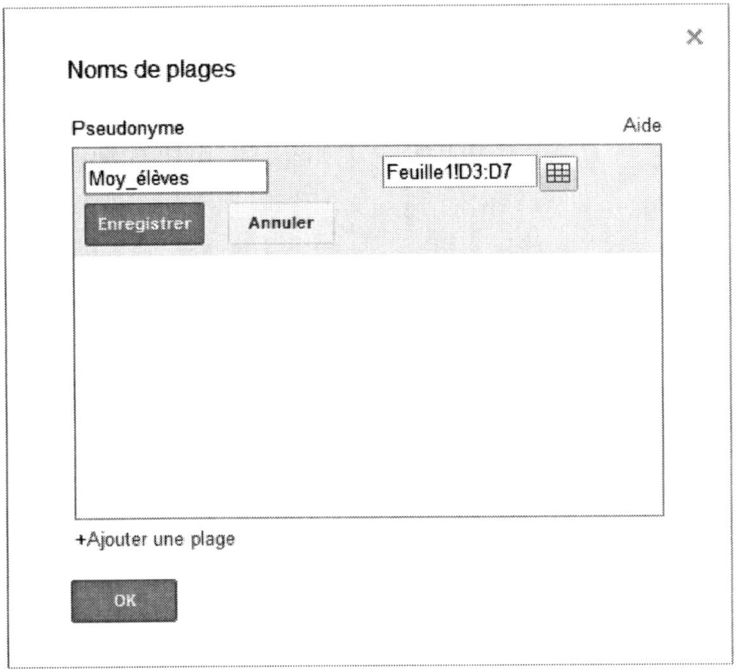

- Cliquez sur le bouton **Enregistrer** puis sur **OK.**

Gérer les noms de cellules

Vous pouvez modifier la référence des cellules des plages nommées ou les supprimer. Il n'est par contre pas possible de renommer une plage, dans ce cas, il vous faudra supprimer la plage nommée et la redéfinir.

- Pour accéder à la liste des plages de cellules nommées, ouvrez le menu **Insertion**, pointez l'option **Plage nommée** et cliquez sur l'option **Gérer les plages.**

La liste affiche les plages nommées de toutes les feuilles du classeur.

© Editions ENI - Toute reproduction interdite

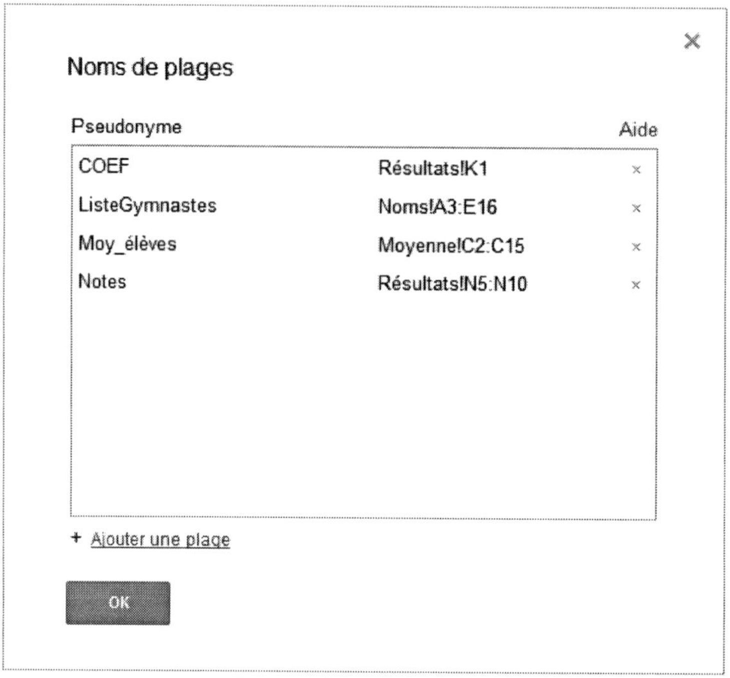

- Pour supprimer une plage, cliquez sur le symbole correspondant. Cliquez ensuite sur le bouton **OK** du message de confirmation qui s'affiche.
- Pour modifier la plage de cellules associée à un nom, cliquez sur le nom de la plage à modifier puis sur la référence de la plage. Réalisez les modifications directement dans la zone de saisie ou cliquez sur l'outil et sélectionnez, sur la feuille de calcul, les cellules auxquelles le nom doit faire référence et cliquez sur **OK**. Cliquez ensuite sur le bouton **Enregistrer**.
- Cliquez sur le bouton **OK** lorsque toutes les modifications souhaitées sont terminées.

Sélectionner une plage de cellules en utilisant son nom

- Dans le menu **Insertion**, pointez l'option **Plage nommée** et cliquez sur l'option **Gérer les plages** ou choisissez cette même option dans le menu **Données**.

  La liste des plages nommées est visible dans le menu déroulant.
- Cliquez sur le nom de la plage à atteindre.

Utiliser un nom dans un calcul

Cette fonctionnalité permet de remplacer dans une formule, une référence de plages de cellules, par la zone nommée correspondante.

- Lors de la réalisation de la formule de calcul, saisissez le nom de la plage à la place des références de cellules.

Appliquer une mise en forme conditionnelle

Une mise en forme conditionnelle permet de mettre en évidence des cellules contenant des valeurs numériques, des dates ou des heures en appliquant une couleur de caractères ou de remplissage différente des autres valeurs. Par exemple, vous pouvez appliquer une couleur de remplissage uniquement aux cellules d'un tableau contenant un chiffre supérieur à 1000.

- Sélectionnez les cellules concernées.
- Dans le menu **Format**, sélectionnez l'option **Mise en forme conditionnelle.**

*Cette option est également accessible dans la liste de l'outil **Couleur du texte*** 

*et l'outil **Couleur d'arrière-plan du texte*** 
.

- Ouvrez la liste et sélectionnez l'option correspondant au test à effectuer : **Le texte contient**, **La cellule est vide**, **La date est**, etc.
- Dans la zone de saisie suivante, saisissez la valeur ou texte de comparaison.

© Editions ENI - Toute reproduction interdite

- Pour appliquer une couleur de caractères, cochez l'option **Texte** puis cliquez sur une des pastilles de couleur dans la palette qui s'affiche ; pour appliquer un **Arrière-plan**, cochez l'option correspondante et cliquez sur la couleur souhaitée.
- Pour ajouter une règle supplémentaire, cliquez sur le lien **Ajouter une règle** puis précisez de la même façon les critères conditionnels.

  L'ordre des règles ainsi créées pour une même plage de cellules est important dans l'application des formats conditionnels, en effet, si la première condition de la liste est considérée comme VRAI, les règles suivantes ne seront donc pas testées.

  Sur cet exemple, les cellules vides du tableau auront un arrière-plan gris tandis que les cellules dont les valeurs sont supérieures ou égales à 10 seront affichées en bleu et les valeurs inférieures à 10 en rouge.

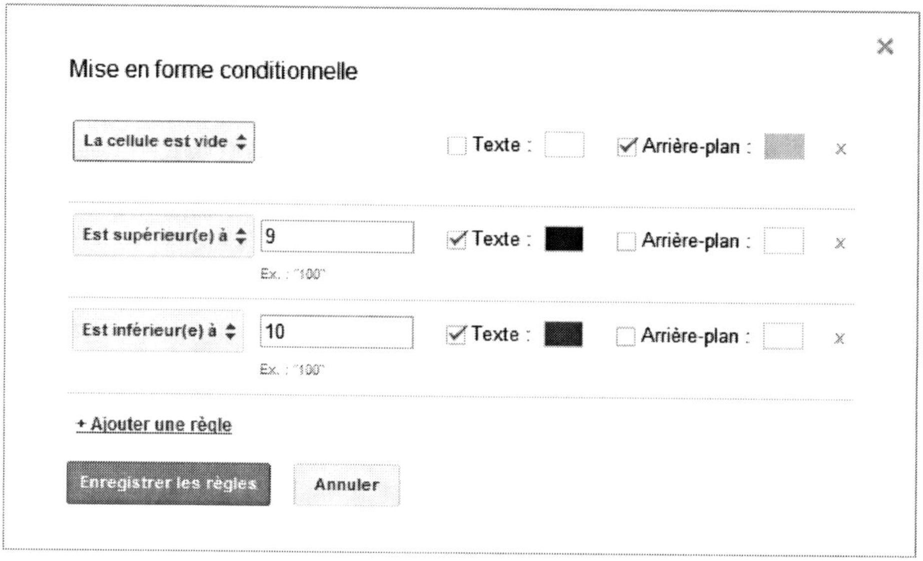

- Cliquez sur le bouton **Enregistrer les règles.**

Le résultat de notre exemple est le suivant :

Élèves	Maths	Francais	Anglais	Histoire
Elsa Muse	11	12	4	10
Harry Covert	8	9	15	17
Jean Veu	10	4		5
Sophie Stiquet	18	14	16	13
Jean Marie Cinqualafois	10	9	6	7
Firmin Peulaporte		12	18	19
Guillaume Switaume	15	9	11	9
Hélène Demouton	18	14	16	12
Hugues Granchef	11	14	13	11
Isidore Touletemps	8	13	0	13
Jean Bonbeur	5	11	15	12
Ines Danslaichou	12	15	8	
Jean Bonneau	14	9.5	14	12

- Pour modifier les règles de mises en forme conditionnelles, sélectionnez les cellules concernées par la modification puis choisissez l'option **Mise en forme conditionnelle** dans le menu **Format.**

  Réalisez les modifications souhaitées ; pour supprimer une règle, cliquez sur le symbole correspondant.

  Validez en cliquant sur le bouton **Enregistrer les règles.**

Gérer les feuilles

Activer une feuille

Nous vous rappelons que chaque document peut être composé de plusieurs feuilles de calcul, celles-ci étant représentées par des onglets visibles dans la partie inférieure de la fenêtre.

- Cliquez sur l'onglet de la feuille à afficher si celle-ci est visible dans la barre de navigation des feuilles ; dans le cas contraire, cliquez sur l'outil **Toutes les feuilles** et cliquez sur le nom de la feuille à atteindre.

© Editions ENI - Toute reproduction interdite

Les noms des feuilles qui apparaissent grisés correspondent aux feuilles qui ont été masquées.

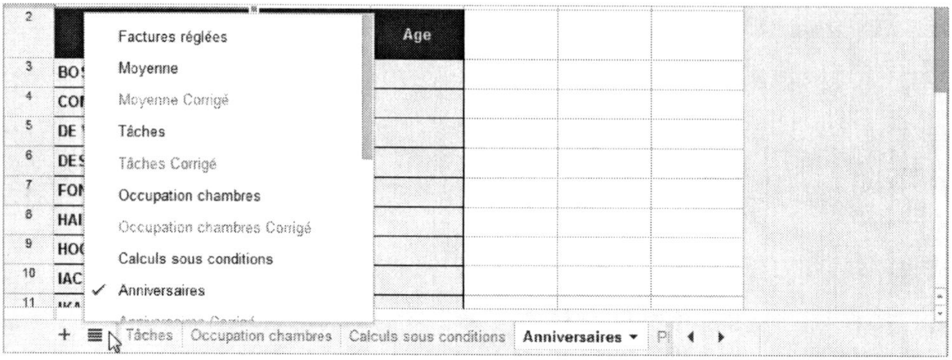

Ajouter une nouvelle feuille

- Sélectionnez la feuille après laquelle vous souhaitez faire l'ajout.
- Cliquez sur l'outil **Ajouter une feuille** [+] ou choisissez l'option **Nouvelle feuille** dans le menu **Insertion**.

Renommer une feuille

- Sélectionnez la feuille à renommer puis cliquez à nouveau sur son nom. Dans le menu qui s'affiche, cliquez sur l'option **Renommer**.

  *Vous pouvez également faire un clic droit sur l'onglet de la feuille et choisir l'option **Renommer**.*

- Saisissez le nouveau nom de la feuille.

  Ce nom ne peut pas dépasser 30 caractères (espaces compris) ; certains caractères ne peuvent pas être utilisés : deux-points (:), barre oblique (/ ou \), point d'interrogation (?), astérisque (*)...

- Validez en cliquant sur le bouton **OK**.

Déplacer/copier une feuille

- Pour déplacer une feuille dans le classeur actif : cliquez sur l'onglet de la feuille et réalisez un cliqué-glissé vers sa nouvelle position.

  La nouvelle position est symbolisée par un trait vertical bleu qui apparaît entre deux onglets.

*Vous pouvez également utiliser les options **Déplacer à droite** et **Déplacer à gauche** dans la liste associée à l'onglet de la feuille.*

- Pour copier une feuille dans le classeur actif : ouvrez la liste associée à l'onglet de la feuille à copier puis sélectionnez l'option **Dupliquer**.

  *Le nom de la feuille dupliquée reprend celui de la feuille d'origine précédé de l'intitulé **Copie de**.*

- Pour copier une feuille dans un autre classeur : ouvrez la liste associée à l'onglet de la feuille à copier puis choisissez l'option **Copier dans**.

  *La liste propose tous les documents Feuille de calcul existant dans votre liste de documents. La vue **Récemment sélectionnés**, visible dans le volet gauche, permet d'afficher uniquement les derniers documents utilisés pour effectuer une copie.*

Cliquez sur le nom du document dans lequel la feuille doit être copiée puis cliquez sur le bouton **Sélectionner**.

© Editions ENI - Toute reproduction interdite

Lorsque la feuille a été copiée, le message suivant s'affiche :

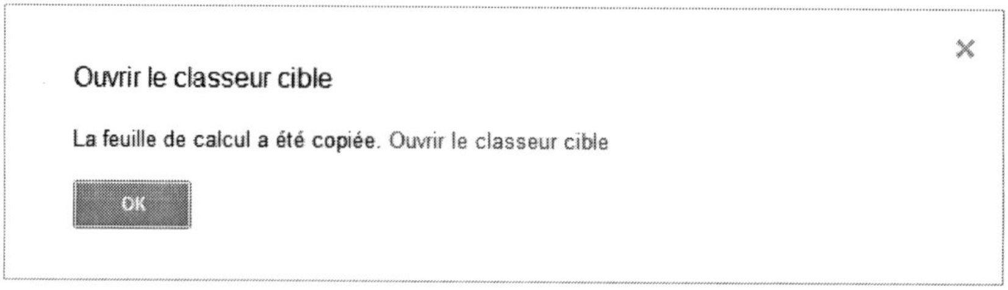

Si vous souhaitez ouvrir le classeur de destination, cliquez sur le lien **Ouvrir le classeur cible** sinon cliquez sur le bouton **OK**.

Afficher/masquer une feuille

- Pour masquer une feuille, ouvrez la liste associée à la feuille puis sélectionnez l'option **Masquer la feuille.**
- Pour afficher une feuille masquée, cliquez sur l'outil **Toutes les feuilles** et cliquez sur le nom de la feuille à afficher.

*L'option **Feuilles masquées** du menu **Affichage** donne également accès aux feuilles masquées du classeur. Le nombre de feuilles masquées est indiqué entre parenthèses.*

Supprimer une feuille

- Ouvrez la liste de la feuille à supprimer et sélectionnez l'option **Supprimer.**
- Cliquez sur **OK** du message de confirmation qui s'affiche.

Figer et libérer les en-têtes d'un tableau

Cette manipulation permet de fixer des lignes et/ou des colonnes à l'écran de manière à afficher côte à côte des données distantes les unes des autres lorsque vous ferez défiler la feuille de calcul. Les lignes et les colonnes ainsi figées pourront ensuite être imprimées sur toutes les pages.

À l'aide du menu

- Pour fixer une ou plusieurs lignes : dans le menu **Affichage**, pointez l'option **Figer les lignes** et cliquez sur l'option correspondant au nombre de lignes souhaité.
- Pour fixer une ou plusieurs colonnes : dans le menu **Affichage**, pointez l'option **Figer les colonnes** et cliquez sur l'option correspondant au nombre de colonnes souhaité.

À l'aide de la souris

- Pour fixer une ou plusieurs lignes, faites défiler, si besoin, le contenu de la fenêtre de manière à afficher la ou les lignes concernées ; pointez le bord inférieur du bouton situé à l'intersection des lignes et des colonnes puis, lorsque le pointeur de la souris prend la forme d'une main, faites glisser vers le bas et placez la barre horizontale sous la dernière ligne à figer.

  Sur cet exemple, les deux premières lignes vont être figées.

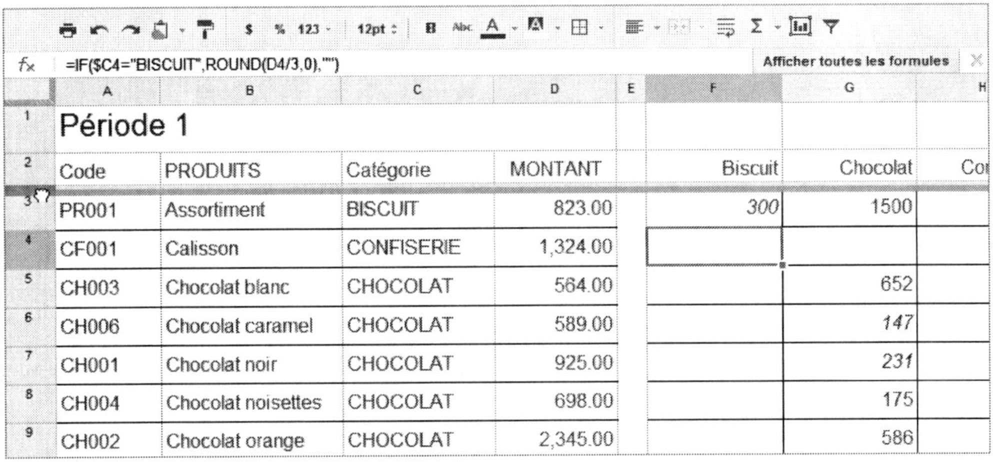

- Pour fixer une ou plusieurs colonnes, pointez le bord droit du bouton puis, lorsque le pointeur de la souris prend la forme d'une main, faites glisser vers la droite et placez la barre verticale à droite de la dernière colonne à figer.

Libérer les lignes/colonnes figées

- Pour annuler les colonnes ou les lignes figées : dans le menu **Affichage**, pointez l'option **Figer les colonnes** ou **Figer les lignes** et cliquez sur l'option **Aucune colonne figée** ou **Aucune ligne figée**.

  Vous pouvez également faire glisser la barre horizontale ou la barre verticale vers le haut ou vers la gauche pour la ramener à l'intersection des numéros de ligne et de colonne.

© Editions ENI - Toute reproduction interdite

Afficher l'aperçu avant impression et imprimer

Vous allez à la fois configurer les paramètres d'impression, afficher des informations en en-tête et en pied de page et visualiser la feuille de calcul telle qu'elle sera imprimée.

- Pour imprimer une partie de la feuille de calcul, sélectionnez la plage de cellules à imprimer ; pour imprimer une feuille de calcul, affichez-la ; pour imprimer toutes les feuilles du classeur, aucune sélection n'est nécessaire.
- Dans le menu **Fichier**, sélectionnez l'option **Imprimer** ou cliquez sur l'outil **Imprimer**  ou faites Ctrl **P.**

*La fenêtre **Paramètres d'impression** s'affiche.*

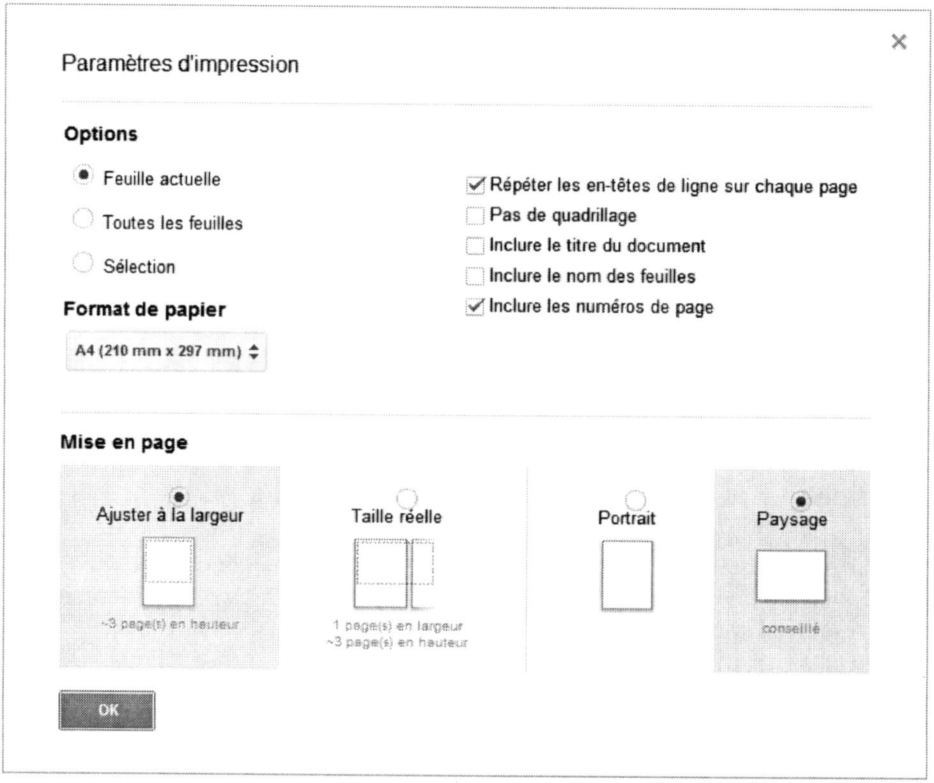

- Dans le cadre **Options**, choisissez ce qui doit être imprimé : la feuille active, **Toutes les feuilles** ou la **Sélection**.
- Pour imprimer certains éléments sur chaque page, cochez les options suivantes :

Répéter les en-têtes de ligne sur chaque page	Les lignes et colonnes figées seront imprimées sur toutes les pages.
Pas de quadrillage	Pour ne pas imprimer le quadrillage des cellules de la feuille.
Inclure le titre du document	Le nom du document sera imprimé en haut de toutes les pages.
Inclure le nom des feuilles	Le nom de chaque feuille sera imprimé en haut de toutes les pages.
Inclure les numéros de page	Pour imprimer les numéros de pages en bas de chaque page.

- Si le **Format de papier** est différent du format A4, sélectionnez-le dans la liste correspondante.
- Dans le cadre **Mise en page**, activez une des options suivantes :

  Ajuster à la largeur : le tableau est réduit en largeur afin que toutes les colonnes soient imprimées sur une seule page. Le nombre de pages en hauteur est précisé sous la vignette de l'option.

  Taille réelle : aucun ajustement n'est effectué ; là encore, le nombre pages en largeur et en hauteur est indiqué.
- Sélectionnez ensuite l'orientation de la page : **Portrait** ou **Paysage**.
- Cliquez sur le bouton **OK**.

© Editions ENI - Toute reproduction interdite

*La fenêtre **Imprimer** s'affiche. Le nombre de feuilles de papier qui seront imprimées est indiqué dans la partie supérieure de la fenêtre.*

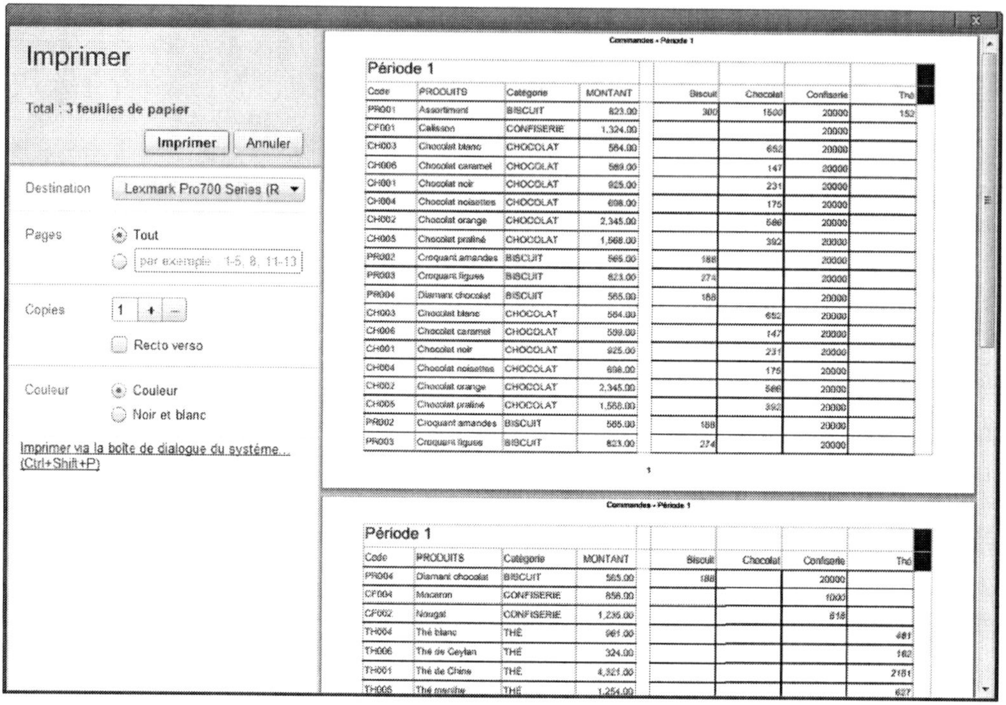

- Pour choisir une autre imprimante, sélectionnez-la dans la liste **Destination.**

  Par défaut, toutes les pages du document sont imprimées.

- Pour choisir la partie du document à imprimer, cliquez dans la zone de saisie **Pages** et renseignez les numéros de pages à imprimer : pour imprimer plusieurs pages qui se suivent, tapez le numéro de la première page, un tiret puis le numéro de la dernière (ex : pour imprimer de la page 2 à la page 4, tapez : **2-4**). Si les pages à imprimer ne se suivent pas, séparez leurs numéros par des virgules (ex : pour imprimer les pages 2 et 4, tapez : **2, 4**).
- Dans la zone **Copies**, précisez le nombre d'exemplaires à imprimer en le saisissant ou en cliquant sur les boutons 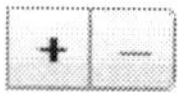.
- Pour imprimer le document en **Noir et blanc**, activez l'option correspondante.

- Pour ne pas imprimer dans l'immédiat et afficher l'aperçu avant impression, fermez la fenêtre **Imprimer** ; pour lancer l'impression du document, cliquez sur le bouton **Imprimer**.

Que vous ayez lancé ou non l'impression, l'aperçu avant impression du document s'affiche dans un nouvel onglet. En positionnant le pointeur de la souris dans le coin inférieur droit de la page, une barre de commandes s'affiche :

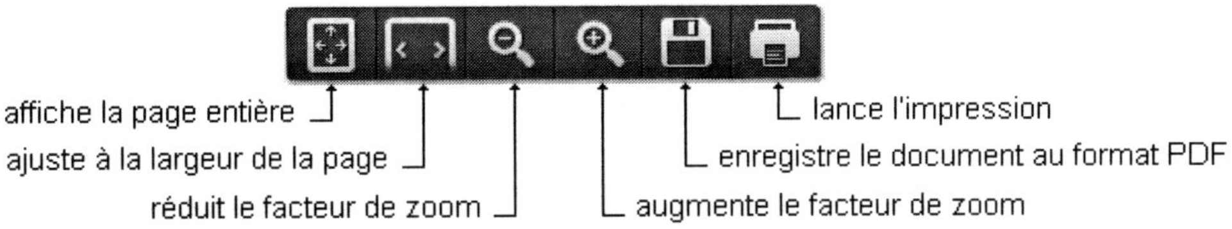

- Fermez ensuite l'onglet de la feuille pour quitter l'aperçu.

Trier un tableau

Trier selon un seul critère

Cette méthode permet de trier rapidement un tableau selon un seul critère. Vous pouvez choisir de trier une partie d'un tableau ou toutes les colonnes du tableau. Pour ce dernier cas, le tableau ne doit pas contenir de ligne ou de colonne vierge ou de cellules fusionnées et, si le tableau doit être trié sans ses en-têtes de colonnes, vous devez alors figer ces en-têtes (cf. Figer et libérer les en-têtes d'un tableau).

- Pour trier une partie d'un tableau, sélectionnez les cellules à trier ; si l'ensemble du tableau doit être trié, cliquez dans une des cellules de la colonne qui doit servir de clé de tri.
- Ouvrez le menu **Données**.

© Editions ENI - Toute reproduction interdite

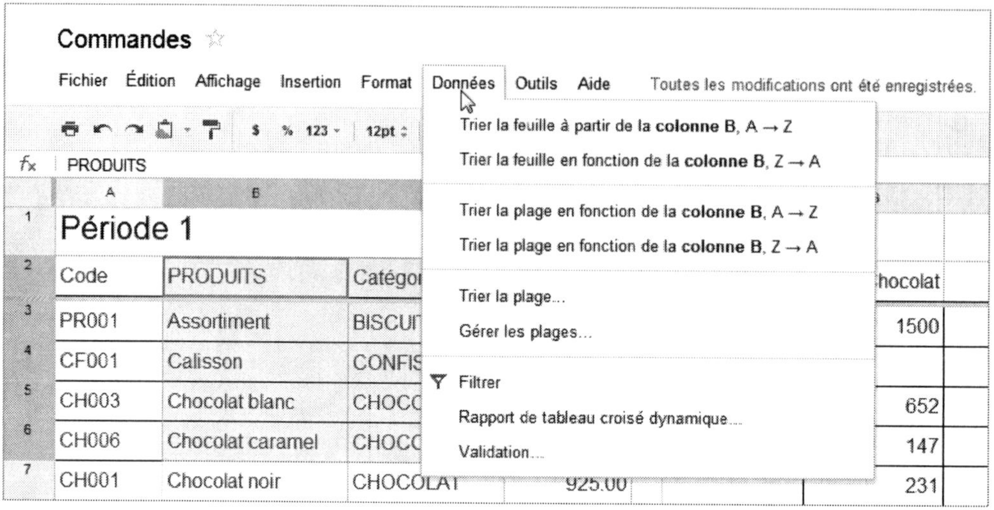

Si vous avez sélectionné les cellules à trier : cliquez sur l'option **Trier la plage en fonction de la colonne *Lettre de la colonne sélectionnée* A->Z** pour effectuer un tri par ordre alphabétique (données texte) ou croissant ; pour effectuer un tri par ordre inverse, choisissez l'option **Trier la plage en fonction de la colonne *Lettre de la colonne sélectionnée* Z->A.**

Pour trier l'ensemble du tableau, sélectionnez l'option **Trier la feuille à partir de la colonne *Lettre de la colonne sélectionnée* A->Z** pour effectuer un tri par ordre alphabétique (données texte) ou croissant ; pour effectuer un tri par ordre inverse, choisissez l'option **Trier la feuille à partir de la colonne *Lettre de la colonne sélectionnée* Z->A.**

Pour annuler un tri, vous pouvez cliquer sur l'outil **Annuler**  de la barre d'outils ou utiliser le raccourci-clavier Ctrl **Z.**

Trier selon plusieurs critères

Vous pouvez trier un tableau par rapport aux données de plusieurs colonnes (par exemple, un tableau présentant des notes peut être trié par rapport au nom de l'élève, à son prénom, date de naissance, notes...). Cette méthode ne nécessite pas d'avoir figé les en-têtes de colonne.

- Pour trier une partie d'un tableau, sélectionnez les cellules à trier ; si l'ensemble du tableau doit être trié, cliquez dans une des cellules du tableau puis faites Ctrl **A** pour le sélectionner intégralement.
- Dans le menu **Données**, sélectionner l'option **Trier la plage**.

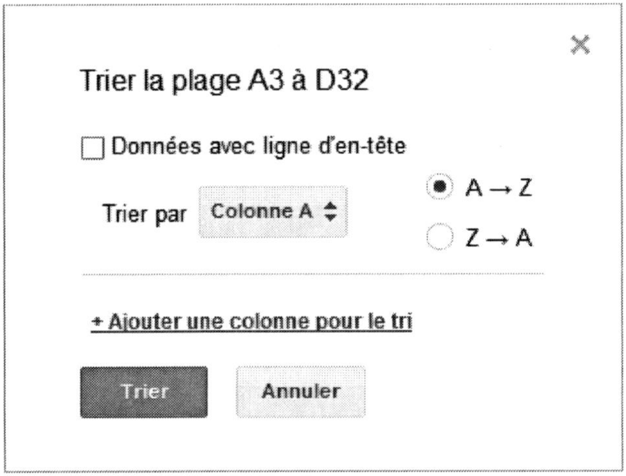

- Si la première ligne de votre sélection contient les intitulés des colonnes et ne doit donc pas être triée, cochez l'option **Données avec ligne d'en-tête**.
- Dans la liste **Trier par**, sélectionnez la colonne en fonction de laquelle vous souhaitez trier puis selon l'ordre de tri, activez l'option **A->Z** pour un tri croissant ou **Z->A** pour un tri décroissant.
- Cliquez sur le lien **Ajouter une colonne pour le tri** pour afficher une seconde ligne de critères.
- Précisez le second critère de tri : ouvrez la liste **Puis par** et choisissez la seconde colonne devant servir de critère de tri et précisez l'ordre de tri.
- Reprenez les deux dernières manipulations si vous souhaitez définir d'autres critères.
- Cliquez sur le bouton **Trier** pour lancer le tri.

© Editions ENI - Toute reproduction interdite

Filtrer les données d'un tableau

Grâce au filtre, vous pouvez afficher uniquement les lignes correspondant aux critères que vous allez définir, les autres lignes seront masquées. Pour faciliter l'utilisation des filtres, et ainsi éviter de sélectionner l'intégralité d'un tableau, votre tableau ne doit pas comporter de ligne ou de colonne vierge, ni de cellules fusionnée. Il doit comporter qu'une seule ligne d'en-tête et, si vous avez ajouté un titre au tableau, une ligne blanche, au minimum, doit séparer ce titre de la première ligne des en-têtes.

- Cliquez dans une seule cellule du tableau ou, pour filtrer qu'une partie du tableau, sélectionnez les cellules concernées.
- Dans le menu **Données**, choisissez l'option **Filtrer** ou cliquez sur l'outil **Filtrer** de la barre d'outils.

Des boutons de listes déroulantes apparaissent dans chaque cellule de la ligne d'en-tête et les numéros de ligne et de colonne qui seront impactés par le filtre sont de couleur verte : cela indique que le filtrage est activé mais aucun filtre n'est encore appliqué.

	A	B	C	D	E	F
1	Période 1					
2						
3	**Code**	**PRODUITS**	**Catégorie**	**MONTANT**	**Biscuit**	**Chocolat**
4	PR001	Assortiment	BISCUIT	823.00	*300*	1500
5	CF001	Calisson	CONFISERIE	1,324.00		
6	CH003	Chocolat blanc	CHOCOLAT	564.00		652
7	CH006	Chocolat caramel	CHOCOLAT	589.00		147
8	CH001	Chocolat noir	CHOCOLAT	925.00		231
9	CH004	Chocolat noisettes	CHOCOLAT	698.00		175
10	CH002	Chocolat orange	CHOCOLAT	2,345.00		586

- Ouvrez la liste déroulante associée à la colonne contenant les valeurs en fonction desquelles vous souhaitez filtrer.

Le menu affiche la liste de toutes les valeurs contenues dans la colonne active. Par défaut, toutes les données sont cochées. Vous retrouvez également dans ce menu, les options de tri.

- Pour masquer certaines données, cliquez sur leur nom pour les décocher.

  *Pour afficher quelques données, il est plus rapide de cliquer sur le lien **Effacer** pour toutes les désélectionner puis de cocher celles à afficher.*

- Pour rechercher une donnée précise, saisissez-la dans la zone de recherche.

  Si la donnée existe dans la colonne, elle est aussitôt sélectionnée. Dans le cas contraire, aucune donnée n'apparaît.

- Pour filtrer les cellules non vides, cliquez sur le lien **Tout sélectionner** puis désactivez l'option **(Vides)** située en haut de la liste des données ; à l'inverse, pour filtrer les cellules vides, cliquez sur le lien **Effacer** puis sélectionnez **(Vides)**.

  *L'option **(Vides)** n'apparaît pas si la colonne ne contient pas de cellules vides.*

- Cliquez sur le bouton **OK**.

  Seules les lignes correspondant aux données sélectionnées sont visibles. Le bouton de la liste déroulante apparaît sous la forme suivante : .

- Définissez ainsi chaque critère dans les colonnes concernées.

  Les filtres sont additifs, c'est-à-dire que chaque filtre supplémentaire est basé sur le filtre actif, ce qui réduit encore davantage le sous-ensemble de données affichées.

- Pour annuler le filtre appliqué sur une colonne, ouvrez la liste de la colonne puis cliquez sur le lien **Tout sélectionner** et cliquez sur **OK**.
- Pour afficher à nouveau toutes les données du tableau, choisissez l'option **Désactiver le filtre** du menu **Données** ou cliquez sur l'outil **Désactiver le filtre** dans la barre d'outils.

Afficher un tableau en mode Liste

*Le **mode Liste** affiche le tableau sous la forme d'une liste de données. Ce mode d'affichage propose des fonctionnalités spécifiques à la gestion de longs tableaux, comme choisir le nombre de lignes à afficher, compléter ou modifier les données du tableau sans risque de supprimer les formules de calcul, ainsi que des outils de filtre et de tri.*

- Figez la ou les lignes d'en-tête du tableau afin d'isoler les données à traiter et leur en-tête (ou titre du tableau par exemple).

  La procédure a été indiquée dans le titre Figer et libérer les en-têtes d'un tableau.

© Editions ENI - Toute reproduction interdite

- Dans le menu **Affichage**, sélectionnez l'option **Liste**.

  *Le mode **Liste** affiche les éléments suivants :*

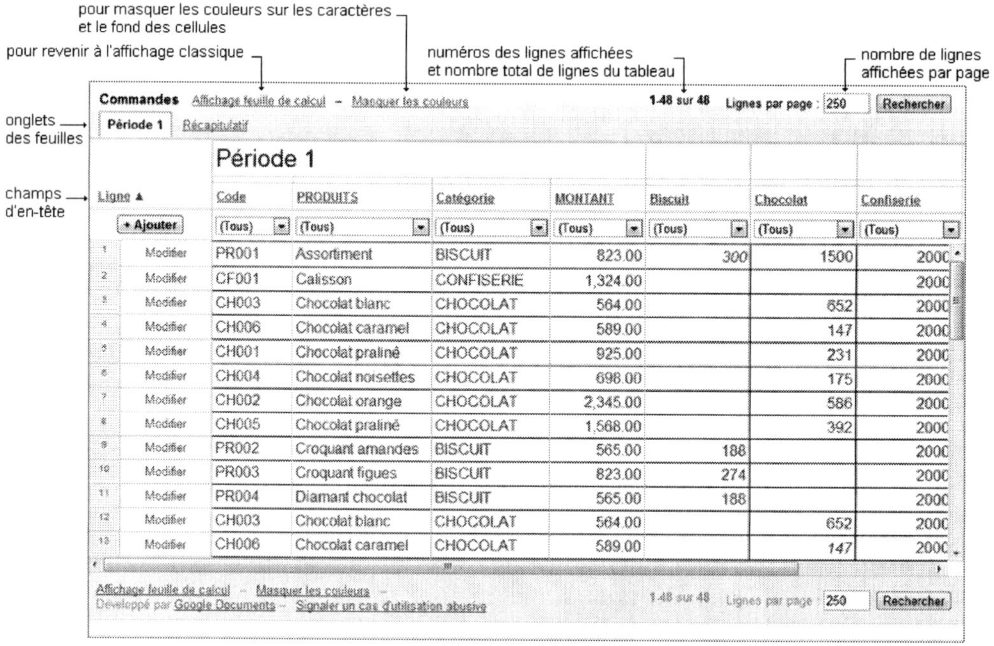

Des listes de filtres sont également visibles sous chaque champ du tableau.

- Pour indiquer le nombre de lignes à afficher par page, cliquez dans la zone du nombre de lignes par pages, sélectionnez son contenu et saisissez le nombre souhaité puis cliquez sur le bouton **Rechercher**.
- Pour naviguer entre les différentes pages de données, cliquez sur le lien **Suivant** ou **Préc**. Pour atteindre la dernière ligne ou la première, cliquez sur le lien **Dernier** ou **Premier**.
- Ce mode vous empêche d'intervenir directement dans les cellules du tableau de données ; pour **Modifier** le contenu d'une ligne, cliquez sur le lien correspondant à la ligne à modifier.

Les données modifiables de la ligne apparaissent dans des zones de saisie ; les données calculées sont, quant à elles, non accessibles.

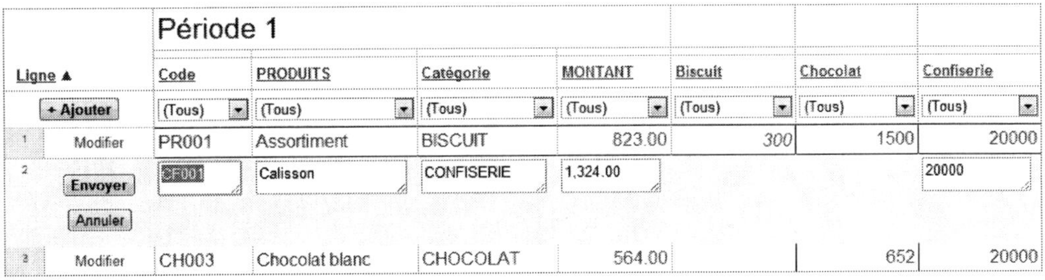

	Période 1						
Ligne ▲	Code	PRODUITS	Catégorie	MONTANT	Biscuit	Chocolat	Confiserie
+ Ajouter	(Tous)	(Tous)	(Tous)	(Tous)	(Tous)	(Tous)	(Tous)
1 Modifier	PR001	Assortiment	BISCUIT	823.00	300	1500	20000
2 Envoyer Annuler	CF001	Calisson	CONFISERIE	1,324.00			20000
3 Modifier	CH003	Chocolat blanc	CHOCOLAT	564.00		652	20000

- Réalisez les modifications souhaitées puis cliquez sur le bouton **Envoyer**.
- Pour ajouter une ligne supplémentaire, cliquez sur le bouton **Ajouter**. Renseignez les différentes données de la ligne (hormis les calculs) puis cliquez sur le bouton **Envoyer**.
- Pour trier le tableau, cliquez sur le lien de l'en-tête de colonne ; cliquez à nouveau sur le lien de l'en-tête de colonne pour inverser l'ordre de tri.
- Pour filtrer les données, ouvrez la liste associée à la colonne sur laquelle le critère de filtre doit être posé. Sélectionnez dans la liste la donnée à afficher.
- Pour annuler un filtre posé, ouvrez la liste de la colonne concernée puis cliquez sur l'option **(Tous)**.
- Pour quitter le mode Liste, cliquez sur le lien **Affichage feuille de calcul**.

Protéger une feuille

Dès que vous souhaitez partager un document, vous pouvez choisir de protéger une ou plusieurs feuilles d'un classeur.

- Pour **Protéger la feuille de calcul**, affichez-la puis choisissez l'option correspondante dans le menu **Outils** ou dans la liste de l'onglet de la feuille concernée.

© Editions ENI - Toute reproduction interdite

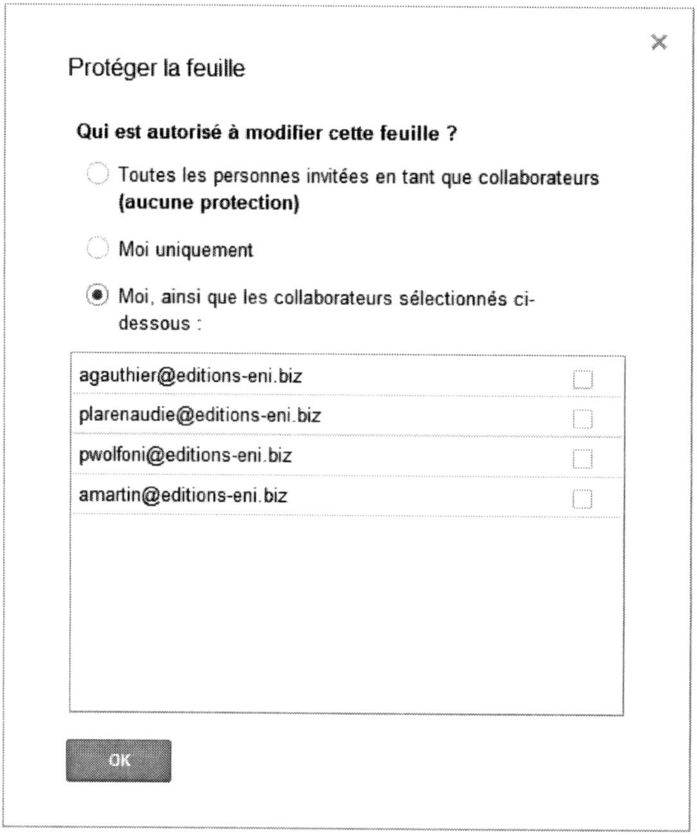

- Activez l'option correspondant aux droits d'accès que vous souhaitez accorder ; si vous activez l'option **Moi, ainsi que les collaborateurs sélectionnés ci-dessous**, cochez, dans la liste, les personnes souhaitées.
- Cliquez sur le bouton **OK**.

  Un symbole en forme de cadenas apparaît sur l'onglet de la feuille protégée.

- Pour supprimer la protection de la feuille, sélectionnez l'option **Protéger la feuille de calcul** dans le menu **Outils** ou dans la liste de l'onglet de la feuille concernée.

Activez l'option **Toutes les personnes invitées en tant que collaborateurs** et cliquez sur le bouton **OK.**

Créer une liste déroulante de valeurs

Cette manipulation permet de créer une liste déroulante dans une cellule à partir de données saisies ou existantes dans des cellules situées dans une des feuille du classeur. La cellule qui contient la liste déroulante affiche, lorsqu'elle est active, un bouton permettant d'ouvrir la liste qui permettra de choisir l'information à afficher.

- Si besoin, saisissez, dans une des feuilles du classeur, chaque entrée de la liste déroulante dans des cellules différentes.

  Vous pouvez trier les données dans l'ordre dans lequel vous voulez qu'elles apparaissent dans la liste déroulante. Si votre liste comprend un nombre important de données, vous pouvez alors lui attribuer un nom (cf. Nommer et gérer les cellules nommées) afin de pouvoir ensuite l'utiliser dans la définition de la liste et vous évitant ainsi de devoir la sélectionner.

- Sélectionnez la ou les cellules dans lesquelles vous voulez afficher la liste déroulante.
- Dans le menu **Données**, sélectionnez l'option **Validation.**

  La boîte de dialogue ***Validation des données*** *s'affiche. La* ***Plage de cellules*** *sélectionnée est reprise dans la zone correspondante. Vous pouvez la modifier en cliquant sur l'outil* 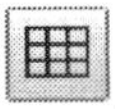 .

- Ouvrez la première liste de la ligne **Critères** et sélectionnez l'option **Éléments d'une liste.**

© Editions ENI - Toute reproduction interdite

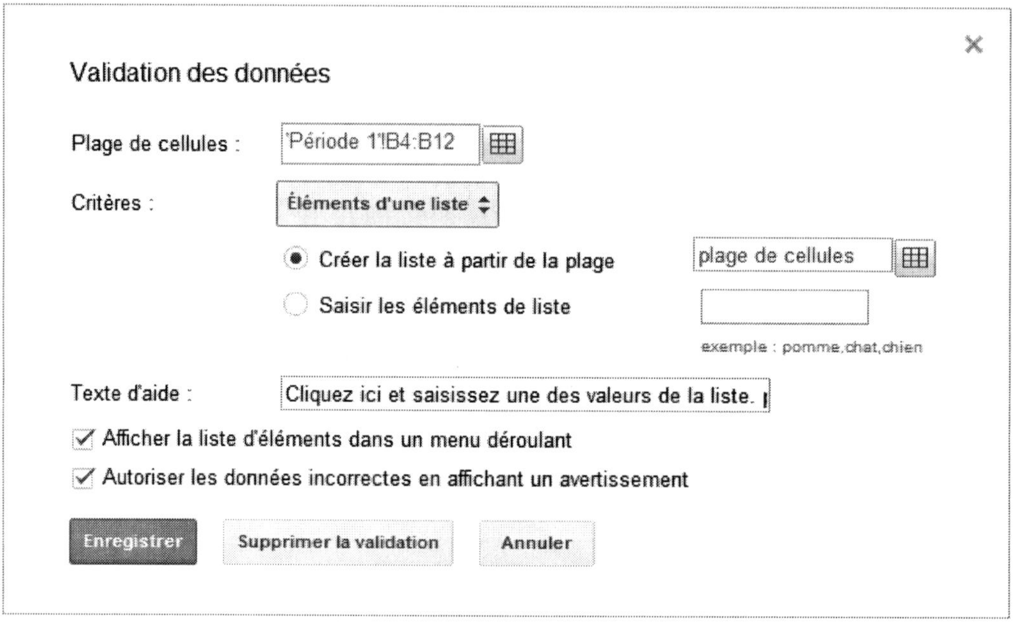

- Pour utiliser les valeurs d'une liste existante dans le classeur, laissez active l'option **Créer la liste à partir de la plage.** Saisissez le nom donné à la plage de cellules ou cliquez sur l'outil 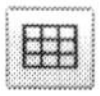 et, si besoin, sur l'onglet de la feuille qui contient les données, sélectionnez ensuite les cellules et cliquez sur le bouton **OK.**

  Pour saisir directement les données de la liste, activez l'option **Saisir les éléments de la liste** et, dans la zone qui suit, saisissez les différents éléments en les séparant d'une virgule (sans espace).

- Dans la zone **Texte d'aide**, renseignez, si besoin, un texte d'aide à la saisie à l'attention des personnes qui utiliseront ce fichier.

  Le message saisi apparaîtra dans une info-bulle lorsqu'une des cellules sera pointée.

- Pour donner accès aux données via une liste déroulante, laissez cochée l'option **Afficher la liste d'éléments dans un menu déroulant.**

- Si vous autorisez qu'une saisie autre que les données contenues dans la liste, laissez active l'option **Autoriser les données incorrectes en affichant un avertissement** : la saisie sera alors validée et acceptée et un message préviendra l'utilisateur que cette donnée ne figure pas dans la liste. Décochez cette option pour interdire et empêcher la saisie des données n'appartenant pas à la liste déroulante.
- Cliquez sur le bouton **Enregistrer.**

Pour supprimer les listes déroulantes, sélectionnez les cellules concernées puis choisissez l'option **Validation** dans le menu **Données** et cliquez sur le bouton **Supprimer la validation.**

Insérer un graphique

Créer un graphique

- Sélectionnez les données à représenter sous forme graphique, y compris les en-têtes de ligne et de colonne du tableau afin que l'axe des abscisses et la légende soient renseignés.

Dans l'exemple ci-dessous, la cellule vide (en haut à gauche) doit faire partie de la sélection afin que la plage de cellules puisse former un rectangle.

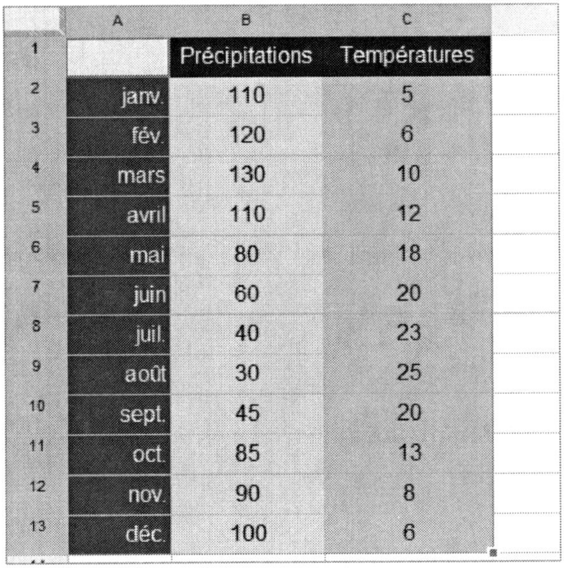

	A	B	C
1		Précipitations	Températures
2	janv.	110	5
3	fév.	120	6
4	mars	130	10
5	avril	110	12
6	mai	80	18
7	juin	60	20
8	juil.	40	23
9	août	30	25
10	sept.	45	20
11	oct.	85	13
12	nov.	90	8
13	déc.	100	6

© Editions ENI - Toute reproduction interdite

- Cliquez sur l'outil **Insérer un graphique**  ou utilisez l'option **Graphique** dans le menu **Insertion.**

  *La fenêtre **Éditeur de graphique** s'ouvre. Cet éditeur est composé de trois onglets : **Début**, **Graphiques** et **Personnaliser**. La plage sélectionnée est visible dans la zone **Données - Sélectionner les plages** ; l'outil*  *permet de modifier la sélection. Un aperçu du graphique est visible dans la partie droite de la fenêtre.*

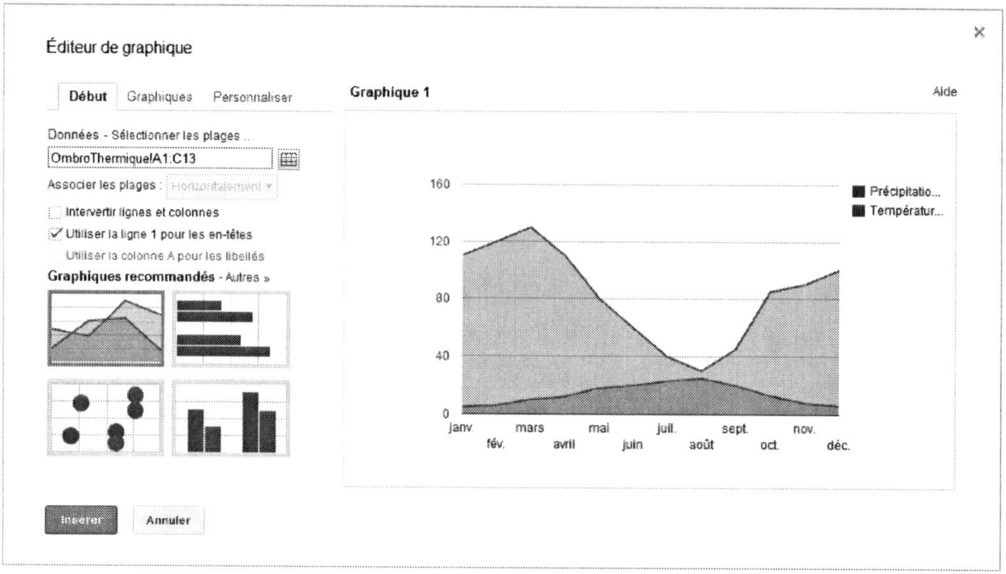

- Si vous souhaitez intervertir les séries de données et les catégories (libellés contenus dans les en-têtes de ligne et de colonne de la feuille de calcul et visibles sur l'axe des abscisses et dans la légende du graphique), cochez l'option **Intervertir lignes et colonnes.**
- Pour utiliser les libellés de la première ligne en tant que légende, laissez cochée l'option **Utiliser la ligne 1 pour les en-têtes.**
- Pour choisir un autre type de graphique, cliquez sur le lien **Autres** ou sur l'onglet **Graphiques.**

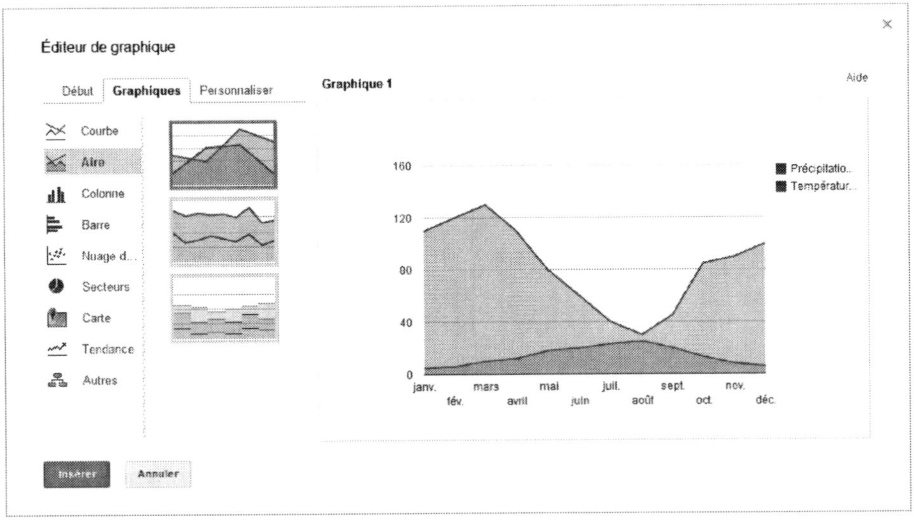

- Sélectionnez, dans le volet gauche, le type de graphique à créer : **Colonne** (pour insérer un histogramme), **Courbe**, **Secteurs** (pour insérer un "camembert"), **Barre**, **Aire**, **Nuage de points.**

  *L'option **Autres** donne la possibilité d'insérer un graphique de type **Jauge**, **Organigramme**, **Arbre** ou **Tableau**.*

  Le choix du type de graphique est primordial pour représenter les données.

- Cliquez sur le sous-type de graphique à créer.

  *L'onglet **Personnaliser** permet d'ajouter des informations au graphique comme un titre par exemple et de modifier les mises en valeur des différents éléments.*

- Pour insérer le graphique, cliquez sur le bouton **Insérer.**

  Le graphique apparaît sur la feuille de calcul.

- Pour déplacer un graphique, pointez la partie supérieure de la zone graphique puis, lorsque le pointeur de la souris prend la forme d'une main, réalisez un cliqué-glissé en direction de l'endroit où vous souhaitez placer le graphique.

- Pour redimensionner la zone graphique, positionnez le pointeur de la souris sur une des bordures de la zone graphique (sauf la bordure supérieure) puis, lorsque le pointeur de la souris prend la forme d'une double flèche, réalisez un cliqué-glissé.

Toute modification apportée aux données sources est répercutée automatiquement dans le graphique car ils sont liés.

© Editions ENI - Toute reproduction interdite

Changer l'emplacement d'un graphique

Par défaut, un graphique est créé en tant qu'objet dans la feuille de calcul (on parle de graphique incorporé) ; vous pouvez changer son emplacement de manière à ce qu'il apparaisse dans une feuille à part entière (une feuille graphique).

- Cliquez sur le graphique pour l'activer.
- Ouvrez la liste associée au nom du graphique (par défaut, **Graphique 1**) et sélectionnez l'option **Déplacer vers sa propre feuille**.

Modifier un graphique

- Si besoin, cliquez sur le graphique pour l'activer.
- Ouvrez la liste associée au nom du graphique et sélectionnez l'option **Modifier le graphique** ; si le graphique a été déplacé dans une feuille graphique, cliquez sur le bouton **Modifier le graphique**.
- Pour modifier le type de graphique, cliquez sur l'onglet **Graphiques** et choisissez son nouveau type.
- Pour ajouter un titre au graphique et aux axes, modifier leurs mises en valeur et, selon le type de graphique choisi, personnaliser les éléments du graphique, cliquez sur l'onglet **Personnaliser**.
- Lorsque toutes les modifications sont terminées, cliquez sur le bouton **Mettre à jour**.
- Pour supprimer un graphique, choisissez l'option **Supprimer le graphique** dans la liste du nom du graphique.

Copier un graphique dans un autre document

*Il est seulement possible de copier un graphique dans un document Texte ou un document Dessin de Google Documents. Pour le copier dans un autre type de document, il vous faudra l'enregistrer en tant qu'image (option **Enregistrer l'image** dans la liste du nom du graphique). Une fois collée, l'image du graphique n'est plus liée aux données sources, il ne se mettra pas à jour.*

- Cliquez sur le graphique pour l'activer.
- Ouvrez la liste associée au nom du graphique et sélectionnez l'option **Copier le graphique**.
- Ouvrez le document Texte ou Dessin dans lequel le graphique doit être collé.
- Cliquez sur l'outil **Presse-papiers Web** 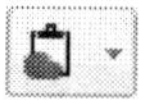 et cliquez sur le nom du graphique.

Créer un tableau croisé dynamique

Un tableau croisé dynamique permet de résumer, d'analyser, d'explorer et de présenter des données de synthèse.

Créer le tableau

- Si la plage de cellules concernée par le tableau croisé dynamique contient des en-têtes de colonnes, cliquez dans l'une des cellules ; sinon, sélectionnez la plage de cellules à traiter dans le tableau croisé dynamique.
- Dans le menu **Données**, sélectionnez l'option **Rapport de tableau croisé dynamique.**

*Un rapport de tableau croisé dynamique vide est inséré dans une nouvelle feuille et le volet **Éditeur de rapports** est affiché à droite de la fenêtre afin que vous puissiez commencer à ajouter des champs, à créer une disposition et à personnaliser le rapport. La plage des cellules prises en compte est visible dans la partie supérieure du volet ; le lien **Modifier la plage** permet de rectifier la sélection de cellules.*

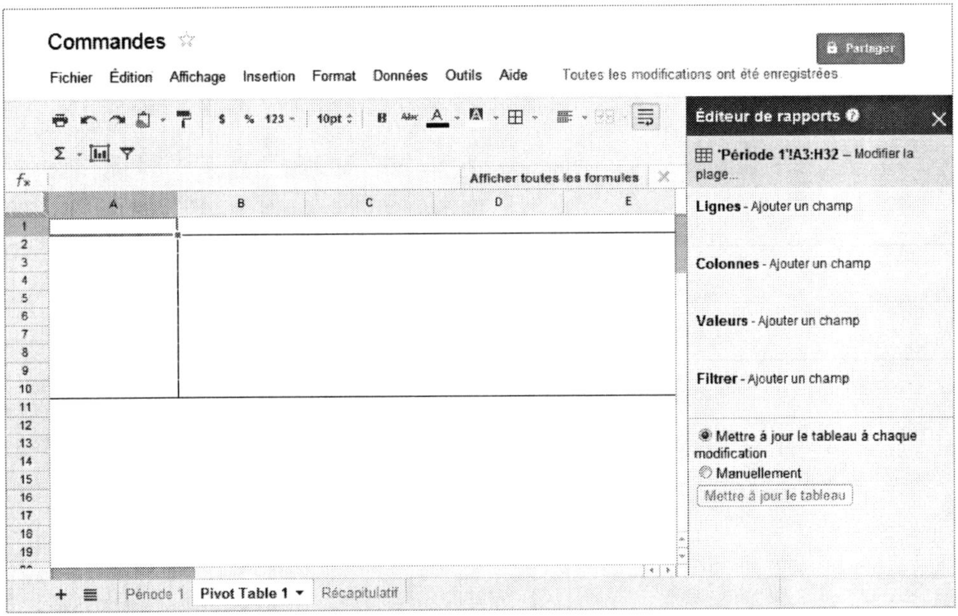

*Si vous avez cliqué en dehors du rapport de tableau croisé dynamique, le volet **Éditeur de rapports** disparaît. Pour l'afficher à nouveau, cliquez à l'intérieur du rapport.*

© Editions ENI - Toute reproduction interdite

Ajouter/supprimer un champ

- Pour ajouter un champ, sélectionnez-le dans la liste du lien **Ajouter un champ** correspondant à la zone où vous souhaitez placer le champ :

Lignes Pour que les valeurs de ce champ deviennent les en-têtes de ligne du tableau.

Colonnes Pour que les valeurs de ce champ deviennent les en-têtes de colonnes du tableau.

Valeurs Pour que les valeurs de ce champ soient utilisées pour remplir les différentes cellules du tableau croisé dynamique. Par défaut, Google utilise la fonction SUM pour additionner les données numériques, et la fonction COUNT pour les données de type texte. Notez qu'il est possible de modifier cette fonction de synthèse.

Filtrer Pour utiliser les valeurs du champ choisi afin de filtrer les données du tableau croisé.

*Ce tableau croisé dynamique affiche la somme du **Montant des cotisations** par **SPORT** et par **Ville**. Le champ **Catégorie** a été choisi pour filtrer les données, en sélectionnant une donnée dans la liste correspondante du volet, le tableau croisé dynamique n'affichera que les informations répondant à ce filtre.*

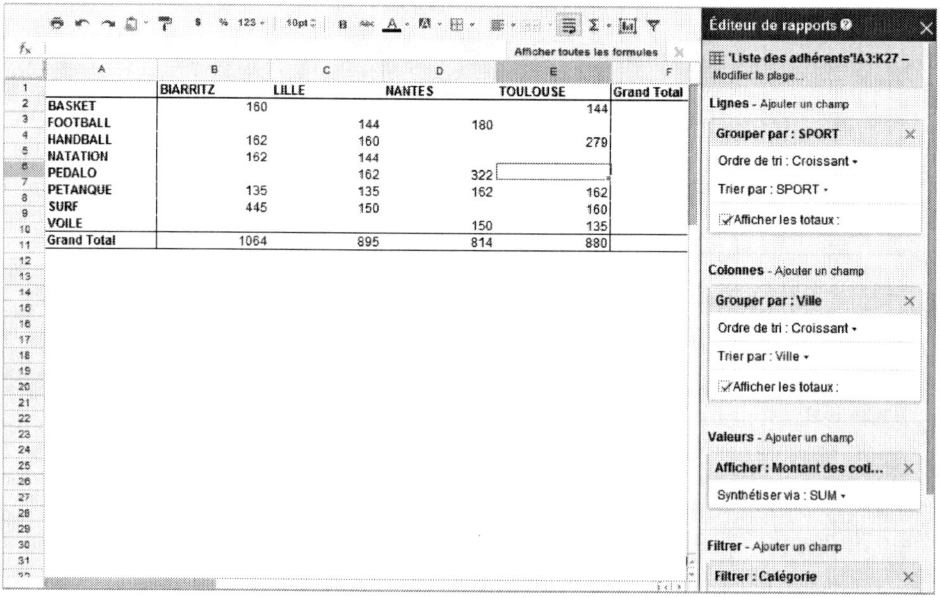

Pour chacun des champs, vous pouvez choisir de trier les données et d'afficher ou non les totaux.

- Pour créer plusieurs niveaux de lignes ou de colonnes dans le tableau croisé dynamique, ajoutez le ou les champs concernés dans les zones voulues selon la procédure décrite précédemment.
- Si plusieurs champs ont été ajoutés, vous pouvez ensuite cliquer sur le symbole ⊟ visible à gauche du champ principal, dans le tableau croisé, pour masquer ses lignes de détails. Pour les afficher à nouveau, cliquez sur le symbole ⊞.
- Pour supprimer un champ, cliquez sur ☒ situé en regard du champ concerné.

Mettre à jour le tableau croisé dynamique

Par défaut, toutes les modifications effectuées sur votre tableau de données sont automatiquement répercutées dans le tableau croisé dynamique. Si votre tableau comporte un nombre très important de données, vous pouvez choisir de réaliser cette mise à jour manuellement.

- Cliquez, si besoin, dans le tableau croisé dynamique pour afficher le volet **Éditeur de rapports.**
- Dans la partie inférieure du volet, activez l'option **Manuellement.**
- Pour mettre à jour le tableau croisé dynamique, cliquez sur le bouton **Mettre à jour le tableau** dans le volet **Éditeur de rapports.**
- Pour revenir à la mise à jour automatique, activez l'option **Mettre à jour le tableau à chaque modification.**

Modifier le calcul de synthèse

- Dans le volet **Éditeur de rapports**, ouvrez la liste du champ calculé à modifier puis sélectionnez une autre fonction statistique.

Copier un tableau croisé dynamique

Si vous souhaitez par exemple analyser plusieurs portions de votre tableau de données, vous pouvez copier le premier tableau croisé dynamique sur la même feuille de calcul ou sur une autre feuille puis choisir sur chacun des tableaux croisés les données à représenter.

- Sélectionnez le tableau croisé dynamique à copier puis faites Ctrl **C.**
- Sélectionnez la première cellule de destination de la copie puis faites Ctrl **V.**

© Editions ENI - Toute reproduction interdite

*Depuis le volet **Éditeur de rapports**, vous pouvez ensuite **Modifier la plage** de référence, le filtre appliqué, les champs affichés et la ou les synthèses des calculs.*

Insérer un gadget

Les gadgets permettent de représenter vos données sous différentes formes selon leur contenu. Les gadgets que Google met à disposition peuvent être des graphiques, des indicateurs de type Jauge, une carte géographique si vos données contiennent des indications de lieux (pour les pays, vous devez renseigner le code ISO correspondant dans une des colonnes du tableau), un organigramme hiérarchique, etc.

Voici quelques exemples de gadgets :

Tree Map Gadget (catégorie **Diagrammes**)

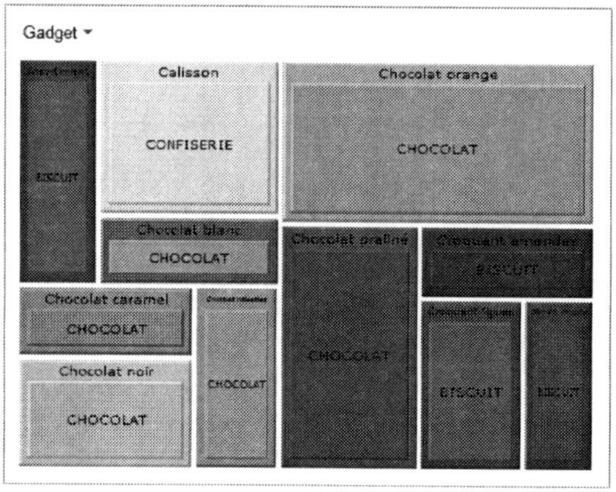

FusionCharts Funnel Widget (catégorie **Sélection**)

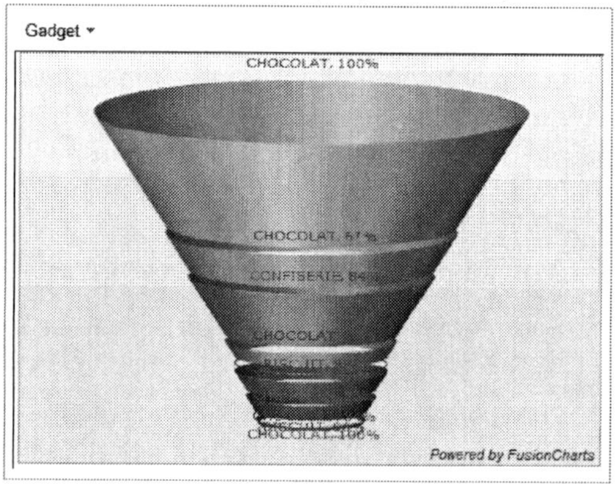

Bars of Stuff (catégorie **Sélection** - Type **Chocolate**)

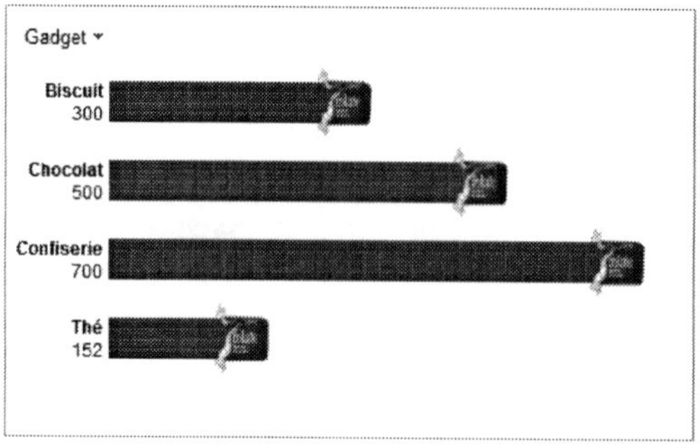

Bars of Stuff (catégorie **Sélection** - Type **Rope**)

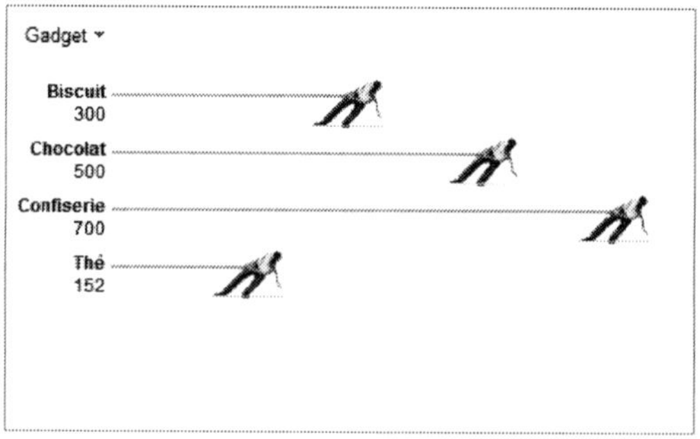

Heatmap (catégorie **Cartes** - Région **Europe**)

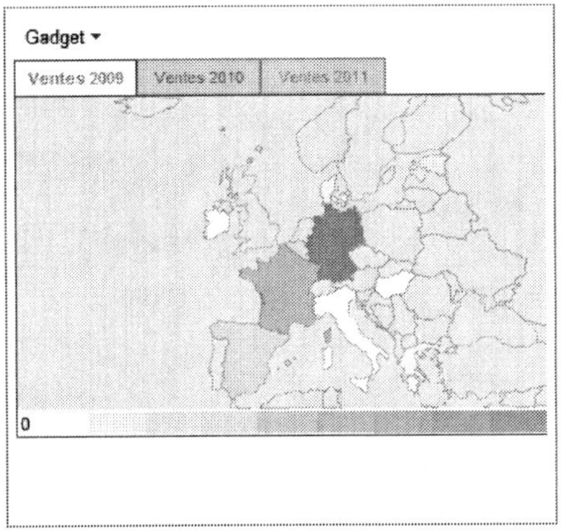

Organigramme (catégorie **Diagramme**)

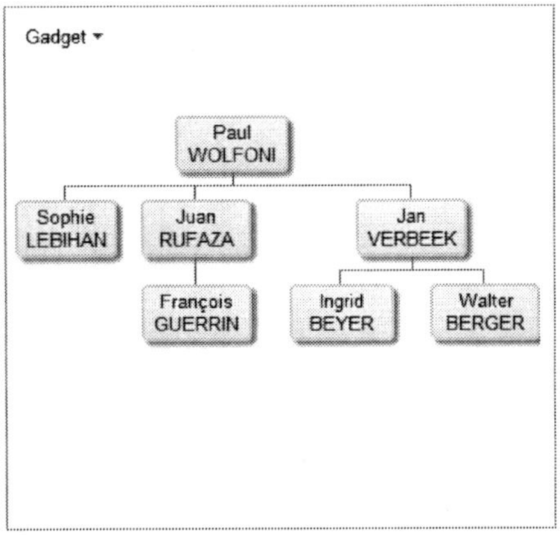

- Sélectionnez les données à utiliser.
- Dans le menu **Insertion**, cliquez sur l'option **Gadget**.

Les gadgets de Google sont classés par catégorie. La catégorie ***Tous*** *répertorie tous les gadgets présents du catalogue. Ce catalogue étant mis à jour régulièrement, il est possible que les gadgets proposés soient différents.*

© Editions ENI - Toute reproduction interdite

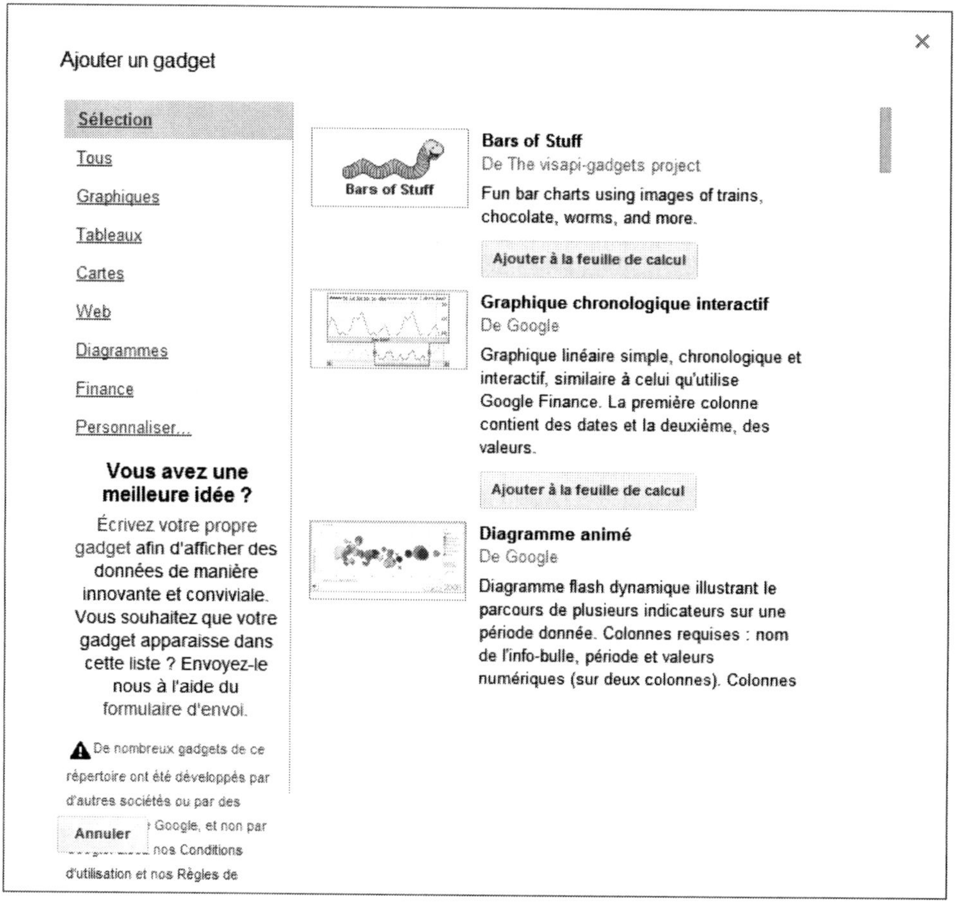

- Sélectionnez éventuellement une catégorie puis cliquez sur le bouton **Ajouter à la feuille de calcul** correspondant au gadget à utiliser.

La fenêtre qui s'affiche permet de paramétrer le gadget selon les données sélectionnées, selon le gadget choisi, ces paramètres sont différents. Sur cet exemple, il s'agit des paramètres d'un diagramme animé.

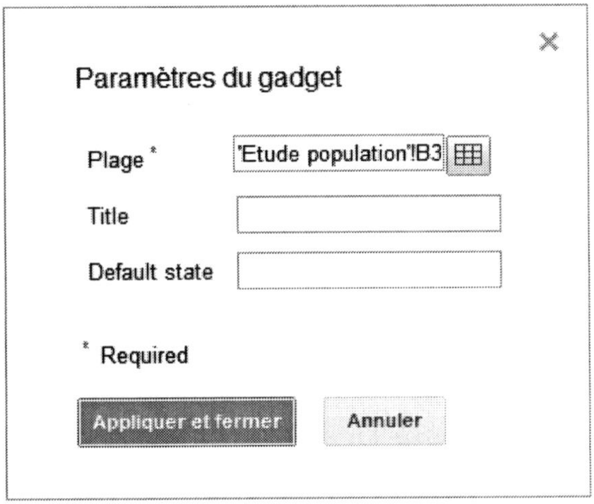

- Renseignez les différents paramètres puis cliquez sur le bouton **Appliquer et fermer.**
- Pour déplacer un gadget, cliquez sur le gadget pour l'activer. Positionnez le pointeur de la souris dans la partie supérieure du gadget et réalisez un cliqué-glissé lorsque le pointeur de la souris prend la forme d'une main.
- Pour redimensionner le cadre du gadget, faites glisser ses bordures (sauf la bordure supérieure) lorsque le pointeur de la souris prend la forme d'une double flèche.
- Pour modifier, publier ou supprimer un gadget, cliquez sur le gadget pour l'activer puis, dans la liste associée au nom du gadget, sélectionnez l'option voulue.

Associer un commentaire à une cellule

Créer le commentaire

- Sélectionnez la cellule concernée.
- Dans le menu **Insertion**, choisissez l'option **Commentaire** ou faites ⇧ F2.

© Editions ENI - Toute reproduction interdite

Une info-bulle apparaît à proximité de la cellule. Le nom de l'auteur, la date, l'heure et le fuseau horaire sont visibles dans cette info-bulle.

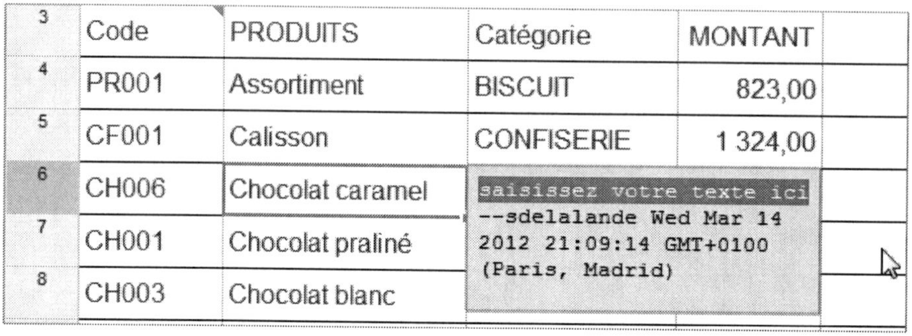

- Saisissez le texte du commentaire ; pour passer à la ligne, appuyez sur la touche ↵.
- Appuyez sur la touche Echap ou cliquez ailleurs lorsque la saisie est terminée.

  Dans le coin supérieur droit de la cellule, un petit triangle orange matérialise l'existence d'un commentaire.

Visualiser/modifier un commentaire

- Pour visualiser un commentaire, pointez tout simplement le triangle orange.
- Pour modifier un commentaire, cliquez sur la cellule contenant le commentaire à modifier puis dans la zone de saisie du commentaire. Apportez vos modifications puis appuyez sur la touche Echap.
- Pour supprimer un commentaire, cliquez sur la cellule contenant le commentaire à supprimer puis, dans le menu **Édition**, sélectionnez l'option **Effacer les commentaires** ou choisissez cette même option dans le menu contextuel de la cellule (clic droit).

Convertir au format Excel ou OpenOffice

- Dans le menu **Fichier**, pointez l'option **Télécharger au format** puis cliquez sur le format souhaité.

  Si vous utilisez Google Chrome, le fichier est automatiquement enregistré dans le dossier ***Téléchargement*** *de Windows. Vous pouvez ouvrir la liste du bouton qui porte le nom du fichier (visible dans la partie inférieure de la fenêtre) et choisir l'option* ***Ouvrir*** *ou* ***Afficher dans le dossier*** *si vous le souhaitez.*

- Si vous utilisez Internet Explorer, ouvrez la liste du bouton **Enregistrer** qui apparaît dans la barre d'informations (en bas de la fenêtre) et sélectionnez l'option **Enregistrer sous**. Sélectionnez le dossier d'enregistrement du fichier et cliquez sur le bouton **Enregistrer**.

Convertir au format PDF

- Dans le menu **Fichier**, pointez l'option **Télécharger au format** puis cliquez l'option **PDF**.
- Dans la fenêtre **Exportation au format PDF**, précisez les options de configuration des feuilles du classeur et cliquez sur le bouton **OK**.

  *Cette fenêtre est identique à la fenêtre des **Paramètres d'impression** (cf. Afficher l'aperçu avant impression et imprimer).*

  *Si vous utilisez Google Chrome, le fichier est automatiquement enregistré dans le dossier **Téléchargement** de Windows. Vous pouvez ouvrir la liste du bouton qui porte le nom du fichier (visible dans la partie inférieure de la fenêtre) et choisir l'option **Ouvrir** ou **Afficher dans le dossier** si vous le souhaitez.*
- Si vous utilisez Internet Explorer, ouvrez la liste du bouton **Enregistrer** qui apparaît dans la barre d'informations (en bas de la fenêtre) et sélectionnez l'option **Enregistrer sous**. Sélectionnez le dossier d'enregistrement du fichier et cliquez sur le bouton **Enregistrer**.

© Editions ENI - Toute reproduction interdite

BIBLIOTHÈQUE MUNICIPALE
71450 BLANZY

Créer une présentation

*Le terme **Présentation** est le nom générique donné à ce type de document. Une présentation contient plusieurs diapositives qu'il sera ensuite possible d'animer pour les diffuser sous la forme d'un diaporama.*

- Dans le volet de navigation de Google Documents, cliquez sur le bouton **CRÉER** et sur l'option **Présentation.**

  Si un document est déjà ouvert, ouvrez le menu **Fichier**, pointez l'option **Nouveau** et cliquez sur l'option **Présentation.**

  *La fenêtre **Choisir un thème** s'affiche.*

- Si vous le souhaitez, cliquez sur la vignette du thème à utiliser puis sur le bouton **OK** ; pour ne pas sélectionner de thème, cliquez sur le bouton **Annuler.**

  *Si vous ne souhaitez pas que cette fenêtre s'affiche à chaque fois que vous créez une présentation, décochez l'option **Afficher pour les nouvelles présentations.***

  La fenêtre d'une nouvelle présentation s'affiche ; ses éléments sont les suivants :

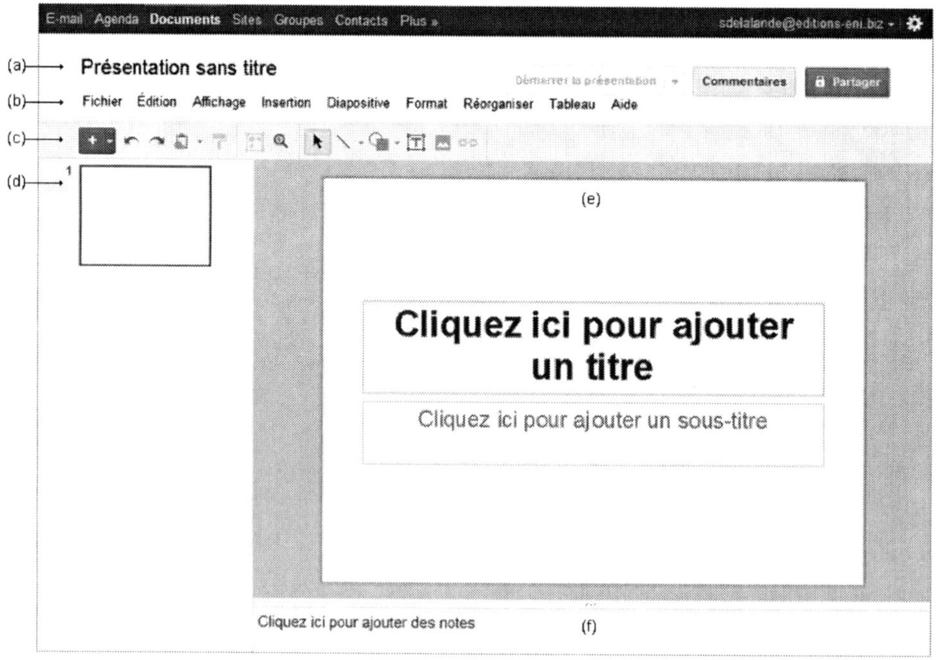

La barre de titre (a) : reprend, à gauche, le nom de la présentation (ici, **Présentation sans titre** car le document n'a pas encore été nommé) ; à droite, le bouton **Commentaires** permet d'annoter le document tandis que le bouton **Partager** donne accès aux commandes de partage du document.

La barre des menus (b) : donne accès aux différentes fonctionnalités d'édition des diapositives de la présentation.

La barre d'outils (c) : propose des outils destinés à exécuter des commandes courantes comme la création de nouvelles diapositives, l'annulation de la dernière manipulation, l'ajout de formes, etc. Selon l'élément sélectionné, cette barre d'outils proposera des outils différents en rapport avec l'élément sélectionné.

Le **volet des diapositives** (d) : affiche les diapositives existantes de la présentation sous la forme de vignettes miniatures.

La **diapositive** (e) active est composée d'espaces réservés à la saisie de textes (titre, sous-titre, textes à puces, légende...). Par défaut, lorsque vous créez une nouvelle présentation, la diapositive vide proposée contient un espace réservé au titre et un espace réservé au sous-titre.

La **zone des notes** (f) est destinée à saisir des commentaires relatifs à la diapositive affichée.

Google met à disposition une galerie de modèles que vous pouvez utiliser pour créer de nouvelles présentations (**Fichier - Nouveau - À partir du modèle**).

Modifier la langue

Lorsque vous importez des présentations, la langue d'origine de la présentation peut ne pas être conservée.

- Dans le menu **Fichier**, pointez l'option **Langue** et cliquez sur la langue à utiliser.

Modifier le zoom d'affichage

- Pour agrandir la valeur du zoom, cliquez sur l'outil **Zoom** .
- Positionnez le pointeur de la souris sur la partie à agrandir puis cliquez. Cliquez à nouveau pour agrandir davantage le facteur de zoom.

  Vous pouvez ainsi cliquer jusqu'à 5 fois.

- Avec le clavier, utilisez le raccourci Ctrl ⇧ → pour augmenter le zoom et le raccourci Ctrl ⇧ ← pour le diminuer.

© Editions ENI - Toute reproduction interdite

- Pour choisir un facteur de zoom, ouvrez le menu **Affichage** et choisissez l'option **50%**, **100%** ou **200%**.
- Pour ajuster la diapositive à la taille de la fenêtre, cliquez sur l'outil **Zoom au format** [icône] ou choisissez l'option **Ajuster à la fenêtre** dans le menu **Affichage**.

Attention, lorsque vous utilisez ces outils, pour revenir en mode sélection, cliquez sur l'outil [icône] ou appuyez sur la touche Echap.

Modifier le thème

Un thème est un ensemble d'éléments de mises en forme qui inclut des couleurs et des images d'arrière-plan.

- Dans le menu **Diapositive**, sélectionnez l'option **Changer de thème**.
- Cliquez sur la vignette du thème à appliquer puis cliquez sur **OK**.

Nommer la présentation

- Cliquez sur le nom du document dans la barre de titre ou cliquez sur le menu **Fichier** puis sur l'option **Renommer**.
- Saisissez le nom à attribuer au document puis cliquez sur le bouton **OK** ou appuyez sur la touche ↵.

Depuis la liste de documents, vous pouvez choisir l'option **Renommer** du bouton **Autres**.

Créer une diapositive

- Activez la diapositive après laquelle vous souhaitez créer la nouvelle diapositive ou, pour créer une diapositive en début de présentation, cliquez au-dessus de la première miniature dans le volet des Diapositives.

  Vous pouvez aussi cliquer entre deux diapositives dans ce même volet pour y insérer la nouvelle diapositive.
- Pour insérer une diapositive ayant la même disposition que la diapositive active, cliquez sur l'outil **Nouvelle diapositive** [icône] (sans ouvrir la liste) ou utilisez le raccourci-clavier Ctrl **M**.

- Pour insérer une diapositive en choisissant sa disposition, ouvrez la liste de l'outil **Nouvelle diapositive** et cliquez sur le type de disposition souhaité.

  Une nouvelle diapositive s'affiche, contenant des espaces réservés vides, relatifs à la disposition choisie.

Faire défiler les diapositives

- Pour accéder à une diapositive précise, cliquez sur sa miniature dans le volet des Diapositives ; pour faire défiler le volet, faites glisser le curseur de la barre de défilement vertical vers le haut ou vers le bas.
- Pour passer à la diapositive suivante, appuyez sur la touche [⇟] ou utilisez l'option **Diapositive suivante** du menu **Diapositive.**
- Pour passer à la diapositive précédente, appuyez sur la touche [⇞] ou utilisez l'option **Diapositive précédente** du menu **Diapositive.**
- Pour afficher la première diapositive, appuyez sur la touche [↖] (à condition de ne pas être dans un espace réservé) ou utilisez l'option **Première diapositive** du menu **Diapositive** ; pour atteindre la dernière diapositive, appuyez sur la touche [Fin] ou utilisez l'option **Dernière diapositive** du menu **Diapositive.**

Sélectionner des diapositives

- Pour sélectionner des diapositives adjacentes, cliquez sur la première miniature de la diapositive à sélectionner, appuyez et maintenez la touche [⇧] enfoncée et cliquez sur la dernière miniature de la diapositive à sélectionner.
- Pour sélectionner des diapositives non adjacentes, cliquez sur l'une des miniatures de la diapositive à sélectionner, appuyez et maintenez la touche [Ctrl] enfoncée et cliquez sur chaque miniature des diapositives à sélectionner.
- Pour sélectionner toutes les diapositives de la présentation, cliquez, si besoin, dans le volet des Diapositives et faites [Ctrl] **A** ou choisissez l'option **Tout sélectionner** du menu **Édition.**
- Si vous avez sélectionné une diapositive par erreur, retirez-la de la sélection en faisant un [Ctrl] clic sur la diapositive.
- Pour désélectionner toutes les diapositives, choisissez l'option **Ne rien sélectionner** du menu **Édition** ou utilisez le raccourci-clavier [Ctrl][⇧] **A.**

© Editions ENI - Toute reproduction interdite

Gérer les diapositives

Les procédures indiquées ici concernent la modification des dispositions appliquées aux diapositives, leur suppression, leur copie et déplacement. Certaines des options citées sont disponibles via le menu contextuel (clic droit).

- Pour modifier la disposition d'une diapositive, choisissez, dans le menu **Diapositive**, l'option **Modifier la mise en page** et cliquez sur la disposition à appliquer.
- Pour supprimer des diapositives, sélectionnez-les puis appuyez sur la touche [Suppr] ou utilisez l'option **Supprimer la diapositive** du menu **Diapositive.**
- Pour déplacer une diapositive, faites-la glisser dans le volet des Diapositives ou choisissez l'option **Déplacer la diapositive vers le haut** ou **Déplacer la diapositive vers le bas** du menu **Diapositive.**
- Pour déplacer une diapositive au début ou à la fin de la présentation, sélectionnez-la puis choisissez l'option **Déplacer la diapositive au début** ou **Déplacer la diapositive à la fin** du menu **Diapositive.**
- Pour copier une diapositive, sélectionnez-la puis faites [Ctrl] **C.** Sélectionnez ensuite la diapositive après laquelle la diapositive copiée doit être insérée puis faites [Ctrl] **V.**
- Pour copier une diapositive juste après la diapositive d'origine, sélectionnez-la puis choisissez l'option **Dupliquer la diapositive** du menu **Diapositive.**

Saisir du texte

- Sélectionnez la diapositive dans laquelle vous souhaitez saisir le texte.
- Cliquez dans l'espace réservé au titre, au sous-titre ou à un texte qui affiche le texte **Cliquez pour ajouter un titre, Cliquez pour ajouter un sous-titre** ou encore **Cliquez pour ajouter du texte.**

  Toutes les diapositives ne proposent pas à la fois tous ces espaces réservés ; cela dépend de leur disposition.

  Le message de l'espace réservé disparaît au profit d'un cadre bleu et d'une barre clignotante appelée point d'insertion. Remarquez aussi l'apparition d'outils supplémentaires dans la barre d'outils.

- Saisissez le texte voulu ; pour passer à la ligne, appuyez sur la touche [Entrée].
- Si nécessaire, validez la saisie en cliquant en dehors de l'espace réservé ou en appuyant sur la touche [Echap].

Saisir une liste à puces ou numérotée

- Activez la diapositive dans laquelle vous souhaitez saisir le texte.
- Cliquez dans l'espace réservé qui affiche le texte **Cliquez pour ajouter du texte**.
- Cliquez sur l'outil **Liste à puces** ou l'outil **Liste numérotée** .
- Réalisez la saisie en respectant les principes suivants :
  - Saisissez vos idées sans vous préoccuper des fins de lignes.
  - Appuyez sur la touche pour créer un nouveau point (ou paragraphe).
  - Appuyez sur pour passer à la ligne sans changer de point.

  Chaque point ou idée est précédée d'un symbole ou d'un numéro.
- Pour descendre un point au niveau suivant, soyez en début de point et appuyez sur la touche .
- Pour remonter un point au niveau précédent, soyez en début de point et appuyez sur les touches .

  En fonction du niveau attribué, la taille des caractères et les puces de début de points ou la numérotation changent ; de plus, les textes se décalent les uns par rapport aux autres.
- Si nécessaire, validez la saisie en cliquant en dehors de l'espace réservé ou en appuyant sur la touche Echap.

Vous pouvez aller jusqu'à 9 niveaux de points au sein d'un même espace réservé.

Saisir une page de notes

- Activez la diapositive dans laquelle vous souhaitez saisir le texte.
- Cliquez dans le volet des notes visible sous la diapositive et dans lequel apparaît le texte **Cliquez ici pour ajouter des notes**.
- Saisissez le texte "au kilomètre", sans vous préoccuper des fins de lignes. Appuyez sur la touche pour créer un nouveau paragraphe.

  Vous pouvez redimensionner ce volet en faisant glisser la barre horizontale située au-dessus.

© Editions ENI - Toute reproduction interdite

Sélectionner du texte dans un espace réservé

- Activez, si besoin, la diapositive concernée.
- Avec la souris, utilisez les techniques suivantes pour sélectionner :

Un mot	Faites un double clic sur le mot.
Un paragraphe	Faites un triple clic sur un mot du paragraphe.
Un groupe de caractères	Faites un cliqué-glissé sur les caractères à sélectionner.
Tout le contenu de l'espace réservé	Utilisez le raccourci-clavier Ctrl **A.**

- Avec le clavier, maintenez la touche ⇧ enfoncée et utilisez les touches de déplacement.

Pour sélectionner un groupe de caractères, vous pouvez aussi utiliser une technique clavier-souris, dite du ⇧ clic : cliquez avant le premier caractère à sélectionner, maintenez la touche ⇧ enfoncée et cliquez après le dernier caractère à sélectionner

Modifier le texte

- Activez la diapositive concernée et cliquez dans l'espace réservé au texte à modifier.
- Réalisez vos modifications à l'aide de ces quelques remarques :
  - Pour ajouter des caractères, positionnez le point d'insertion à l'endroit où les caractères devront apparaître et réalisez la saisie (le seul mode de saisie est le mode Insertion).
  - Pour remplacer des caractères, sélectionnez-les et effectuez la nouvelle saisie.
- Pour supprimer un caractère, positionnez le point d'insertion avant le caractère et appuyez sur la touche Suppr ou positionnez le point d'insertion après le caractère et faites ⟵.
- Pour supprimer un mot, positionnez le point d'insertion devant le mot et faites Ctrl Suppr ou après le mot et faites Ctrl ⟵.
- Pour supprimer plusieurs mots ou caractères, sélectionnez-les et appuyez sur la touche Suppr.

Modifier la mise en valeur du texte

- Sélectionnez les caractères à modifier.
- Utilisez les outils suivants pour appliquer les mises en valeurs souhaitées :

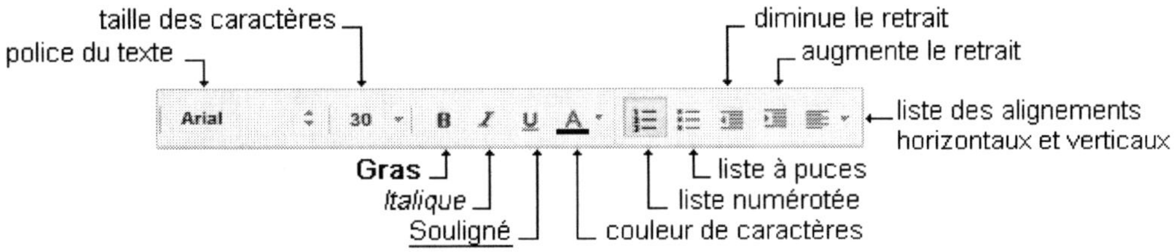

*Vous pouvez également utiliser les options correspondantes du menu **Format**.*

Dessiner des formes

Dessiner une forme automatique

Il s'agit de tracer une forme prédéfinie (ligne, rectangle, ellipse, flèche, étoile...).

- Activez la diapositive sur laquelle vous souhaitez réaliser le dessin.
- Pour dessiner une ligne, cliquez sur l'outil **Trait** 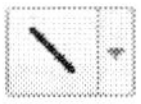 (sans ouvrir la liste) ; pour dessiner une flèche, ouvrez la liste de l'outil **Trait** 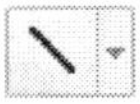 et sélectionnez l'option **Flèche**.

  Pour dessiner une forme prédéfinie, cliquez sur l'outil **Forme** .

  *La liste des formes prédéfinies sont classées dans différentes catégories : **Formes**, **Flèches**, **Légendes** et **Équation**.*

© Editions ENI - Toute reproduction interdite

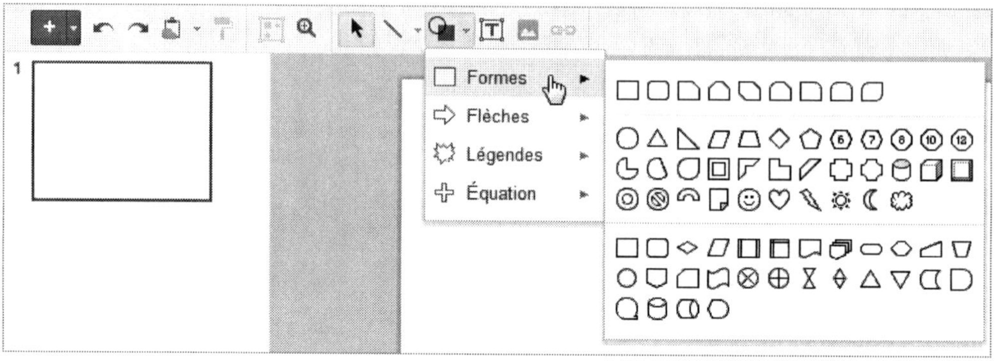

Pointez la catégorie de la forme à dessiner puis sélectionnez-la.

- Placez le pointeur de la souris sur la diapositive à l'endroit où doit commencer (ou finir) le dessin.

Le pointeur de la souris apparaît sous la forme d'une fine croix noire.

- Dessinez la forme par l'une des techniques suivantes :

Cliquez dans l'espace de travail pour dessiner la forme avec une taille prédéfinie.

Faites un cliqué-glissé seul pour tracer la forme aux dimensions que vous souhaitez.

Faites un cliqué-glissé en maintenant la touche ⇧ enfoncée pour dessiner une forme régulière comme un carré ou un cercle ou encore parfaitement verticale, horizontale ou oblique dans le cas d'une trait ou d'une flèche.

Dès qu'une forme est tracée, elle apparaît sélectionnée. Les couleurs appliquées dépendent du thème appliqué à la diapositive.

- Saisissez éventuellement le texte que la forme doit contenir et validez en appuyant sur la touche Echap ou en cliquant à l'extérieur de la forme.

Si vous avez oublié de saisir un texte dans une forme, vous pouvez le rajouter par la suite : sélectionnez la forme concernée et saisissez le texte directement.

Dessiner un arc ou une polyligne

Un arc est un dessin composé de segments recourbés ; une polyligne est composée de segments droits.

- Activez la diapositive sur laquelle vous souhaitez réaliser le dessin.

- Ouvrez la liste de l'outil **Trait** et cliquez sur l'outil correspondant au dessin à réaliser :

	Arc	Pour dessiner une suite de segments recourbés.
	Polyligne	Pour dessiner des segments droits.
	Arc	Pour dessiner un arc de cercle.

- Pour dessiner un **Arc** ( ), réalisez des clics successifs à chaque sommet de la courbe (sans utiliser de cliqué-glissé) ; pour dessiner une **Polyligne** ( ), réalisez des clics successifs pour tracer des segments droits (sans utiliser de cliqué-glissé).

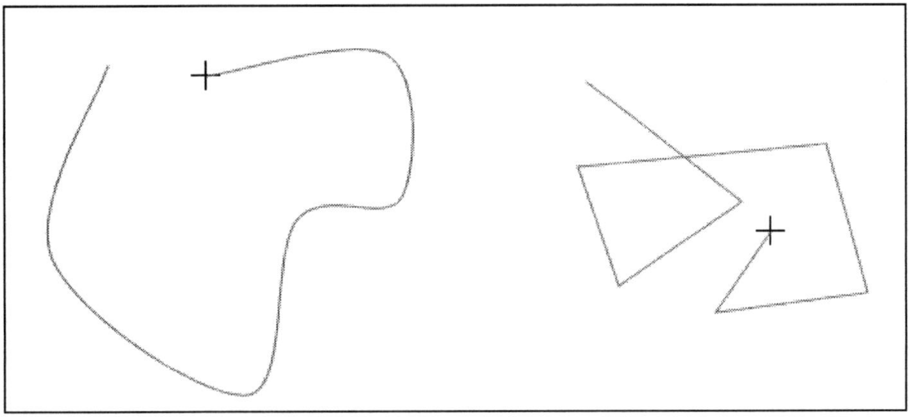

Terminez le dessin en double cliquant à l'emplacement du dernier point (la forme sera ouverte) ou cliquez sur le point de départ (la forme sera fermée et donc colorée).

Pour dessiner un **Arc** ( ), par un cliqué-glissé, tracez le rayon de l'arc de cercle, relâchez le bouton de la souris et déplacez le pointeur de la souris (sans cliquer) vers la gauche ou vers la droite. Cliquez lorsque l'arc de cercle dessiné vous convient.

© Editions ENI - Toute reproduction interdite

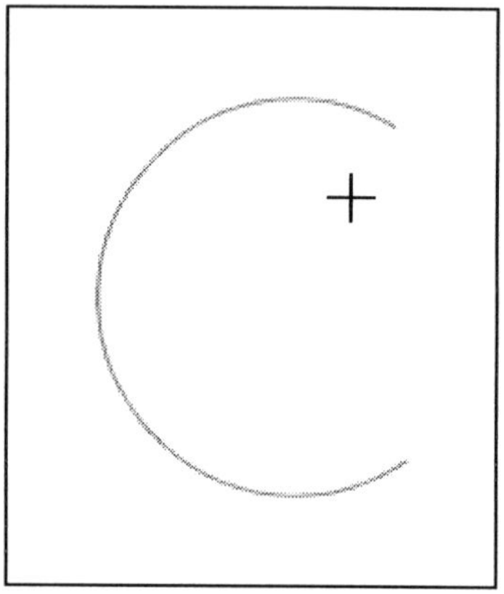

Pour modifier les points d'une forme, faites un clic droit sur la forme et choisissez l'option **Modifier des points.**

Réaliser un dessin à main levée

- Activez la diapositive sur laquelle vous souhaitez réaliser le dessin.
- Ouvrez la liste de l'outil **Trait** et cliquez sur l'outil **Dessin à main levée.**
- Réalisez un cliqué-glissé pour dessiner, comme avec un crayon.
- Relâchez le bouton de la souris lorsque le dessin est terminé.

Redessiner une forme

Lorsqu'une forme prédéfinie est sélectionnée, une poignée jaune en forme de losange, appelée poignée d'ajustement, apparaît (sauf pour les formes de la catégorie Trait et certaines autres formes comme un rectangle, une ellipse...). Cette poignée d'ajustement permet de modifier l'allure générale d'une forme automatique.

- Sélectionnez la forme à modifier.
- Placez le pointeur de la souris sur la poignée d'ajustement, puis, lorsque le pointeur de la souris prend la forme d'une croix fine, réalisez un cliqué-glissé dans la direction souhaitée.

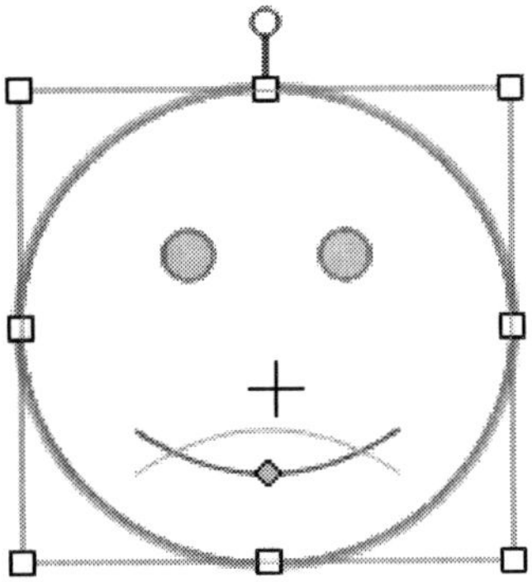

Remplacer une forme par une autre

- Sélectionnez la forme à remplacer.
- Dans le menu **Format**, pointez l'option **Modifier la forme**, choisissez la catégorie puis cliquez sur la forme de remplacement.

Dessiner une zone de texte

- Activez la diapositive sur laquelle vous souhaitez réaliser le dessin.
- Cliquez sur l'outil **Zone de texte** .
- Si vous connaissez la largeur que vous souhaitez accorder au texte, dessinez un cadre factice par la technique du cliqué-glissé ; si vous ignorez les dimensions de la zone de texte, cliquez à l'endroit où vous souhaitez commencer la saisie.

  Le point d'insertion clignote alors dans la zone de texte.

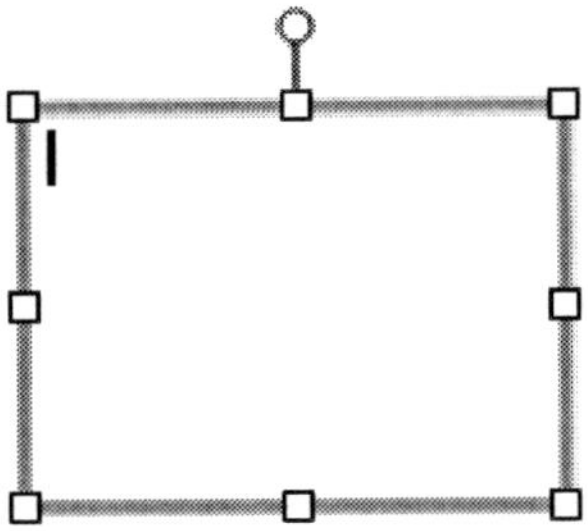

- Saisissez le texte voulu ; utilisez la touche pour passer à la ligne.

© Editions ENI - Toute reproduction interdite

- Validez en appuyant sur la touche [Echap] ou en cliquant à l'extérieur de la forme.

Insérer un objet WordArt

Un objet WordArt est un texte sur lequel il est possible d'appliquer des attributs de mise en valeur de texte (comme une zone de texte classique) mais qui se comporte comme un objet lorsque vous le redimensionnez : le texte s'ajuste à la dimension du cadre.

- Activez la diapositive sur laquelle vous souhaitez créer le texte WordArt.
- Dans le menu **Insertion**, cliquez sur l'option **WordArt.**

  Une zone de texte particulière s'affiche sur la diapositive.

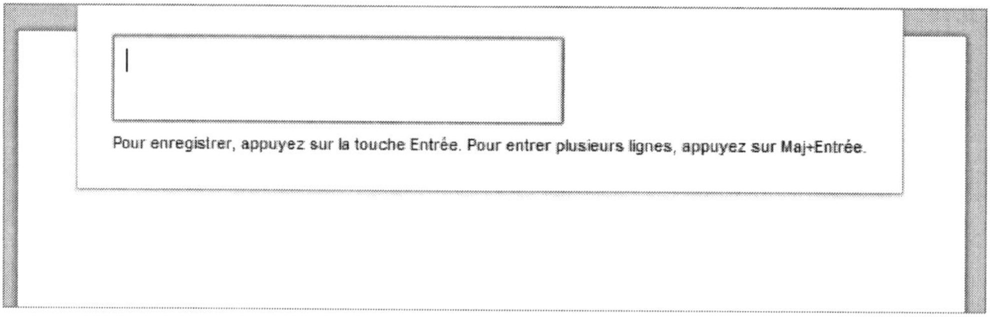

- Saisissez le texte ; utilisez les touches [⇧][↵] pour créer un saut de ligne.
- Appuyez sur la touche [↵] pour valider.

  L'objet WordArt s'affiche au centre de la diapositive.
- Si besoin, déplacez l'objet WordArt.
- Pour modifier la police ou la taille des caractères ou pour mettre en gras ou en italique l'objet WordArt, utilisez les outils correspondants dans la barre d'outils.
- Pour modifier la couleur des caractères et le contour, utilisez les outils **Couleur de remplissage** et **Couleur du trait** .
- Pour modifier le contenu (le texte) de l'objet WordArt, faites un double clic sur l'objet. Réalisez vos modifications puis appuyez sur la touche [↵].

Sélectionner des objets

- Avant de réaliser une sélection d'objet, vérifiez au préalable que l'outil **Sélectionner** est actif ; dans le cas contraire, cliquez sur l'outil ou appuyez sur la touche [Echap].

Sélectionner un objet

- Pour sélectionner un objet, pointez-le ; lorsque le pointeur de la souris apparaît sous la forme d'une flèche à quatre têtes, cliquez sur l'objet.
- Pour sélectionner une zone de texte ou un objet contenant du texte, cliquez dans la zone et appuyez sur la touche [Echap] ou cliquez sur la bordure qui s'affiche.

Sélectionner plusieurs objets

Pour sélectionner plusieurs objets, deux méthodes sont possibles :

- Réalisez un cliqué-glissé autour des objets à sélectionner (si un objet n'est pas entièrement inclus dans le cadre de sélection, il sera néanmoins sélectionné) ; pour que seuls les objets inclus dans le cadre de sélection soient sélectionnés, réalisez le cliqué-glissé tout en maintenant la touche [Alt] enfoncée.
- Cliquez sur le premier objet à sélectionner, maintenez la touche [⇧] et cliquez sur chaque autre objet à sélectionner.

Lorsque plusieurs objets sont sélectionnés, un cadre fictif commun englobe ces objets.

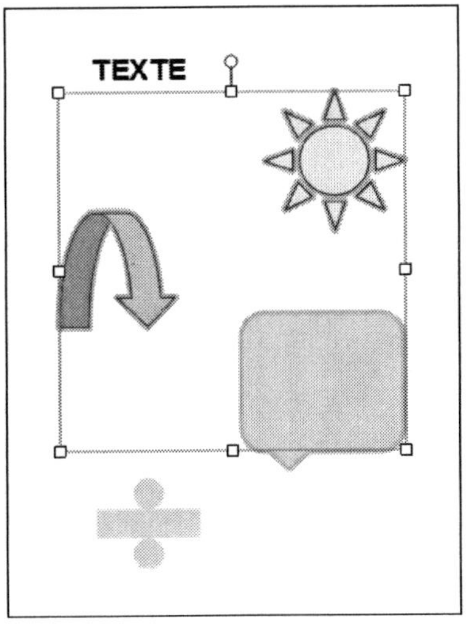

© Editions ENI - Toute reproduction interdite

- Pour sélectionner tous les objets de la diapositive, utilisez le raccourci-clavier [Ctrl] **A.**

Lorsqu'un objet est sélectionné, la touche [Tab] permet de sélectionner le suivant, tandis que le raccourci [Maj] [Tab] permet de sélectionner l'objet précédent.

Désélectionner des objets

- Pour désélectionner tous les objets sélectionnés, cliquez en dehors d'un objet ou appuyez sur la touche [Échap].
- Pour retirer de la sélection un des objets sélectionnés, maintenez la touche [Maj] et cliquez sur l'objet à désélectionner.

Supprimer des objets

- Sélectionnez le ou les objets à supprimer.
- Appuyez sur la touche [Suppr].

Déplacer des objets

À l'intérieur d'une diapositive

- Sélectionnez l'objet à déplacer.
- Pointez un des bords de l'objet puis, lorsque le pointeur prend la forme suivante ✥, faites glisser l'objet à l'emplacement voulu.
- Pour déplacer l'objet sur le même axe vertical ou horizontal, faites-le glisser tout en maintenant la touche [Maj] enfoncée.

Vous pouvez aussi utiliser les touches fléchées pour déplacer précisément un objet. Pour déplacer un objet par incrément de 1 pixel, maintenez la touche [Maj] enfoncée et utilisez les touches fléchées.

Lorsque vous déplacez un objet, des guides, symbolisés par une ligne horizontale ou verticale, apparaissent afin de vous permettre de positionner plus précisément l'objet selon la disposition des autres objets. Vous pouvez choisir que les objets soient alignés sur une grille virtuelle en sélectionnant l'option **Aligner sur - Grille** dans le menu **Affichage.**

Vers une autre diapositive

- Sélectionnez le ou les objets à déplacer.
- Utilisez le raccourci Ctrl **X.**

  La sélection est déplacée dans le Presse-papiers de Windows.
- Activez la diapositive dans laquelle vous voulez insérer le contenu du Presse-papiers.
- Utilisez le raccourci Ctrl **V.**

  Les objets sont collés au même emplacement que sur la diapositive d'origine.

Copier des objets

À l'intérieur d'une diapositive

- Sélectionnez l'objet à copier.
- Pointez un des bords de l'objet puis, lorsque le pointeur prend la forme suivante ✥, maintenez la touche Ctrl et faites glisser l'objet à l'emplacement voulu. Pour copier l'objet sur le même axe vertical ou horizontal, faites-le glisser tout en maintenant les touches Ctrl et ⇧ enfoncées.
- Lorsque le pointeur est positionné à l'endroit voulu, relâchez le bouton de la souris puis la ou les touches.

Vers une autre diapositive

- Sélectionnez le ou les objets à copier.
- Utilisez le raccourci Ctrl **C.**
- Activez la diapositive dans laquelle vous voulez insérer le contenu du Presse-papiers.
- Utilisez le raccourci Ctrl **V.**

Dupliquer un objet

- Sélectionnez le ou les objets à copier.
- Dans le menu **Édition**, sélectionnez l'option **Dupliquer** ou utiliser le raccourci Ctrl **D.**

  L'objet dupliqué apparaît légèrement décalé par rapport à l'objet d'origine.
- Si besoin, déplacez l'objet dupliqué.

© Editions ENI - Toute reproduction interdite

Dimensionner des objets

- Sélectionnez le ou les objets à dimensionner.
- Pointez l'une des poignées de la sélection et vérifiez que le pointeur de la souris se transforme en double flèche.
- Réalisez un cliqué-glissé dans la direction souhaitée.

Les poignées latérales modifient la largeur ou la hauteur. Les poignées d'angle modifient à la fois la largeur et la hauteur.

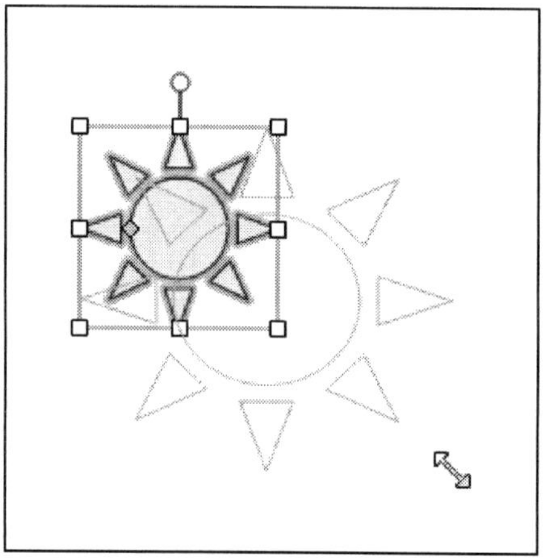

- Pour conserver les proportions de l'objet, faites glisser une des poignées d'angle en maintenant la touche [⇧] enfoncée.

Aligner et répartir des objets

Les techniques décrites permettent d'aligner ou de répartir des objets les uns par rapport aux autres ou par rapport à la diapositive.

Aligner des objets horizontalement ou verticalement

Cette manipulation permet d'aligner les objets sélectionnés sur un axe horizontal ou vertical.

- Sélectionnez les objets concernés.
- Ouvrez le menu **Réorganiser**, ou faites un clic droit sur la sélection, et pointez l'option **Aligner horizontalement** ou **Aligner verticalement**.

- Cliquez sur l'une des 3 options en fonction de l'alignement voulu.

Centrer des objets sur la diapositive

- Sélectionnez les objets à centrer sur la page.
- Ouvrez le menu **Réorganiser** et pointez l'option **Centrer sur la page.**
- Cliquez sur l'une des 2 options en fonction de l'alignement voulu :

Horizontalement	Les objets sont centrés en fonction des bords gauche et droit de la diapositive.
Verticalement	Les objets sont centrés en fonction des bords haut et bas de la diapositive.

Répartir des objets

Il s'agit d'uniformiser l'écart horizontal ou vertical entre les objets eux-mêmes ou entre les objets et les bords de la diapositive.

- Sélectionnez les objets concernés.

  La sélection doit comporter au minimum 3 objets.
- Ouvrez le menu **Réorganiser** et pointez l'option **Distribuer**. Selon la répartition à appliquer, sélectionnez l'option **Horizontalement** ou **Verticalement**.

Faire pivoter un objet

Réaliser une rotation à vue

- Sélectionnez l'objet concerné.
- Pointez le rond blanc situé en haut de l'objet (le pointeur de la souris prend la forme d'une croix fine) puis faites-le glisser pour faire pivoter l'élément.

© Editions ENI - Toute reproduction interdite

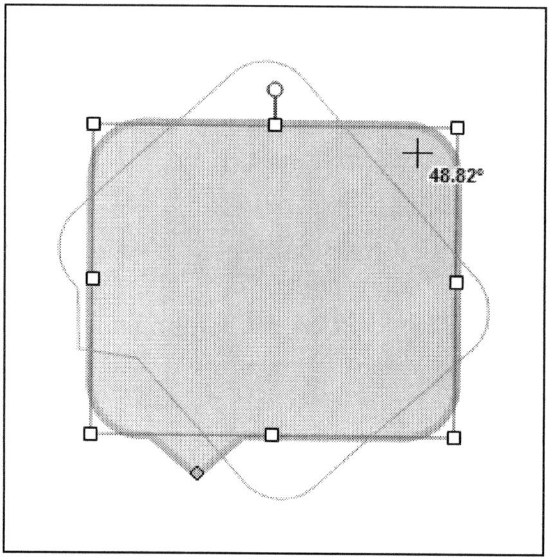

Modifier l'orientation d'un objet

- Sélectionnez l'objet concerné.
- Ouvrez le menu **Réorganiser** et pointez l'option **Faire pivoter.**
- Sélectionnez l'option voulue : **Faire pivoter à droite de 90°**, **Faire pivoter à gauche de 90°**, **Retourner à la verticale** ou **Retourner à l'horizontale.**

Modifier l'ordre de superposition des objets

- Sélectionnez l'objet concerné puis ouvrez le menu **Réorganiser** et pointez l'option **Organiser.**
- Pour placer l'objet devant tous les autres, cliquez sur **Mettre au premier plan.**
- Pour placer l'objet derrière tous les autres, cliquez sur **Mettre à l'arrière-plan.**
- Pour faire avancer l'objet d'une position dans l'ordre, cliquez sur **Déplacer vers l'avant.**
- Pour faire reculer l'objet d'une position dans l'ordre, cliquez sur **Déplacer vers l'arrière.**

Grouper/dissocier des objets

Grouper des objets permet de les déplacer, les dimensionner et les mettre en valeur en une seule manipulation. Il n'est pas possible de grouper des espaces réservés.

Grouper des objets

- Sélectionnez les objets à grouper.
- Dans le menu **Réorganiser**, cliquez sur l'option **Associer** ou utiliser le raccourci [Ctrl] **G.**

Modifier un des objets du groupe

Sans avoir à dissocier le groupe, vous pouvez modifier la mise en forme, la position ou les dimensions d'un des objets du groupe.

- Cliquez sur le groupe puis sur l'objet à modifier.
- Procédez aux modifications souhaitées.
- Cliquez ensuite en dehors du groupe ou appuyez sur la touche [Echap].

Dissocier les objets d'un groupe

- Cliquez sur le groupe à dissocier.
- Dans le menu **Réorganiser**, cliquez sur l'option **Dissocier** ou faites [Ctrl] [⇧] **G.**

Regrouper les objets d'un groupe dissocié

- Sélectionnez un des objets du groupe dissocié.
- Dans le menu **Réorganiser**, cliquez sur l'option **Regrouper**.

Ces différentes options sont également accessibles depuis le menu contextuel (clic droit).

Modifier le remplissage d'un objet

- Sélectionnez le ou les objets concernés.
- Cliquez sur l'outil **Couleur de remplissage**  .

© Editions ENI - Toute reproduction interdite

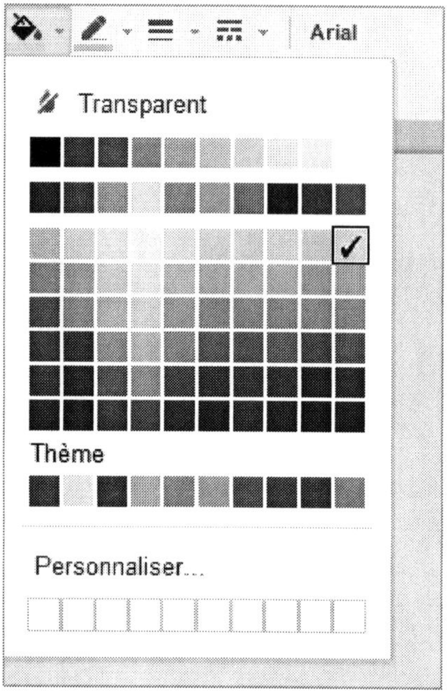

- Pour remplir l'objet avec une couleur existante, cliquez sur une pastille parmi les couleurs de la palette ou celles du thème.
- Pour créer une couleur de fond, cliquez sur l'option **Personnaliser** puis, dans la fenêtre qui s'affiche, saisissez, si vous la connaissez, la valeur hexadécimale de la couleur ou cliquez sur la couleur à choisir et, si besoin, utilisez les curseurs des deux réglettes pour modifier sa variation. Cliquez sur le bouton **OK**.

  *Les couleurs personnalisées s'affichent ensuite dans la partie inférieure de la liste de l'outil **Couleur de remplissage*** .

Pour retirer la couleur de remplissage, choisissez l'option **Transparent** dans la liste de l'outil **Couleur de remplissage** .

Modifier la bordure d'un objet

- Sélectionnez le ou les objets concernés.
- Pour modifier la couleur de la bordure, cliquez sur l'outil **Couleur du trait**  puis sur une des pastilles de couleur.
- Pour modifier l'épaisseur du trait de la bordure, ouvrez le menu **Format**, pointez l'option **Épaisseur du trait** puis cliquez sur l'épaisseur à appliquer.
- Pour modifier le style du trait : dans le menu **Format**, pointez l'option **Tirets** puis cliquez sur le style à appliquer.

Pour supprimer le contour d'un objet, choisissez l'option **Transparent** dans la liste de l'outil **Couleur du trait** .

Copier le format d'un objet

- Sélectionnez l'objet dont la mise en forme doit être copiée.
- Cliquez sur l'outil **Appliquer le format** .
- Cliquez sur l'objet concerné par la reproduction du format.

Importer des diapositives

Il s'agit d'importer une ou plusieurs diapositives provenant d'une autre présentation dans la présentation active.

- Sélectionnez la diapositive après laquelle les diapositives importées seront insérées.
- Dans le menu **Fichier**, cliquez sur l'option **Importer des diapositives**.

  La liste des ***Présentations*** *présentes dans la liste des documents Google est affichée.*
- Si la présentation contenant les diapositives à importer est visible dans la liste, cochez-la et cliquez sur le bouton **Sélectionner**.

  Si les diapositives à importer se trouvent dans un fichier situé sur votre poste de travail, cliquez sur **Importer** dans le volet gauche.

© Editions ENI - Toute reproduction interdite

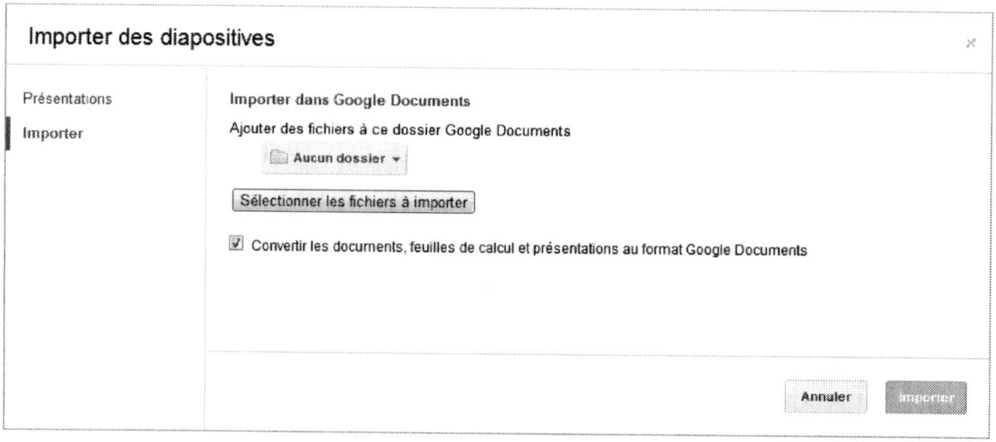

Cliquez sur le bouton **Sélectionner les fichiers à importer**. Accédez au dossier de stockage du fichier et faites un double clic sur son nom.

Après importation, le fichier sera enregistré dans vos documents Google : sélectionnez, si besoin, la collection dans laquelle il doit être enregistré dans la liste **Ajouter des fichiers à ce dossier Google Documents**. Laissez cochée l'option **Convertir les documents, feuilles de calcul et présentations au format Google Documents** si vous souhaitez que le fichier soit converti. Cliquez ensuite sur le bouton **Importer**.

La progression de l'importation s'affiche dans la partie inférieure de la fenêtre.

Les diapositives de la présentation choisie s'affichent.

Cliquez sur chacune des diapositives à importer ou, pour sélectionner toutes les diapositives, cliquez sur le lien **Tout**.

*Le lien **Aucun** permet de désélectionner toutes les diapositives. Lorsqu'une diapositive est sélectionnée, elle apparaît encadrée d'une bordure bleue et le numéro de la diapositive est sur fond de couleur. Le nombre de diapositives sélectionnées est visible dans la partie inférieure de la fenêtre.*

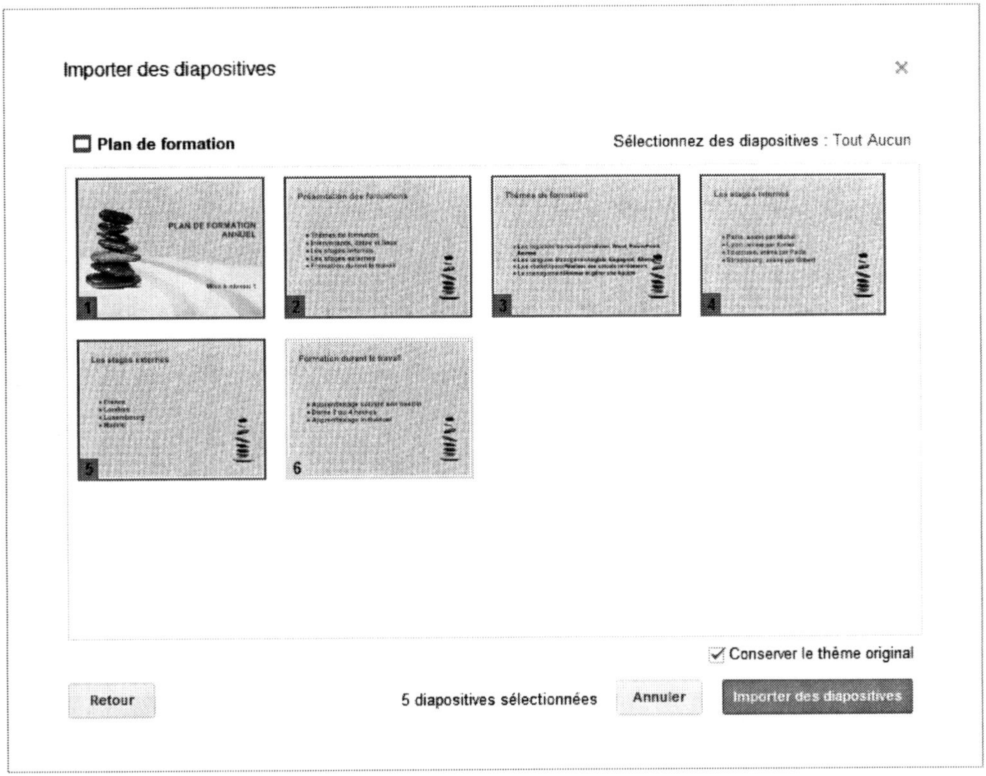

- Si vous souhaitez insérer les diapositives avec leur thème d'origine, laissez cochée l'option **Conserver le thème original.** Dans le cas contraire, les diapositives s'adapteront au thème de la présentation active.
- Cliquez sur le bouton **Importer des diapositives.**

  Les diapositives importées s'insèrent à la suite de la diapositive qui était sélectionnée dans la présentation.

© Editions ENI - Toute reproduction interdite

Insérer un lien hypertexte

Dans une présentation, un lien hypertexte permet de créer un renvoi vers une page d'un site Web, vers une autre diapositive de la présentation ou vers une adresse de messagerie. Ces liens peuvent ensuite être utilisés dans la présentation ou lors du diaporama.

Les liens peuvent être ajoutés à tout type d'objets : une zone de texte ou un texte contenu dans une zone de texte ou une forme ; une image ou une forme. Il n'est par contre pas possible d'en insérer sur des objets groupés.

- Sélectionnez l'élément sur lequel le lien hypertexte doit être inséré.
- Dans le menu **Insertion**, sélectionnez l'option **Lien** ou cliquez sur l'outil **Insérer un lien**  ou utilisez le raccourci-clavier Ctrl **K.**

  *Si vous avez sélectionné un texte, celui-ci est repris dans la zone **Texte à afficher**. Vous pouvez modifier ce texte mais sachez que la modification sera répercutée sur le texte sélectionné dans la diapositive.*

Créer un lien vers une autre diapositive

- Dans le cadre **Lien vers**, sélectionnez **Diapositive.**
- Si le lien hypertexte doit permettre d'accéder à la première diapositive de la présentation, à la dernière, à la diapositive suivante ou précédente, activez l'option correspondante.

  Pour choisir une autre diapositive, activez l'option **Diapositive spécifique.**

  La liste des diapositives de la présentation est affichée. Les diapositives sont identifiées par leur numéro d'ordre et le titre qui a été renseigné dans la zone réservée au titre.

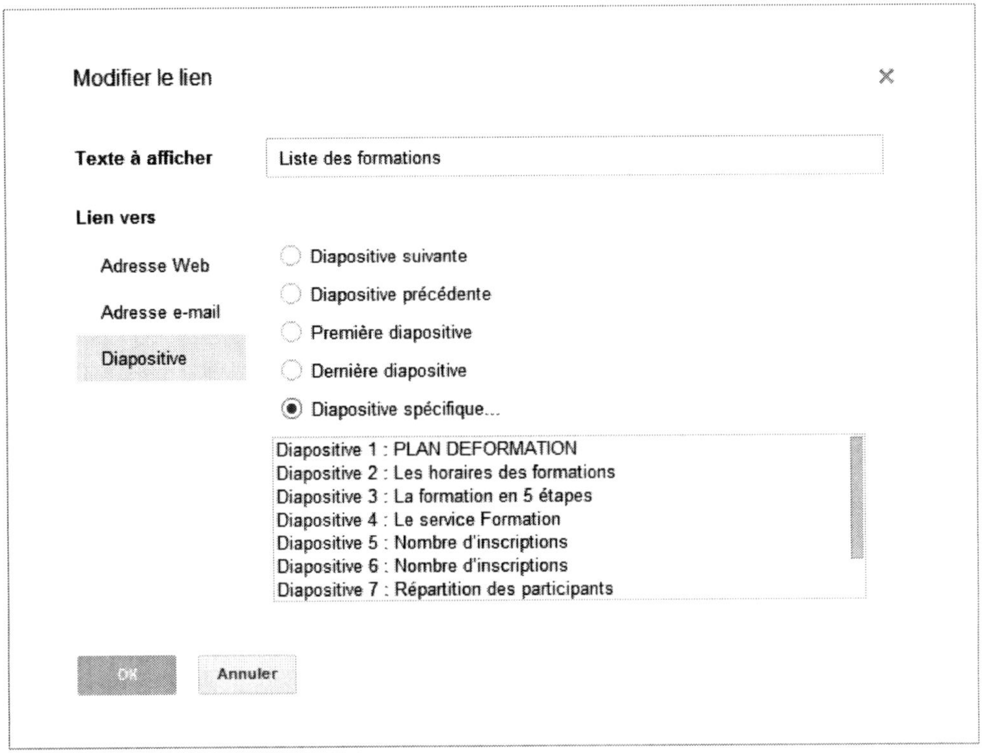

Sélectionnez la diapositive qui doit être atteinte via le lien hypertexte.

- Cliquez sur le bouton **OK**.

Créer un lien vers une page Web

- Dans le cadre **Lien vers**, sélectionnez, si besoin, **Adresse Web** et renseignez l'adresse **URL du lien** dans la zone correspondante.
- Cliquez sur le bouton **OK**.

Créer un lien vers une adresse de messagerie

- Dans le cadre **Lien vers**, sélectionnez **Adresse e-mail** et renseignez l'**Adresse e-mail** du lien dans la zone correspondante.
- Cliquez sur le bouton **OK**.

Utiliser/modifier un lien hypertexte

Si le lien a été ajouté à un texte, celui-ci apparaît souligné et en bleu. Lors du diaporama, le pointeur de la souris prend la forme d'une main lorsqu'il est positionné sur un objet auquel un lien a été ajouté.

- Cliquez sur l'objet du lien hypertexte.

L'adresse du lien apparaît sous le texte. Sur cet exemple, il s'agit d'un lien vers une page d'un site Internet.

- Pour activer un lien hypertexte, cliquez sur le lien.

Si le lien est associé à une diapositive, la diapositive est alors atteinte ; si le lien est associé à un site Web, la page du site s'affiche dans votre navigateur ; si le lien est associé à une adresse de messagerie, la fenêtre d'un nouveau message s'ouvre dans votre logiciel de messagerie et il contient l'adresse de messagerie renseignée.

- Pour modifier un lien hypertexte, cliquez sur le lien hypertexte puis sur le lien **Modifier**. Réalisez les modifications souhaitées puis cliquez sur **OK**.

- Pour supprimer un lien hypertexte, cliquez sur le lien hypertexte puis sur le lien **Supprimer**.

Insérer une image/photo

- Affichez la diapositive dans laquelle l'image doit apparaître.
- Dans le menu **Insertion**, sélectionnez l'option **Image** ou cliquez sur l'outil **Image** .

Depuis un fichier image

*Utilisez cette technique si le fichier image est situé sur votre ordinateur. Les formats autorisés étant les fichiers **.png**, **.jpg** et **.gif** et leur taille ne doit pas excéder 2 Mo.*

- Dans le volet gauche de la fenêtre **Insérer une image**, cliquez, si besoin, sur **Importer** si l'image est située sur votre poste ou sur une autre option selon sa provenance (cf. chapitre Document Texte - Insérer une image/photo).
- Sélectionnez l'image puis validez.

L'image apparaît dans la diapositive.

Modifier les dimensions d'une image

- Cliquez sur l'image à modifier pour la sélectionner.
- Pour modifier la taille d'une image, faites glisser ses poignées de coin afin de ne pas la déformer.

Vous pouvez également utiliser les mêmes techniques que pour les formes afin de déplacer, copier ou modifier l'orientation de l'image.

Pour effectuer des retouches sur une image, utilisez Picasa puis importez-la dans votre liste de documents ou dans un de vos albums Web avant de l'insérer dans une diapositive.

Insérer un clip vidéo

Cette procédure vous permet d'insérer dans une diapositive un clip vidéo provenant de YouTube. Pour ajouter vos propres vidéos, il vous faut disposer d'un compte YouTube et importer, au préalable, la vidéo à utiliser dans votre compte YouTube. Les clips vidéos ainsi importés pourront ensuite être lus directement dans la diapositive ou lors du diaporama de la présentation.

- Affichez la diapositive dans laquelle la vidéo doit être ajoutée.
- Dans le menu **Insertion**, cliquez sur l'option **Vidéo**.

© Editions ENI - Toute reproduction interdite

- Pour rechercher une vidéo sur le site YouTube, cliquez, si besoin, sur **Recherche de vidéos** dans le volet gauche de la fenêtre.

  Saisissez les mots clés de la vidéo recherchée dans la zone de recherche puis appuyez sur la touche ou cliquez sur l'outil .

  La liste des vidéos trouvées s'affiche.

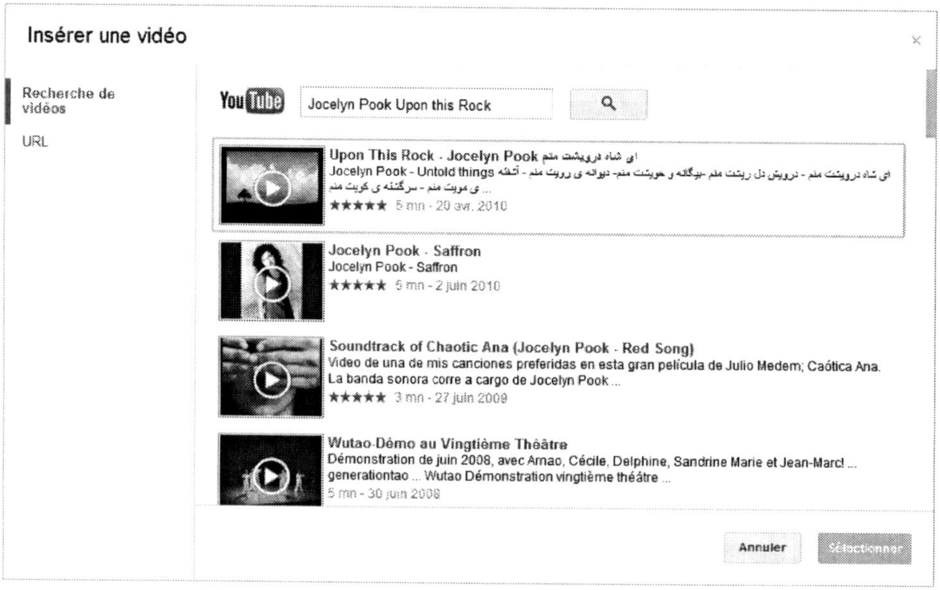

  Pour visualiser une vidéo, cliquez sur sa vignette.

  Le clip se lance. Vous pouvez ainsi visualiser les vidéos proposées avant d'effectuer votre choix.

  Cliquez, si besoin, sur l'intitulé de la vidéo puis sur le bouton **Sélectionner** pour l'ajouter à la diapositive.

- Pour importer une vidéo depuis une adresse URL du site YouTube, sélectionnez **URL** dans le volet gauche et collez le lien dans la zone **Collez l'URL YouTube ici.**

  La vidéo apparaît dans la fenêtre.

  Cliquez sur le bouton **Sélectionner** pour l'ajouter à la diapositive.

  Vous pouvez ensuite déplacer le cadre de la vidéo en le faisant glisser et modifier sa taille en faisant glisser ses poignées de coins ou latérales.

Insérer un tableau

- Affichez la diapositive dans laquelle le tableau doit être inséré.
- Dans le menu **Tableau**, pointez l'option **Insérer un tableau** ou, dans le menu **Insertion**, pointez l'option **Tableau**.
- Pointez la première cellule puis, sans cliquer, faites glisser la souris sur la dernière cellule du tableau en fonction du nombre de lignes ou de colonnes souhaité.

  Sur cet exemple, un tableau de 7 colonnes et 3 lignes va être inséré.

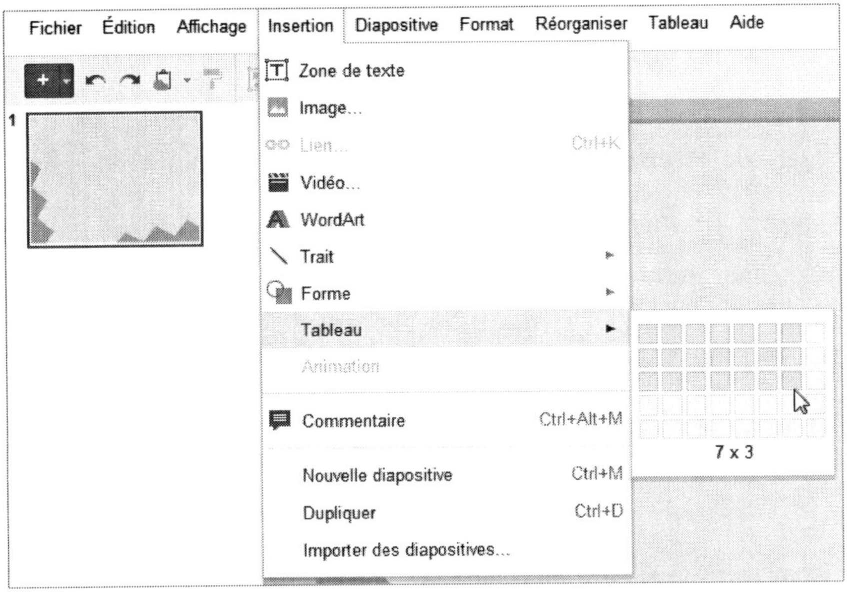

- Cliquez sur la dernière cellule du tableau pour insérer le tableau dans la diapositive.
- Complétez ensuite le tableau. Saisissez le texte de la première cellule puis accédez à la cellule suivante en utilisant la touche ⇆. Cliquez ensuite à l'extérieur du tableau.
- Pour sélectionner un tableau, cliquez dans une des cellules du tableau puis sur une de ses bordures.
- Pour déplacer un tableau, pointez une de ses bordures et faites-le glisser à l'emplacement voulu.

© Editions ENI - Toute reproduction interdite

- Pour redimensionner un tableau, sélectionnez-le puis pointez un des symboles situés sur les bordures latérales ou de coin et, lorsque le pointeur de la souris prend la forme d'une double flèche, réalisez un cliqué-glissé.
- Pour supprimer un tableau, sélectionnez-le puis appuyez sur la touche [Suppr].
- Pour mettre en valeur le contenu des cellules, procédez comme pour n'importe quel texte.
- Pour ajouter, modifier ou supprimer des cellules du tableau, utilisez les commandes du menu **Tableau**.

Insérer des commentaires

Créer des commentaires

Cette technique vous permet d'annoter des éléments d'une diapositive en associant des commentaires à un texte, une forme ou une image. Les commentaires sont surtout utilisés dans une présentation qui est mise à disposition de plusieurs utilisateurs.

- Sélectionnez l'élément (texte, image ou forme) sur lequel doit porter le commentaire ou, si le commentaire concerne la diapositive, affichez-la sans sélectionner d'objets.
- Dans le menu **Insertion**, sélectionnez l'option **Commentaire** ou utilisez le raccourci-clavier [Ctrl] [Alt] **M.**

  *Vous pouvez également faire un clic droit sur la sélection et choisir l'option **Commentaire**.*

  La zone du commentaire, accompagnée du nom de l'auteur, est visible à droite de la diapositive.
- Saisissez le texte du commentaire dans la zone.
- Si le commentaire est destiné à une personne en particulier, saisissez, à la suite du texte de votre commentaire, le signe **+**.

  La liste des contacts apparaît dans une fenêtre contextuelle.

  Cliquez sur le nom de la personne à laquelle est destiné ce commentaire.

  La personne sera prévenue par e-mail à condition que vous ayez partagé ce document avec cette personne.
- Cliquez ensuite sur le bouton **Commenter** pour valider.

Si, dans la présentation, des commentaires ont été créés par plusieurs utilisateurs, les zones de commentaire vous informent du nom de l'auteur, la date et l'heure de ces commentaires. Lorsque vous cliquez sur une zone de commentaire, l'objet associé à celui-ci apparaît encadré d'une bordure jaune.

Le nombre de commentaires est visible dans le volet des Diapositives sous le numéro des diapositives commentées.

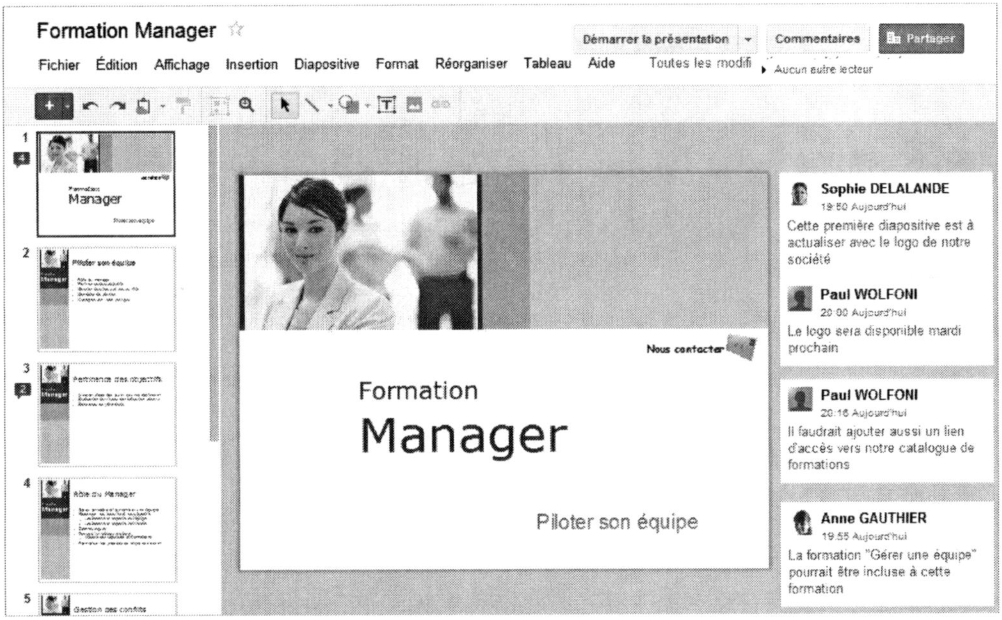

Afficher tous les commentaires d'une présentation

Cliquez sur le bouton **Commentaires** (visible à droite de la barre de titre du document).

La liste de toutes les personnes ayant ajouté des commentaires sur la présentation est affichée. Le texte sur lequel porte le commentaire ainsi que le commentaire sont visibles. La première zone de saisie, ***Add a comment****, permet d'associer un commentaire général à la présentation. Le lien* ***Commenter*** *permet de répondre à un commentaire précis. La réponse sera alors visible par tous les collaborateurs de ce document. Le lien* ***Fermer la discussion*** *permet de clôturer le commentaire et ainsi de le masquer du document.*

© Editions ENI - Toute reproduction interdite

- Lorsque la consultation des flux de commentaires est terminée, cliquez à nouveau sur le bouton **Commentaires** pour fermer la liste.

Répondre à un commentaire

- Cliquez sur la zone du commentaire concerné.
- Saisissez le texte de votre réponse puis cliquez sur le bouton **Répondre.**

  Un message sera automatiquement envoyé à l'auteur du commentaire.

Supprimer un commentaire

Vous pouvez supprimer uniquement les commentaires que vous avez ajoutés. La suppression d'un commentaire supprime également les réponses associées.

- Cliquez dans la zone du commentaire à supprimer puis sur le lien **Supprimer.**
- Cliquez sur le bouton **Supprimer** du message de confirmation qui s'affiche.

Fermer un commentaire

*Lorsqu'un commentaire est fermé, celui-ci n'apparaît plus dans la marge droite de la diapositive. Il sera néanmoins visible dans la liste **Commentaires**.*

- Cliquez dans la zone du commentaire concerné puis sur **Fermer la discussion.**
- Pour ouvrir à nouveau une discussion, cliquez sur le bouton **Commentaires** et sur le lien **Rouvrir** du commentaire à réactiver.

Comme pour un document, vous pouvez paramétrer les notifications pour être averti par e-mail des commentaires et réponses données à une présentation en choisissant l'option **Paramètres de notification** du bouton **Commentaires**.

Modifier l'arrière-plan des diapositives

Cette procédure vous permet de modifier la couleur d'arrière-plan d'une ou de plusieurs diapositives ou d'ajouter une image de fond.

- Si besoin, sélectionnez la ou les diapositives sur lesquelles la couleur ou l'image choisie sera appliquée ; pour appliquer une couleur ou une image à toutes les diapositives de la présentation, aucune sélection préalable n'est nécessaire.
- Dans le menu **Diapositive**, choisissez l'option **Arrière-plan**.

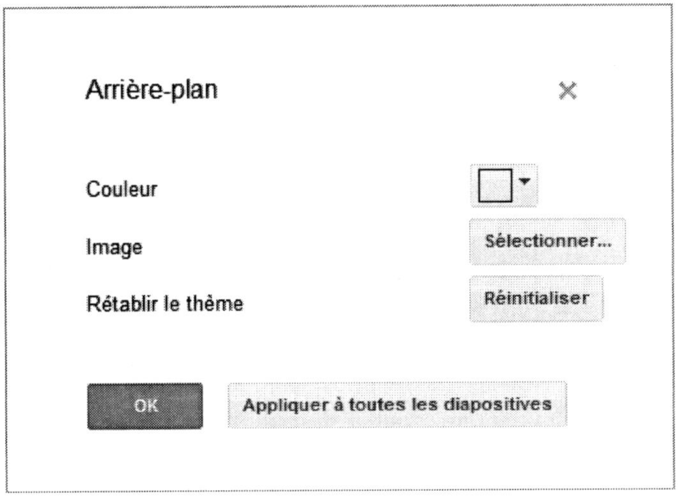

© Editions ENI - Toute reproduction interdite

- Pour appliquer une **Couleur**, ouvrez la liste correspondante et cliquez sur la pastille de couleur voulue ou, pour choisir une autre couleur, choisissez l'option **Personnaliser.**

  *L'option **Transparent** permet de retirer la couleur d'arrière-plan.*

- Pour choisir une image d'arrière-plan, cliquez sur le bouton **Sélectionner.** Dans le volet gauche de la fenêtre qui s'affiche, sélectionnez la provenance de votre image puis recherchez-la. Sélectionnez ensuite l'image et cliquez sur le bouton **Sélectionner.**

  Pour plus de détails concernant la recherche d'images, reportez-vous au chapitre Document Texte - Insérer une image/photo.

- Si la couleur ou l'image doit être ajoutée uniquement aux diapositives préalablement sélectionnées, cliquez sur le bouton **OK** ; si elle doit s'appliquer à l'ensemble des diapositives de la présentation, cliquez sur le bouton **Appliquer à toutes les diapositives** puis cliquez sur le bouton **OK.**

- Pour rétablir l'arrière-plan d'origine, sélectionnez, si besoin, les diapositives sur lesquelles l'arrière-plan doit être rétabli ; si vous souhaitez rétablir l'arrière-plan sur toutes les diapositives, aucune sélection n'est nécessaire.

  Dans le menu **Diapositive**, choisissez l'option **Arrière-plan** puis cliquez sur le bouton **Réinitialiser** à la suite de l'option **Rétablir le thème.** Cliquez ensuite sur **OK** pour réinitialiser les diapositives sélectionnées ou cliquez sur le bouton **Appliquer à toutes les diapositives** puis cliquez sur le bouton **OK** si toutes les diapositives de la présentation sont concernées.

Configurer l'impression et imprimer

Avant de lancer l'impression de votre présentation, il vous faut lancer l'aperçu avant impression afin de choisir le nombre de diapositives à imprimer par page, ou de choisir d'imprimer les diapositives avec leurs notes et avec les éléments d'arrière-plan comme la couleur ou l'image.

- Dans le menu **Fichier**, sélectionnez l'option **Aperçu avant impression.**

  Une barre de commandes, spécifique à l'aperçu avant impression, est visible dans la partie supérieure de la fenêtre. Le volet des Diapositives affiche les diapositives présentes dans la présentation et la diapositive sélectionnée est visible dans le volet principal.

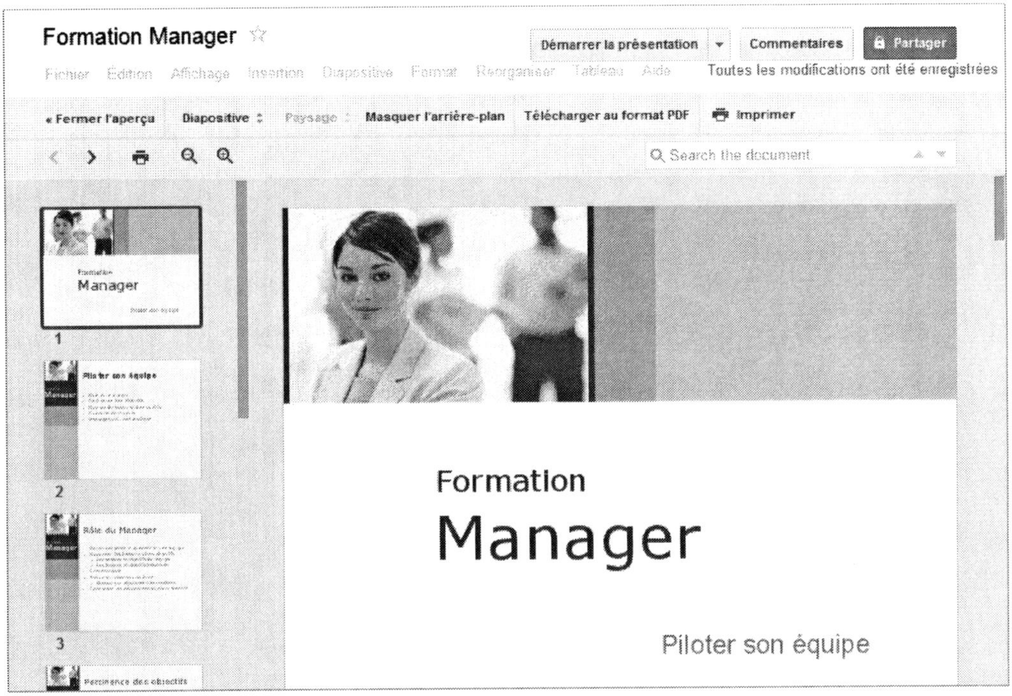

- Pour faire défiler les diapositives, utilisez les outils < > ou cliquez sur la vignette de la diapositive à afficher dans le volet des Diapositives.
- Pour réduire le zoom d'affichage, cliquez à plusieurs reprises sur l'outil ; pour l'agrandir, cliquez successivement sur l'outil .
- Pour choisir le nombre de diapositives à imprimer par page ou pour imprimer les diapositives avec leurs notes, ouvrez la liste **Diapositive** et sélectionnez l'option souhaitée.

© Editions ENI - Toute reproduction interdite

Sur cet exemple, 6 diapositives seront imprimées sur une seule page.

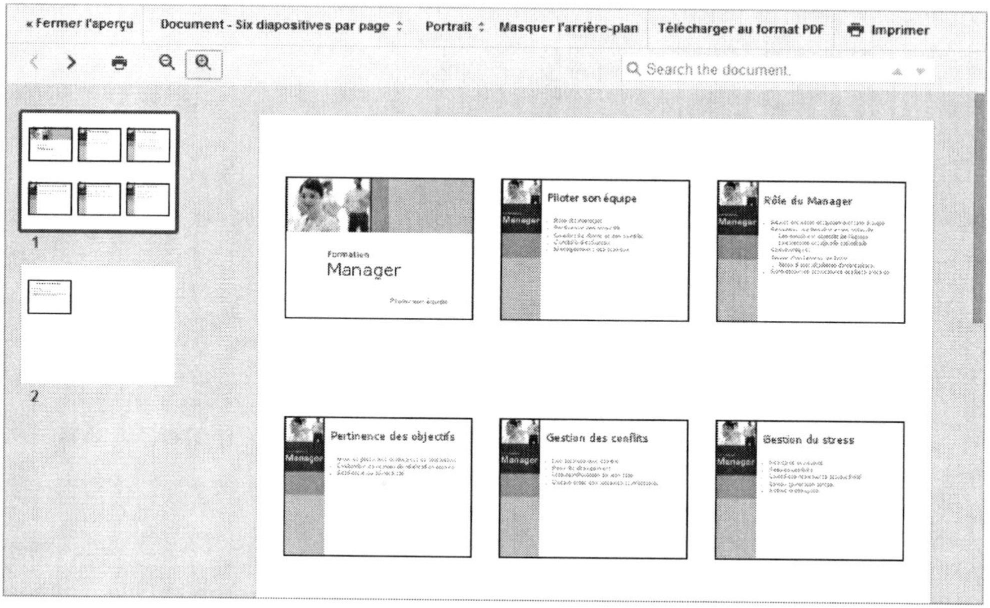

- Dans la liste suivante, choisissez l'orientation des pages : **Portrait** ou **Paysage**.
- Pour ne pas imprimer la couleur ou l'image qui a été ajoutée en arrière-plan des diapositives, cliquez sur le bouton **Masquer l'arrière-plan**.
- Pour lancer l'impression, cliquez sur le bouton **Imprimer**.

*Le bouton **Fermer l'aperçu** permet de revenir à la présentation sans lancer l'impression ; dans ce cas, pour imprimer la présentation avec les paramètres préalablement définis dans l'aperçu, il vous faudra afficher à nouveau l'aperçu avant impression puis cliquer sur le bouton **Imprimer**.*

*Le bouton **Télécharger au format PDF** permet d'enregistrer la présentation avec les paramètres choisis au format PDF.*

*La fenêtre **Imprimer** s'affiche. Le nombre de pages imprimées est visible dans le volet gauche de cette fenêtre. Vous pouvez fermer cette fenêtre pour revenir dans la fenêtre de l'aperçu.*

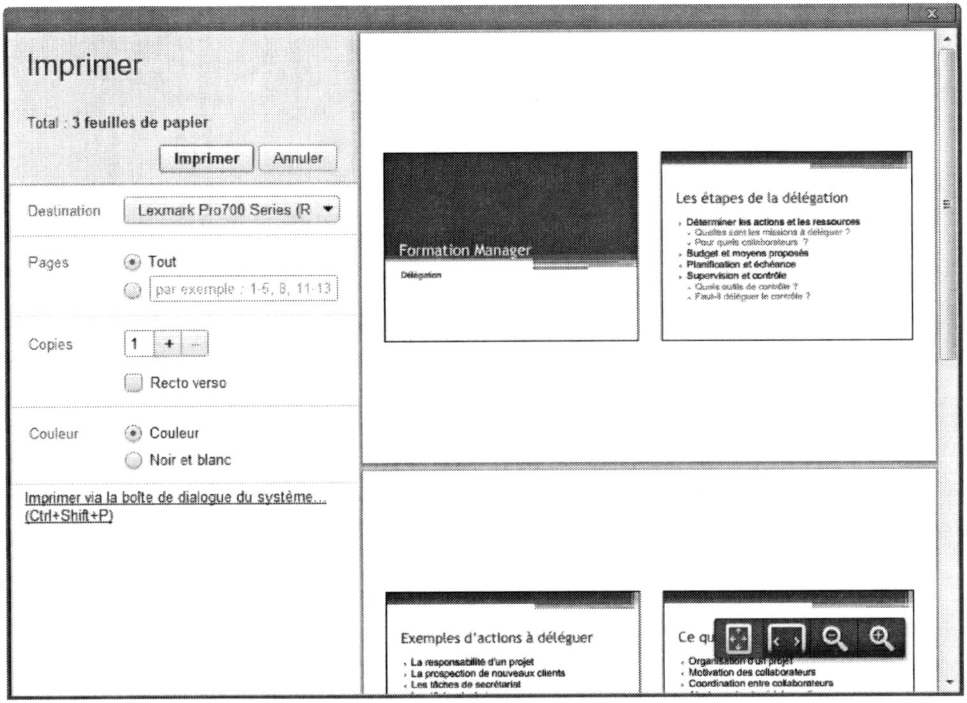

- Modifiez, si besoin, les paramètres d'impression dans le volet gauche puis cliquez sur le bouton **Imprimer**.
- Cliquez ensuite sur le bouton **Fermer l'aperçu** pour revenir à la présentation.

L'option **Imprimer** du menu **Fichier**, ou le raccourci Ctrl **P**, permet d'afficher la fenêtre **Imprimer**. Les paramètres définis dans l'aperçu avant impression ne sont pas conservés lorsque vous utilisez cette option.

Convertir une diapositive en image

- Affichez la diapositive à enregistrer en tant qu'image.
- Dans le menu **Fichier**, pointez l'option **Télécharger au format** puis, selon le format du fichier image, cliquez sur **PNG** ou **JPEG**.

© Editions ENI - Toute reproduction interdite

*Si vous utilisez Google Chrome, le fichier est automatiquement enregistré dans le dossier **Téléchargement** de Windows. Vous pouvez ouvrir la liste du bouton qui porte le nom du fichier (visible dans la partie inférieure de la fenêtre) et choisir l'option **Ouvrir** ou **Afficher dans le dossier** si vous le souhaitez.*

- Si vous utilisez Internet Explorer, ouvrez la liste du bouton **Enregistrer** qui apparaît dans la barre d'informations (en bas de la fenêtre) et sélectionnez l'option **Enregistrer sous.** Sélectionnez le dossier d'enregistrement du fichier et cliquez sur le bouton **Enregistrer**.

Convertir au format PDF ou PPTX

- Dans le menu **Fichier**, pointez l'option **Télécharger au format** puis cliquez sur le format souhaité.

  *Si vous utilisez Google Chrome, le fichier est automatiquement enregistré dans le dossier **Téléchargement** de Windows. Vous pouvez ouvrir la liste du bouton qui porte le nom du fichier (visible dans la partie inférieure de la fenêtre) et choisir l'option **Ouvrir** ou **Afficher dans le dossier** si vous le souhaitez.*

- Si vous utilisez Internet Explorer, ouvrez la liste du bouton **Enregistrer** qui apparaît dans la barre d'informations (en bas de la fenêtre) et sélectionnez l'option **Enregistrer sous.** Sélectionnez le dossier d'enregistrement du fichier et cliquez sur le bouton **Enregistrer**.

Animer une diapositive/un objet

Les effets d'animation sont des effets visuels qui prennent effet pendant le diaporama. Lorsqu'ils sont appliqués à une diapositive, il s'agit d'effets de transition qui seront visibles lors de l'apparition de la diapositive ; appliqués à des objets, les effets d'animation permettent de déterminer l'action que fera l'objet lorsqu'il devra s'afficher sur la diapositive.

Choisir un effet de transition

- Affichez la diapositive sur laquelle l'effet de transition devra s'appliquer.
- Dans le menu **Diapositive**, choisissez l'option **Modifier la transition.**

  *Vous pouvez aussi faire un clic droit sur un endroit vide de la diapositive et choisir l'option **Modifier la transition.***

*Le volet **Animations** s'affiche à droite de la fenêtre. Ce volet permet à la fois de choisir les effets de transition entre diapositives et les effets d'animation sur les objets d'une diapositive.*

*L'indication située dans la partie supérieure du volet reprend l'effet de transition appliqué à la diapositive. Sur cet exemple, **Aucune transition** n'a encore été appliquée.*

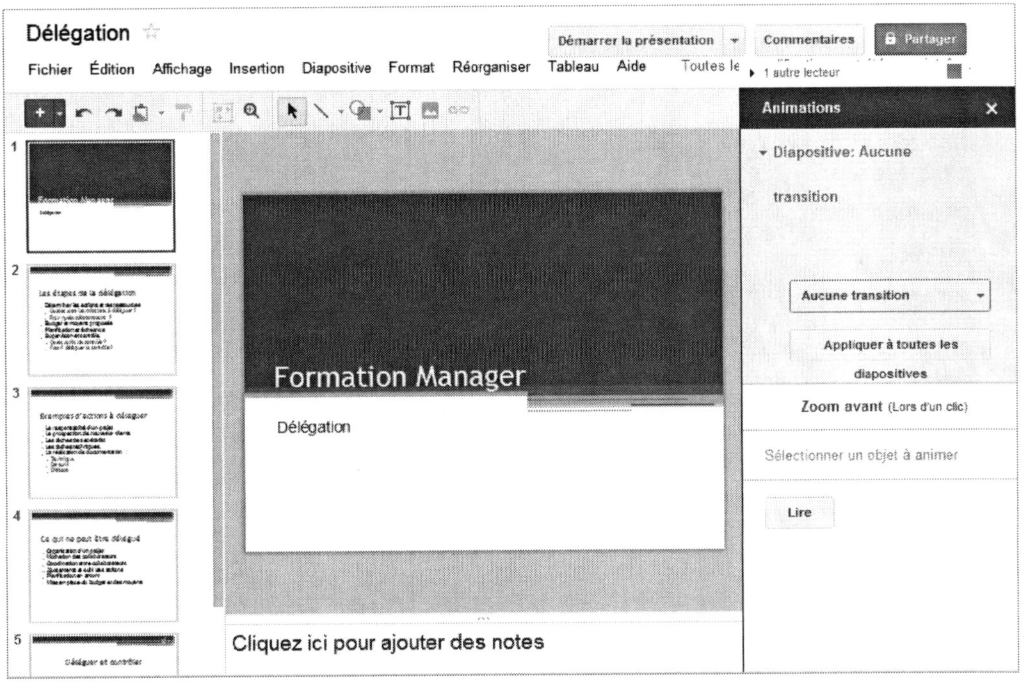

- Ouvrez la liste **Transition** et sélectionnez un des effets proposés.
- Faites glisser le curseur, situé sous la liste, pour choisir la vitesse de l'effet.
- Pour appliquer cet effet à toutes les diapositives de la présentation, cliquez sur le bouton **Appliquer à toutes les diapositives.**
- Pour visualiser l'effet choisi, cliquez sur le bouton **Lire** ; pour l'interrompre, cliquez sur le bouton **Arrêter**.
- Appliquez ainsi les effets de transition aux autres diapositives de la présentation.

© Editions ENI - Toute reproduction interdite

Ajouter un effet d'animation à un objet

- Sélectionnez l'objet à animer puis cliquez sur le lien **Ajouter une animation** dans le volet **Animations.**

  Si le volet **Animations** n'est pas affiché, faites un clic droit sur l'objet et sélectionnez l'option **Animer.**

- Dans la première liste de l'effet, choisissez l'animation à appliquer.
- Dans la deuxième liste, choisissez **Lors du clic** si l'effet doit être déclenché lorsque vous cliquerez sur la diapositive ; choisissez **Après l'animation précédente** si son affichage doit être automatique et effectué juste après l'animation précédente ; choisissez l'option **En même temps que l'animation précédente** si son affichage doit être simultané avec l'objet qui sera animé précédemment.

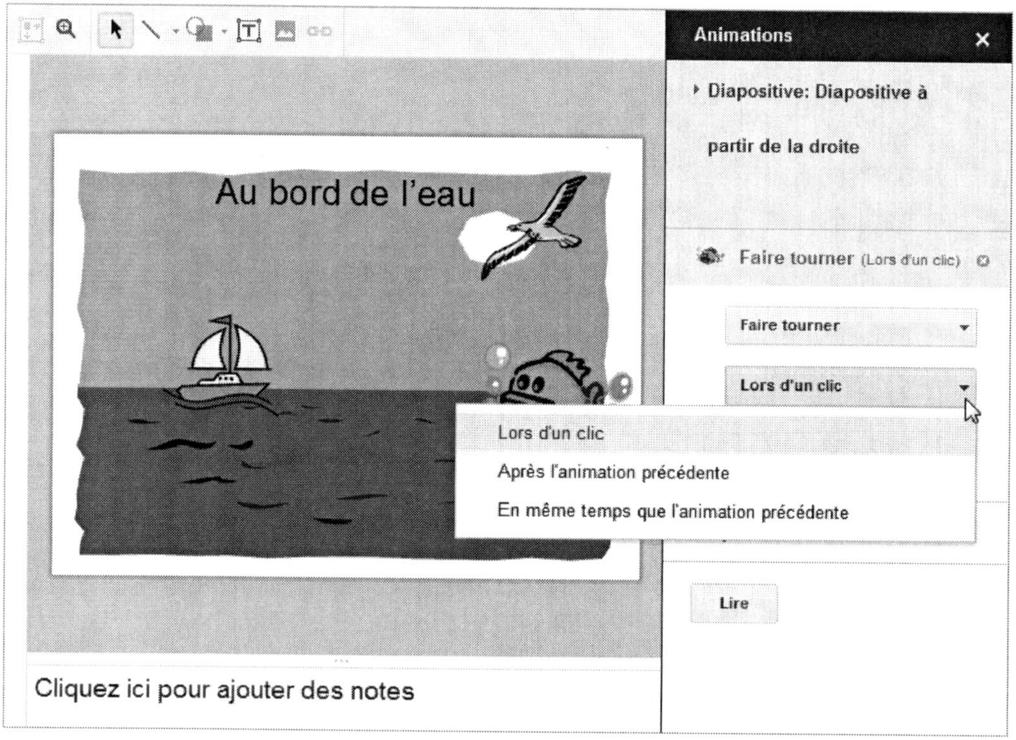

- Faites ensuite glisser le curseur pour déterminer la vitesse de l'effet d'animation.

- Si vous avez sélectionné un texte, vous pouvez cocher l'option **Paragraphe par paragraphe** si les paragraphes de texte doivent s'afficher les uns après les autres.
- Appliquez ainsi tous les effets d'animation souhaités sur les objets de la diapositive.
- Pour visualiser tous les effets choisis, cliquez sur le bouton **Lire** ; pour l'interrompre, cliquez sur le bouton **Arrêter**.

Lancer le diaporama

- Cliquez sur le bouton **Démarrer la présentation** (au-dessus de la barre des menus).

  Le diaporama se lance dans une nouvelle fenêtre. Une barre d'outils spécifique au mode Diaporama apparaît en bas, à gauche.

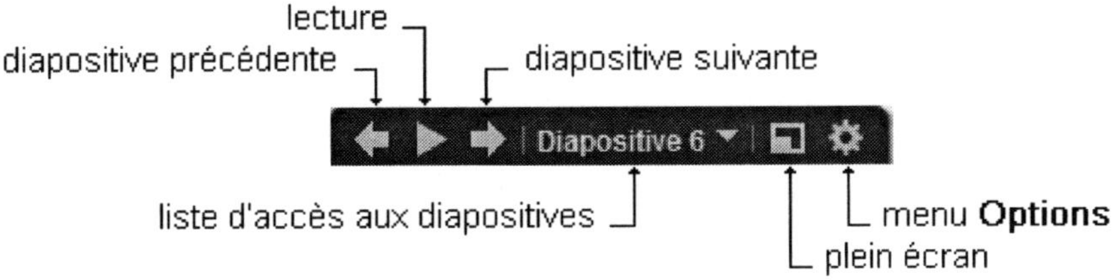

- Pour lancer la lecture du diaporama, cliquez sur l'outil **Lire** .
- Pour mettre en **Pause**, cliquez sur le bouton correspondant .
- Si les effets d'animation ne sont pas automatisés (option **Au clic**), cliquez sur la diapositive pour les faire apparaître.
- Pour faire défiler les diapositives, utilisez les touches fléchées du clavier ou les outils de la barre d'outils.
- Pour afficher une diapositive précise, ouvrez la liste des diapositives et cliquez sur celle à afficher.
- Pour afficher les commentaires du présentateur, choisissez l'option **Ouvrir les commentaires du présentateur** dans la liste de l'outil  ou appuyez sur la touche **S**.

© Editions ENI - Toute reproduction interdite

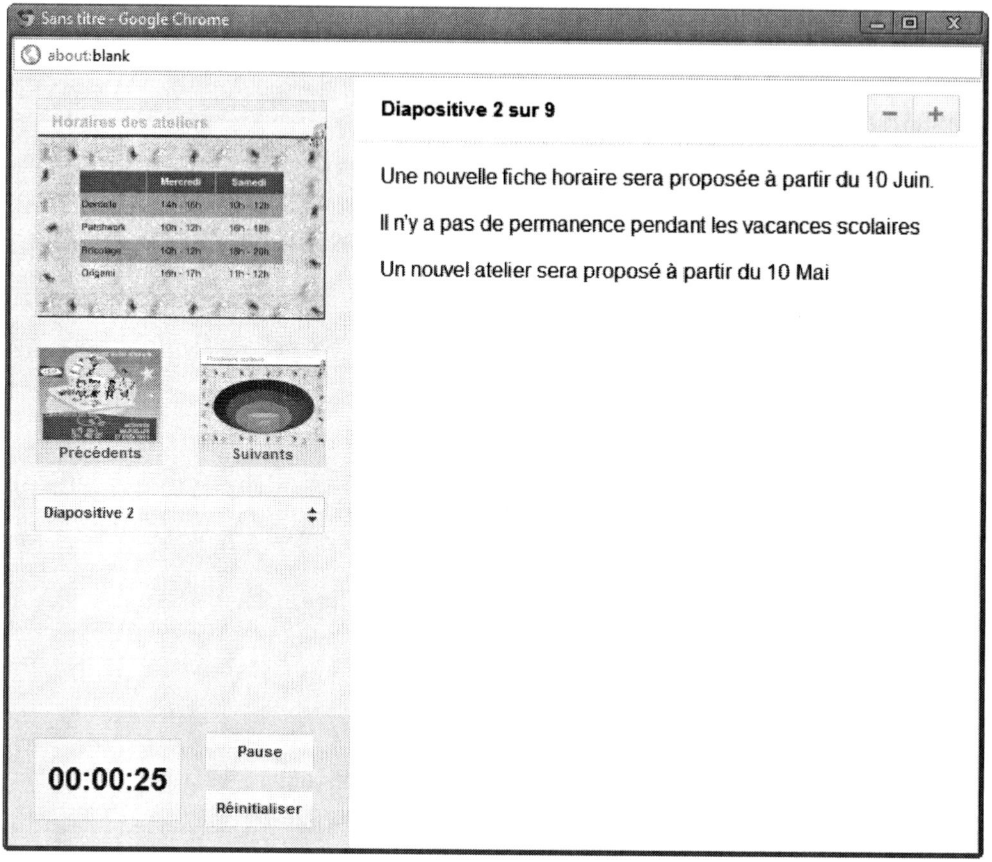

Refermez ensuite la fenêtre pour revenir au diaporama.

Pour mettre fin au diaporama, appuyez sur la touche Echap.

Pour lancer le diaporama en affichant les commentaires, ouvrez la liste du bouton **Démarrer la présentation** et sélectionnez l'option **Commencer par les commentaires du présentateur**.

Introduction

Cette partie est consacrée aux administrateurs chargés de configurer l'infrastructure de Google Apps du domaine.

Les outils destinés aux administrateurs sont accessibles depuis le panneau de configuration. Il sera possible via ce tableau de bord de gérer :

- Les paramètres du domaine.
- Les utilisateurs et groupes d'utilisateurs.
- Les applications.
- Les autorisations d'accès.
- Les abonnements...

Selon l'abonnement souscrit, certaines fonctionnalités ne seront pas toutes disponibles ; c'est principalement le cas pour l'édition Standard.

Description du panneau de configuration

Pour accéder à votre espace d'administration, vous pouvez cliquer sur le lien transmis par Google Apps lors de la souscription à votre abonnement ou saisir l'adresse suivante dans votre navigateur :

www.google.com/a/*nom du domaine*

Par exemple : www.google.com/a/les-editions-eni.fr

© Editions ENI - Toute reproduction interdite

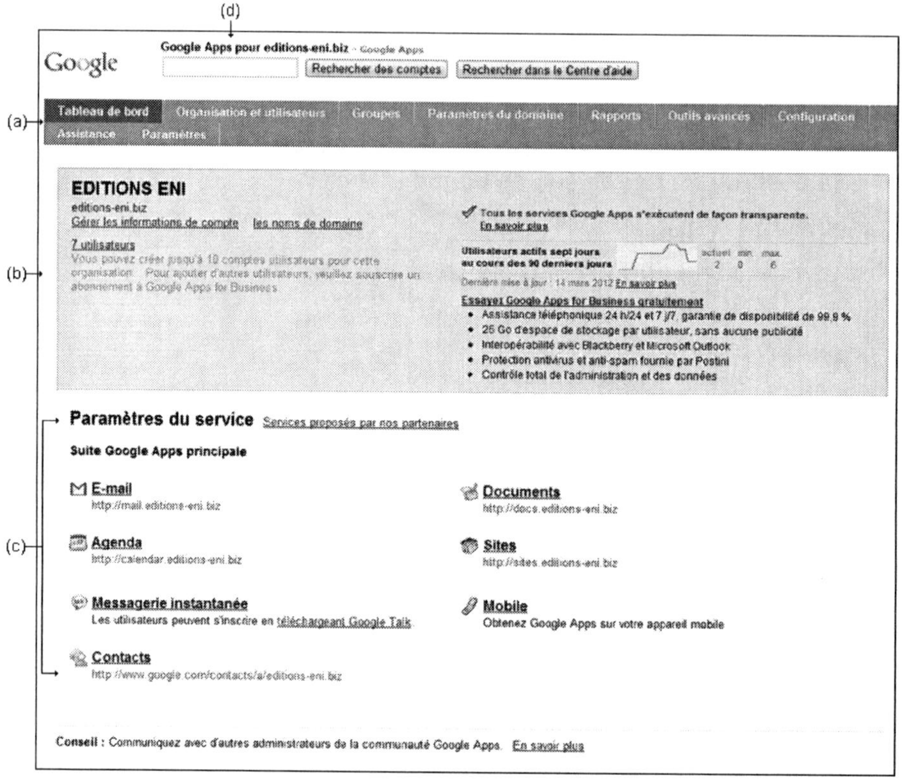

La **barre de navigation** (a) : donne accès, via des onglets, aux paramètres et réglages du panneau de configuration. La page **Tableau de bord** est automatiquement affichée lorsque vous vous connectez au panneau de configuration. Le **Tableau de bord** représente la page d'accueil de l'espace d'administration

Le **volet d'informations** (b) : renseigne sur le nombre de comptes utilisateurs du domaine et du taux d'activités au cours des derniers jours. Depuis cette page, des liens donnent directement accès au paramétrage du domaine, à l'abonnement et à la gestion des utilisateurs.

Les **Paramètres du service** (c) : listent toutes les applications qui sont activées dans votre domaine Google Apps. Depuis cet espace, vous pouvez accéder directement aux paramétrages des différentes applications et services.

La **zone de recherche** (d) : permet de rechercher des comptes d'utilisateur (bouton **Rechercher des comptes**) ou des rubriques d'aide (bouton **Rechercher dans le Centre d'aide**).

Pour des raisons de sécurité, Google vous déconnecte lorsqu'aucune activité n'a été détectée pendant un laps de temps. Il faudra alors vous identifier à nouveau pour vous reconnecter.

Modifier les paramètres du domaine

Il s'agit de modifier les paramètres généraux du domaine comme le nom de votre organisation, l'adresse de messagerie de l'administrateur, la langue et le fuseau horaire ainsi que l'automatisation des ajouts de nouvelles fonctionnalités.

Dans le panneau de configuration, cliquez sur l'onglet **Paramètres du domaine** puis, si besoin, sur l'onglet **Général.**

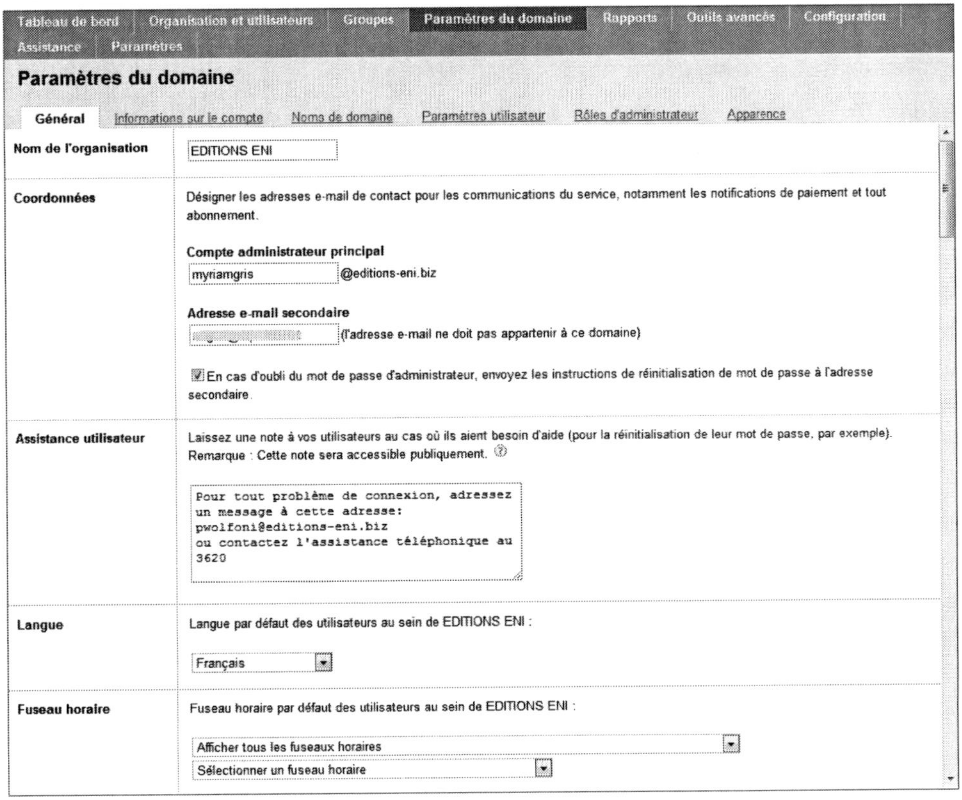

© Editions ENI - Toute reproduction interdite

- Pour modifier le nom de votre organisation, saisissez-le dans la zone **Nom de l'organisation** ; ce nom apparaît dans certaines pages auxquelles se connectent vos utilisateurs.
- Dans la zone de saisie **Compte administrateur principal**, modifiez, si besoin, l'adresse de l'administrateur général du domaine Google Apps ; dans la zone **Adresse e-mail secondaire**, modifiez éventuellement l'adresse à laquelle Google enverra des messages de notifications relatives à votre abonnement ainsi que celles des mots de passe réinitialisés si l'option **En cas d'oubli du mot de passe d'administrateur, envoyez les instructions de réinitialisation de mot de passe à l'adresse secondaire.**
- Dans la zone de saisie de la section **Assistance utilisateur**, saisissez un message qui apparaîtra lorsqu'un utilisateur rencontrera un problème de connexion ou un oubli de son mot de passe.
- Dans les sections correspondantes, modifiez éventuellement la **Langue** et le **Fuseau horaire** utilisés par les utilisateurs.

  Chaque utilisateur pourra ensuite modifier la langue et le fuseau horaire si ces paramètres ne sont pas adéquats.
- Cochez l'option **Activer SSL** pour utiliser le protocole SSL (*Secure Socket Layer*) et ainsi mieux sécuriser le transfert de données sur Internet.
- Dans la section **Nouvelles fonctionnalités utilisateur**, choisissez leur fréquence de mises à jour : **Lancement rapide** pour les ajouter dès leur sortie ou **Lancement planifié** pour un ajout différé d'une quinzaine de jours environ.
- Dans la section **Nouveaux services**, choisissez si leur intégration doit être **Automatique** ou si l'administrateur devra les activer (option **Manuel**).
- Dans la section **Nouvelles fonctionnalités du panneau de configuration de l'administrateur**, choisissez l'option **Lancement de la nouvelle génération (en anglais américain uniquement)** pour ajouter les nouvelles fonctionnalités dès leur sortie ou activez l'option **Version actuelle (en plusieurs langues)** pour les obtenir dans une langue autre que l'anglais et plusieurs jours ou semaines après leur sortie.
- Dans la section **Actualités, commentaires et promotions**, cochez l'option :

  Recevoir par e-mail des notifications ponctuelles relatives aux nouveaux services ou aux nouvelles fonctionnalités : pour être informé régulièrement des nouvelles mises à jours.

  Vous pouvez me contacter au sujet de ce produit pour me demander mon avis : pour participer à une enquête de satisfaction des produits de Google.

- Pour **Se désabonner de tous les e-mails commerciaux et non transactionnels**, cliquez sur le lien correspondant ; vous ne recevrez donc plus les notifications relatives aux mises à jour des fonctionnalités et services et aux enquêtes.
- Pour valider les modifications effectuées, cliquez sur le bouton **Enregistrer les modifications.**

Ajouter le logo de votre organisation

Sur chacune des pages de Google Apps, le logo de Google apparaît dans la partie supérieure gauche ; vous pouvez remplacer ce logo par le vôtre et modifier la couleur des champs de connexion lorsque les utilisateurs se connectent à leur compte Google Apps.

- Dans le panneau de configuration, cliquez sur l'onglet **Paramètres du domaine** puis sur l'onglet **Apparence.**

© Editions ENI - Toute reproduction interdite

- Activez l'option **Logo personnalisé** puis cliquez sur le bouton **Choisissez un fichier.**
- Accédez au dossier d'enregistrement du fichier image (uniquement les fichiers aux formats PNG ou GIF) et double cliquez sur son nom.
- Cliquez sur le bouton **Transférer.**
- Pour modifier la couleur des champs de la fenêtre de connexion des utilisateurs, activez l'option correspondant à la couleur souhaitée dans la section **Couleur du champ de connexion.**

  Vous pouvez également saisir la valeur hexadécimale de la couleur à appliquer à la ***Bordure*** *et à l'****Arrière-plan*** *dans les zones correspondantes.*
- Cliquez sur le bouton **Enregistrer les modifications.**

Modifier l'abonnement

Si vous utilisez l'édition Standard de Google Apps, pour bénéficier de toutes les fonctionnalités relatives à la gestion d'une organisation de plus de 10 salariés, vous pouvez basculer sur l'abonnement Google Apps for Business. Un essai de 30 jours vous sera proposé avant l'achat de cet abonnement.

- Sur la page **Tableau de bord** du panneau de configuration, cliquez sur le lien **Gérer les informations de compte** ou cliquez sur l'onglet **Paramètres du domaine** puis sur l'onglet **Informations sur le compte.**
- Cliquez sur le lien **Passer à Google Apps for Business.**
- Complétez le formulaire qui s'affiche puis cliquez sur le bouton **J'accepte. Mettre mon compte à niveau.**

  Avant le terme de la période d'évaluation de 30 jours, Google vous enverra un e-mail afin que vous procédiez à l'achat de l'abonnement.

  Si vous utilisez la version Google Apps for Business, vous pouvez gérer votre abonnement ou consultez le temps restant de la période d'évaluation via l'onglet ***Abonnements et facturation*** *dans les* ***Paramètres du domaine*** *du panneau de configuration.*

Modifier les paramètres des services

La gestion des paramètres des applications et des services vous permet de modifier leur adresse URL d'accès, les droits d'accès ou de les désinstaller.

- Dans le panneau de configuration, cliquez sur l'onglet **Paramètres.**

- Selon le service à paramétrer, sélectionnez son nom dans le menu gauche.
- Réalisez les modifications souhaitées.

Sur cet exemple, il s'agit des paramètres de Google ***Documents****.*

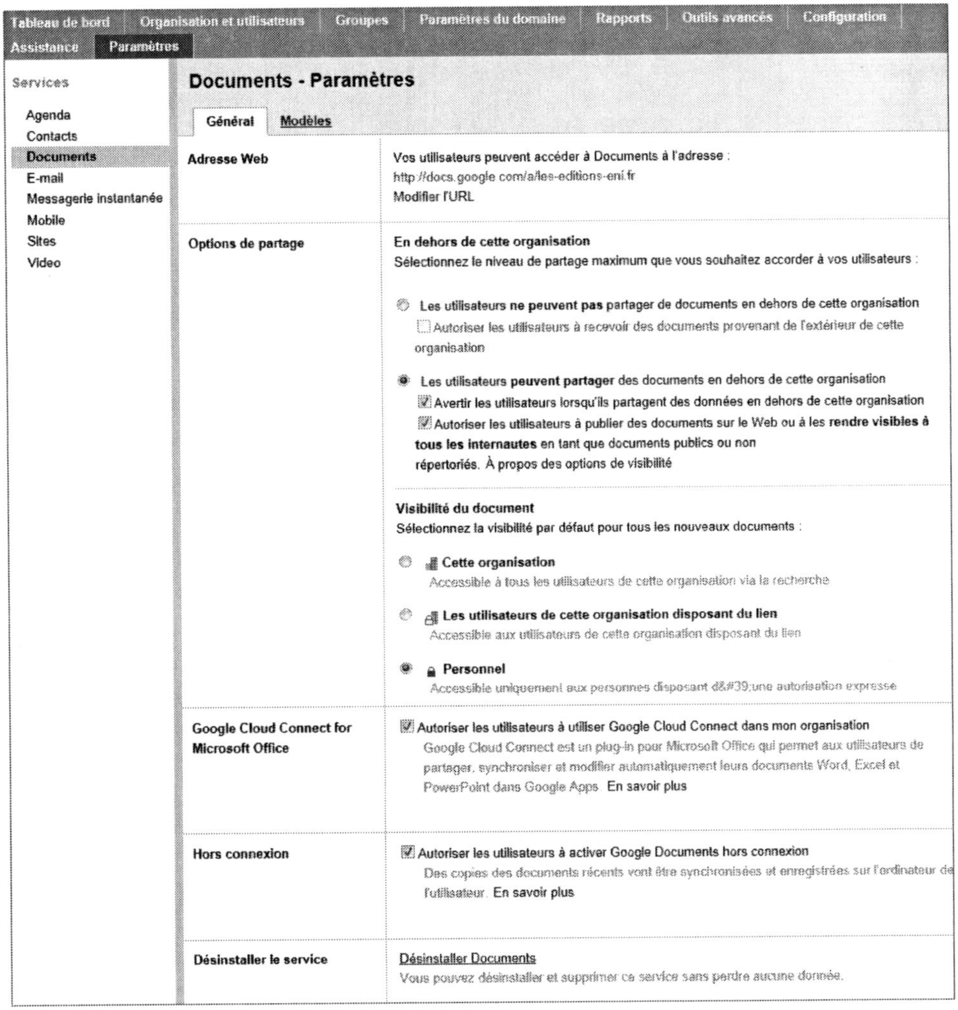

Vous pouvez utiliser le lien ***Modifier l'URL*** *pour modifier l'adresse URL d'accès qu'utilisent les utilisateurs pour accéder à la liste de leurs documents.*

© Editions ENI - Toute reproduction interdite

*La section **Options de partage** permet de définir les autorisations de partage et de visibilité qui s'appliqueront automatiquement à tout nouveau document créé par les utilisateurs, par défaut, les documents sont en accès privé (option **Personnel**) et accessible uniquement par son propriétaire.*

*Dans la section **Hors connexion**, vous pouvez autoriser ou non l'accès Hors connexion aux documents ; cette version, à l'heure où nous rédigeons ce manuel est encore en version Bêta.*

*Le lien **Désinstaller Documents** désactive l'utilisation de Google Documents par les utilisateurs du domaine.*

- Une fois les modifications effectuées, cliquez sur le bouton **Enregistrer les modifications.**

Assistance et aide en ligne

Une rubrique spécialement dédiée à l'assistance des administrateurs de Google Apps est disponible pour vous aider dans le déploiement ou la résolution des problèmes rencontrés.

- Pour accéder aux informations relatives à l'assistance : dans le panneau de configuration, cliquez sur l'onglet **Assistance.**

Sur cet exemple, il s'agit du panneau d'assistance de l'abonnement Standard. Vous avez accès à l'aide en ligne et la possibilité de contacter l'équipe technique de Google.

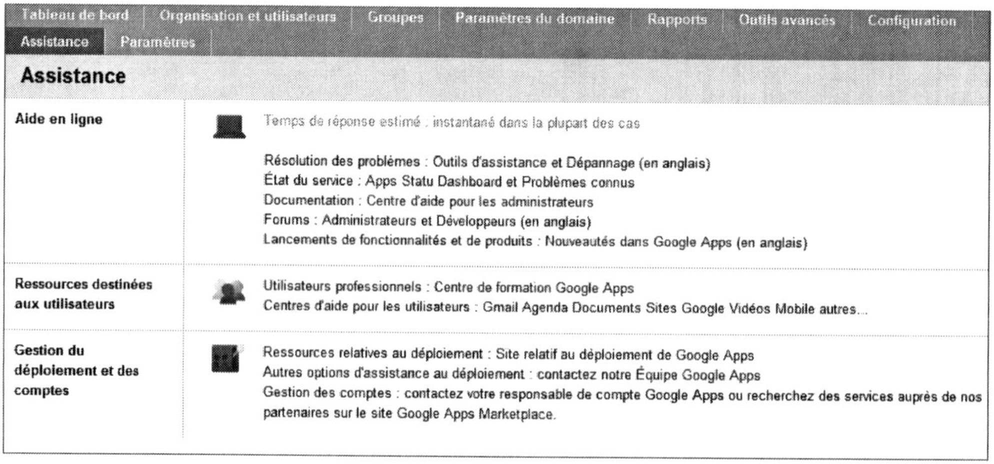

L'édition Google Apps for Business offre, quant à elle, plus de services. Vous disposez de numéros de téléphone pour contacter l'équipe technique par exemple.

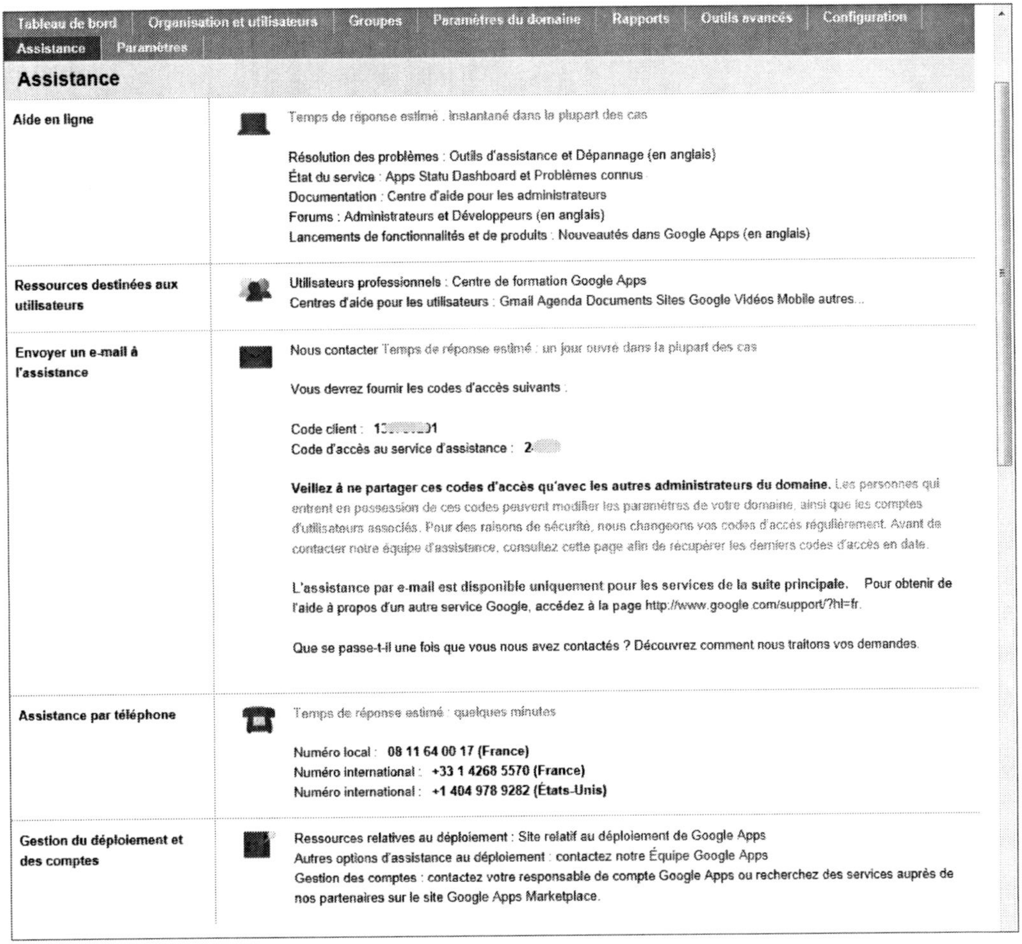

© Editions ENI - Toute reproduction interdite

Afficher les rapports d'activités des services

Les rapports d'activités des services Google Apps sont représentés graphiquement afin de faciliter leur lecture et analyse. Vous avez également accès aux rapports d'intervention des administrateurs.

Dans le panneau de configuration, cliquez sur l'onglet **Rapports** et, si besoin, sur l'onglet **Graphiques d'utilisation.**

*Les 3 premiers graphiques proposés concernent l'**Utilisation totale de la messagerie**, l'**Utilisation moyenne de la messagerie** et l'**Activité de la messagerie**.*

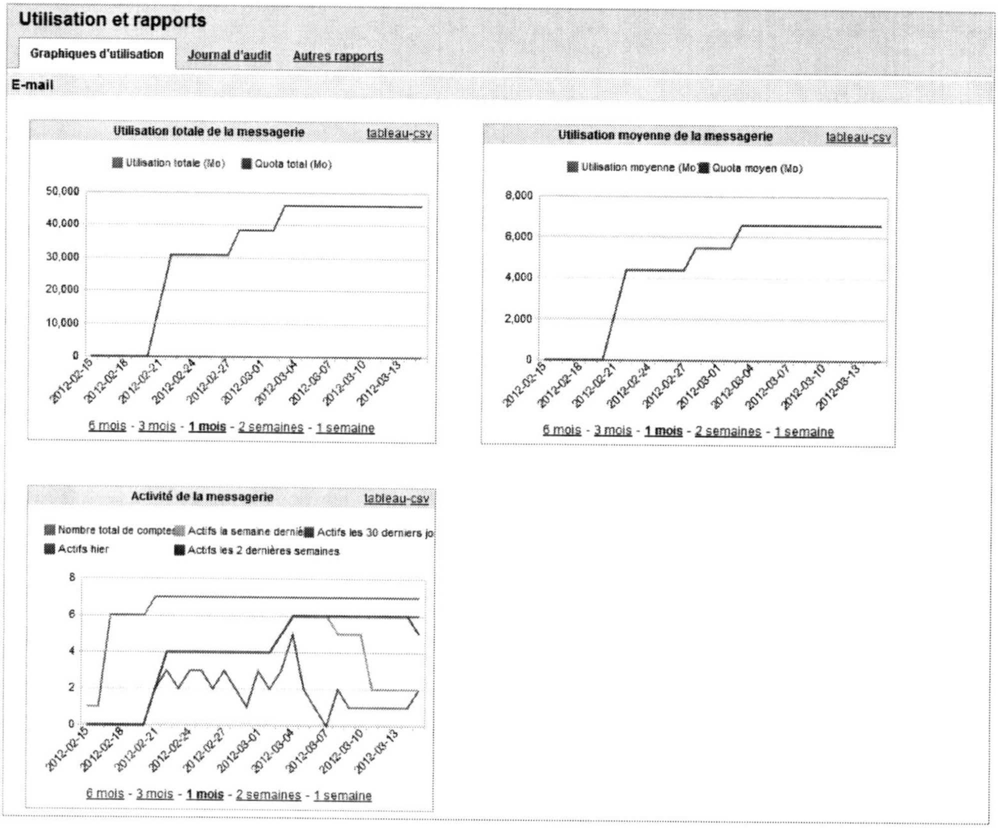

*Les graphiques de la section **Connexions** vous informent du nombre d'accès sur une journée, sur 7 jours et sur 30 jours.*

*La section **Documents** proposent 9 graphiques.*

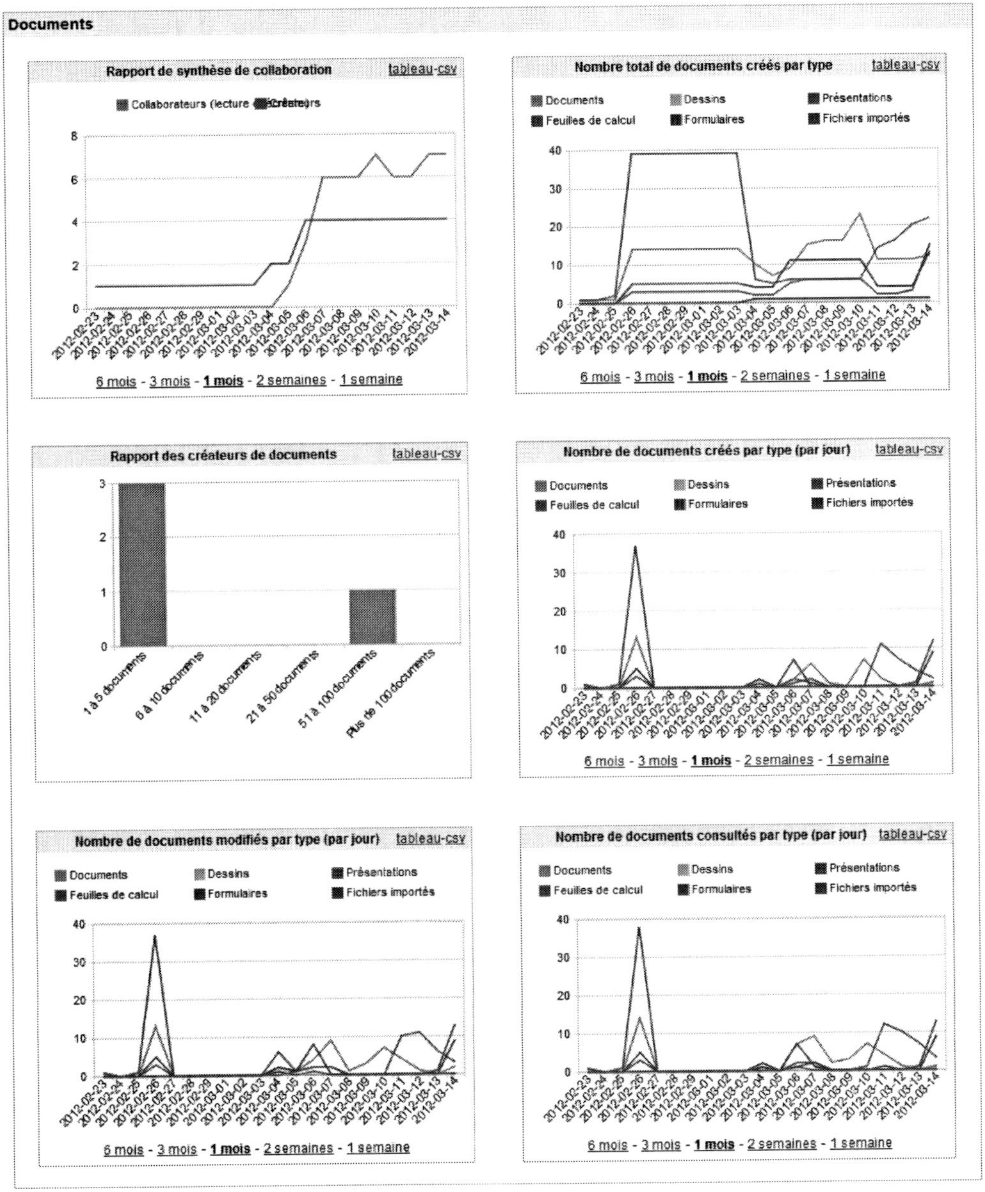

© Editions ENI - Toute reproduction interdite

- Selon la période à afficher, cliquez sur le lien correspondant à la période dans la partie inférieure du graphique : **6 mois, 3 mois, 1 mois, 2 semaines** ou **1 semaine.**
- Pour afficher le tableau de données, cliquez sur le lien **Tableau** correspondant au graphique concerné.

  Le tableau de données s'affiche dans un nouvel onglet, après consultation, vous pouvez fermer l'onglet.
- Pour enregistrer le tableau de données au format CSV, cliquez sur le lien **csv.**
- Pour afficher le rapport d'intervention des administrateurs, cliquez sur l'onglet **Journal d'audit.**

  Les dernières modifications réalisées par les administrateurs du domaine sont répertoriées dans ce tableau. Vous pouvez ***Modifier*** *le filtre appliqué en cliquant sur le lien correspondant. Le bouton* ***Exporter au format CSV*** *permet d'enregistrer ce tableau sous un format permettant d'être lu dans un tableur ou un logiciel d'analyse de données.*

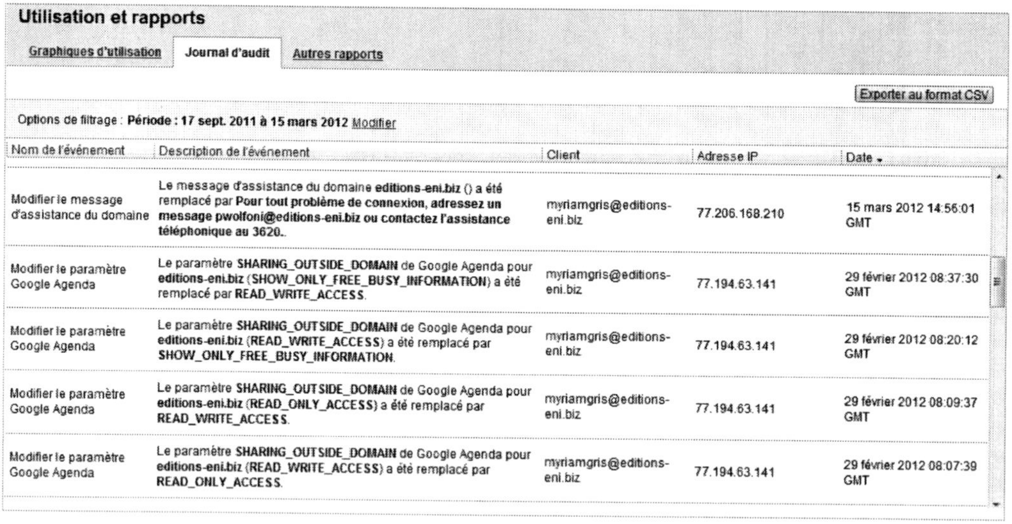

Nom de l'événement	Description de l'événement	Client	Adresse IP	Date
Modifier le message d'assistance du domaine	Le message d'assistance du domaine **editions-eni.biz** () a été remplacé par **Pour tout problème de connexion, adressez un message pwolfoni@editions-eni.biz ou contactez l'assistance téléphonique au 3620.**.	myriamgris@editions-eni.biz	77.206.168.210	15 mars 2012 14:56:01 GMT
Modifier le paramètre Google Agenda	Le paramètre **SHARING_OUTSIDE_DOMAIN** de Google Agenda pour **editions-eni.biz** (**SHOW_ONLY_FREE_BUSY_INFORMATION**) a été remplacé par **READ_WRITE_ACCESS**.	myriamgris@editions-eni.biz	77.194.63.141	29 février 2012 08:37:30 GMT
Modifier le paramètre Google Agenda	Le paramètre **SHARING_OUTSIDE_DOMAIN** de Google Agenda pour **editions-eni.biz** (**READ_WRITE_ACCESS**) a été remplacé par **SHOW_ONLY_FREE_BUSY_INFORMATION**.	myriamgris@editions-eni.biz	77.194.63.141	29 février 2012 08:20:12 GMT
Modifier le paramètre Google Agenda	Le paramètre **SHARING_OUTSIDE_DOMAIN** de Google Agenda pour **editions-eni.biz** (**READ_ONLY_ACCESS**) a été remplacé par **READ_WRITE_ACCESS**.	myriamgris@editions-eni.biz	77.194.63.141	29 février 2012 08:09:37 GMT
Modifier le paramètre Google Agenda	Le paramètre **SHARING_OUTSIDE_DOMAIN** de Google Agenda pour **editions-eni.biz** (**READ_WRITE_ACCESS**) a été remplacé par **READ_ONLY_ACCESS**.	myriamgris@editions-eni.biz	77.194.63.141	29 février 2012 08:07:39 GMT

*L'onglet **Autres rapports** permet de télécharger les rapports suivants ; vous pouvez cliquer sur le lien **Afficher un exemple** pour visualiser un aperçu du rapport.*

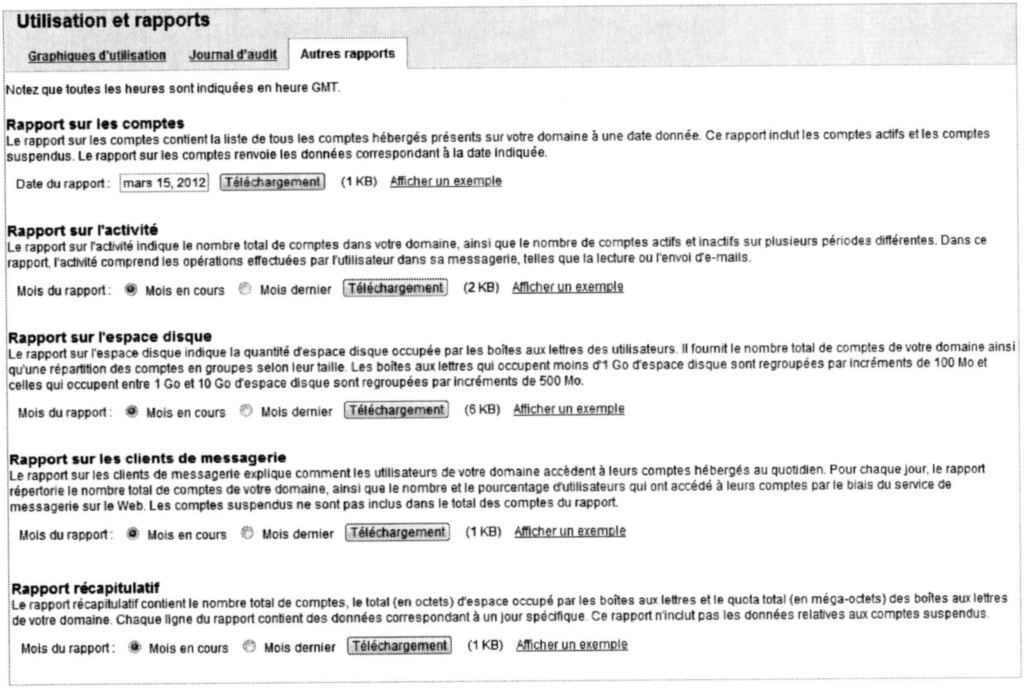

© Editions ENI - Toute reproduction interdite

Afficher la liste des utilisateurs

- Dans le panneau de configuration, cliquez sur l'onglet **Organisation et utilisateurs** ou, depuis la page **Tableau de bord**, cliquez sur le lien du nombre d'utilisateurs visible dans le volet d'informations.

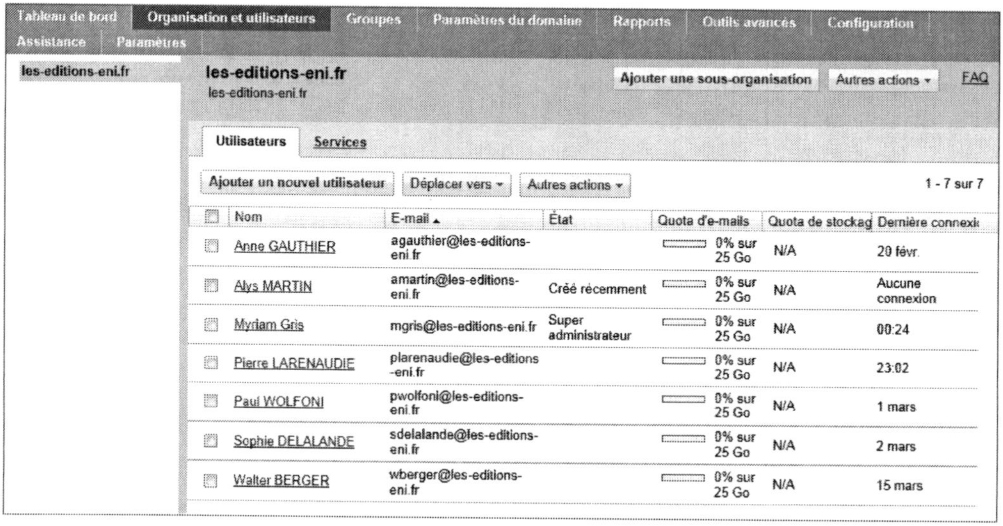

- Pour afficher la fiche d'un utilisateur, cliquez sur son nom.
- Pour revenir à la liste des utilisateurs, cliquez sur le lien reprenant le nom de votre domaine, dans la partie supérieure de la page.
- Pour trier la liste des utilisateurs, cliquez sur l'en-tête de la colonne **Nom** ou celui de la colonne **E-mail** selon le tri souhaité ; cliquez à nouveau sur le même en-tête pour inverser l'ordre de tri.

Rechercher un utilisateur

- Depuis un endroit quelconque du panneau de configuration, cliquez dans la zone de recherche visible dans la partie supérieure de la fenêtre.
- Saisissez les premiers caractères ou le nom complet de l'utilisateur recherché puis cliquez sur le bouton **Rechercher des comptes**.

*Sur cet exemple, les comptes des utilisateurs prénommés **Pierre** sont affichés.*

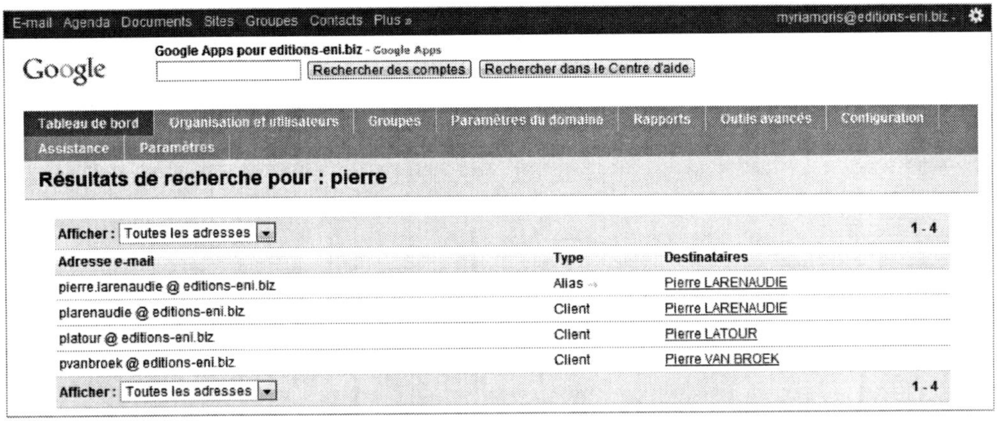

*Dans la liste **Afficher**, vous pouvez choisir d'afficher uniquement les **Comptes utilisateurs**, les **Alias** ou les **Groupes**.*

- Pour afficher la fiche d'un utilisateur, cliquez sur son nom dans la colonne **Destinataires.**

Créer des comptes par transfert groupé

Cette technique permet d'ajouter, en une seule manipulation, plusieurs utilisateurs. Si vous utilisez la version Standard ou la version d'évaluation de Google Apps for Business, le nombre d'utilisateurs maximum est de 10. Avant d'utiliser cette procédure, assurez-vous que ce quota ne sera pas dépassé. Vous pouvez également utiliser cette procédure pour mettre à jour des comptes d'utilisateurs existants si ceux-ci ont été modifiés, lors de l'importation du fichier, vous choisirez alors de remplacer les utilisateurs existants par les données contenues dans le fichier importé.

Les données des utilisateurs que vous souhaitez ajouter doivent avoir été saisies dans un fichier au format CSV. Dans une feuille de calcul de Google Documents, vous allez, au préalable, créer le tableau recensant les informations des utilisateurs et l'enregistrer au format CSV.

Créer et enregistrer le tableau au format CSV

- Ouvrez une nouvelle feuille de calcul.

© Editions ENI - Toute reproduction interdite

- Sur la première ligne de la feuille de calcul, saisissez le nom des champs dans chacune des colonnes et dans l'ordre indiqué ci-après :

Email address	Pour la saisie de l'adresse e-mail de l'utilisateur.
First name	Pour la saisie du prénom.
Last name	Pour la saisie du nom.
Password	Pour la saisie du mot de passe (minimum 8 caractères).

Il est important de saisir tous ces champs en respectant l'ordre indiqué afin que l'importation de ces données se fasse correctement.

- Complétez ensuite chacune des colonnes en suivant les instructions suivantes :
  - La saisie est obligatoire dans tous les champs.
  - Évitez d'utiliser des caractères accentués (é, è, ô, etc.) car ceux-ci ne seront pas reconnus et seront remplacés par des symboles.

	A	B	C	D
1	**Email Address**	**FirstName**	**LastName**	**Password**
2	dlatour@editions-eni.biz	Didier	LA TOUR	a1234567
3	avanbroek@editions-eni.biz	Alan	VAN BROEK	A1234567
4	mperez@editions-eni.biz	Maria	PEREZ	A1234567

- Pour enregistrer le fichier au format CSV : ouvrez le menu **Fichier**, pointez l'option **Télécharger au format** et sélectionnez l'option **CSV (feuille active)**.

  *Si vous utilisez Google Chrome, le fichier est automatiquement enregistré dans le dossier **Téléchargement** de Windows. Pour vous assurer de son emplacement, vous pouvez ouvrir la liste du bouton qui porte le nom du fichier (visible dans la partie inférieure de la fenêtre) et choisir l'option **Afficher dans le dossier**.*

- Si vous utilisez Internet Explorer, ouvrez la liste du bouton **Enregistrer** qui apparaît dans la barre d'informations (en bas de la fenêtre) et sélectionnez l'option **Enregistrer sous**. Sélectionnez le dossier d'enregistrement du fichier et cliquez sur le bouton **Enregistrer**.

Importer le fichier CSV

- Dans le panneau de configuration, cliquez sur l'onglet **Outils avancés** et cliquez sur le lien **Transfert groupé**.

  Si la liste des utilisateurs est affichée, choisissez l'option **Transfert groupé d'utilisateurs** dans la liste du bouton **Autres actions** (sous l'onglet **Utilisateurs**).

La fenêtre qui s'affiche rappelle les procédures à suivre pour réaliser l'importation du fichier CSV.

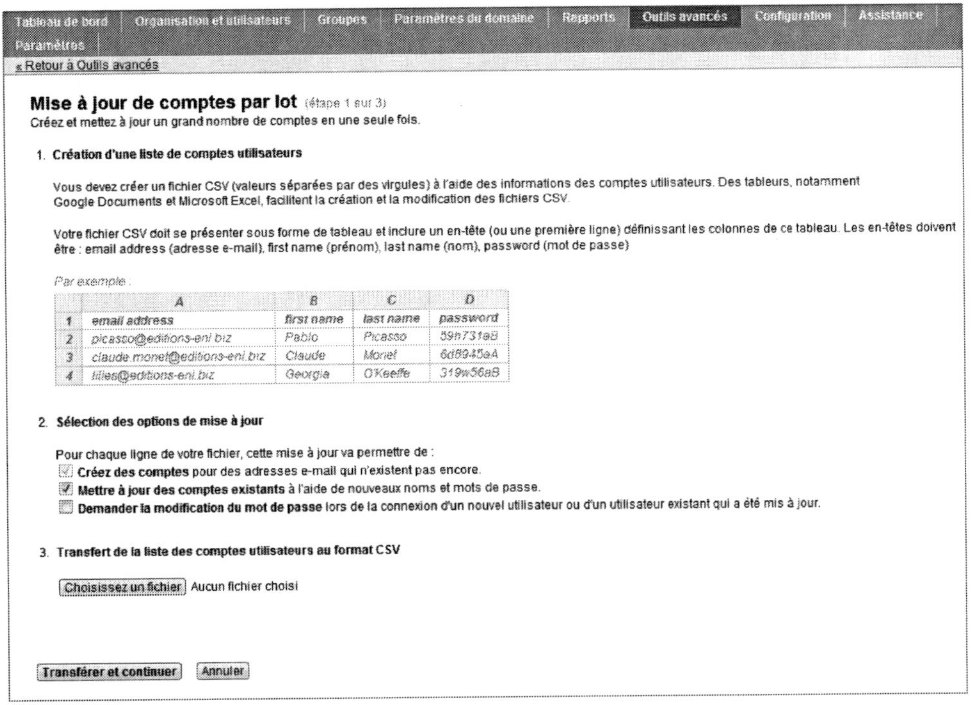

- Dans la partie **2. Sélection des options de mise à jour**, cochez les options correspondant aux actions à effectuer pour l'ajout ou la mise à jour des utilisateurs existants :

  Créez des comptes : cette option ne peut être modifiée et elle est cochée par défaut ; les comptes d'utilisateurs n'étant pas présents seront ajoutés.

  Mettre à jour des comptes existants : si le tableau CSV contient des comptes utilisateurs déjà présents, cochez cette option afin qu'ils soient mis à jour.

  Demander la modification du mot de passe : cochez cette option si vous souhaitez que les nouveaux utilisateurs créés ou ceux mis à jour modifient leur mot de passe lors de leur première (ou prochaine) connexion.

- Dans la partie **3. Transfert de la liste des comptes utilisateurs au format CSV**, cliquez sur le bouton **Parcourir** ou sur le bouton **Choisissez un fichier**. Accédez au dossier d'enregistrement du fichier CSV et faites un double clic sur son nom.

- Cliquez sur le bouton **Transférer et continuer**.

© Editions ENI - Toute reproduction interdite

*Un aperçu du tableau est affiché. Si cet aperçu n'est pas concluant, vous pouvez choisir de **Transférer un fichier différent** en utilisant le bouton correspondant ou annuler le transfert, en cliquant sur le lien **Retour à Outils avancés**, puis procéder à la correction du fichier.*

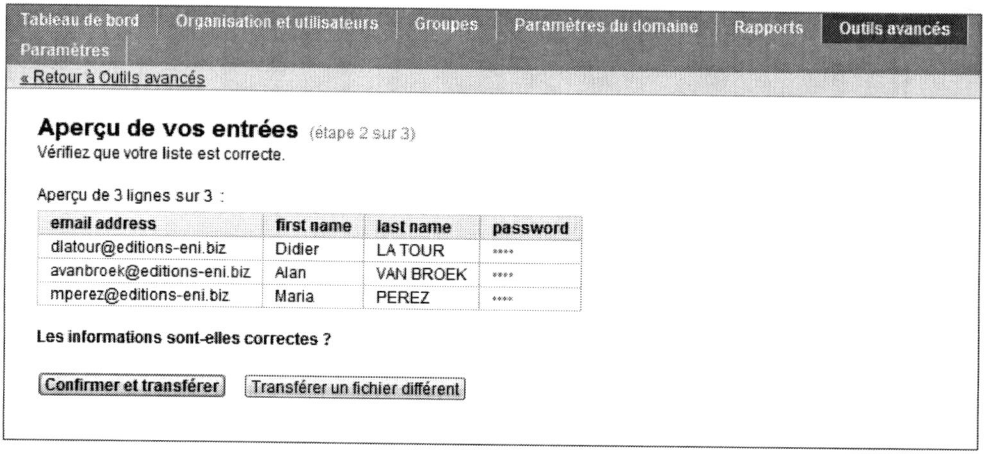

- Pour continuer la procédure d'importation, cliquez sur le bouton **Confirmer et transférer.**

La fenêtre suivante s'affiche pendant la durée du transfert. Cette opération ne prend, en général, que quelques minutes. Un e-mail de confirmation vous sera envoyé lorsqu'il sera terminé.

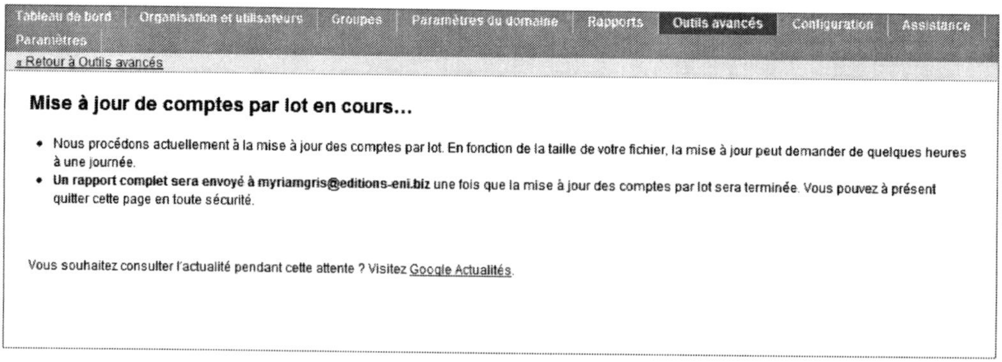

*Dans la liste des utilisateurs, les nouveaux comptes importés sont identifiés par l'intitulé **Créé récemment** visible dans la colonne **État**.*

Accorder un rôle d'administrateur

Plusieurs types de comptes d'administrateur existent selon les actions qui seront assignées à ce type d'utilisateur. Par défaut, la personne ayant procédé à l'inscription d'un abonnement Google Apps est identifié comme Super-administrateur et dispose de tous les droits d'administration du panneau de configuration. Parmi les comptes utilisateur existants, vous pouvez choisir les rôles à attribuer à certains utilisateurs. Plusieurs rôles d'administrateur peuvent être attribués à un même utilisateur.

- Dans la liste des utilisateurs, cliquez sur le compte de l'utilisateur à modifier puis cliquez sur l'onglet **Rôles et droits.**

Vous pouvez également utiliser la zone de recherche située au-dessus du panneau de configuration pour retrouver plus facilement le compte de l'utilisateur concerné.

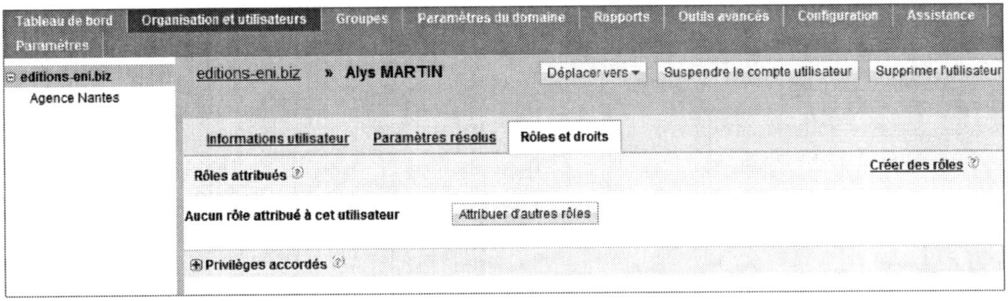

- Cliquez sur le bouton **Attribuer d'autres rôles.**
- Ouvrez la liste **Rôles** et choisissez celui à affecter à l'utilisateur sélectionné.

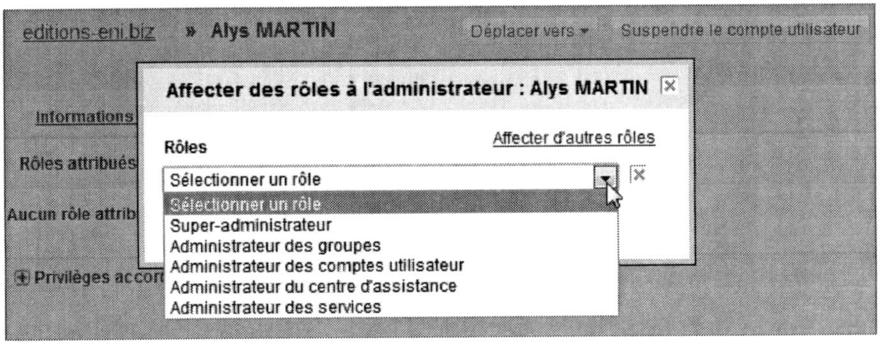

© Editions ENI - Toute reproduction interdite

Super-administrateur : ce compte, attribué à l'utilisateur ayant souscrit l'abonnement est indispensable à la gestion complète de l'administration de votre domaine dans Google Apps. Plusieurs utilisateurs peuvent se partager ce même rôle. Le super-administrateur est le seul à pouvoir créer et attribuer des rôles d'administrateur mais également à modifier les mots de passe des administrateurs.

Administrateur des groupes : cet administrateur est en charge de créer et d'administrer les groupes (via l'onglet **Groupes** du panneau de configuration), il pourra également consulter la liste des utilisateurs sans pouvoir la modifier.

Administrateur des comptes utilisateur : cet administrateur peut créer et gérer les comptes d'utilisateurs (hormis les comptes d'administrateur).

Administrateur du centre d'assistance : cet administrateur prend en charge les dysfonctionnements relatifs aux informations des utilisateurs et peut réinitialiser les mots de passe (hormis ceux des administrateurs).

Administrateur des services : cet administrateur peut administrer les services et applications, en ajouter ou en supprimer. Il a accès à l'ensemble des options de l'onglet **Paramètres** du panneau de configuration.

- Cliquez sur le bouton **Confirmer l'attribution**.
- Pour attribuer un rôle supplémentaire à ce même utilisateur, cliquez sur le lien **Affecter d'autres rôles**, sélectionnez le rôle dans la liste suivante et validez en cliquant sur le bouton **Confirmer l'attribution**.

*En cliquant sur **Privilèges accordés**, vous pouvez afficher les autorisations d'attribution du rôle. Le bouton **Attribuer d'autres rôles** permet d'ajouter un rôle supplémentaire à ce même utilisateur.*

- Pour supprimer un rôle, cliquez sur le symbole correspondant au rôle à supprimer. Cliquez ensuite sur le bouton **OK** du message de confirmation qui s'affiche.

Pour modifier le rôle attribué à un utilisateur, vous devez supprimer le rôle puis lui en attribuer un autre.

Afficher la liste des administrateurs

*Dans la liste des utilisateurs, l'indication **Administrateur** est renseignée dans la colonne **État** en regard des utilisateurs pour lesquels un ou plusieurs rôles d'administrateur ont été attribués. Vous pouvez choisir d'afficher les utilisateurs par rôles.*

- Dans le panneau de configuration, cliquez sur l'onglet **Paramètres du domaine** puis sur l'onglet **Rôles d'administrateur**.

*Le volet gauche donne accès aux différents rôles système et le volet de droite affiche les administrateurs du rôle sélectionné. Le bouton **Affecter des administrateurs** permet d'attribuer un rôle à un utilisateur existant par saisie de son adresse de messagerie ; le bouton **Annuler l'affectation d'administrateurs** supprime le rôle d'administrateur attribué à l'utilisateur ou aux utilisateurs sélectionnés dans la liste.*

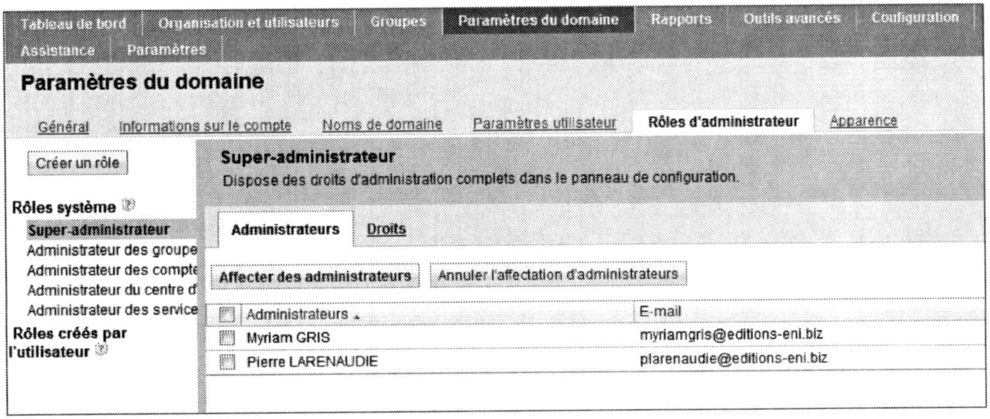

- Pour afficher les administrateurs d'un rôle, sélectionnez le rôle dans le volet gauche de la fenêtre.

Créer/modifier un rôle Administrateur

Créer un rôle

Les droits associés aux rôles système existants ne peuvent pas être modifiés. Si vous souhaitez accorder des droits particuliers, il vous faut créer un rôle spécifique dans lequel vous définirez et personnaliserez les autorisations adéquates.

- Dans le panneau de configuration, cliquez sur l'onglet **Paramètres du domaine** puis sur l'onglet **Rôles d'administrateur**.
- Dans le volet gauche, cliquez sur le bouton **Créer un rôle**.
- Saisissez le **Nom** et éventuellement une **Description** dans les zones correspondantes.

© Editions ENI - Toute reproduction interdite

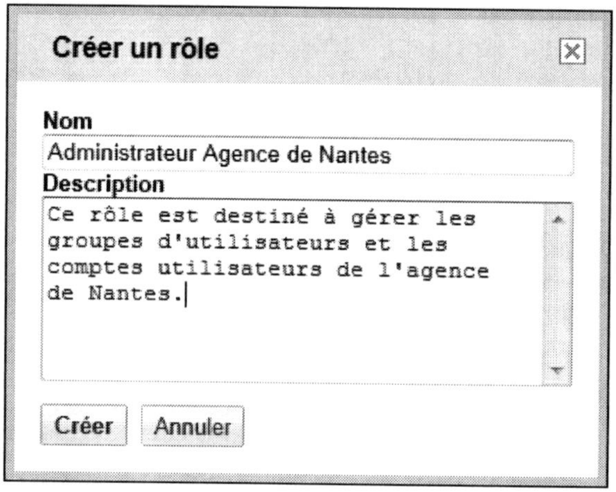

- Cliquez sur le bouton **Créer**.
- Cochez ensuite les options correspondant aux droits que vous souhaitez accorder à ce rôle :

  Dans la section **Organisations et utilisateurs**, choisissez les accès et actions autorisées via l'onglet du même nom. Pour n'accorder aucun accès à cet onglet, laissez toutes les cases décochées.

  Pour autoriser l'accès aux autres onglets du panneau de configuration, cochez les options correspondant à ces onglets.

  Sur cet exemple, le rôle donnera accès à l'onglet ***Organisation et utilisateurs*** *pour créer et gérer les utilisateurs et leur alias, pour afficher (sans modifier) la liste des organisations et pour réinitialiser les mots de passe. Ce rôle donnera également accès au contenu de l'onglet* ***Groupes*** *afin de pouvoir créer et gérer les groupes d'utilisateurs.*

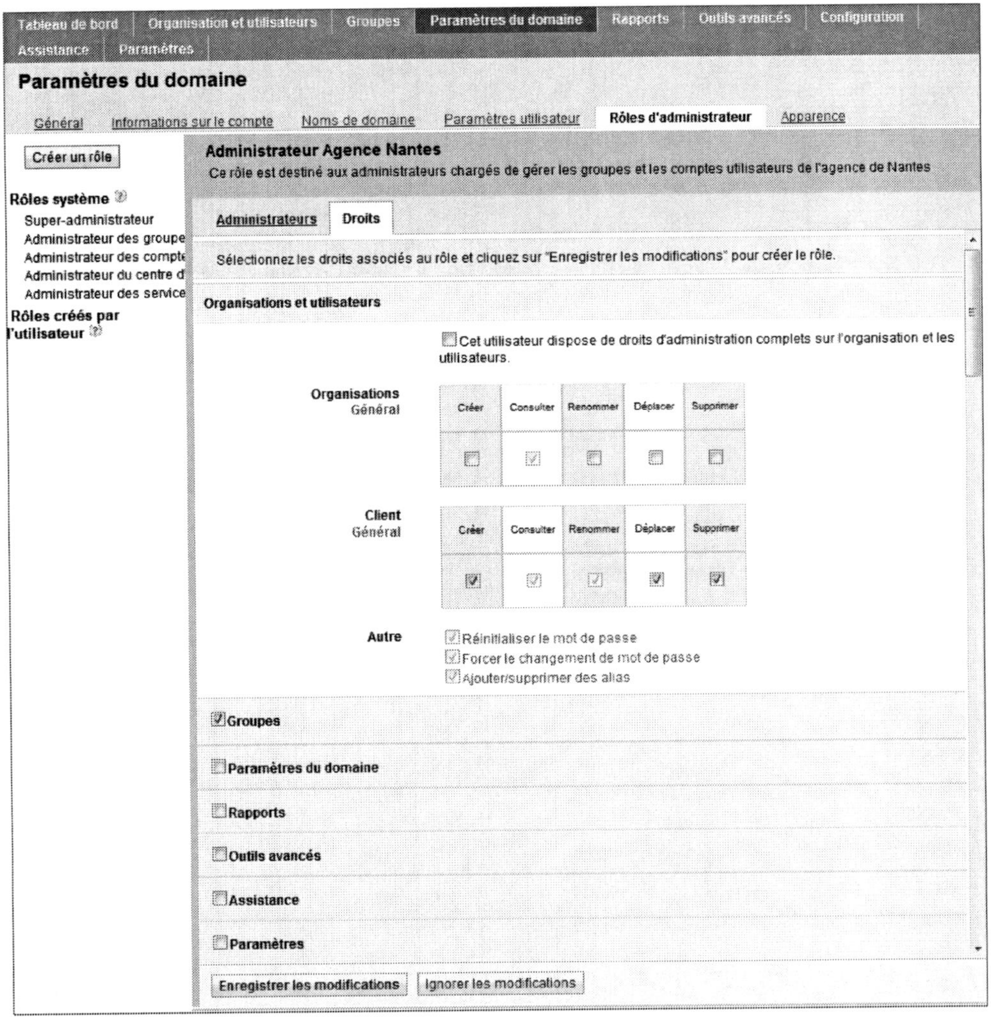

Cliquez sur le bouton **Enregistrer les modifications.**

Le nom du rôle apparaît désormais dans la liste des rôles, sous l'intitulé ***Rôles créés par l'utilisateur****.*

Vous pouvez ensuite affecter ce rôle à des utilisateurs en utilisant la procédure vue précédemment (cf. Accorder un rôle d'administrateur).

© Editions ENI - Toute reproduction interdite

Modifier un rôle

Cette action n'est réalisable que sur les rôles que vous avez créés.

- Affichez, si besoin, la liste des rôles en cliquant sur l'onglet **Paramètres du domaine** puis sur l'onglet **Rôles d'administrateur.**
- Sélectionnez le rôle à modifier dans le volet gauche.
- Pour modifier le nom et/ou la description du rôle, cliquez sur le bouton **Autres actions** et choisissez l'option **Modifier le rôle.** Réalisez les modifications souhaitées puis cliquez sur le bouton **Enregistrer les modifications.**
- Pour modifier les autorisations du rôle sélectionné, cliquez sur l'onglet **Droits.** Réalisez les modifications souhaitées puis cliquez sur le bouton **Enregistrer les modifications.**

Supprimer un rôle

Cette action n'est réalisable que sur les rôles que vous avez créés.

- Sélectionnez, dans la liste des rôles, celui qui doit être supprimé.
- Cliquez sur le bouton **Autres actions** et sur l'option **Supprimer le rôle.**

  Le message d'avertissement suivant s'affiche :

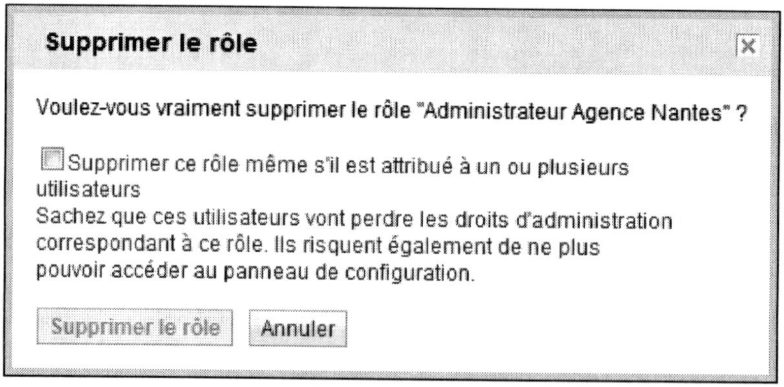

- Cochez l'option **Supprimer ce rôle même s'il est attribué à un ou plusieurs utilisateurs** puis cliquez sur le bouton **Supprimer le rôle.**

Réinitialiser le mot de passe d'un utilisateur

Les comptes de type Super-administrateur, Administrateur des comptes utilisateur et ceux créés pour lesquels vous avez activé l'option ***Réinitialiser le mot de passe*** *sont habilités à restaurer les mots de passe des utilisateurs. Seul le compte Super-administrateur peut réinitialiser ceux des autres administrateurs.*

Cette procédure est utile lorsqu'un utilisateur a oublié son mot de passe par exemple.

- Dans le panneau de configuration, cliquez sur l'onglet **Organisation et utilisateurs** puis sur le nom de l'utilisateur concerné.
- Dans la rubrique **Mot de passe** de la fiche de l'utilisateur, cliquez sur le lien **Modifier le mot de passe.**
- Saisissez le nouveau mot de passe de l'utilisateur dans les deux zones de saisie.

  Nous vous rappelons qu'un minimum de 8 caractères est requis.
- Si vous souhaitez que l'utilisateur modifie son mot de passe lors de sa prochaine connexion, cochez l'option **Demander la modification du mot de passe lors de la prochaine connexion.**
- Cliquez sur le bouton **Enregistrer les modifications.**

  N'oubliez pas de communiquer ce nouveau mot de passe à l'utilisateur concerné.

Transférer les données d'un utilisateur sur un autre compte

Cette procédure est essentielle si vous envisagez de supprimer un compte utilisateur. La suppression d'un compte entraînant également la suppression de tous ses documents et données, avec cette procédure vous pouvez, avant sa suppression, les transférer sur un autre compte utilisateur. L'utilisateur continuera à avoir accès à ses propres documents avant que son compte soit définitivement supprimé.

- Dans le panneau de configuration, cliquez sur l'onglet **Outils avancés.**
- Accédez à la dernière rubrique de la page : **Transfert de propriété des documents.**
- Dans la première zone de saisie **Transférer la propriété de tous les documents**, saisissez la première partie de l'adresse de messagerie du compte à transférer.
- Dans la deuxième zone de saisie, saisissez la première partie de l'adresse de messagerie du compte destinataire.

© Editions ENI - Toute reproduction interdite

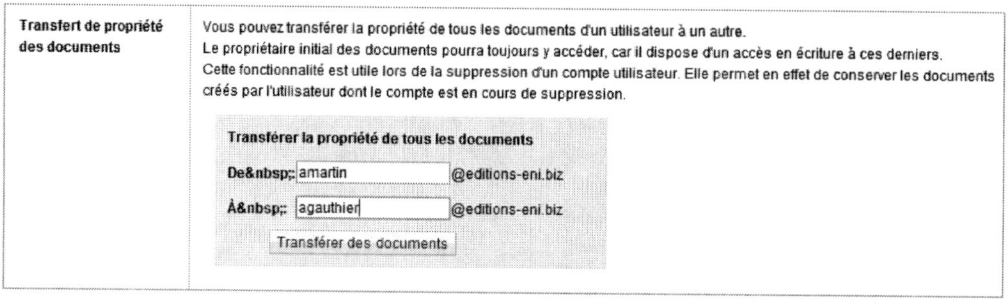

- Cliquez sur le bouton **Transférer des documents.**
- Cliquez sur le bouton **OK** du message vous indiquant qu'un e-mail sera envoyé au nouveau propriétaire ainsi qu'à vous.

Suspendre/supprimer un compte utilisateur

Suspendre un compte utilisateur

La suspension d'un compte utilisateur s'avère être une bonne alternative lorsque vous souhaitez désactiver un compte sans pour autant supprimer ses données. L'utilisateur du compte ne pourra plus néanmoins se connecter mais il vous sera possible, le cas échéant, de le réactiver.

- Dans la liste des utilisateurs, cliquez sur le nom du compte à suspendre pour afficher sa fiche.
- Dans la partie supérieure de la fenêtre, cliquez sur le bouton **Suspendre le compte utilisateur**.
- Cliquez sur le bouton **OK** du message de confirmation qui s'affiche.

*Dans la liste des utilisateurs, lorsqu'un compte est **Suspendu**, l'intitulé correspondant est visible dans la colonne **État**.*

Réactiver un compte suspendu

- Dans la liste des utilisateurs, cliquez sur le nom du compte à réactiver.

  Une barre d'informations est visible dans la partie supérieure de la fiche de l'utilisateur :

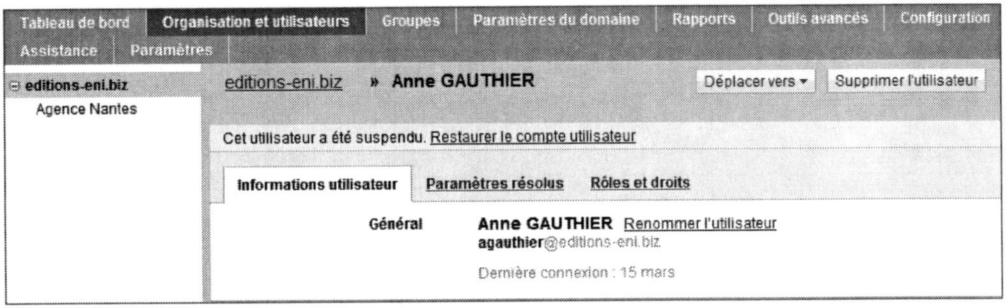

- Cliquez sur le lien **Restaurer le compte utilisateur** visible dans la barre d'informations.
- Cliquez sur le bouton **OK** du message de confirmation qui s'affiche.

Supprimer un compte utilisateur

La suppression d'un compte supprimera également les données de l'utilisateur. Si vous souhaitez conserver ces données, réalisez au préalable un transfert de propriété (cf. Transférer les données d'un utilisateur sur un autre compte).

- Affichez la liste des utilisateurs en cliquant sur l'onglet **Organisation et utilisateurs.**
- Sélectionnez le ou les utilisateurs à supprimer en cochant les cases correspondantes.
- Cliquez sur le bouton **Autres actions** et choisissez l'option **Supprimer les comptes utilisateurs.**

© Editions ENI - Toute reproduction interdite

Le message suivant s'affiche :

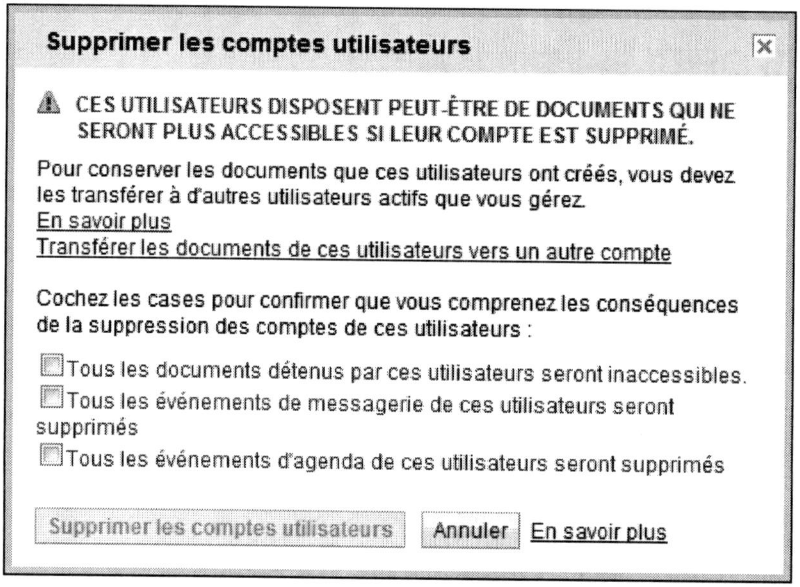

- Cochez les trois options de cette boîte de dialogue puis cliquez sur le bouton **Supprimer les comptes utilisateurs.**

A

B

C

© Editions ENI - Toute reproduction interdite

Index

© Editions ENI - Toute reproduction interdite

© Editions ENI - Toute reproduction interdite

© Editions ENI - Toute reproduction interdite

O

P

© Editions ENI - Toute reproduction interdite

Index

S

T

© Editions ENI - Toute reproduction interdite

Index

JEU CONCOURS
Chaque mois
Gagnez
50€
DE LIVRES
des Editions ENI
Pour participer au prochain tirage au sort
Inscrivez-vous sur : www.editions-eni.fr/jeu
Le tirage au sort a lieu le dernier mercredi de chaque mois.
Chaque mois, 5 gagnants seront tirés au sort et prévenus par e-mail.
Règlement complet sur www.editions-eni.fr/jeu
eni
éditions

© Editions ENI - Toute reproduction interdite

Index

DOCUMENT

DOCUMENT TEXTE

DOMAINE

DOSSIER

E

ENREGISTRER

ÉVÉNEMENT

© Editions ENI - Toute reproduction interdite

Index